Teresa Bücker
Alle_Zeit

Teresa Bücker

ALLE_ZEIT

Eine Frage von Macht und Freiheit

ULLSTEIN

Wir müssen uns von unserer Außenposition in die Mitte der Dinge begeben, uns wieder in die Komplexität der Welt einbetten. Wir dürfen nicht bloß Beobachter, sondern müssen Beteiligte sein, die wissen, daß jede ihrer Handlungen Folgen hat, wenn diese auch nicht unbedingt zur gleichen Zeit am selben Ort sichtbar werden.

_ BARBARA ADAM[1]

Für Marguerite und Fitz

Wenn ich in diesem Buch über Frauen schreibe, sind alle Personen damit gemeint, die sich weiblich identifizieren oder als Frauen wahrgenommen werden, mit dem Begriff Männer Personen, die sich männlich identifizieren oder als Männer wahrgenommen werden. Da sich viele Menschen in der binären Struktur der Geschlechtszuordnungen nicht wiederfinden und auch rechtlich mittlerweile die dritte Option anerkannt ist, wähle ich so oft wie möglich genderneutrale bzw. offene Formulierungen und nutze den Unterstrich, um der Vielfalt der Geschlechtsidentitäten Raum zu geben und »Platz für etwas Neues zu machen«[2].

Bei den empirischen Quellen wie Studien und Umfragen sind die Daten zur Geschlechtsidentität in der Regel binär erfasst, sodass Textpassagen in diesem Buch, die sich hierauf beziehen, nicht vollständig die soziale Realität abbilden können. In Forschungsarbeiten zur Arbeitsteilung in Familien bleiben zudem queere Sorgeverantwortliche, gleichgeschlechtliche Eltern und Modelle jenseits der heteronormativen Kleinfamilie häufig unberücksichtigt.

INHALT

Vorwort *13*

1 Warum die Zeit niemals reicht *17*

2 Arbeits_Zeit *44*

3 Zeit für Care *128*

4 Freie Zeiten *182*

5 Zeit und Macht mit Kindern teilen *234*

6 Zeit für Politik *267*

(K)eine Utopie *307*

Dank *331*

Anmerkungen *335*

VORWORT

Warum empfinden wir, dass die Zeit niemals reicht? Können Menschen diesem Gefühl entkommen, wenn sie Zeit managen und ihren Alltag optimieren? Ist der gekonnte Umgang mit Zeit nur ein weiterer Skill, den man heute braucht?

Gesellschaftlicher Fortschritt wird oft an wachsendem Wohlstand und technologischer Innovation gemessen, Gerechtigkeit als Frage des Zugangs zu Macht und Geld ausgelegt. Doch das sind nur einige von vielen Dimensionen, die eine Gesellschaft prägen und den Alltag von Menschen formen. Ich möchte in diesem Buch aufzeigen, dass Zeit eine der zentralen Größen ist, deren Einfluss auf das Leben wir genauer hinterfragen sollten – sowohl in ihrer gesellschaftlichen als auch individuellen Wirkung –, und darauf basierend eine Vision einer neuen Zeitkultur entwickeln. Denn zu wenig Zeit zu haben, ist kein individuelles Problem, es ist gesellschaftlich erzeugt.

Der gegenwärtige Umgang mit Zeit strukturiert unser Leben, ohne zu berücksichtigen, ob diese Vorgaben auf alle passen. Sie tun es nicht: Sie führen zu Ungleichheiten, erhalten und verstärken sie. Die Möglichkeit, das Leben nach eigenen Vorstellungen zu gestalten, wird auch dadurch begrenzt, dass

Menschen unterschiedlich frei über Zeit verfügen können. In einer Gesellschaft, in der Zeit als ökonomisches Gut verstanden wird, werden zudem die Bedürfnisse vieler verdrängt. Eine solche Zeitkultur bleibt eindimensional, sie kann oft sogar unglücklich oder auch krank machen. Wie würden Menschen ihre Zeit verbringen, wenn sie sich frei entscheiden könnten? Und was würde sich verändern, könnten sie es tun?

Es ist daher eine Frage der Gerechtigkeit, wie Zeit verteilt ist, wie sie genutzt werden kann, wie ihr Wert bemessen wird und wie sie erlebt wird. Menschen sind unterschiedlich *zeitarm* und unterschiedlich *zeitsouverän*, und das nicht zufällig, sondern als Ergebnis gesellschaftlicher Machtstrukturen. Deswegen muss im Zentrum dessen, was man Zeitpolitik nennen kann oder was eine Vision für eine Zeitkultur sein könnte, nicht die Frage stehen, wie ein einzelner Mensch seine Zeit verbringt und wie er mehr davon haben kann, sondern wie Zeit unserer Gesellschaft eine Richtung gibt. Derzeit bestimmt die Haltung, dass die individuelle Anstrengung ausschlaggebend dafür sei, wie das eigene Leben verläuft, sowohl den politischen als auch den gesellschaftlichen Diskurs. Das müssen wir überwinden.

Mehr Zeit für alle entsteht nur mit Ideen für die gesamte Gesellschaft. Zeitgerechtigkeit ist keine Luxusfrage, sondern eine Frage demokratischer Rechte: Denn wenn nur einige wenige Zeit für Politik haben, führt unsere Zeitkultur zu Ausschlüssen und Diskriminierung. Kinder und Erwachsene, die mehrere Jahre in Geflüchteten-Camps verbringen, die in monatelangen Asylverfahren darauf warten, sich ein neues Zuhause aufbauen zu können, haben nicht den gleichen Zugang zu ihrer Lebenszeit wie Menschen, die in sicheren Verhältnissen geboren werden und darin leben. Der Umgang mit Zeit ist immer auch eine Frage von Macht.

Für die Entwicklung einer neuen Zeitkultur muss daher mehr passieren, als Zeitbudgets hier und da zu optimieren. Um Ideen zu entwickeln, wie wir leben möchten, müssen wir verstehen, wie Zeit uns selbst und das gesellschaftliche Zusammenleben prägt. Welche Rollen unsere Wurzeln in der Vergangenheit haben, wo unsere Verortung im Jetzt ist, wie sich der Blick auf die Zukunft gestaltet. Wir müssen hinterfragen, was wir bislang als selbstverständlich betrachtet haben, und neue und gerechtere Zeitkonzepte entwerfen. Müssen Menschen tatsächlich erst ein bestimmtes Alter erreichen, um volle Mitsprache bei Dingen zu haben, die sie betreffen? Ist es unveränderbar, dass wir Erwerbsarbeit ins Zentrum des Lebens stellen? Warum schieben wir die meiste freie Zeit in unseren letzten Lebensabschnitt? Warum bleiben Altersgruppen so häufig unter sich? Welche Verantwortung tragen Menschen im Hier und Jetzt für die Zeit, die nach ihnen kommt?

Wir brauchen einen positiven und politischen Begriff von Zeit – müssen heraus aus dem Gefühl, dass nie genug Zeit vorhanden ist und unsere Zeit nicht uns gehört. Hin zu dem Bewusstsein, dass nicht Zeit vorgibt, wie ein menschliches Leben verläuft, sondern wir mit Zeit gestalten können, wie wir leben wollen. Dass Zeit zwischen Menschen entsteht und es ein Mehr an Zeit geben wird, wenn wir uns stärker zusammentun. Eine neue Zeitkultur will allen Menschen mehr Freiheit bieten, nimmt das Leben breiter in den Blick als bisher und geht respektvoll mit der Zeit von anderen um – auch mit der Zeit der nächsten Generationen.

Ein neues Verständnis von Zeit als politisches Thema könnte schließlich auch Menschen ansprechen, die sich von progressiver Politik bislang weniger vertreten fühlen, weil sie ihre konkreten Alltagsprobleme nicht löst. Ich meine diejenigen, für die viel Geld und Macht außer Reichweite sind oder weniger bedeutsam. Nicht jede_r will Karriere machen, Einfluss haben oder reich sein. Die übergeordneten großen Ziele der Zeitfrage müssen deshalb wieder und wieder in die kleinteiligen Lebensbereiche von Menschen übersetzt werden, um zeitbedingte Ungerechtigkeiten aufzulösen und so eine Basis für eine ressourcenschonende Wirtschaft zu schaffen.

Zeitgerechtigkeit kann das Leben vieler Menschen schnell verbessern und unsere Gesellschaft krisenfester, solidarischer und freier machen. Sie legt den Grundstein für eine Politik, die den Planeten erhalten kann. Zeit ist ein Geschenk, aber auch Verantwortung. Eine neue Zeitkultur ist keine Utopie, da sie in der Vorstellung so vieler Menschen bereits existiert. Die Welt, in der alle über die Zeit verfügen können, die sie brauchen, können wir jetzt gestalten.

1
WARUM DIE ZEIT NIEMALS REICHT

Ein 24/7-Milieu sieht aus wie eine soziale Welt, ist aber ein nichtsoziales Modell mechanischen Funktionierens, eine Aufhebung des Lebendigen, die nicht verrät, auf wessen Kosten seine Betriebsamkeit geht.

_ JONATHAN CRARY[3]

_ ZEITKNAPPHEIT EMPFINDEN

Wieder einmal passt nicht alles, was ich mir vorgenommen habe, in die dafür vorhandene Zeit. Es gibt das Bild in meinem Kopf von einem idealen Tag, der aber niemals so geschieht. Selbst wenn ich die Woche sorgfältig plane, fallen mir jeden Abend andere Dinge ein, die ich noch hätte machen wollen oder machen müssen, die schön gewesen wären, nach denen ich Sehnsucht hatte. Der ideale Tag hat immer mehr Stunden, als ich wach sein kann.

Die Soziologin Jenny Shaw verbindet unsere subjektive Wahrnehmung von knapper Zeit mit objektiv feststellbaren Veränderungen im Alltag der Gegenwart, die uns dazu bewegt haben, immer mehr von unserer Zeit zu wollen: »Die größere

Auswahl an zeitlichen Möglichkeiten zu arbeiten, zu essen oder einzukaufen, verstärkt die Grundhaltung, insgesamt mehr zu machen.«[4] Diese zusätzlichen Möglichkeiten haben wir ursprünglich dafür geschaffen, damit unser Alltag ruhiger wird. Supermärkte schließen in vielen Städten erst spät am Abend, damit Menschen, die um 22 Uhr von der Arbeit nach Hause kommen, dann noch Milch für den Kaffee am Morgen kaufen können. Zudem sind viele Geschäfte digital auch noch nach Ladenschluss zugänglich und liefern die bestellte Ware. Die Möglichkeiten, spätabends auswärts zu essen, haben enorm zugenommen, und manche Restaurants bieten Essen sogar rund um die Uhr an. Berufliche Aufgaben können zunehmend von überall aus und zu jeder Zeit erledigt werden, da wir *mobil* und *flexibel* arbeiten. Selbst einige Fitnessstudios haben 24 Stunden am Tag geöffnet. Das immense Angebot an Videotrainings führt dazu, dass es egal ist, wann die Arbeit beginnt oder endet: Wir müssen nur früh genug aufstehen oder lange genug aufbleiben, um jeden Tag in Bewegung zu sein.

Unser Alltag bietet nun mehr Raum für die Erfüllung eigener Wünsche, aber auch mehr Raum für Erwartungen anderer. Die Ausrede, etwas nicht tun zu können, weil man nicht vor Ort sei oder die Zeit es nicht erlaube, lässt sich immer seltener glaubhaft vorbringen. Unsere räumlichen und zeitlichen Handlungsspielräume begrenzen wir angeblich nur selbst. Müdigkeit lässt sich bekämpfen. Unser Handeln wird immer weniger von äußeren Faktoren eingeschränkt und immer abhängiger von unserem Ehrgeiz und dem Willen, die eigenen Grenzen zu verschieben. Wir sollen 24/7-Menschen sein.

Unsere Kindheit ist ein Ort, an dem die Zeit zunächst weniger wichtig ist, man schwimmt in ihr wie in einem Meer: Die Zeit erscheint endlos, und man kann sich treiben lassen. Die Unterschiede wahrnehmen zu können zwischen fünf Minuten und fünf Stunden, zwischen heute und morgen und weit in der Zukunft, ist nicht angeboren. Je älter wir werden, desto mehr gleicht unsere Zeit erst abgetrennten Schwimmbahnen, in denen Bewegungsrichtung und Distanz vorgegeben sind. Schließlich erleben wir unsere Zeit als Badewanne, in die wir nur knapp hineinpassen und aus der das kalt gewordene Wasser abläuft. Die Erfahrung, dass die Zeit nicht reicht, ist etwas, das die Erziehungswissenschaftlerin Ingrid Westlund als letzte Stufe der Zeitsozialisierung von Kindern betrachtet. Über acht Lektionen, angefangen beim Lesen der Uhr, entwickelten sie sich ganz allmählich zu »Zeiterwachsenen«.[5] In dem Moment, in dem Kinder ihre eigene Zeit als begrenzt wahrnehmen können und den Wunsch äußern, für irgendetwas mehr Zeit haben zu wollen, sind sie Westlund zufolge in der Zeitwahrnehmung der Erwachsenen angekommen.[6]

Kinder begreifen aus Erwachsenensicht also die Zeit erst dann in Gänze, wenn sie ein Gefühl des Mangels feststellen. Ingrid Westlund beschreibt in ihrem Forschungsbericht, dass sie den Wunsch nach mehr Zeit, »um mehr erreichen zu können«, bereits bei Kindern im Alter von zwölf Jahren feststellen konnte – allerdings nur bei Mädchen.[7] Dass Menschen Zeitknappheit empfinden, statt sie nur an der Uhr ablesen zu können, zeigt uns, dass Zeit mehr ist als ein Orientierungsmittel: Wir verbinden Gefühle mit ihr, sie löst Gefühle in uns aus. Zeitdruck kann immensen Stress verursachen. Etwas schneller zu schaffen als gedacht löst Zufriedenheit aus. An das freie Wochenende zu denken kann uns beruhigen und entspannen.

Die Wahrnehmung von Zeitknappheit könnte man nüchtern als Ankunft in der Wirklichkeit beschreiben. Kinder lernen, dass ihre zeitlichen Möglichkeiten begrenzt sind, so wie sie auch in vielen anderen Bereichen die Erfahrung machen, dass nicht alles, was theoretisch möglich ist oder sie sich wünschen, in Erfüllung geht. »Zeit an sich ist nicht knapp«, schreibt Niklas Luhmann jedoch. »Der Eindruck der Zeitknappheit entsteht erst aus Überforderung des Erlebens durch Erwartungen.«[8] Demzufolge spüren Menschen Zeitmangel dann, wenn sie ihre Erwartungen nicht in den Spielraum des tatsächlich Möglichen einhegen. Sie wollen zu viel. Ist die menschliche Lust an der Maximierung die Hauptursache dafür, dass wir Zeit als zu knapp empfinden? Könnten wir Zeit durch Bescheidenheit entzerren?

Das kindliche Träumen und all die Wünsche, die Menschen ans Leben haben, füllen die verfügbare Zeit, bis sie nicht mehr reicht. Weil wir Fantasie besitzen, sprengen wir den Rahmen unserer Zeiten. Das wäre die wohlwollende, poetische Sicht auf die Zeitnot der Menschen. Würde die Zeit an jedem Tag ausreichen für unsere Pläne, könnten wir stets im Moment leben. Da sie in der Gegenwart aber nicht für all unsere Wünsche reicht, verschieben wir das, was wir noch erleben und erreichen wollen, in die Zukunft. Morgen haben wir neue Zeit. In diesem Verständnis ist die Zeit eine üppige Ressource, die sich über ein langes Leben erstreckt und uns die Möglichkeit bietet, nach und nach allerlei Träume und Wünsche zu realisieren. Wenn die Zeit manchmal knapp ist, zeigt uns das nur, dass wir in der Lage sind, sie reich zu füllen. Unsere Zeitsozialisierung könnte daher auch diese Stufe umfassen: die Fülle der Zeit begreifen und mit dem Bewusstsein leben, dass wir reichlich davon besitzen.

Vor 200 Jahren schufteten Arbeiter_innen in Fabriken täglich noch 14 bis 16 Stunden, an sechs Tagen die Woche.[9] Dass die Erwerbsarbeitszeiten heute wesentlich kürzer sind, wird immer wieder als Argument herangezogen, dass Zeitknappheit kein legitimes Gefühl sein könne, da nicht nur der materielle Wohlstand zugenommen habe, sondern auch der Zeitwohlstand. Und der Befund für die Arbeitszeiten stimmt. Zudem ist die Lebenserwartung in den allermeisten Ländern stetig gestiegen. Vor 150 Jahren betrug sie in Deutschland durchschnittlich nicht einmal 40 Jahre, da die Säuglings- und Kindersterblichkeit hoch war, jedoch auch nur etwa ein Drittel der Menschen älter als 60 wurde.[10] Wer 1960 zur Welt gekommen ist, hat gegenüber 1870 durchschnittlich 30 Lebensjahre hinzugewonnen und wird laut Prognose des Statistischen Bundesamtes im Mittel bis etwa 2030 leben.[11] Mädchen, die 2020 in Deutschland geboren wurden, werden weitere 13 Jahre länger leben als die Generation ihrer Großeltern; sie sollen ein Durchschnittsalter von 83,6 Jahren erreichen. Die Jungen ihrer Altersklasse werden knapp vier Jahre weniger Zeit für ihre Pläne haben, aber im Mittel immerhin 78,9 Jahre alt werden. Auch sie haben Zeit hinzugewonnen. Die Art und Weise, wie wir heute leben und wie wir uns umeinander kümmern, hat uns also Zeit geschenkt.[12] Theoretisch könnten wir unseren Alltag entzerren und dem Gefühl der Zeitknappheit mit dem Wissen begegnen, dass wir unsere Vorhaben auf immer mehr Lebensjahre verteilen können. Wir müssten nicht alles gleichzeitig machen wollen.

Die typische Zeitsozialisierung, die Kinder durchlaufen, sowie die Zeitkompetenz, die Erwachsene heute als Fähigkeit brauchen, um ihr Leben zu organisieren, ist jedoch viel stärker auf die Gegenwart fokussiert als auf die Zukunft. Zwar haben manche Menschen eine Bucket List[13] mit Dingen, die sie einmal in ihrem Leben machen möchten und die durchaus auch noch mit 60 oder 70 Jahren realisiert werden können, doch diese Art der langfristigen Lebensplanung wird nicht systematisch erlernt und bezieht sich vor allem auf besondere Wünsche, weniger auf den Alltag. In der Gegenwart sollen wir unsere Zeit über Techniken des *Zeitmanagements* so strukturieren, dass Vorhaben genau in die dafür vorgesehene Zeit passen oder sogar noch schneller umgesetzt werden, sodass irgendwann mehr Tätigkeiten in die gleiche Zeitspanne passen oder am Ende gar Zeit übrig bleibt für neue Pläne.

Erste Erfahrungen mit Zeitmanagement sammeln Kinder schon, wenn sie bis zum Abendessen ihr Zimmer aufräumen sollen oder eine Unterrichtsstunde lang Zeit bekommen, um eine Klassenarbeit zu schreiben. Sie lernen auf diese Weise, dass nicht die Aufgabe die Dauer der Beschäftigung damit bestimmt, sondern sich die Aufgabe einer zeitlichen Vorgabe unterordnen muss. In diesen Fällen wird die Zeit nicht knapp, weil Kinder sich selbst mit Erwartungen überfordern, sondern weil andere – nämlich Erwachsene – die Zeit für eine Tätigkeit bewusst knapp kalkulieren. Der Wunsch eines Kindes, einen besonders schönen Aufsatz zu schreiben, wird beschnitten durch die Erwartung der Lehrkraft, dass alle Schüler_innen den Aufsatz in 45 Minuten fertigstellen. Zeitknappheit kann also nicht nur von innen im Kontext der eigenen Ansprüche entstehen, sondern auch von außen über die Ansprüche anderer Menschen an uns. »Zeit [ist] eine der wirkmächtigsten Maßnahmen sozialer Kontrolle«, schreibt die Ethnologin Laura Wehr. Schulen seien »Schlüsselinstitutionen dieses Disziplinierungsprozesses«,[14] in denen Kinder aus ihren Zeitwelten in die der Erwachsenen hinübergeführt würden.

Kindern wird so vermittelt, dass sie sich bemühen müssen, die Nutzung der eigenen Zeit immer weiter zu verbessern: Sie müssen schneller werden, pünktlich sein, die Zeitvorgaben von Erwachsenen befolgen. Ein Kind kann nur selten zu seiner Lehrkraft sagen: »Ich habe morgen noch Zeit, um die Aufgabe zu lösen.« Die Zeit, die am nächsten Tag vorhanden ist, ist in diesem Moment nichts wert. Am nächsten Tag warten neue Aufgaben. Die zeitliche Entzerrung ist keine Option, die in der Schule gefördert wird; Kinder dürfen keine Belohnung erwarten, wenn sie diese Möglichkeit als Idee vortragen. Zeitknappheit soll am besten gar nicht erst entstehen. Ihr soll unmittelbar vorgebeugt oder begegnet werden, indem man sein Handeln beschleunigt und die Erledigung der betreffenden Aufgabe in die künstlich begrenzte Zeitspanne einpasst. Das Gefühl, zu wenig Zeit zu haben, sollen wir zudem aushalten lernen: Obwohl die tickende Uhr Stress erzeugen kann, wird von Schüler_innen erwartet, dass sie während einer Klassenarbeit klar denken können. In der Berufswelt ist die Anforderung weitverbreitet, unter Zeitdruck Entscheidungen zu treffen, obwohl Menschen in Stresssituationen nachgewiesenermaßen kognitiv weniger leistungsfähig sind. Wie sähe unsere Welt aus, wie würden wir denken und uns fühlen, wenn wir uns für alles, was wichtig ist, mehr Zeit nehmen würden?

Wenn schon in unserer Kindheit und Jugend die Erfahrung allgegenwärtig ist, dass Schnelligkeit belohnt und Langsamkeit bestraft wird – dass die Uhr immer etwas schneller ist, als wir es sein können –, warum sollten wir dann später als Erwachsene fragen, ob es eigentlich so sein *muss*, dass unsere Zeit nie reicht? Das Gefühl, gehetzt zu sein, sich beeilen zu müssen, mag unangenehm sein, und wir wünschen oft, es wäre anders. Auf der anderen Seite gehört es irgendwie dazu, erscheint uns als Teil der Normalität, die wir akzeptieren. Wie Regen, der ab und an vom Himmel fällt und dann wieder trocknet. Schließlich können wir die Zeit nur unterschiedlich erleben, wenn sie nicht stets das gleiche Tempo hat. Sie darf schneller und langsamer vergehen. Sie darf anhalten und manchmal knapp sein. Wir können entzerrte Zeit genießen, weil wir auch eine zu dichte zeitliche Taktung kennen. Wenn ein Mangel an Zeit jedoch Spuren der Verwüstung hinterlässt wie ein Unwetter und massive Auswirkungen auf unsere Lebensqualität hat, sollten wir ihm anders begegnen, ihn nicht lediglich zur Kenntnis nehmen, sondern ihm etwas entgegensetzen.

_ DAS ZEITDRUCK-PARADOXON

Ist Zeitknappheit nur ein Gefühl? Die feministische Techniksoziologin Judy Wajcman hat festgestellt, dass ein Widerspruch zwischen statistischen Daten zur Zeitverwendung und der verbreiteten Wahrnehmung besteht, immer mehr Menschen müssten sich im Alltag hetzen, sie hätten zu wenig Zeit zur

Verfügung, das Leben habe sich allgemein beschleunigt. Für diesen Widerspruch hat sie den Begriff *Time-Pressure Paradox* geprägt.[15] In fast jedem Land, in dem Zeitbudget-Forschungen durchgeführt werden, hat sich demnach gezeigt, dass die Menge an freier Zeit, über die Menschen im arbeitsfähigen Alter verfügen, in den letzten Jahrzehnten stetig gewachsen ist.[16] So steht es auch im Achten Familienbericht des Bundesministeriums für Familie, Senioren, Frauen und Jugend, der sich 2012 mit der *Familienzeitpolitik* beschäftigt hat. Die Autor_innen bestreiten einen »generellen Zeitmangel« in Deutschland.[17] Sie belegen ihren Befund unter anderem damit, dass die durchschnittliche Jahresarbeitszeit in Deutschland in den letzten fünf Jahrzehnten um über ein Drittel gesunken sei. Sie liege damit deutlich unter dem OECD-Schnitt und sei nach Frankreich und Dänemark die drittniedrigste in Europa.[18] Der Bericht führt zudem weitere Indikatoren im Zusammenhang mit Erwerbsarbeit an. So sei die Zahl der Urlaubstage in den letzten 30 Jahren leicht gestiegen. 29,6 Tage Urlaub, ein geringfügiger Zuwachs von etwa einem Tag seit 1991, konnten Beschäftigte 2020 durchschnittlich nehmen.[19] Gesetzlich stehen ihnen 20 Tage Erholungsurlaub zu. Addiert man die gesetzlichen Feiertage hinzu, kommen deutsche Arbeitnehmer_innen je nach Bundesland auf 38 bis 41 freie Tage im Jahr.[20] Die Schulferien in Deutschland umfassen nach einer Ländervereinbarung 75 Werktage.[21] Ein weiterer Hinweis auf mehr freie Zeit ist, analog zum steigenden Lebensalter, die Rentenbezugsdauer: Durchschnittlich rund 20 Jahre lang bekommen Menschen in Deutschland mittlerweile eine Rente. 1995 lag die Rentenbezugsdauer noch bei knapp 16 Jahren.[22,23]

Die statistische Durchschnittsbürgerin arbeitet weniger Stunden pro Jahr in ihrem Beruf, hat mehr Urlaubstage und eine längere Rentenzeit als jemals zuvor. Dennoch sagten 2020 hochgerechnet über 26 Millionen Menschen in Deutschland – über 14 und deutschsprachig –, zu denjenigen zu gehören, »die viel zu wenig Zeit haben«.[24] In dieser Altersgruppe wären das mehr als ein Drittel, deren Lebensgefühl von Zeitnot geprägt ist.

Warum nehmen so viele Menschen Zeitknappheit wahr, wenn die Zeit, die wir mit Erwerbsarbeit verbringen, weniger geworden ist? Zunächst einmal ist es so, dass der beschriebene Zeitgewinn aus dem Arbeitsleben sich nicht gleichmäßig auf alle Erwerbstätigen in Deutschland und alle Lebensphasen verteilt, da es sich um Durchschnittswerte handelt und die meiste Zeit im Rentenalter hinzukommt. Zudem zeigen die erhobenen Daten nicht, ob mit diesen Veränderungen auch eine Verbesserung der Lebensqualität einhergeht. Vor allem aber – und das soll bei meinen Betrachtungen im Mittelpunkt stehen – sind diese Zahlen kein Hinweis darauf, dass mehr Menschen *Zeitwohlstand* erleben. Dieser Begriff aus der Zeitsoziologie geht über einfache Statistiken zum Umfang von erwerbsarbeitsfreier Zeit hinaus. Um als reich an Zeit zu gelten, brauchen Menschen – so der Zeitforscher Jürgen P. Rinderspacher, der Zeitwohlstand sowohl quantitativ als auch qualitativ definiert – genug Zeit für eigene Bedürfnisse: Sie können ausreichend Zeit mit anderen verbringen, indem es gemeinsame freie Zeiten wie das Wochenende gibt, sie können ihre Zeit in einem hohen Maße selbstbestimmt gestalten, und sie empfinden ihre Zeit als entdichtet, also mit möglichst wenig Zeitdruck, um Aufgaben zu schaffen.[25]

Denkt man über die absolut gemessene Arbeitszeit und Freizeit hinaus, stößt man schnell auf Hinweise dafür, dass Zeitdruck ein legitimes Gefühl sein könnte. So ist die Zahl der Pendler_innen in Deutschland stetig gewachsen – von 14,9 Millionen im Jahr 2000 auf 19,3 Millionen in 2018 –, und die durchschnittliche Strecke verlängerte sich von 15 auf 17 Kilometer.[26] Und auch die Quote der Alleinerziehenden ist seit den 1990er-Jahren gestiegen, genau wie die Frauenerwerbsquote, was beides die Zeit von Familien beeinflusst. Das mobile Arbeiten wird zwar teils als Gewinn an Autonomie beschrieben, kann jedoch auch durch ständige Erreichbarkeit freie Zeiten einnehmen oder unterbrechen. Personalnot steigert die Arbeitsintensität und das Stressempfinden.

Zudem reduziert die Aussicht auf mehrere freie Jahre im Rentenalter nicht die im Alltag wahrgenommene Zeitnot. Zeit lässt sich nicht sparen und auch nicht mit all den Tools und Techniken für Zeitmanagement beherrschen. Wir können Geld zurücklegen fürs Alter, für Selbstbestimmung, Wohlbefinden und Freiheit hingegen nicht. Zeitmanagement verändert, wofür wir unsere Zeit verwenden, aber es vermehrt sie nicht. Ein Leben, das wir mit Warten auf *den verdienten Ruhestand* verbringen, ist streckenweise ungelebt. Wenn wir unsere Bedürfnisse in die Zukunft verschieben oder sie uns erst als Lohn für eine »Lebensleistung« zugestehen, trennen wir uns vom Leben in der Gegenwart ab.

An jedem Tag entscheidet man, welche Dinge man die nächsten 24 Stunden macht, was man nicht tut, was man an andere gibt, was man aufschiebt, weil es gerade weniger wichtig ist und man das Risiko eingehen kann, dass sich nie Zeit dafür finden wird. Wer jetzt keine Zeit für Freund_innen oder Hobbys hat, kann das Versäumte im Alter nicht einfach nachholen. Wie alt wir werden und wie stark der Lebensabend einmal den eigenen Wünschen entspricht, wissen wir nicht.

_ DIE UNERSÄTTLICHEN

Noch können wir nicht ohne Schlaf auskommen. Der 24/7-Mensch ist nicht rund um die Uhr wach, aber er versucht, seine restliche Zeit möglichst erschöpfend zu nutzen, er kontrolliert sie, indem er sie mit absichtsvollen Tätigkeiten füllt. Er will sie so weit wie möglich mit Bedeutung anreichern, damit er sie nicht »verliert«.

Die Soziologinnen Tally Katz-Gerro und Oriel Sullivan erforschen, wie Menschen ihre Zeit neben der Erwerbsarbeit nutzen und welche unterschiedlichen Verhaltensmuster sich feststellen lassen. Dabei haben sie eine Gruppe identifiziert, die ihre freie Zeit besonders dicht mit Konsumtätigkeiten füllt. Menschen, die nicht nur ein breites Spektrum an kulturellen Interessen haben, sondern diesen Interessen auch sehr oft nachgehen, bezeichnen die Forscherinnen als »gierige kulturelle Konsument_innen« (*voracious cultural consumers*), wobei das Freizeitverhalten der »Unersättlichkeit« (*voraciousness*) hier vor allem außer Haus stattfindet.[27] Mehrmals in der Woche unternehmen die Unersättlichen etwas Aufregendes, Ungewöhnliches, Forderndes. Sie kennen die neuen Restaurants, gehen zu Theaterpremieren, Konzerten, probieren unterschiedliche Sportarten aus und nehmen Dienstleistungen wie Massagen oder Maniküren in Anspruch – und all das innerhalb eines kurzen Zeitraumes. Ein solches Verhalten findet man vor allem bei Menschen in höheren Einkommensgruppen, mit höherer formaler Bildung und einer oberen Klassenzugehörigkeit. Menschen mit geringerem Einkommen, das zeigen Daten des Freizeitmonitors für Deutschland, wechseln seltener ihre Beschäftigungen und gehen diesen eher zu Hause nach.[28] Zudem ist das unersättliche Verhalten unter allein lebenden Erwachsenen und jüngeren Paaren ohne Kinder stärker verbreitet als unter Menschen mit Kindern oder unter Älteren.[29]

Diese empirischen Ergebnisse verwundern nicht: Menschen ohne Care-Pflichten haben nun einmal mehr ungebundene Zeit, um immer wieder neue Dinge auszuprobieren. Mit besseren finanziellen Möglichkeiten lässt sich die eigene Freizeit abwechslungsreicher gestalten. Sport zu treiben, Kulturveranstaltungen zu besuchen und in Restaurants und Bars zu gehen, ist – vor allem, wenn all das kombiniert wird – teuer. Wer jünger ist, hat in der Regel mehr Energie, viel zu unternehmen, und in der Erwerbsphase bisweilen mehr Geld als im Rentenalter.

Die Gruppe derjenigen, die besonders viel unternehmen, arbeitet zudem besonders viel. Je höher der sozioökonomische Status, desto häufiger verbringen Menschen mehr als 40 Wochenstunden im Job.[30] Deutsche Erwerbstätige, deren Jahresgehalt mehr als 100 000 Euro beträgt, leisten durchschnittlich sechs Überstunden pro Woche.[31] Einkommensstarke Menschen sind somit prädestiniert dafür, Zeitdruck zu empfinden, da sie nicht nur dazu neigen, die Erwerbsarbeitszeiten auszudehnen, sondern die Zeit neben dem Job ebenfalls stark verplanen. Zeitknappheit zu empfinden kann ein Klassenphänomen sein. Diejenigen, die im Job *busy* sind, sind es oft auch in ihrer freien Zeit.

Eine dicht gefüllte Freizeit muss allerdings nicht per se als stressig empfunden werden, sonst wäre dieses Verhalten kaum so verbreitet. Man kann sie auch als genugtuend erleben oder gleichzeitig als stressig und schön. In Ländern mit einem schnellen Lebenstempo sagen zwar mehr Menschen von sich, dass sie Zeitknappheit empfinden, ihre durchschnittliche Lebenszufriedenheit ist jedoch höher als in Ländern mit niedrigerem Lebenstempo.[32] Der Psychologe Robert Levine, der zu kulturellen Unterschieden des Lebenstempos geforscht und diese Erkenntnisse in seinem Buch *Eine Landkarte der Zeit* veröffentlicht hat, erklärt das damit, dass der materielle Wohlstand in beschleunigten Gesellschaften in der Regel höher ist und dieser sich ebenfalls positiv auf das Wohlbefinden auswirkt. Ein hohes Lebenstempo macht vielfach auch deshalb Spaß, weil dadurch das Gefühl entsteht, bei den Dingen, die andere tun, zu denen wir gehören wollen, ausreichend mit dabei gewesen zu sein. Der Wunsch, nichts Relevantes zu verpassen, kann gleichzeitig aber auch zu einem sozialen und zeitlichen Konflikt führen. Insbesondere in den jüngeren Generationen ist das als *Fear Of Missing Out* (FOMO) beschriebene Gefühl weitverbreitet. FOMO zwingt uns ständig dazu, abzuwägen, ob wir die Zeit aufbringen können, an etwas teilzunehmen, oder ob wir bereit sind, die sozialen Kosten der Nichtteilnahme zu tolerieren.

Wenn die Freizeit öfter erschöpfend ist als entspannend, verspüren Menschen einen zusätzlichen Bedarf an *noch* mehr Zeit für sich selbst. Ob die eigene Zeit als zu knapp erlebt wird, hängt also auch davon ab, wie voll wir unsere Tage packen. So stehen diejenigen, die sich daran gewöhnt haben, mit finanziellen Mitteln die eigene Zeit besonders dicht zu gestalten, vor einem Dilemma: Sie können Erlebnisse kaufen, aber keine zusätzliche Zeit. In einer Konsumgesellschaft kann die empfundene Zeitknappheit zu einem Teufelskreis werden, da gestresste Menschen häufig versuchen, die innere Unruhe mit zusätzlichen Aktivitäten zu lindern, die sie als Ausgleich bezeichnen oder als *Self-Care*. Doch diese Maßnahmen gegen den Stress bedeuten oft noch eine Stunde mehr, die von anderen Dingen freigeräumt werden muss, die Platz braucht im Terminkalender und die Erwerbsarbeit voraussetzt, um sie bezahlen zu können. Massagen, Spa-Wochenenden und Restaurantbesuche können sich vor allem diejenigen leisten, die vorher viel Zeit damit verbracht haben, Geld zu verdienen.

Die Sehnsucht nach Ausgleich und auch die Freude, die man aus Hobbys, Ausflügen, gemeinsamem Essengehen oder kulturellen Angeboten ziehen kann, sind jedoch nicht der alleinige Antrieb, um viel zu unternehmen. Die britische Schriftstellerin Madeleine Bunting schreibt in ihrem Buch *Willing Slaves* über die sogenannte Überarbeitungskultur, unser Konsumverhalten sei »zu der Arena geworden, in der wir unsere Selbstwahrnehmung entwickeln und ein Gefühl von Freiheit erfahren«.[33] Über Produkte und Dienstleistungen, die wir kaufen, versuchen wir, unsere Identität zu konstruieren und dadurch wiederum Gruppenzugehörigkeit herzustellen. Neben Statussymbolen wie Kleidung oder Autos ist nun noch etwas Neues hinzugekommen: der Umgang mit Zeit. Die Kulturen, in denen wir leben, sowie unsere sozialen und ökonomischen Prägungen und Präferenzen fließen zusammen in unserer *Zeit-Identität*.

_ BESCHÄFTIGTSEIN ALS WÄHRUNG

Bin ich interessant oder langweilig, *busy* oder *boring*, ist eine der zentralen Identitätsfragen, mit denen sich Menschen im digitalen Kapitalismus auseinandersetzen. Der Wunsch, für andere interessant zu sein, hat sich innerhalb der individualistischen Kultur westlicher Gesellschaften vor allem in die Praxis übersetzt, fortwährend möglichst beschäftigt zu sein und das nach außen zu zeigen. Denn für andere interessant ist man nicht automatisch. Man kommt nicht als »interessante Person« auf die Welt, sondern muss dafür *arbeiten*, von anderen als solche erachtet zu werden – und man darf in diesem Bemühen nicht nachlassen. Der Mensch, der gestern interessant war, ist es heute schon nicht mehr, wenn er zu lange ruht und zu wenig Neues zu bieten hat. Dafür muss er *mit der Zeit* gehen und auch das eigene Wissen darüber aktuell halten, welche Zuschreibungen die Aufmerksamkeit von anderen wecken. Das gilt besonders in digitalen Netzwerken, in denen Persönlichkeiten unter anderem darüber eine Follower_innenschaft aufbauen, indem sie Inspiration für andere bieten. Die Attribute »interessant« und »beschäftigt« fallen mehr und mehr zusammen, da interessant zu sein in diesem Kontext und aus Sicht von Follower_innen und Fans keine Eigenschaft ist, sondern sich durch die Praxis des permanenten Wandels und durch Neuigkeiten ergibt. Gegenseitig beobachten wir, wie sehr andere aus den Sekunden ihres Lebens das Mögliche herausholen. Wir befinden uns in einer Zeit, in der wir das Leben anderer Menschen auf digitalen Bühnen observieren und das eigene Leben auf ebendiesen Bühnen inszenieren. Wer sich nicht ständig aktualisiert, fällt *aus der Zeit*.

Viele Menschen, die soziale Netzwerke nutzen, entscheiden

sich dafür, einen Teil ihrer Zeit öffentlich zu leben.[34] Das eigene Handeln wird im digital durchdrungenen Alltag nicht nur mit *Quantified-Self*-Technologien live oder im Nachhinein vermessen – mit Apps, die Schritte zählen, stündlich an ein Glas Wasser erinnern oder die Schlafphasen aufzeichnen –, manche Social-Media-Nutzer_innen antizipieren bereits, bevor sie etwas tun, wie die Abbildung ihres Daseins in digitalen Netzwerken bewertet werden wird. Das gilt besonders für die visuell geprägten Medien, in denen Menschen über Fotos und Videos aus ihrem Alltag berichten. Die Nutzer_innen planen, wie sie die Dokumentation ihres Lebens so optimieren können, dass sie auf mehr Resonanz trifft bei anderen Menschen und bei Algorithmen, damit sie mehr Likes und Kommentare bekommen, die ihnen positive Gefühle bescheren, oder sogar, wie sie eine *Personal Brand* aufbauen und vielleicht irgendwann vermarkten können. Ratgeber zum Thema, wie man als Mensch eine Marke werden kann, boomen nicht nur für Konzern- und Medienkarrieren. Eine Autorin rät sogar Pflegefachkräften dazu, sich einen *Markenkern* zuzulegen.[35]

Mit dem Bestreben, dass alle Menschen sich in Marken verwandeln können, ist eine neue Celebrity-Kultur entstanden. Viele Menschen äußern sich zwar verächtlich über Boulevardmedien und Promi-Magazine, die man allenfalls heimlich im Wartezimmer liest, zeitgleich aber haben wir über digitale Medien etwas kreiert, das der Celebrity-Welt ähnelt. In sozialen Netzwerken wenden nun Menschen aus unterschiedlichsten Milieus täglich Zeit dafür auf, zum einen dem Leben ihrer Idole zu folgen, die keine Adeligen sind, sondern »normale« Menschen, und zum anderen selbst Informationen von sich zu teilen, die in traditionellen Magazinen als »Klatsch« bezeichnet würden: Was hatte ich an, in wen bin ich verliebt, in welchem Farbton erstrahlt mein Wohnzimmer. So praktizieren wir Zerstreuung. Allerdings sind wir in den neuen Unterhaltungsmedien nicht mehr ausschließlich Konsument_innen, sondern gleichzeitig Protagonist_innen.

Die gute Nachricht ist, dass die Rollen, die wir in der digitalen Öffentlichkeit einnehmen, offener und vielfältiger geworden sind. Menschen können heute von Schönheitsidealen abweichen, beruflich scheitern oder über ihre Depressionen sprechen – Tabus schwinden zum Glück und zu Recht –, allerdings müssen sie die Abweichung von alten Normen einweben in interessante Geschichten, die sie selbst über sich erzählen. Am besten täglich. Nutzer_innen sozialer Netzwerke – das sind mehr und mehr wir alle – werden Meister_innen der Cliffhanger, damit das Publikum wiederkommt und sie nicht vergisst: »Es gibt eine spannende Neuigkeit, und die verrate ich euch morgen!« So bewegen sich Nutzer_innen digitaler Netzwerke zwischen eigenen Drehbüchern, über die sie die Follower_innenschaft binden und ausbauen, und dem Leben als Fan oder zumindest als Beobachter_in von Familienmitgliedern, Freund_innen, Bekannten und klassischen Prominenten wie Schauspieler_innen oder Musiker_innen.

Als Beobachter_in nehmen wir wahr, ob andere beschäftigt sind oder ob ihr Alltag dröge erscheint. Ob sie bereits Neues planen oder bei ihnen gerade wenig passiert. Auf das digitale Leben der anderen reagieren wir mit Emotionen und Bewertungen. Abschätzig oder beeindruckt, gelassen oder auch sorgenvoll (»Das ist nicht durchzuhalten!«). Dann wieder mit

Neid und Selbstkritik, weil wir selbst weniger geschafft zu haben meinen als andere. Die digitale Erweiterung unseres Nahraums erhöht den Druck, viel zu erleben oder zumindest die wenigen Erlebnisse aufwendig zu inszenieren, damit wir teilhaben können an der großen Erzählung.

In der partizipativ geschaffenen Unterhaltungskultur mitzumischen, erfordert Zeit. Sich durch soziale Netzwerke zu scrollen, kann entspannend sein und Freude machen, aber auch zu einer neuen Form von Arbeit werden, die zusätzlich erschöpft. Das *Beschäftigtsein* hat zudem soziale Funktionen: Es dient der Selbstvergewisserung und der Abgrenzung von anderen.[36] Zum einen beweisen wir uns damit, dass wir die eigene Zeit gekonnt einsetzen, wenn wir viel Erzählenswertes erleben. Zum anderen ist es eine Demonstration nach außen: »Seht her, wie viel ich in meiner Zeit unterkriege. Mehr als andere!« Dieses Lebensmuster ist nicht erst in sozialen Netzwerken entstanden und wird auch außerhalb davon praktiziert, über die digitale Vernetzung hat es jedoch an Sichtbarkeit gewonnen und konnte sich als Statussymbol leichter etablieren. Das Beschäftigtsein ist im Vergleich zu anderen Statussymbolen wie teuren Besitztümern und hohen beruflichen oder gesellschaftlichen Positionen auch leichter zugänglich, da es nicht so viel kostet, man direkt damit beginnen und den eigenen Beitrag größtenteils unabhängig von anderen gestalten kann. *Busy* zu sein ist als Statussymbol so attraktiv, weil es für mehr Menschen erreichbar ist und man die versteckten Kosten nicht unmittelbar sieht. Wir bezahlen dafür mit unserer Zeit und Aufmerksamkeit.

Die soziale Norm des Beschäftigtseins wertet Zeiten ab, die

nicht mit absichtsvollen Tätigkeiten gefüllt werden, zum Beispiel Zeiten der Langweile oder des Faulseins. Man hätte glauben können, die Sicht auf Zeit, die mit unspektakulären Dingen verbracht wird, hätte sich in den vergangenen Jahren durch den eingeschränkten Alltag der Pandemie verändern können. Sicherlich hat ein Teil der Menschen das Zuhausebleiben genossen. Auf der anderen Seite entstand jedoch auch neuer Druck, sich ungewöhnliche Lockdown-Projekte zu überlegen oder etwas Neues zu lernen, um der Zeit durch das Beschäftigtsein einen Wert zu geben.

Ein Kennzeichen der gegenwärtigen dominanten Zeitkultur ist es, dass die restlose Nutzung der eigenen Zeit zu einer ethischen Frage geworden ist. Wer nicht das meiste aus der eigenen Zeit herausholt, versagt. In gesellschaftlichen Gruppen mit einem hohen sozialen Status reicht es nicht aus, wenn man nur beruflich erfolgreich ist, nur sportlich, nur kulturinteressiert oder nur kulinarisch gebildet. Man braucht vielerlei Fertigkeiten und ein umfassendes Wissen über nahezu alles, um dazuzugehören, und man muss die entsprechende Zeit aufbringen können, um diese Voraussetzungen zu schaffen. In Kulturen, die das ständige Beschäftigtsein aufwerten, verfehlen geruhsame oder fokussiert-interessierte Menschen die soziale Norm. »Gebildet zu sein, bedeutet, ein kultureller Allesfresser zu sein – egal, wie viel Zeit man dafür braucht«, beschreibt die US-Autorin Anne Helen Petersen den Freizeitstress von jüngeren Erwachsenen.[37] Sie hat beobachtet, dass Kultur oftmals nicht mehr konsumiert wird, weil Menschen sie genießen, sondern weil sie den gesellschaftlichen Druck spüren, sich als Personen darzustellen, die hart arbeiten, hart konsumieren und hart chillen. Dahinter verbirgt sich vor allem die Sehnsucht nach Zugehörigkeit. Unsere Kultur lehre uns, dass »Menschen, die mehr tun, mehr wert sind«, schreibt der Psychologe Devon Price in seinem Buch *Laziness Does Not Exist*, in dem er die Angst davor, als faul zu gelten, analysiert.[38] Wer in der Beschleunigungsgesellschaft zu langsam lebt, gilt als abgehängt.

Es reicht nicht einmal aus, die eigene Zeit möglichst vielfältig zu nutzen. Die Klasse der Immer-Beschäftigten muss ihre Zeiten zudem »sinnhaft« füllen. Das bedeutet, innerhalb der eigenen Zeit stets nach mehr zu streben, die richtigen Leute zu treffen und bewusste und optimierte Pausen zu machen, die maximal erholsam sind. Wer die eigene Zeit ohne Vorhaben betritt, vergeudet sie. Das Schlagwort *Having it all*, das die Politikwissenschaftlerin Anne-Marie Slaughter im Kontext des Diskurses über gleichberechtigte Frauenleben setzte,[39] meint mittlerweile nicht mehr nur den Wunsch nach einem erfüllten Berufsleben und einer Familie, sondern darüber hinaus die ideale Gestaltung der Freizeit, die eben nicht *frei* ist, sondern bestimmten Zwecken folgen soll. Die ideale Freizeit erfüllt nicht mit Zufriedenheit, sondern sie erfüllt kulturelle Normen. Die Nutzung unserer Zeit soll etwas produzieren, sie soll ein Ergebnis hervorbringen, auf das man sich später beziehen kann. Der Lebensstil, *busy* zu sein, die eigene Zeit möglichst dicht mit Erwerbsarbeit und Freizeitaktivitäten zu füllen, gilt damit als neuer Skill, den man beherrschen muss.

Jede Aktivität als sinnhaft zu labeln, hat auch die Funktion, die eigenen Zweifel am dauernden Beschäftigtsein zu reduzieren. Wenn etwas sinnvoll ist, gibt es weniger Gründe, es nicht zu tun. Es ist ja gut für etwas. Darüber, dass wir all unseren

Tätigkeiten einen Sinn zuweisen, vergessen wir zudem, dass nicht alles, was selbst gewählt erscheint, das auch wirklich ist. Denn unsere als frei wahrgenommenen Entscheidungen finden innerhalb der akzeptierten Möglichkeiten unserer Kultur statt. Überstunden mögen den Sinn haben, schneller befördert zu werden, aber wie freiwillig sind sie damit? In der dominanten Zeitkultur verwechseln viele Menschen die schiere Dichte ihres Lebens mit Anerkennung, Erfolg oder Freiheit. Wirkliche Freiheit würde jedoch bedeuten, dass wir auch weniger tun, weniger wissen und weniger mitteilen könnten und trotzdem noch *jemand* wären.

_ BESCHÄFTIGTSEIN UND MACHT

Die kulturelle Praxis, das Leben mit zahlreichen unterschiedlichen Erfahrungen anzureichern, stattet Menschen mit Macht aus. Besonders in kapitalistischen Gesellschaften, in denen ein schnelles Lebenstempo als erstrebenswert gilt, ist die Verdichtung der eigenen Zeit ein Ausdruck von kulturellem Kapital. Neu erworbenes Wissen, neue Kontakte sowie die Zuschreibung bestimmter Qualitäten, die mit dem Beschäftigtsein assoziiert werden, festigen den hohen sozialen Status, den die unersättlich Beschäftigten ohnehin bereits besitzen. Fähigkeiten und Möglichkeiten werden zu mehr Fähigkeiten und mehr Möglichkeiten für wirtschaftliche, politische und kulturelle Partizipation.

Beschäftigtsein ist eine immaterielle Währung, die schließlich auch die ökonomische Verhandlungsmacht stärken kann. Besonders deutlich wird das im Beruf. Schon die Bereitschaft, mehr zu machen, kann hier von Vorteil sein: Das nennt sich *Flexibilität* und kann zum Beispiel bedeuten, dass man länger arbeitet, für andere einspringt oder Termine wahrnimmt, die außerhalb der regulären Arbeitszeiten liegen, wie Abendveranstaltungen oder Wochenendtermine. So konkurrieren Menschen in Angestelltenverhältnissen und auch Selbstständige miteinander, indem sie größere Zeitspannen für berufliche Zwecke zur Verfügung stellen als andere, deren Zeit beispielsweise durch Sorgeaufgaben stärker gebunden ist oder die ihre Zeiten für Erwerbsarbeit klarer begrenzen wollen.

In der *Overwork*-Kultur wird die Bereitschaft, Eigenzeit aufzugeben zugunsten von zusätzlichen Stunden, die man mit beruflichen Aufgaben verbringt, zu einem Wettbewerbsvorteil und mutiert sogar zu einer Art Qualifikation, die sich jedoch von klassischen Kompetenzen insofern unterscheidet, als es sich dabei nicht um etwas Gelerntes, sondern um Akzeptanz von oder auch Unterordnung unter informelle Normen und offizielle Anforderungen handelt. Flexibilität und Mehrarbeit *kann* man nicht, man willigt in sie ein und ermöglicht sie über Verzicht in anderen Lebensbereichen. So vermischen sich konkrete fachliche Kompetenzen mit zeitlichen Möglichkeiten, über die nicht alle Menschen gleichermaßen verfügen.

Die Ausweitung der Erwerbsarbeit wird mit der Formulierung, man sei gerade sehr *busy*, auch verharmlost. Denn *busy* zu sein, meint hier Überstunden, Arbeitsverdichtung und irreguläre Arbeitszeiten, die langfristig krank machen können. Über diese Begriffsverschiebung werden zusätzliche zeitliche Belastungen als eher freiwillig empfunden und auch positiv bewertet, da ideale Mitarbeiter_innen in der heutigen Arbeitskultur mehr leisten müssen als 100 Prozent. Zeitknappheit und Zeitdruck aushalten zu können, ist Teil des Deals, wenn man beruflich mehr Anerkennung bekommen will als andere.

Fortwährendes Beschäftigtsein wird jedoch nicht allen Menschen auf gleiche Weise ausgelegt. Überlange Arbeitszeiten gelten eher in besser bezahlten, hoch qualifizierten Berufen als freiwillige Leistung und karriereförderlich. In schlecht bezahlten Branchen, in denen Menschen oft weniger formale Bildung besitzen, oder in körperlich anstrengenden Berufen bringen Überstunden meist keine beruflichen Vorteile mit sich und werden auch subjektiv nicht als positiv empfunden. In prekären Einkommensgruppen spricht man hier von Ausbeutung. Ausbeutung und Selbstausbeutung finden jedoch auch in besser bezahlten Berufen statt.

Viele Menschen akzeptieren sowohl im privaten als auch beruflichen Kontext, zeitlich stark eingebunden zu sein, um einen höheren gesellschaftlichen oder finanziellen Status zu erreichen oder den einmal erreichten zu halten. Je mehr das private Beschäftigtsein oder ein hohes Arbeitspensum innerhalb einer Kultur belohnt wird, desto mehr Kraft erfordert es, sich anders zu verhalten. Ganz allein schaffen das die wenigsten Menschen. Leichter fällt es, wenn man Teil einer Gemeinschaft mit anderen Werten ist. Freie Entscheidungen setzen den Rückhalt von anderen Menschen voraus.

Zeitknappheit wird paradoxerweise besonders häufig und stark in den sozioökonomischen Gruppen empfunden, die sich aufgrund ihrer finanziellen Möglichkeiten eigentlich am ehesten von Zeitdruck befreien können sollten. Da diese Gruppen die gesellschaftlichen Diskurse zu einem großen Teil bestimmen, wird das Problem der Zeitknappheit oft als Luxusproblem dargestellt, da – wenn man sich davon freikaufen könnte – es als etwas Selbstgewähltes erscheint. Allerdings setzen selbst Menschen aus einkommensstarken Gruppen ihre Kritik an der sogenannten Beschleunigungsgesellschaft nicht um in individuelle Alternativen, wie weniger zu arbeiten, mit weniger Geld auszukommen oder privat weniger zu unternehmen, da solche Verhaltensänderungen einen Statusverlust bewirken würden. Dazu sind viele (noch) nicht bereit.

Der Glaube, dass beruflicher Erfolg und gesellschaftlicher Fortschritt wesentlich von der dafür aufgewendeten Zeit abhängen und es dazu keine Alternativen gibt, ist in unserer Kultur tief verankert. Wer etwas erreichen will, so haben es die meisten Menschen vermittelt bekommen, muss dafür viel Zeit investieren. Wer nicht hart, das heißt: lange genug arbeitet, meint es nicht ernst. Solange das Beschäftigtsein identitätsstiftend ist, ist es schwierig, die Zeitnot ernsthaft zu bekämpfen.

Da das Beschäftigtsein eine kulturelle Praxis ist, kann man sich nicht davon freikaufen, indem man Aufgaben anderen zuteilt, sondern man muss neue Verhaltensweisen erlernen. »Letzten Endes verstehen alle, dass Zeit das einzig wahre rare Gut ist: Niemand kann sie herstellen; niemand kann sie verkaufen, und niemand kann sie auf Vorrat speichern«, schreibt die international renommierte Wissenschaftsforscherin Helga Nowotny in *Eigenzeit Revisited*.[40] Das ist für Menschen in kapitalistischen Kulturen fremd, da wir uns daran gewöhnt haben, nahezu für jedes Problem eine Lösung kaufen zu können sowie unser Verhalten zu optimieren. Zeit widersetzt sich diesem individualistischen Lebensmodell, weil sie etwas ist, das im Zusammenspiel mit anderen Menschen entsteht. Daher, und das wird unterschätzt, wirkt der eigene Umgang mit Zeit auf umfassende und komplexe Weise auf die Zeit anderer Menschen. Wir können uns nicht aus diesen Zusammenhängen lösen.

Wir nehmen uns manchmal auch Zeit von anderen und tun so, als gehöre sie uns. Nach wie vor ist es selbstverständlich, sich bei Familienmitgliedern dafür zu bedanken, dass sie einem »den Rücken freigehalten« haben, damit man selbst Karriere machen konnte. Was nichts anderes bedeutet, als dass die Familie für den Erfolg eines ihrer Mitglieder auf eigene (zeitliche) Bedürfnisse verzichtet hat. Das sind ungleiche, oft ungerecht gestaltete Beziehungen. Der bekannte Fernsehmoderator Claus Kleber hat 2020, als er 65 Jahre alt war, in einem Interview eingeräumt, seine Ehefrau habe »einen Preis für [s]eine Karriere gezahlt«. Sie ist Ärztin und konnte ihren Beruf nicht ausüben, weil Klebers Beruf Vorrang hatte.[41] Derart selbstkritische Betrachtungen sind selten und gelingen oft erst im Rückblick; noch immer scheinen es viele Menschen normal zu finden, die Zeit von anderen als die eigene zu begreifen oder weniger wertvoll zu finden. Auf diese Weise entstehen Machtgefälle.

Unsere Zeit ist immer wechselseitig, immer mit der Zeit von anderen verbunden. Wenn wir uns Zeit von anderen nehmen, ihre Zeit für weniger wichtig als unsere halten oder ihre Zeit sehr schlecht bezahlen, sind diese Menschen weniger frei als wir. Die Frage, wie der eigene Umgang mit Zeit das Leben anderer beeinflusst, sollten wir uns stellen. Wege aus der Zeitnot können nicht für einzelne Menschen oder eng gefasste Gruppen gefunden werden, dafür sind wir als Gesellschaft zeitlich zu eng und zu vielfältig miteinander vernetzt. Eine gerechte Zeitkultur erreichen wir, indem wir unsere zeitlichen Beziehungen untereinander entflechten, neu ordnen und gemeinsame Lösungen finden, die für viele statt für wenige funktionieren.

2
ARBEITS_ZEIT

Schon das Wort: Vollzeiterwerbsarbeit. Wer will das denn wirklich? Dieses Wort blamiert sich doch bereits beim Sprechen als etwas sehr Inhumanes: Vollzeit, das ist ja alle Zeit, die ich habe. Soll ich alle Zeit für die Lohnarbeit aufbringen?

_ FRIGGA HAUG[42]

_ ARBEIT UND IDENTITÄT

Kleine Kinder werden häufig gefragt, was sie *werden* möchten, statt: »Mit welcher Arbeit möchtest du später einmal Geld verdienen?« oder: »Welche Berufe interessieren dich?« Welchen Platz in der Welt hat ein Kind, bevor es etwas *wird*? Wie definiert sich ein Mensch, der niemals einen Beruf ergreift? Haben wir keine Konturen, bevor eine Arbeit festlegt, wer oder was wir sind? Wie können wir Teil von etwas sein, wenn wir keine Erwerbsarbeit haben, die *etwas* oder *jemanden* aus uns macht? Oder wenn unsere Arbeit keine Antwort auf die Frage erlaubt, wer wir sind? Wenn die Art unserer Arbeit so verachtet wird, dass wir zu Ausgegrenzten werden?

Vielen Menschen wird beigebracht, andere darüber einzuschätzen, was sie gelernt haben und was sie während ihrer Arbeitszeit tun. Insbesondere in der Mittel- und Oberschicht definieren sich Menschen über diese Dinge und erzählen ihre Biografie vornehmlich anhand beruflicher Stationen und des Bildungswegs, der auf sie vorbereitet hat. Die Erwähnung eines Studienortes oder -fachs, eines Arbeitgebers oder Berufs löst bei uns Annahmen über die Person aus, die gerade von sich spricht. Darüber, wie sie lebt, was sie denkt, was ihr wichtig ist, ob sie uns ähnlich ist, also interessant für uns sein könnte – noch bevor wir ihr länger zugehört oder sie gefragt haben, warum sie ihre Ausbildung gewählt oder wie sie das Studium erlebt hat, was ihre Arbeit für sie bedeutet und was sie darüber hinaus interessiert.

Mein eigenes Vorurteil über die Bedeutsamkeit von Erwerbsarbeit wurde mir vor ein paar Jahren beim ersten Elternabend der Kita bewusst, in die meine Tochter nach unserem Umzug wechselte. Da mehrere Kinder neu in der Gruppe waren, sollten sich die Eltern einander vorstellen. Ich wusste erst gar nicht, was ich über mich sagen sollte, denn ich hatte kurz zuvor meine feste Stelle gekündigt und mich noch nicht entschieden, ob ich erst einmal als freie Journalistin arbeiten oder mich auf Jobs bewerben wollte. Auf keinen Fall wollte ich sagen, dass ich gerade *nichts* sei. Zudem war ich seit einigen Wochen schwanger mit meinem zweiten Kind und befürchtete, womöglich nur als Schwangere und Mutter wahrgenommen zu werden, wenn ich das ebenfalls erwähnte. Kein fester Job und schwanger – darauf konnte ich mir keine sichere Identität bauen. Aber warum war es mir überhaupt wichtig, in der Kita mehr zu sein als nur ein Elternteil? Wahrscheinlich wusste ich nicht, wie es den anderen gelingen sollte, mich einzuschätzen und mir gegenüber offen zu sein, wenn ich mich nicht über meinen Beruf beschrieb. Was ich dann auch in aller Kürze tat: »Ich bin Teresa, und ich bin Journalistin.«

Am einfachsten ist es wohl, beim unverbindlichen Onlinedating nicht über die Arbeit zu sprechen, denn da dürfte das, was man im Bett mag, interessanter sein als der Termin, zu dem man nach der gemeinsam verbrachten Nacht aufbricht. Aber sobald es um mehr geht als Sex – eine Ehe zum Beispiel –, sind Ausbildung, Job und Gehalt der anderen Person relevant. Sogar die Arbeit unserer Partner_innen, Eltern, Geschwister oder Kinder kann uns dem eigenen Empfinden nach auf- oder abwerten. Eltern wünschen sich für ihren Nachwuchs häufig Berufe mit hohem Prestige und gutem Gehalt, weil sie glauben, dass es auch etwas über sie selbst aussagt, welcher Arbeit ihr Kind später nachgeht.

Berufe und Ausbildungen können interessante, bereichernde Anknüpfungspunkte für Gespräche und darauf aufbauende Beziehungen sein. Doch dass wir uns und andere so stark darüber definieren und dass das Fehlen einer Erwerbsarbeit zu Abwertung und Ausgrenzung führt, ist kein bewahrenswerter Zustand. Aber wie ginge es eigentlich besser? Wie könnten wir uns einander so vorstellen, dass wir nicht nur Stereotype über einen Beruf anbieten, sondern Informationen, die uns weitergehender beschreiben?

Eine Antwort darauf zu finden, fällt deswegen nicht leicht, weil die Verknüpfung von Erwerbsarbeit und Identität selten infrage gestellt wird. Gerade in Phasen, in denen wenig Zeit für andere Dinge bleibt, übernimmt der Beruf für das Selbstbewusstsein eine wichtige Funktion. Wo erleben wir uns neben der Arbeit in Rollen, die uns Bestätigung geben? Nachdem ich Mutter geworden war, begegnete ich den meisten anderen Erwachsenen während meiner Arbeitszeit. Die Gelegenheiten, bei denen ich mich ohne beruflichen Bezug mit anderen treffen konnte, schrumpften immens zusammen, denn die Zeit nach der Arbeit gehörte meinem Kind. Ich konnte mich vor allem in meiner beruflichen Rolle vor anderen erleben und bekam dort die meisten Rückmeldungen über meine Persönlichkeit. Vielleicht wäre meine Erwerbsarbeit damals noch wichtiger geworden als vorher, hätte ich nicht schon einmal erlebt, dass es mir schaden kann, wenn meine Identität zu stark davon abhängt.

In meiner ersten Elternzeit, als ich mehrere Monate lang mit meinem Baby tagsüber fast ständig allein war, wurde ich immer unsicherer und unglücklicher, obwohl ich die Zeit mit meiner Tochter genoss. Wodurch meine Krise ausgelöst wurde, verstand ich erst später, als ich schon wieder ins Büro ging und mit Abstand auf diese Phase schauen konnte. Zum einen war ich zu viel allein gewesen, da unsere Gesellschaft junge Eltern tagsüber sich selbst überlässt und sie von den Erwerbsarbeitenden trennt. Viele Eltern berichten, dass sie auf kaum etwas in der Elternzeit so wenig vorbereitet waren wie auf diese Einsamkeit und die fehlenden Gespräche. Wer nicht zufällig Freund_innen hat, die zeitgleich ein Baby bekommen, hat plötzlich viel weniger Kontakt zu anderen Erwachsenen. Zum anderen fehlten mir die sozialen Funktionen meiner Arbeit, die mir emotionale Stabilität gaben. Obwohl das Herumtragen, Füttern und Beruhigen des Babys anstrengend waren und meine Wochenarbeitszeit länger war als zuvor, vermisste ich Anerkennung und das Gefühl, zu etwas Sinnvollem beizutragen. Das Kümmern kam mir zu klein vor. Ich wertete es selbst ab, weil ich gelernt hatte, dass Fürsorge keine richtige Arbeit ist. Und der Kontoauszug mit dem Elterngeld bestätigte mir noch einmal deutlich, dass die Zeit mit meinem Kind weniger wert war als mein Job.

In der Zeit zwischen meinem ersten und meinem zweiten Kind ist es mir gelungen, mich nicht mehr ausschließlich über meine berufliche Arbeit zu definieren. Ich kann sie vermissen, ohne emotional von ihr abhängig zu sein. Ich kann mich heute als Teresa vorstellen – nur mit meinem Namen –, ohne dass etwas fehlt. Ich mag meine Arbeit, aber sie ist nicht das Interessanteste an mir und nicht das, was mich ausmacht.

Kritisch ist die Verknüpfung von Identität und Erwerbsarbeit dann, wenn wir nicht mehr zwischen *glücklich* und *erfolgreich* unterscheiden können. Wenn wir nicht wissen, dass man auch ohne Job zufrieden sein darf. Wer ein erfülltes Leben vor allem mit dem Beruf verbindet und seinen Selbstwert an berufliche Leistungen knüpft, merkt erst beim Verlust des Arbeitsplatzes, bei großen beruflichen Misserfolgen oder dem Rentenbeginn, dass sich die eigene Identität jenseits der Arbeit nicht ausreichend festigen konnte, um auch nun noch gut zurechtzukommen. Menschen, die ihren Job verlieren, können unter dem Verlust ihrer Tagesstruktur leiden, unter reduzierten Kontakten, finanziellen Sorgen und Zukunftsängsten, aber auch unter der Frage, ob sie ohne Erwerbsarbeit überhaupt noch jemand sind. Das ist auch der Grund, warum Menschen ohne

Job oft ins Straucheln geraten. In unserem jetzigen Gesellschaftsmodell werden sie vielfach stigmatisiert und auf das Merkmal der Erwerbslosigkeit reduziert. Man spricht ihnen damit indirekt ab, mehr zu sein als ihre bisherigen beruflichen Aufgaben. Die Journalistin Anna Mayr beschreibt in ihrem Buch *Die Elenden*, wie die gesellschaftliche Geringschätzung von Arbeitslosen dazu führt, dass sie sich ihrer Identität nicht mehr sicher sein können, zumal sie nicht nur keinen Beruf haben, »über den sie sich definieren könnten, sondern auch nicht die Möglichkeit, sich auf andere gesellschaftlich akzeptierte Weise zu definieren«, denn die zweite identitätsstiftende Praxis für Menschen heute sei Konsum, an dem sie ohne oder mit wenig Erwerbseinkommen aber kaum noch teilnehmen könnten.[43] Da in kapitalistischen Gesellschaften also auch die eigene Kaufkraft für unsere Identität eine Rolle spielt, werden wir dazu angehalten, viel zu arbeiten, um so viel wie möglich zu verdienen. Um sich besondere Konsumwünsche leisten zu können, arbeiten sogar Menschen, die schon gut von ihrem ersten Einkommen leben können, über ihre Vollzeit hinaus.

Wir arbeiten aber nicht nur, um unseren Lebensstandard immer weiter zu steigern. So deutet Madeleine Bunting in *Willing Slaves* unser übersteigertes Kaufverhalten als Reaktion auf eine zu hohe Arbeitsbelastung. Mit dem Ausgeben unseres Geldes würden wir uns immer wieder »reparieren, trösten, wiederherstellen«, um weiter so viel arbeiten zu können wie bisher.[44]

Die Verquickung von Arbeit und Konsum wird öffentlich sichtbar über das Berufsbild der Influencer_innen, die sich eine digitale Identität kreieren, mit der sie bei anderen Menschen Konsumwünsche wecken und sie zum Geldausgeben bewegen. Viele Influencer_innen inszenieren sich als ehrgeizig und hart arbeitend, wobei die Grenze zwischen Privatleben und Beruf verschwimmt oder kaum noch wahrnehmbar ist. Freie Zeit, wie ein Urlaub, ist für sie immer auch Arbeitszeit. Auch wenn sie nicht wirklich alles teilen, erzählen Social-Media-Stars ein »ganzes« Leben und müssen ihren Follower_innen jeden Tag Einblicke gewähren. Die Inszenierung mancher Influencer_innen, die ihr Geld mit Markenwerbung verdienen, ist eine Endlosschleife aus Arbeit und Konsum.

_ WIRKLICH SELBSTBESTIMMT?

In emanzipierten und liberalen Gesellschaften – so verstehen sich die meisten wohlhabenden Länder trotz struktureller Benachteiligung verschiedenster Bevölkerungsgruppen – sind Freiheit und dementsprechend auch Freiwilligkeit von großer Bedeutung. Diese Werte sollen in unserem Handeln zum Ausdruck kommen oder ihm zugeschrieben werden können. Souveränität, Selbstbestimmung und Unabhängigkeit sind die Stichworte, die Gerechtigkeitsdiskurse prägen und auch in Diskussionen über Zeitpolitik und Zeitwohlstand immer wieder auftauchen. Die moderne Arbeitswelt fordert uns deswegen auf, unsere Leidenschaften zum Beruf zu machen. Da wir Liebe als freie Entscheidung verstehen, befreien wir Erwerbsarbeit mit dieser Sicht auf sie von ihrem ökonomischen Zwang. Das Phänomen »Arbeit aus Liebe«[45], wie die Historikerinnen Gisela Bock und Barbara Duden die unbezahlte Hausarbeit von Frauen in den 1970er-Jahren beschrieben haben, weitet sich in spätkapitalistischen Gesellschaften nun auch auf die bezahlte Arbeit aus. Doch genau diese Rahmung kann die Akzeptanz von schlechten Arbeitsbedingungen, überlangen Arbeitszeiten und Ausbeutung verstärken. »Der größte Streich, den [der Kapitalismus] uns gespielt hat, ist, uns davon zu überzeugen, dass Arbeit unsere große Liebe ist«, schreibt die Autorin Sarah Jaffe in ihrem Buch *Work won't love you back*, das analysiert, wie weit diese Entwicklung bereits fortgeschritten ist und wie sie die Rechte und die Lebensqualität von Erwerbstätigen schwächt.[46]

Die stärkste feministische Strömung in reichen Ländern ist mittlerweile der liberale Feminismus bzw. der Choice-Feminismus, der Emanzipation mit vermeintlich freiwillig getroffenen Entscheidungen gleichsetzt. Choice-Feminismus ist ein hervorragender Trick, um sich selbst zu befreien: Du verdienst in deinem Job zu wenig? Dann *entscheide dich* doch für einen, der besser bezahlt wird. Du hast zu wenig Zeit für dich selbst? Dann *entscheide dich* doch dafür, einen Babysitter anzustellen. Du fühlst dich im Vergleich mit anderen nicht schön? Dann *entscheide dich* doch für teure Schönheitsprozeduren und *ändere dein Mindset*. Choice-Feminismus ignoriert strukturelle Ungleichheiten und geht davon aus, dass jede Person gesellschaftliche Normen für sich allein außer Kraft setzen kann. Im Choice-Feminismus werden bereits alle als Superheld_in geboren: souverän, selbstbestimmt und unabhängig. Im Choice-Feminismus braucht niemand Solidarität oder Gemeinschaft. Die Superkraft ist in liberalen Gesellschaftsentwürfen in den meisten Fällen Geld.

In einer sich als emanzipiert verstehenden Gesellschaft ist es nur logisch, dass wir angeben, aus freien Stücken viel zu arbeiten. Wir können uns nur als frei betrachten, wenn uns niemand zu etwas zwingt. Daher brauchen wir eigene Erzählungen über unsere Arbeits- und Zeitkultur, die die Freiwilligkeit betonen. Eine dieser Erzählungen lautet, dass wir uns über Bildung und Erwerbsarbeit am besten entfalten, unsere Talente entdecken und Sinn finden können. Deshalb ist es auch stimmig, dass wir einen Großteil unserer Zeit an Orten verbringen, an denen sich unsere beruflichen Fähigkeiten und die wirtschaftlich relevante Seite unserer Persönlichkeit stärken lassen. Schon die Menge der dort verbrachten Zeit lädt Schule, Ausbildung und Arbeit mit Bedeutung auf. Diejenigen hingegen, die an anderen Orten ihre Fähigkeiten, Talente und Interessen besser entfalten können, die in der Schule oder im Beruf nicht sie selbst sein können oder die aufgrund ihrer Jobs ausgegrenzt werden, erfahren über Arbeit wenig gesellschaftliche Anerkennung und Teilhabe. Der Mehrheitsgesellschaft fehlen etablierte Alternativen, um einen Lebenslauf auch dann als gelungen und nachahmenswert zu deuten, wenn er nicht von formaler Bildung und respektierter Erwerbsarbeit geprägt ist. An Schulen vermitteln wir Kindern und Jugendlichen ein einseitiges Bild davon, wann sie auf sich stolz sein können und was sie für ihren Lebensweg brauchen. Guten Gewissens können wir ihnen bisher anscheinend kaum andere Bilder vermitteln.

Feministische Bewegungen waren zwar insofern erfolgreich, als Frausein heute nicht mehr bedeutet, die Rolle als Mutter und Partnerin als höchstes Glück zu betrachten. Es ist selbstverständlich geworden, dass Frauen Berufe erlernen, Karriere machen und Politik gestalten können, doch dieser emanzipatorische Erfolg hat nicht dazu geführt, dass es für alle Menschen dritte und vierte Wege gibt, die als erfolgreiches und selbstbestimmtes Leben anerkannt werden. Die Art von Feminismus, die Öffentlichkeit und Politik prägt, hat diese Möglichkeiten vielleicht sogar verengt, indem sie nahelegt, dass viel zu arbeiten der beste Weg zu einem gleichberechtigten und zufriedenen Leben ist und verhindert, dass wir in Armut geraten. Wenn wir den Fokus auf die Erwerbsarbeit legen, stärken wir die Maßstäbe, die auf männlichen und kapitalistischen Lebensentwürfen basieren, und versäumen, eigene Ideen vom guten Leben zu entwickeln. Dass alle Menschen auf ähnliche Weise glücklich werden können, auf ähnliche Weise leben, widerspricht der Kernidee eines Feminismus, der mehr Freiheitsgrade schaffen will, mehr echte Wahlmöglichkeiten. In einer Gesellschaft gleichberechtigt und frei zu sein, bedeutet nicht, alle Menschen in das gleiche Lebensmodell zu zwängen, sondern ihren vielfältigen Bedürfnissen und Möglichkeiten Raum zu geben. Freiheit impliziert, eigene, neue und vielfältige Ideen haben und leben zu dürfen. Wenn die Norm darin besteht, den Großteil unserer Alltagszeit mit Erwerbsarbeit zu verbringen, sind wir nicht frei. Der feministische Diskurs, der Emanzipation und Freiheit auf beruflichen Erfolg und Geld begrenzen will, erreicht über die implizite Abwertung anderer Lebenserfahrungen viele Menschen nicht, die schlecht bezahlt werden, die bei der Arbeit gedemütigt werden, die keine Karriere wollen oder die zu Hause arbeiten. Feminist_innen müssen Wege finden, die Fesseln der Geschlechterrollen zu lösen, ohne die Lebensrealitäten, die von den sogenannten Normalbiografien abweichen, ideell und politisch zu marginalisieren, indem sie sie als schlechte Entscheidung darstellen.

Eine feministische Kritik muss auch bei Begriffen wie *Normalarbeitstag* oder *Normalbiografie* ansetzen und die Sprache, mit der wir über unsere Zeit sprechen, reflektieren sowie erweitern. Denn der *Normalarbeitstag* bezieht sich auf spezifische Gruppen, für die ein etwa achtstündiger Arbeitstag möglich und finanziell ausreichend ist. Die Arbeitstage von Millionen von Menschen, die unbezahlte Fürsorgearbeit und Beruf kombinieren oder aus finanziellen Gründen viel länger arbeiten müssen, hingegen sind von diesem Begriff nicht gemeint. Wie würde sich unser Blick auf Arbeit verändern, wenn wir fünf Stunden Erwerb und fünf Stunden Care als Normalarbeitstag bezeichnen und ihn als neue Norm etablieren würden?

Indem sich die Arbeitspolitik allein auf bezahlte Arbeit bezieht und die Erhöhung von Erwerbs- und Vollzeitquoten einseitig als Erfolg auslegt, gibt sie vor, was wir als Emanzipation und gelungenes Leben verstehen sollen: eine große Menge bezahlter Arbeit. Eine Arbeitspolitik für das 21. Jahrhundert muss aber sehr viel mehr tun, als sich nur mit den Bedingungen und der Sicherheit von bezahlten Arbeitsplätzen zu befassen. Sie muss dafür Sorge tragen, dass alle gesellschaftlich notwendigen Arbeiten auf zumutbare Weise übernommen werden können und dass sie honoriert werden. Es ist Aufgabe der Arbeitspolitik, alle Formen von Arbeit so zu verteilen, dass sie niemanden zeitlich oder gesundheitlich überlasten, denn freie Zeit ist ein Menschenrecht.[47] Die Länge der Arbeitstage und mit ihr die Menge der freien Zeit müssten sich annähern, damit alle Menschen die gleichen Chancen haben, sich jenseits der Arbeit frei zu entfalten. Dass Menschen trotz Arbeit arm sind, dürfte nicht akzeptiert werden. Eine Arbeitspolitik von heute muss außerdem klima- und umweltschädliche Arbeit regulieren und die Entstehung emissionsarmer Jobs fördern, damit Arbeit nicht unsere Lebensgrundlagen zerstört. So verstanden, wäre Arbeitspolitik nicht nur Zeitpolitik für unsere Alltagszeit, sondern auch Politik für die globale Zukunft.

_ WIE VIEL WIR ARBEITEN

Die Länge des gesetzlichen Arbeitstags in Deutschland ist das Ergebnis eines politischen Kampfes – und damit Spiegel von Machtverhältnissen. Die Arbeiter_innen, die sich für kürzere Arbeitszeiten eingesetzt haben, brachten damit zum Ausdruck: Mehr freie Zeit zu haben bedeutet Freiheit. Wo Gewerkschaften die Interessen von Belegschaften vertreten, werden Arbeitszeiten und andere Arbeitsbedingungen fortlaufend mitbestimmt. Schon allein das sollte uns vergegenwärtigen, dass verhandelbar und veränderbar ist, wie viel wir pro Tag, pro Woche und pro Leben arbeiten. Das funktioniert aber nur dann, wenn Menschen sich zusammenschließen und organisieren. Der Achtstundentag ist mittlerweile so alt, dass manche ihn für das Maß aller Dinge halten. Doch es liegt an uns, uns eine andere Zeitordnung vorzustellen und erste Schritte in diese Richtung zu gehen. Denn für unseren Wohlstand ist es nicht notwendig, dass so viele Menschen den Großteil ihres Tages mit Erwerbsarbeit verbringen, ihren Rücken kaputt machen oder ihre Beziehung. Löst man den Blick von den üblichen Wirtschaftskennzahlen, ist es sogar dringend notwendig, dass wir weniger arbeiten und anders konsumieren als bisher, denn nur dann werden wir *und* die Generationen nach uns eine lebenswerte Zukunft haben. Einkommensreiche Nationen verbrauchen zu viele Ressourcen und produzieren mehr, als Planet und Klima aushalten können.

Über lange Arbeitstage genügend Geld zum Leben zu haben, ist allerdings auch nicht selbstverständlich. Global betrachtet lebt fast jeder zehnte Mensch trotz seiner Mühen in extremer Armut, während andere ihr Geld für sich arbeiten lassen. Der Reichtum der oberen Einkommensgruppen wächst um ein Vielfaches schneller als der von mittleren und unteren Einkommensgruppen, ohne dass diese Menschen mehr oder härter dafür arbeiten würden.[48] In Deutschland gelten über drei Millionen Erwerbstätige als armutsgefährdet.[49] Der Anteil der *Working Poor* hat sich in Deutschland zwischen 2004 und 2014 sogar verdoppelt.[50] Das Einkommen mancher Menschen reicht selbst dann nicht mehr für die Dinge des täglichen Bedarfs und die Miete, wenn sie mehrere Jobs annehmen oder als Selbstständige extrem lange arbeiten. Besonders hoch liegt die Armutsgefährdungsquote bei Menschen mit Migrationshintergrund. Mit rund 26 Prozent ist sie mehr als doppelt so hoch wie für Menschen ohne internationale Geschichte.[51] Sie müssen sich noch mehr anstrengen als andere, um ihre wirtschaftliche Existenz zu sichern. Auch Menschen, die viel Zeit brauchen, um sich um Familienmitglieder zu kümmern, geraten besonders oft in finanzielle Not: Jede fünfte Alleinerziehende gilt als einkommensarm, und auch Eltern mit vielen Kindern sind stärker davon betroffen. Im Rentenalter sind Frauen häufig ärmer als Männer, weil sie im Laufe ihres Lebens mehr unbezahlte Arbeit übernommen haben, wie die Pflege von Angehörigen, für die es keine Rentenpunkte gibt. Die ungerechte Verteilung von freier Zeit kann man nur verändern, wenn man analysiert, welche Mehrfachdiskriminierungen – zum Beispiel strukturelle Diskriminierung aufgrund von Gender, Class, Race – dazu führen, dass manche Menschen so viel mehr unbezahlte Arbeit leisten und wie unterschiedlich der Wert von Arbeitszeit bemessen wird. Unsere Zeit wird nicht neutral bewertet.

Zu dieser intersektionalen Analyse zählt auch, sich bewusst zu machen, wie sehr die eigene Zeitsouveränität abhängt von der Zeit anderer Menschen. In den wenigsten Fällen verfügt ein Mensch wirklich unabhängig über seine Zeit. Sie wird durch andere ermöglicht, die den Büroteppich gesaugt haben, bevor man sich an den Konferenztisch setzt. Die den Vater füttern und mit dem Kleinkind singen, während man selbst über ein Gehalt verhandelt. Die als Putzfee beschrieben werden und mit ihrer Zeit den reicheren Auftraggeber_innen Zeit zum Geldverdienen freizaubern. Können wir uns also selbst mehr Zeitsouveränität organisieren oder sie lediglich von anderen kaufen? In manchen Fällen wird die Zeit anderer zudem nicht einmal bezahlt, sondern vorausgesetzt oder sich genommen, weil die Person glaubt, ihr Anrecht auf frei verfügbare Zeit sei größer. Bis heute hängen viele berufliche Erfolge von einem zeitlichen Ungleichgewicht innerhalb einer Paarbeziehung ab. Nicht immer wird dieses Arrangement verhandelt und als freiwillig empfunden. Die Strukturen, die diskriminierend wirken können, ergeben sich aus menschlichem Verhalten. Sie entstehen nicht von allein.

Die Erkenntnis, die sich aus dieser Abhängigkeit ergibt, ist zum einen, dass Zeitgerechtigkeit nicht ohne Widerstände zu erreichen sein wird, da es um Macht geht und wir verändern müssen, wie wir miteinander leben. Zum anderen ist es keine Frage von individuellem Zeitmanagement, genügend freie Zeit für persönliche Interessen, Beziehungen und Care zu haben. Eine gerechte Zeitkultur lässt sich nur erreichen über Rücksichtnahme, Kompromisse, Umverteilung und entlang von Werten und politischen Zielen, die in dieser Zeitkultur zum Ausdruck kommen sollen und auf die wir uns neu verständigen müssen.

Die gegenwärtigen Strukturen der Erwerbsarbeit sind über 100 Jahre alt. Der Achtstundentag wurde in Deutschland per Gesetz bereits 1918 eingeführt. Auch die 40-Stunden-Woche begleitet uns schon sehr lange. Sie wurde 1956, also vor über 65 Jahren, von Gewerkschaften der Metallindustrie auf den Weg gebracht. Die Wochenarbeitszeit bei vollem Lohn wurde danach zunächst von 48 auf 45 Stunden gesenkt, 1967 schließlich auf 40 Stunden.[52] Viele weitere Branchen folgten dem Vorbild der Metallindustrie, wobei die 40-Stunden-Woche jedoch nie gesetzlich festgeschrieben wurde. Bis heute regelt das Arbeitszeitgesetz lediglich den Achtstundentag und eine Wochenarbeitszeit von maximal 48 Stunden, die viele Unternehmen nur deshalb nicht ausschöpfen, weil das zweitägige Wochenende zur Norm geworden ist. Doch es gibt nach wie vor Arbeitsverträge, die mehr als 40 Stunden vereinbaren. Rechtlich ist das okay.

In der Metall- und Elektroindustrie wurde 1995 sogar eine tarifliche Wochenarbeitszeit von 35 Stunden erkämpft. Sie galt aber zunächst nur für die westdeutschen Bundesländer.[53] Erst

2021 gelang es der IG Metall, eine schrittweise Angleichung für die Beschäftigten in Ostdeutschland zu vereinbaren; die Wochenarbeitszeit soll dort in einem ersten Schritt auf 37 Stunden gesenkt werden.[54] Diese jüngsten Erfolge der Gewerkschaften in der Metallindustrie haben sich bisher leider kaum auf andere Branchen in Deutschland ausgewirkt. Nur etwa ein Fünftel der Tarifbeschäftigten hat eine vereinbarte Vollzeit-Arbeitszeit von 35 Stunden, alle anderen liegen darüber. Im Einzelhandel beispielsweise sehen die Verträge 37,5-Wochenstunden vor. Dabei hatten die Gewerkschaften bereits in den 1980er-Jahren das Ziel ausgerufen, »bis zur Jahrtausendwende« die 30-Stunden-Woche zu erreichen.[55] Tatsächlich wurde die tarifliche Wochenarbeitszeit seit den 1990er-Jahren kaum reduziert. Mittlerweile hält beispielsweise Ver.di eine geringere tägliche oder wöchentliche Arbeitszeit für »kein realistisches gemeinsames Ziel« mehr.[56] Auch die von der gewerkschaftsnahen Hans-Böckler-Stiftung eingesetzte Kommission »Arbeit der Zukunft« sah die kollektive Arbeitszeitverkürzung in ihrem Abschlussbericht nicht mehr als Kernthema einer zeitpolitischen Diskussion, »weil sich die Erwerbstätigen selbst nicht mobilisieren ließen, für eine Reduzierung einzutreten«. Diese seien vor allem interessiert an mehr Flexibilität.[57] Reiner Hoffmann, der bis Mai 2022 DGB-Chef war und der Kommission vorstand, kommentierte: »Wir stehen an einer Zeitenwende, und die Perspektive hat sich verändert: Statt über die Befreiung von der Arbeit zu diskutieren, geht es um die Befreiung in der Arbeit.«[58] Doch warum nicht beides? Es sind vor allem die Frauen in Gewerkschaften und Berufsverbänden, die immer wieder versuchen, eine Debatte über kürzere Vollzeiten anzustoßen. »30 bis

32 Stunden pro Woche sollten ausreichen, um den Lebensunterhalt zu sichern«, findet Frauke Gützkow, Vorstandsmitglied der Gewerkschaft Erziehung und Wissenschaft.[59] Die GEW hat im Mai 2021 Vorschläge zu einer »feministischen Zeitpolitik« vorgelegt.[60] »Niemand kann 40, 50 oder gar mehr Stunden pro Woche arbeiten und Haushalt und Kinder versorgen«, sagt auch Christiane Groß, Präsidentin des Deutschen Ärztinnenbundes.[61] Doch den Gewerkschaften insgesamt scheint eine Verringerung der gesetzlichen Arbeitszeit nicht sonderlich auf den Nägeln zu brennen. Auch unter einflussreichen Politiker_innen ist so gut wie niemand der Meinung, dass weniger zu arbeiten ein Fortschritt wäre. Eine 30-Stunden-Woche für alle fordert von den im Bundestag vertretenen Parteien allein Die Linke.

Arbeiten Menschen in Deutschland heute dennoch weniger als die Generationen vor ihnen, wie es oft heißt? Haben sie mehr Freizeit als ihre Eltern und Großeltern? Diese Frage lässt sich ganz unterschiedlich beantworten, je nachdem, welche Kennzahlen man heranzieht. Im Achten Familienbericht der Bundesregierung wird hierfür die durchschnittliche Jahresarbeitszeit zugrunde gelegt, die zuletzt gesunken sei, sowie die gestiegene Lebenserwartung – die uns dann mehr Zeit beschert, wenn wir bereits graue Haare haben.[62] Im Jahr 2019, bevor durch die Coronapandemie viele Menschen in Kurzarbeit gingen oder ihre Jobs verloren, lag das durchschnittliche Arbeitsvolumen pro Person bei 1383 Stunden im Jahr, knapp hundert Stunden weniger als vor zwanzig Jahren.[63] Das macht in der Theorie – aber auch nur dort – pro Person zwei Stunden weniger Erwerbsarbeit in der Woche. Das Problem bei der Orientierung an der durchschnittlichen Jahresarbeitszeit ist, dass sie alle Beschäftigungsformen berücksichtigt: Vollzeit- und Teilzeitstellen, Kurzarbeit, Nebenjobs und selbstständige Arbeit. Sogar Krankentage und ausgefallene Arbeitsstunden, beispielsweise aufgrund von schlechtem Wetter, werden mitgerechnet. Dieser Wert sagt also kaum etwas über einen typischen Vollzeitjob aus und eignet sich deshalb nicht dazu, irgendeine Aussage über den Zeitwohlstand in Deutschland zu treffen. Besagter Familienbericht kommt zu dem Ergebnis, dass es in Deutschland »keinen generellen Zeitmangel« gebe.[64] Warum nehmen also immer mehr Menschen Zeitdruck wahr?

Das liegt sicher auch daran, dass die Arbeit in der Bevölkerung nicht gleichmäßig verteilt ist. Das jährliche Arbeitsvolumen in Deutschland – die Gesamtzahl aller Stunden, die Menschen in bezahlten Tätigkeiten verbracht haben – ist zuletzt stetig gewachsen. Rund vier Milliarden Stunden mehr als 1999 haben Erwerbstätige im Jahr 2019 gearbeitet. Allerdings verteilen sich diese Stunden auf deutlich mehr Menschen, was erklärt, warum die durchschnittlichen Jahresarbeitszeiten sinken.[65] Gleichzeitig sind vor allem Jobs entstanden, die keine Vollzeitjobs sind. Während die Teilzeitquote 1999 noch bei 28,3 Prozent lag, betrug sie 2019 bereits 38,3 Prozent. Noch deutlicher wird die Entwicklung hin zu mehr Stellen mit geringerem Stundenumfang beim Blick auf die absolute Anzahl der Vollzeitstellen und Teilzeitstellen: Sowohl 1999 als auch 2019 arbeiteten etwas über 25 Millionen Menschen in sogenannten vollen Stellen, verglichen mit 9,9 damals und 15,7 Millionen heute, die in Teilzeit arbeiten.[66]

Dass die durchschnittliche Jahresarbeitszeit gesunken ist, lässt sich also mit einer Polarisierung der Arbeitszeiten erklären: Auf der einen Seite arbeiten Menschen oft mehr als 40, 50 oder sogar 60 Stunden in der Woche, auf der anderen Seite gibt es diejenigen, die Teilzeitstellen oder Nebenjobs mit vielleicht nur zehn Stunden pro Woche haben. Der Anteil von Teilzeitstellen, Minijobs und Selbstständigkeit in geringem Umfang ist heute größer als noch vor 20 Jahren. Viele dieser Personen stecken unfreiwillig in diesen Jobs fest. Ein Viertel der Beschäftigungsverhältnisse gilt inzwischen als geringfügig,[67] was bedeutet, dass die Beschäftigten oft weniger Geld bekommen, als sie für ihren Lebensunterhalt brauchen. Es ist also die hohe Zahl eher prekärer Jobs, die die durchschnittlichen Arbeitszeiten senkt und dadurch den Eindruck erweckt, Menschen in sogenannten Normalarbeitsverhältnissen würden weniger Zeit mit Erwerbsarbeit verbringen als früher. Die Entwicklung des Arbeitsmarktes hat somit nicht zu mehr Zeitwohlstand beigetragen, sondern verursacht Zeitnot für die einen und Geldnot für die anderen – und für diejenigen, die sich mit mehreren Jobs über Wasser halten müssen, sogar beides zusammen.

Die durchschnittliche Jahresarbeitszeit in Vollzeitjobs hat sich in den letzten 30 Jahren tatsächlich kaum verändert. 1991 lag sie bei 1639,3 Stunden pro Jahr, 2019 bei 1638,8 Stunden, also nur eine halbe Stunde niedriger. Das ist nicht einmal eine Minute neue Freizeit pro Woche. Vollzeitbeschäftigte arbeiteten zuletzt »in der Woche durchschnittlich 43,5 Stunden und damit im Durchschnitt fast fünf Stunden länger als vertraglich vereinbart«, heißt es in einer Auswertung der Bundesanstalt für Arbeitsschutz und Arbeitsmedizin.[68] Die jährlich geleisteten

Arbeitsstunden in regulären Teilzeitjobs stiegen seit 1999 von rund 700 Stunden auf rund 766 Stunden, sodass diese »halben« Jobs zeitlich sogar noch etwas anspruchsvoller geworden sind. Indizien für einen wachsenden Zeitwohlstand bei Menschen, die in den sogenannten Normalarbeitsverhältnissen in Voll- und Teilzeit arbeiten, finden sich in den amtlichen Statistiken nicht. Zudem sind immer mehr Menschen in Deutschland mehrfachbeschäftigt und verdienen ihr Geld über unterschiedliche Tätigkeiten. Seit 2013 weist die amtliche Statistik Mehrfachbeschäftigungen aus. Demnach hat sich deren Zahl bis 2019 »um 25 Prozent erhöht auf nunmehr 3,54 Millionen Menschen«.[69] Mehrfachbeschäftige sowie die sogenannten Hybridbeschäftigten, die zusätzlich zu einer Festanstellung noch selbstständig tätig sind, arbeiten im Schnitt deutlich länger als Menschen mit nur einer Stelle.[70]

Insbesondere für Mehrfachbeschäftigte und für Menschen, die sich neben ihrer beruflichen Arbeit um Kinder, pflegebedürftige Angehörige oder Freund_innen kümmern, aber auch für diejenigen, die durch Schichtarbeit an ihren Mitmenschen vorbeileben müssen, ist Zeitwohlstand derzeit kaum in Sicht. Die These des Familienberichtes, Zeitmangel sei vor allem ein subjektiv empfundener Zustand, erscheint höchst fragwürdig, wenn man den Befund mit den tatsächlichen Arbeitszeiten, Care-Pflichten und Umfragen zur Wahrnehmung von Zeitnot kontrastiert. Solange von politischer Seite das Ausmaß zeitlicher Überbeanspruchung vieler Menschen nicht anerkannt wird, ist es unwahrscheinlich, dass in absehbarer Zeit politische Strategien dafür entwickelt werden, mehr Zeitwohlstand für alle zu ermöglichen.

Die Arbeitsmarktdaten belegen sehr klar, dass die Erwerbsarbeitszentrierung in Deutschland in den letzten 30 Jahren zugenommen hat. Zeitknappheit wird von vielen Beschäftigten offenbar eher hingenommen als Einkommenseinbußen. Man kann leichter auf Schlaf verzichten als auf Essen, und die identitätsstiftende Bedeutung des Berufs scheint für die meisten Menschen bislang den Wert von frei verfügbarer Zeit zu überwiegen. Vielleicht, weil sie fälschlicherweise glauben, sich Zeit kaufen zu können.

In einer Erhebung der Hans-Böckler-Stiftung aus dem Jahr 2019 gab über die Hälfte der Mehrfachbeschäftigten an, finanzielle Sorgen hätten sie dazu bewogen, eine zusätzliche Tätigkeit aufzunehmen. Ebenfalls mehr als die Hälfte der Befragten wollte sich über zusätzliches Einkommen aus einer zweiten Tätigkeit »besondere Konsumwünsche« erfüllen. Die Betreffenden haben ihren Zweitjob folglich ohne direkte Not gewählt, sondern allenfalls sozialen Druck verspürt, sich bestimmte Dinge leisten zu können. Als weitere Faktoren identifizierte die Forschungsarbeit zudem den Wunsch danach, mit anderen Menschen zusammen zu sein oder einer Leidenschaft nachzugehen.[71] Wenn der erste Job Bedürfnisse wie Kontakt oder Selbstverwirklichung nicht ausreichend erfüllt, kann ein zweiter diese Dinge vielleicht bieten.

Wenn bei der Arbeit soziale Bedürfnisse befriedigt werden, ist es verschmerzbarer, nach Feierabend wenig freie Zeit übrig zu haben. Wir können es dann sogar als positiv erleben, die verbliebene Zeit für andere Dinge als Gespräche und Beisammensein zu nutzen. Wenn man im Büro viel erzählt und gelacht hat, kann man am Abend noch zwei Stunden im Fitnessstudio trainieren, für das berufsbegleitende Studium lernen oder einem Kind, das nicht müde wird, drei Kapitel mehr vorlesen, ohne das Gefühl zu haben, dass an diesem Tag die Interaktion mit anderen zu kurz gekommen ist. Auch aus diesem Grund finden sich Freiberufler_innen in Co-Working-Spaces und Bürogemeinschaften zusammen: Allein zu Hause am Schreibtisch wird es irgendwann zu einsam.

Die kalifornische Soziologin Arlie Hochschild hat das Phänomen beschrieben, dass für manche Menschen ihre Arbeitsorte zu einem Zuhause werden, auf das sie sich oft mehr freuen als auf ihr Familienleben. »Das Gefühl, Teil einer lebendigen, fortdauernden Gemeinschaft zu sein«, hätten Erwachsene heute eher bei der Arbeit, so Hochschild.[72] Am deutlichsten sichtbar wird dieser Trend in modernen Start-up-Büros und Tech-Konzernen, die in Stellenanzeigen mit plüschigen Sofas und Kickertischen werben, dass mittags gemeinsam gekocht werde und man nach Feierabend für einen Drink auf der Dachterrasse bleiben könne, statt in eine Bar zu gehen. Insbesondere jüngere Unternehmen haben mittlerweile Feel-Good-Manager_innen, Chief-Happiness-Officer oder Angestellte für den Bereich People & Culture. Ein Feel-Good-Manager »kümmert sich um die körperliche, geistige und seelische Fitness der Mitarbeiterschaft, damit deren Performance auf dem Höchststand bleibt«, so beschreibt ein Business-Magazin die Aufgaben dieses neuen Berufsbildes.[73] Unternehmen schaffen also bewusst eine Atmosphäre, in der die Mitarbeiter_innen nicht nur mit ihren Arbeitsaufgaben und der Zusammenarbeit mit Kolleg_innen zufrieden sein können, sondern sich rundum gut versorgt fühlen. Man könnte Feel-Good-Manager_innen auch als Care-Kräfte von Unternehmen beschreiben, die sich wie liebevolle Eltern um möglichst alle Bedürfnisse ihrer Schützlinge kümmern. Nur mit dem Unterschied, dass Feel-Good-Management nicht auf das Wohlergehen der einzelnen Mitarbeiter_innen abzielt, sondern auf den Unternehmenserfolg und auf Kostenreduktion, da fittere und glücklichere Menschen – so die Hoffnung – nicht so oft krank werden und seltener kündigen. Mit dem Einzug des Feel-Good-Managements in die Arbeitswelt müssen Beschäftigte sich nicht mehr allein um ihre Selbstoptimierung kümmern. Unternehmen übernehmen diese Aufgabe für sie und verpacken das als großzügiges Angebot. Dahinter steckt vor allem die Erwartung, dass die Belegschaft dadurch mehr leistet. Sich gut zu fühlen, ist in der kapitalistischen Arbeitswelt ein Synonym dafür, sehr gut und sehr viel zu arbeiten.

Feel-Good-Management richtet sich allerdings primär an Angestellte, die in halbwegs guter Verfassung sind und außerhalb des Jobs nur wenige Aufgaben und Bedürfnisse haben. Menschen hingegen, deren Gesundheit nicht durch ein Sportstudio im Unternehmen verbessert werden kann, da sie zum Beispiel chronisch krank sind, oder die sich vor allem dann wohler fühlen würden, wenn sie mehr Zeit für ihre Familie, ihre Freund_innen, ihr Ehrenamt oder ihren Schrebergarten hätten, erreichen Happiness-Maßnahmen nicht. Alleinerziehenden Eltern hilft eher eine Babysitterin oder ein gut bezahlter Teilzeitjob als ein Obstkorb oder ein Fitnesskurs im Garten der Firma abends um sieben. Feel-Good-Management müsste in einer fortschrittlichen Arbeitswelt überflüssig sein, denn sie wäre so organisiert, dass die Arbeitsbedingungen niemanden erschöpfen oder ein soziales Leben unmöglich machen.

_ DIE KULTUR DER LANGEN ARBEITSTAGE

Untersuchungen belegen, dass die Mehrheit der Vollzeit-Berufstätigen unzufrieden ist mit ihren Arbeitszeiten. In einer Umfrage unter 10 000 europäischen Beschäftigten sagten knapp 80 Prozent, sie würden am liebsten an vier Tagen der Woche etwas länger arbeiten, um bei gleichem Lohn einen zusätzlichen Tag pro Woche freizuhaben. Der Rest wäre bereit, für eine kürzere Arbeitswoche auch auf Gehalt zu verzichten.[74] Wie kann es sein, dass für so viele Menschen ein 10-Stunden-Tag eine Option wäre? Möglicherweise erleben sie bislang ein zweitägiges Wochenende nicht als erholsam. Denn Wochenenden bestehen nicht nur aus Freizeit, sie sind auch von Pflichten durchzogen, wie einkaufen, putzen, Dinge reparieren, und natürlich von Care-Arbeit, wenn man Kinder hat oder Angehörige pflegt. Drei Tage eignen sich zudem wesentlich besser, um wirklich den Kopf frei zu bekommen, oder für Ausflüge, für die man den eigenen Wohnort verlässt. Dass eine Mehrheit offen für überlange Arbeitstage ist, zeigt jedoch auch, dass mit dem Konzept des klassischen Feierabends etwas nicht stimmt. Offenbar erscheint die übrige Zeit nach dem Arbeitstag vielen Menschen als verzichtbar, da sie zu wenig für Erholung oder Vergnügen taugt: dann lieber noch mehr arbeiten. Das sollte uns aufmerksam werden lassen, denn brauchen wir nicht jeden Tag freie Zeit, die auch als solche erlebt wird? Wenn die freie Zeit unter der Woche für nichts zu gebrauchen ist, hat sie ihre

Funktion als wirklich *freie* Zeit zwischen Arbeitsende und Arbeitsbeginn verloren.

Ein großer Teil der Erwerbstätigen in Deutschland würde gern weniger arbeiten. In einer Studie der Bertelsmann-Stiftung von 2021 gaben Männer durchschnittliche Wunscharbeitszeiten von 37 Stunden und Frauen von 30 Stunden an. Nur 17 Prozent der Frauen und neun Prozent der Männer wünschten sich, ihre Erwerbsstunden auszuweiten.[75] Studienergebnisse zu Arbeitszeitwünschen sagen eher wenig darüber aus, wie viele Stunden Menschen mit ihren Berufen verbringen würden, wenn sie den Umfang völlig frei wählen könnten. Die Zahlen sind sehr wahrscheinlich von dem Wissen beeinflusst, wie viele Stunden man arbeiten muss, damit das verdiente Geld reicht, oder von Annahmen darüber, wie das Arbeitspensum berufliche Chancen beeinflusst. Arbeitszeitwünsche würden vermutlich anders ausfallen, wenn Menschen gefragt würden, wie viele Stunden oder Tage pro Woche sie arbeiten wollen würden, wenn ihr Lebensunterhalt unabhängig davon gesichert wäre. Wenn sie wüssten, dass sie dann nicht schneller arbeiten müssten, um das gleiche Pensum in weniger Zeit zu schaffen, und dass nicht mehr Arbeit auf sie wartet, wenn sie nach einem dreitägigen Wochenende zurückkehren. Wenn sie davon ausgehen könnten, dass ihre reduzierte Arbeitszeit keine Mehrbelastung für Kolleg_innen bedeutet, wie es oft passiert, wenn jemand krank ist oder in Elternzeit geht.

Die Frage nach Wunscharbeitszeiten bei sicherem Gehalt hat die Politikprofessorin Ingrid Kurz-Scherf 1995 in einer ihrer Studien Menschen in Berlin gestellt. Heraus kam, dass »die Berlinerinnen und Berliner, wenn sie es sich denn leisten könnten, […] nur noch 22 Stunden pro Woche einer Erwerbstätigkeit nachgehen« würden. Die gewünschten Arbeitszeiten unterschieden sich zwischen Frauen und Männern sowie Ost- und Westberliner_innen kaum. Nur 13 Prozent gaben an, gar nicht mehr arbeiten zu wollen, 14 Prozent wollten weiterhin einer Vollzeittätigkeit nachgehen. »Insgesamt scheint die 20-Stunden-Woche so etwas wie eine kollektive Traumarbeitszeit zu sein«, kommentierte Ingrid Kurz-Scherf die Ergebnisse.[76]

Selbst die viel diskutierte Vier-Tage-Woche ist momentan für die meisten Beschäftigen nicht mehr als ein sehnsüchtiges Gedankenspiel, denn die durchschnittlichen Arbeitsstunden in Vollzeitjobs ergeben rechnerisch eher eine Sechstagewoche. Über die Hälfte der Vollzeitbeschäftigten verbringt zwischen 40 und 47 Stunden pro Woche mit Erwerbsarbeit, fast ein Viertel der Männer und fast jede zehnte Frau arbeitet sogar 48 Stunden oder mehr.[77] Überlange Arbeitszeiten sind sowohl für hoch als auch für gering qualifizierte Beschäftigte zunehmend normal geworden. Über die Hälfte der in Deutschland beschäftigten Menschen leistet mehrere Überstunden pro Woche – und zwar mehrheitlich unbezahlt. 2021 summierten sich bezahlte und unbezahlte Mehrarbeit auf über 1,7 Milliarden Stunden. Rechnet man die durchschnittliche Überstundenzahl eines Jahres auf ein Erwerbsleben hoch, verbringen Beschäftigte in Deutschland dreieinhalb Jahre zusätzlich mit ihren Jobs.[78] Viele Arbeitsplätze in deutschen Unternehmen sind mittlerweile so designt, dass die Aufgaben in 40 Stunden kaum zu schaffen sind. Immer mehr Menschen nehmen diese Zeitknappheit wahr, die mit dem Fachbegriff *hohe Arbeitsin-*

tensität beschrieben wird: eine steigende Menge von Aufgaben pro Zeiteinheit. Laut einer DGB-Studie von 2019 fühlten sich 53 Prozent aller Befragten bei ihrer Arbeit (sehr) häufig unter Zeitdruck, und jede_r Dritte gab an, im Vergleich zum Vorjahr »deutlich mehr Arbeit bewältigen (zu müssen), ohne jedoch mehr Zeit zur Verfügung zu haben«. In der Folge bleiben Angestellte nicht nur länger im Büro, sie lassen auch häufiger ihre Pausen ausfallen.[79] Die Autorinnen Britta Sembach und Susanne Garsoffky haben ausgerechnet, dass deutsche Unternehmen für die in unserem Land jährlich geleisteten Überstunden über 900 000 Vollzeitjobs schaffen könnten.[80] Die Lebenszeit, die uns fehlt, steckt auch in diesen nicht geschaffenen Stellen.

Im Mai 2021 veröffentlichten die Weltgesundheitsorganisation (WHO) und die Internationale Arbeitsorganisation (ILO) eine gemeinsame Studie, die zu folgendem Ergebnis kam: Überlange Arbeitszeiten von etwa 55 Stunden pro Woche erhöhen das Risiko von Herzkrankheiten und Schlaganfällen enorm – verglichen mit Wochenarbeitszeiten von 35 bis 40 Stunden – und haben 2016 zum Tod von 745 000 Menschen weltweit geführt. Zum Zeitpunkt der Datenerhebung arbeiteten rund neun Prozent der globalen Bevölkerung mehr als 55 Stunden die Woche. Der Generaldirektor der WHO äußerte sich besorgt darüber, dass die Zahl der Menschen, die zu viel arbeiten, durch neue Beschäftigungsformen wie mobiles Arbeiten oder die Gig-Economy, in der Arbeitsaufträge über Plattformen an Essenskuriere, Putzkräfte oder Taxifahrer_innen verteilt werden, weiter steigen werde.[81]

55 Stunden im Job sind schnell erreicht, wenn acht Stunden Erwerbsarbeit als normaler Arbeitstag gelten. Diejenigen, die damit prahlen, die »Extra-Meile« zu gehen, wie es im Business-Slang heißt, oder die glauben, nur so beruflich voranzukommen, erzählen von Zehn-, Zwölf- oder Vierzehnstundentagen. Für Politiker_innen und Ärzt_innen, zu deren Aufgabenspektrum der Gesundheitsschutz anderer Menschen gehört, sind Arbeitszeiten von über 50 Stunden normal. Auch viele Lehrer_innen, über die es fälschlicherweise oft heißt, sie hätten mehr Freizeit als andere Berufsgruppen, arbeiten mehr als 48 Stunden pro Woche.[82] Die Liste der Branchen, in denen 35 bis 40 Stunden normalerweise eingehalten werden, ist vermutlich kürzer als die Liste der Jobs, in denen regelmäßig Überstunden gemacht werden. Besonders lange Arbeitszeiten finden sich nicht nur in den genannten Berufen, sondern auch in der Landwirtschaft, im Baugewerbe, in Unternehmensberatungen, Werbeagenturen, in der Gastronomie, bei Hochschulangestellten, bei Selbstständigen, in Sozial-, Gesundheits- und Care-Berufen. Eine Gruppe polnischer Paketboten, die aus Protest gegen die Ausbeutung durch ihren deutschen Auftraggeber die Firmenwagen besetzte, berichtete 2021 über Wochenarbeitszeiten von 85 Stunden.[83] In der Altenpflege ist sogar das Jobprofil der »24-Stunden-Pflege« entstanden. Hausangestellte, besonders sogenannte Live-in-Worker, zählen der Internationalen Arbeitsorganisation (ILO) zufolge zu den Berufsgruppen mit den längsten Wochenarbeitszeiten, denn viele Arbeitgeber_innen erwarten permanente Verfügbarkeit und beachten Ruhezeiten nicht.[84]

_ ATYPISCHE UND FLEXIBLE ARBEITSZEITEN

Der Anteil der Arbeitsstunden, die zu irregulären Zeiten geleistet werden, wächst stetig. Erwerbsarbeit dringt nicht nur stärker in die Nacht vor, sondern auch in die Abendstunden und die Wochenenden.[85]

Mittlerweile arbeitet jede_r vierte Beschäftigte in Deutschland auch am Wochenende, über fünf Millionen sind es im Schichtbetrieb, und mehr als neun Millionen Menschen arbeiten am späteren Abend oder nachts.[86] Obwohl die gesundheitlichen Risiken und die erheblichen sozialen Konsequenzen von Schichtarbeit bekannt sind, ist sie auch dort erlaubt, wo sie nicht notwendig wäre, sondern primär der Profitmaximierung dient. In einigen Berufen, wie beispielsweise in Krankenhäusern, ist Schichtarbeit unabdingbar, aber warum Tag und Nacht laufende Produktionsbänder oder 24/7-Dienstleistungen Vorrang vor stabilen sozialen Beziehungen und der Gesundheit von Menschen haben, ist gesellschaftlich kaum nachvollziehbar.

Wie Nachtschichten kompensiert werden, wird auch heute noch über Tarif- und Arbeitsverträge geregelt und kann durch mehr Geld oder durch Freizeitausgleich erfolgen. Es gibt keine gesetzliche Arbeitsschutzregelung dazu, wie viel zusätzliche freie Zeit Beschäftigte bekommen sollten, die dann arbeiten, wenn andere schlafen. Das Dilemma der Beschäftigten ist, dass sie für Nachtschichten sowie Sonn- und Feiertagsarbeit hohe Zuschläge bekommen, die attraktiv oder finanziell schlicht notwendig sind; die langfristigen gesundheitlichen und sozialen Folgen erscheinen dann verkraftbar oder alternativlos. Wenn Schichtarbeit und geringe Löhne aufeinandertreffen, haben die Beschäftigten kaum eine Wahl, ihre Gesundheit durch weniger Arbeit besser zu schützen.

Schicht-, Nacht- und Wochenendarbeit reduzieren außerdem *sozial wertvolle* freie Zeit. Daher sollten sie nie nur finanziell ausgeglichen werden, sondern immer auch zeitlich. Bei der Deutschen Post beschäftigte Frauen, die 1980 einen Streik unter dem Motto *Mehr Freizeit für Schichtarbeit, damit das Leben nicht zu kurz kommt* organisierten, forderten beispielsweise, dass eine Stunde Schichtarbeit zu »ungünstigen Zeiten« als eineinhalb Stunden Normalarbeit angerechnet werden sollte.[87] Eine achtstündige Nachtschicht würde in diesem Modell mit zwölf Stunden auf dem Arbeitszeitkonto verbucht. Der *Spiegel* machte die gesundheitsschädigenden und sozial isolierenden Effekte von Schichtarbeit damals zur Titelstory und schrieb: »Es erscheint schon grotesk, daß die in Schicht abgeleisteten Arbeitsstunden just in einer Epoche zunehmen, in der sich Vokabeln wie ›Qualität des Lebens‹ oder ›Humanisierung der Arbeitswelt‹ einbürgerten.«[88] Mittlerweile ist Schichtarbeit so normal, dass sie es wohl kaum noch auf einen Magazin-Titel schaffen würde.

Würde man sich an den wissenschaftlichen Erkenntnissen orientieren, die gezeigt haben, dass Menschen in der Nacht über 150 Prozent Energie für ihre Arbeit aufwenden müssen, verglichen mit 100 Prozent am Tag, sollten ihnen pro achtstündiger Nachtschicht tatsächlich vier Stunden bezahlte freie Zeit gewährt werden. Die Vollzeit für Menschen, die regelmäßig Nachtschichten machen, könnte also längst bei 30 Stunden liegen, so wie es beispielsweise Pflegefachkräfte fordern, die sich der gesundheitlichen Überlastung durch ihre aktuellen

Arbeitsbedingungen bewusst sind und denen höhere Löhne allein deshalb nicht genügen. Viele befürchten, ihren Beruf nicht bis zum Rentenalter ausüben zu können, weil er sie körperlich und psychisch krank machen wird.[89] Der Personalmangel in der Pflege ergibt sich in Deutschland auch daraus, dass in der Altenpflege über die Hälfte und in der Krankenpflege über 40 Prozent der Fachkräfte in Teilzeit arbeiten, und zwar in vielen Fällen deshalb, weil sie sich die Strapazen eines Vollzeitjobs nicht zumuten wollen oder können.[90] Je höher die Belastungen in einem Beruf sind, desto dringender brauchen die Beschäftigten ausreichend Zeit, um Abstand zu gewinnen und sich zu erholen. So sieht es auch der Intensivpfleger Ricardo Lange, der sich für bessere Arbeitsbedingungen in der Pflege engagiert und immer wieder darauf hinweist, dass Geld allein seinen Beruf nicht attraktiver macht: »Man redet immer von Bezahlung, aber es würde mehr bringen, wenn man das Sozialleben der Pflegekräfte fördert. Indem man nicht jedes Wochenende arbeiten muss, nicht dauernd einspringen muss. Es muss möglich sein, wieder ein Familienleben zu haben.«[91]

Auch flexible Arbeitszeiten werden von immer mehr Menschen nachgefragt. Verschiedene Untersuchungen haben jedoch gezeigt, dass flexibles Arbeiten keineswegs zu mehr Freizeit führt, sondern eher zu weniger. Der Jahresbericht *DGB-Index Gute Arbeit 2020* kommt zu dem Ergebnis, dass Überstunden im Homeoffice zwei- bis dreimal so verbreitet sind wie unter Beschäftigten mit festem Arbeitsplatz in Unternehmen. Ein Viertel der Menschen, die regelmäßig auf Dienstreisen sind oder von zu Hause aus arbeiten, gab zudem an, ihre mobil erbrachte Arbeitszeit werde dadurch entwertet, dass sie nicht erfasst und vielfach nicht bezahlt werde. Auch die Anforderungen an Erreichbarkeit steigen, wenn Beschäftigte nicht vor Ort arbeiten, sodass für sie Beruf und Freizeit mehr miteinander verschwimmen. 46 Prozent der Menschen, die im Homeoffice arbeiten, sagen von sich, dass sie nach der Arbeit nicht richtig abschalten können. Sie haben zudem größere Schwierigkeiten, Beruf und Privatleben zeitlich zu vereinbaren, als Menschen mit festem Arbeitsplatz, was erst einmal widersprüchlich klingt.[92]

Die Hoffnungen, die viele mit dem Homeoffice verbinden – unabhängig von der speziellen Situation während der Pandemie –, haben sich nicht erfüllt. Denn die unterschiedlichen Formen des mobilen Arbeitens mindern die mentale und körperliche Gesundheit sowie die Qualität der sozialen Beziehungen derzeit eher. Besonders als Zauberformel gegen Zeitkonflikte scheint das Modell nicht zu wirken. Offenbar ist die Arbeitslast in vielen Jobs so hoch, dass eingesparte Arbeitswege, mehr Ruhe zu Hause, flexiblere und selbstbestimmte Arbeitszeiten zwar durchaus entlasten können, es an den grundsätzlichen Problemen – zu wenig Zeit und hohe Arbeitsintensität – jedoch kaum etwas ändert, wenn man den Laptop auf dem Balkon aufklappt. Die Soziologin Yvonne Lott bringt es auf den Punkt: »Das Versprechen: ›Arbeite, wann immer du willst!‹ ist häufig Teil einer leistungsorientierten Managementstrategie, die eher meint: ›Arbeite rund um die Uhr, wenn es sein muss.‹«[93]

Bei Müttern führt das Homeoffice laut dem Report von Lott sogar dazu, dass sie nicht nur länger für ihren Job arbeiten, sondern sich zusätzlich etwa drei Stunden mehr um ihre Kinder kümmern als Mütter mit außerhäusigem Arbeitsplatz. Väter arbeiten zu Hause bis zu sechs Stunden mehr pro Woche als im Büro, kümmern sich aber weniger um ihre Kinder als Väter mit festem Arbeitsplatz im Unternehmen.[94] So wie flexibles und mobiles Arbeiten derzeit organisiert ist, scheint es eher ein emanzipatorischer Albtraum zu sein als ein Gewinn, denn es festigt die traditionelle Arbeitsteilung zwischen Frauen und Männern und reduziert für alle die verfügbare Freizeit und damit die Möglichkeit, sich zu erholen.

An flexiblen Arbeitszeiten und der damit verbundenen ständigen Erreichbarkeit ist besonders problematisch, dass sie unsere freien Zeiten verändern. Selbst wenn niemand anruft, hält man sich mental bereit. Daher reicht es nicht, in der Diskussion über ungesund lange Arbeitszeiten allein auf die Dauer zu schauen. Die Beschäftigungszeit dehnt sich aus, wenn wir uns gedanklich nicht von der Arbeit lösen können. Unser Arbeitspensum wird zudem schwieriger messbar, wenn wir ständig erreichbar sind und die Freizeit immer wieder für etwas Berufliches unterbrechen, und sei es nur kurz.

In der Arbeitspsychologie gibt es einen Fachbegriff für die Fähigkeit, die Arbeit gedanklich zu beenden und nicht mit in die anderen Zeiten hinüberzunehmen: *Detachment*, zu Deutsch: mentale Distanzierung. Menschen, denen es schlecht gelingt, von der Arbeit abzuschalten, und die auch in ihrer Freizeit über ihren Job nachdenken, können sich nachweislich schlechter erholen und haben häufiger Schlafprobleme. Dem Stressreport 2019 zufolge haben 14 Prozent der Arbeitnehmer_innen in Deutschland große Schwierigkeiten, sich in der arbeitsfreien Zeit zu regenerieren.[95] *Detachment* ist jedoch wichtig, um gesund zu bleiben. Denn wer ständig über seine Arbeit nachdenkt, kommt mental – folglich auch körperlich – nicht zur Ruhe. Diese sogenannte Erholungsunfähigkeit erhöht das Risiko, an Depressionen zu erkranken. Sie beeinflusst die Qualität der Beziehung zu Familienmitgliedern und Freund_innen. Sie vermindert sogar die Arbeitsfähigkeit insgesamt, was wiederum zu einem vorzeitigen Berufsausstieg führen kann.[96]

Je mehr sich Erwerbsarbeit flexibilisiert und in Randzeiten ausdehnt, desto komplizierter wird es, mit dem eigenen sozialen Umfeld gemeinsame freie Zeiten zu finden. Das Verschwinden von kollektiven Zeitinstitutionen wie dem Feierabend oder dem Wochenende vereinzelt uns immer weiter. Die Freiheit, die manche darin sehen, flexibel arbeiten zu können, mag ein persönlicher Vorteil sein, sie ist aber sicher keine Errungenschaft für die Gesellschaft, da verlässliche gemeinsame Zeiten dadurch immer weiter reduziert werden. Auch wenn uns die Vorstellung einer Rückkehr zu kollektiven Arbeitsrhythmen und Tagesstrukturen auf den ersten Blick altmodisch oder sogar einschränkend erscheinen mag, sollten wir darüber nachdenken, welche Dinge wir für mehr Flexibilität aufgegeben haben und ob es nicht wünschenswert wäre, wieder mehr Arbeitsplätze zu schaffen, die nicht erfordern, dass man spätabends, nachts und an den Wochenenden arbeitet oder sogar rund um die Uhr verfügbar sein muss.

Ein Arbeitsmarkt, auf dem atypische Arbeitszeiten stetig zunehmen und von Erwachsenen grundsätzlich Flexibilität erwartet wird, erschwert auch die Möglichkeit eines familiengerechten und fürsorglichen Zusammenlebens. Denn Kinder und Pflegebedürftige brauchen sichere Abläufe und verlässliche Strukturen. Wer viel Zeit mit Kindern verbringt, weiß, wie stark sie reagieren, wenn man von einem Alltagsritual abweicht, wenn nicht zur üblichen Stunde gegessen oder vorgelesen wird oder plötzlich ein vertrauter Gegenstand fehlt. Dass uns Gewohnheiten und Rituale Sicherheit geben und mental entlasten, begleitet uns ein Leben lang. Doch vor allem für Kinder ist es schwierig, wenn sich ihre Alltagsrhythmen oft verändern, beispielsweise wegen der Notwendigkeiten des Homeoffice oder wechselnder Schichtpläne ihrer Eltern. Politisch sollten wir daher nicht nur gute Arbeitsbedingungen schaffen, sondern auch berücksichtigen, wie sich die Organisation von Erwerbsarbeit auf alle Mitglieder der Gesellschaft auswirkt. Arbeit, die unseren sozialen Beziehungen schadet und die Bedürfnisse von besonders schutzbedürftigen Menschen nachrangig behandelt, ist keine gute Arbeit. Wie wir arbeiten, betrifft uns alle gemeinsam.

_ ARBEIT UND GESUNDHEIT

Wann Arbeit krank macht und wann sie sich positiv auf Gesundheit und Wohlbefinden auswirkt, ist gut erforscht. Dabei macht es keinen Unterschied, ob es sich um bezahlte berufliche Arbeit oder um unbezahlte Care-Arbeit handelt.[97] Um zu unterstreichen, dass Arbeit generell gut für uns sei und uns nicht nur finanziell nütze, wird oft darauf verwiesen, dass berufstätige Frauen erwiesenermaßen zufriedener und gesünder seien als Hausfrauen und dass Erwerbslose häufiger Depressionen entwickelten als Berufstätige. Damit wird suggeriert, jede Erwerbsarbeit sei besser als keine. Hausfrau zu sein oder nicht erwerbstätig zu sein, macht aber nicht automatisch krank. Unbezahlte Care-Arbeit wirkt sich nur dann negativ auf die Gesundheit aus, wenn sie die gleichen Merkmale aufweist wie ein mieser Job: wenn es an Wertschätzung und Unterstützung von anderen fehlt oder man sich ungerecht behandelt fühlt; wenn man das Gefühl hat, die Aufgaben in der vorhandenen Zeit nicht schaffen zu können; wenn man aufgrund von Zeitdruck keine Pausen macht und nach der Arbeit nicht abschalten kann, weil man fortwährend darüber nachdenkt, was alles noch zu tun ist; wenn die Aufgaben monoton sind, man zu atypischen Zeiten arbeiten muss oder viele Überstunden leistet. Aspekte von Arbeit, die positiv auf die Gesundheit wirken, sind ein eigenes Einkommen, eine Tagesstruktur, soziale Kontakte sowie die Möglichkeit, Selbstwirksamkeit zu erfahren. Nicht alle Jobs bieten diese Dinge, besonders aber fehlen sie bei Erwerbslosigkeit, Hausarbeit und Kindererziehung.

In unserer Gesellschaft ist es derzeit am einfachsten, über eine Berufstätigkeit längerfristig gesund und zufrieden zu bleiben, da sich vor allem innerhalb der Arbeitswelt Strukturen herausgebildet haben, die wichtige psychische Bedürfnisse erfüllen. Es ist nicht Erwerbsarbeit per se, die uns stabilisiert, und es ist keine unveränderliche Eigenschaft von Erwerbslosigkeit, das Selbstvertrauen zu senken und zu Depressionen zu führen. Es sind die fehlenden Möglichkeiten, innerhalb anderer Zusammenhänge als Erwerbsarbeit die Zeit sinnvoll zu strukturieren, Wertschätzung zu erleben, die eigenen Fähigkeiten einzubringen und mit anderen Menschen in Kontakt zu sein. Wir brauchen keine Erwerbsarbeit, um gesund zu bleiben, sondern eine Alltagsorganisation, die uns in allen Lebenssituationen das ermöglicht, was ein guter Job kann. Anerkennung und das Gefühl, gemeinsam etwas zu schaffen, wurden nicht in der Berufswelt erfunden, wir haben diese Dinge nur zu sehr dorthin verschoben. Niemand sollte uns davon abhalten, unsere anderen Lebensbereiche bewusster zu gestalten, und – statt uns nach Traumjobs zu sehnen – traumhafte Care-Strukturen zu schaffen und mit anderen Menschen in unserer Freizeit Dinge zu erleben, die uns glücklich machen, weil wir spüren, dass wir etwas können und für andere wichtig sind.

Arbeitslosigkeit und Armut wirken sich massiv darauf aus, was Menschen mit ihrer Zeit anstellen können. Daniela Brodesser, die über Armutserfahrungen schreibt, widerspricht dem Klischee, dass man als erwerbslose Person mehr freie Zeit habe. Man sei nämlich ständig damit beschäftigt, die Armut zu »managen« und Dinge zu tun wie »Einkaufslisten nach unten korrigieren (und dafür natürlich sämtliche Preise im Kopf haben), um die von der Schule verlangten 12 Euro bis am nächsten Morgen zu haben«. Brodesser erzählt weiter: »Was ich im Alltag gebraucht hätte: mehr Zeit und Ruhe, um meine Stärken wieder zu finden, mir klar zu werden, was ich kann und was nicht. Kraft zu tanken, um die Unsicherheit ablegen und gestärkt gegen die Vorurteile vorgehen zu können.«[98] Eine neue Zeitkultur muss allen Menschen ermöglichen, Zeit für sich selbst zu haben und sie als erholsam und selbstbestimmt zu erleben; das gilt auch für Erwerbslose und Armutsbetroffene, denn sie leben nicht im Zeitwohlstand, nur weil sie gerade nicht oder weniger erwerbsarbeiten als andere.

Die Medizinsoziologen Nico Dragano und Johannes Siegrist messen guten Arbeitsbedingungen große Bedeutung zu, da Erwachsene »den vergleichsweise höchsten Anteil bewusst erlebter und gestalteter Lebenszeit« mit Erwerbsarbeit verbrächten und dadurch über einen besonders langen Zeitraum »gesundheitsrelevanten Einflüssen ausgesetzt« seien.[99] Wenn eine Erwerbsarbeit sich negativ auf Gesundheit und Lebenszufriedenheit auswirkt, ist es momentan schwierig, über andere Zeiten einen ausreichenden Ausgleich zu schaffen, weil sie im Vergleich zur im Beruf verbrachten Zeit nicht lang genug sind. Gesundheit, Selbstvertrauen und Zufriedenheit können erst dann wieder in Balance gebracht werden, wenn man der negativ erlebten Zeit ausreichend Zeit entgegensetzen kann, in der man sich wohlfühlt. Das wiederum wäre eine Möglichkeit, Work-Life-Balance neu zu interpretieren: Die Zeit im Beruf muss tatsächlich ausgeglichen werden können. Eine Stunde Freizeit am Abend nach neun Stunden im Job balanciert etwaige Belastungen nicht aus.

Bei Arbeit, die krank macht, stellen wir uns häufig Bergleute mit Lungenkrankheiten vor oder Dachdecker_innen mit kaputten Kniegelenken nach 30 Jahren ungesunder Haltung. Or Jobs, bei denen die gesundheitsschädigenden Effekte unmittelbar ersichtlich sind, wie bei Mitarbeiter_innen von Nagelstudios, Haarsalons oder Blumenplantagen, die täglich unmittelbar mit Chemikalien in Kontakt kommen. In einigen Jobs gehört es regelrecht zur Berufsbiografie, dass man es nicht gesund bis zur Rente schafft und schon vorher aufhören muss. Es ist absurd, dass wir so immens gesundheitsschädliche Arbeitsbedingungen zulassen.

Nicht immer sind die gesundheitlichen Risiken jedoch so offensichtlich. Überlange Arbeitszeiten erweisen sich als ein unsichtbares, schleichendes Gift, das Gesundheitsprobleme verursacht, die sich lange Zeit gut ignorieren lassen. Arbeiten wir zu viel, fehlt uns Zeit für körperliche Aktivität. Um gesund zu bleiben, empfiehlt die WHO Erwachsenen zwischen zweieinhalb und fünf Stunden Bewegung mit mindestens moderater Intensität pro Woche und idealerweise zusätzlich zweimal gezieltes Muskeltraining. Denn Sport beugt nicht nur Herz-Kreislauf-Erkrankungen und Rückenschmerzen vor, sondern senkt auch das Risiko, Diabetes zu bekommen, wirkt Demenz entgegen und lindert depressive Verstimmungen. Nimmt man die Empfehlungen ernst, bräuchten wir jeden Tag Zeit für sportliche Betätigung.

Doch davon sind die meisten Menschen in Wissens- und Dienstleistungsgesellschaften weit entfernt. Die Anzahl derjenigen, die sich während ihrer beruflichen Tätigkeit ausreichend bewegen können, nimmt immer weiter ab. Nur 15 Prozent der Frauen und 25 Prozent der Männer in Deutschland schaffen es, mehr als zweieinhalb Stunden pro Woche körperlich aktiv zu sein.[100] Um einen Achtstundentag am Schreibtisch gesundheitlich auszugleichen, müsste man sich täglich mindestens eine Stunde lang so bewegen, dass das Herz ein wenig schneller schlägt. Es muss nicht immer Sport sein, auch Arbeiten rund ums Haus, bei denen man leicht ins Schwitzen gerät, sind geeignet. Meist merken wir jedoch lange Zeit nicht, dass wir zu viel sitzen. Nach einer durchgearbeiteten Woche im Büro mit wenig Bewegung fühlen wir uns vielleicht ein wenig verspannt, sehen uns aber kaum mit dem steigenden Risiko von Krankheiten wie Krebs, Diabetes und Herzinfarkt konfrontiert.

Zufrieden sind diejenigen, die vor allem im Sitzen und Stehen arbeiten, damit zumeist nicht. Der jüngsten Bewegungsstudie der Techniker-Krankenkasse (TK) zufolge gibt mehr als die Hälfte der Betroffenen an, während der Arbeitszeit körperlich gern aktiver sein zu wollen, und wünscht sich, dass es dafür im Berufsalltag mehr Möglichkeiten gäbe.[101] Menschen, die in bewegungsarmen Berufen arbeiten, versuchen oft, den Bewegungsmangel in ihrer freien Zeit wettzumachen, schaffen es aber selten, so viel Sport zu treiben, wie für den gesundheitlichen Ausgleich nötig wäre.[102] Der Wille ist da, die Zeit nicht. Von denjenigen, die nie oder selten Sport machen, begründeten dies in der Studie der TK 45 Prozent mit Zeitmangel. Etwa die Hälfte der Frauen und ein Drittel der Männer stimmten zudem der Aussage zu: »Mein Tag ist meist so anstrengend, dass ich abends am liebsten auf dem Sofa entspanne.« Wenn der Arbeitsalltag für viele Menschen so kraftraubend ist, dass sie mit der Zeit danach kaum mehr anfangen können, als müde herumzuliegen, dann stimmt doch etwas nicht.

Dem Frauengesundheitsbericht des Robert Koch-Instituts zufolge finden Mütter seltener Zeit für Sport als Frauen, die sich nicht um Kinder kümmern müssen. Zeit für mehr Bewegung haben Frauen – unabhängig davon, ob sie Kinder haben oder nicht – erst wieder, wenn sie den Vorruhestand oder Ruhestand erreichen.[103] Andere Untersuchungen zeigen, dass sich Frauen, wenn ihre Kinder selbstständig geworden sind, gesünder fühlen als in jüngeren Jahren, weil die Belastungen der Care-Arbeit abnehmen.[104] Bei Männern zeigt sich ein ähnliches Bild, das auf den Zusammenhang zwischen Jobbelastung, Familie und Zeit für Bewegung hindeutet: Die Gruppe der 18- bis 24-Jährigen sowie Männer über 65 Jahren sind körperlich am aktivsten – also bevor sie den Großteil ihrer Alltagszeit im Beruf verbringen und danach.[105]

Die Wissenschaftler_innen des Robert Koch-Instituts weisen zudem auf einen relevanten Unterschied zwischen den Geschlechtern hin, wenn auch mit irreführender Formulierung: »In nahezu allen Altersgruppen achten mehr Männer als Frauen auf ausreichend körperliche Aktivität im Alltag.«[106] Da Frauen in allen Altersgruppen mehr unbezahlte Arbeit zu Hause übernehmen, würde die Aussage, dass sie im Schnitt weniger Zeit für Bewegung haben und häufiger zu müde dafür sind, ihre tatsächliche Lebenssituation wohl treffender beschreiben. Der Gender-Gap beim Freizeitsport ist weniger eine Frage von Achtsamkeit, sondern beruht auf der ungerechten Aufteilung von Care-Arbeit.

Zeitpolitik ist folglich auch Gesundheitspolitik: Sie sollte ermöglichen, dass alle Menschen ausreichend Zeit und Möglichkeiten haben, sich zu bewegen. Statt Menschen dafür zu verurteilen, dass sie wenig Sport machen oder sich von Fertiggerichten ernähren, könnte man auch fragen, warum sie das tun. Wenn immer mehr Menschen aufgrund langer Arbeitszeiten und Pendelwege immer später in ihre Küchen zurückkehren oder aufgrund ihres Schichtdienstes nicht zu Hause sind, wenn die Kinder Hunger haben, sollte es niemanden überraschen, wenn Eltern auf Fischstäbchen setzen, statt aufwendig zu kochen. Public-Health-Empfehlungen für eine bessere Gesundheit sind wenig wert, wenn nicht gleichzeitig die Voraussetzungen dafür geschaffen werden, dass alle, die sie gern umsetzen würden, das auch können. Dafür müsste das zugrunde liegende Problem aber erst einmal erkannt und in seiner gesellschaftlichen Relevanz begriffen werden.

_ WIE ARBEIT UND ARMUT DAS LEBEN VERKÜRZEN

In unserer gegenwärtigen Arbeitswelt gilt es als kaum bemerkenswert, dass es über 80 gesetzlich anerkannte Berufskrankheiten gibt und etwa 30 Prozent aller Erkrankungen auf die Berufsausübung zurückgehen. Die Folgekosten ungesunder Arbeitsorganisation belaufen sich pro Jahr in Deutschland auf mindestens 28 Milliarden Euro[107] – mehr als das Doppelte des Etats, den das Bundesministerium für Familie, Senioren, Frauen und Jugend 2021 zur Verfügung hatte.[108] Die Europäische Agentur für Sicherheit und Gesundheitsschutz am Arbeitsplatz und die Internationale Arbeitsorganisation (ILO) schätzen die Kosten des mangelhaften Arbeits- und Gesundheitsschutzes auf 3,3 Prozent des Bruttoinlandsprodukts (BIP) der EU. Das entspricht sage und schreibe 476 Milliarden Euro. Die Folgekosten von schädlicher Arbeit waren dementsprechend 2019 mehr als doppelt so hoch wie das Wachstum des BIP der EU in derselben Zeit.[109] Eine nachhaltige Wirtschaft würde der Gesundheit ihrer Arbeitskräfte nicht auf diese Weise schaden. Und auch die Politik müsste im Angesicht dieser Zahlen dringend etwas verändern: Die Folgekosten von gesundheitsschädlicher Arbeit zahlen die Bürger_innen schließlich mit ihren Steuern, während die Gewinne, die mit dieser Ausbeutung erzielt werden, in wenige Taschen fließen. Krank machende Arbeit belastet die öffentlichen Finanzen. Als Gesellschaft sollten wir diese Zustände nicht hinnehmen. Menschen dürfen keine Ressource sein, die durch Arbeit im wahrsten Sinne des Wortes verbraucht wird.

Oder kann eine Erwerbsarbeit so wichtig sein, dass es hinnehmbar ist, wenn die Gesundheit darunter leidet? Sicherlich erscheint es vernünftiger, erschöpft zu sein oder Rückenschmerzen zu haben, als zu verhungern. Aber die wenigsten von uns möchten von Ärzt_innen operiert werden, die seit 36 Stunden nicht geschlafen haben. Wir möchten von Altenpfleger_innen versorgt werden, die Zeit für uns haben und ihre Arbeit gern tun. Wir wünschen uns Erzieher_innen und Lehrkräfte für unsere Kinder, die auf sie eingehen können und sie bei Problemen unterstützen. Zum Geburtstag wünschen wir einander Gesundheit und ein langes Leben. Es gibt nichts, was Menschen in Deutschland wichtiger finden als Freund_innen und gute Beziehungen zu anderen Menschen.[110] Für welchen Job, für welches Geld sollten wir also in Kauf nehmen, zu verlieren, was wir uns selbst und anderen am meisten wünschen?

2019 sind 17 Prozent der in Deutschland lebenden Menschen vor Beginn ihres 67. Lebensjahres verstorben. Würde das Rentenalter noch weiter angehoben auf 69 Jahre, bliebe für etwa 20 Prozent der Deutschen kein einziges Jahr nach Ende des Berufslebens.[111] Für diese Menschen ist die Aussicht auf viel freie Zeit am Ende des Lebens schon jetzt ein leeres Versprechen. Jede_r Fünfte hat dann vor allem für die Arbeit gelebt.

Arme Menschen sterben früher als reiche. Sie haben deutlich weniger Lebenszeit zur Verfügung und weniger erwerbsarbeitsfreie Jahre nach Beginn der Rente, was auch daran liegt, dass die Arbeitsbedingungen in vielen gering bezahlten Berufen extrem schlecht sind. Mit einem langen Leben können vor allem diejenigen Menschen rechnen, denen es schon zuvor überdurchschnittlich gut ging. »In fast allen Ländern, für die Daten verfügbar sind, leben Hochschulabsolventen im Durchschnitt zwei bis zwölf Jahre länger als Landsleute, die höchstens eine Grundschule oder gar keine Schule besucht haben«, heißt es in einer Studie des Berlin-Instituts für Bevölkerung und Entwicklung.[112] In Deutschland sterben Männer, die an oder unter der Armutsgrenze leben, rund elf Jahre vor wohlhabenden Männern. Bei Frauen führt Armut zu einer durchschnittlich acht Jahre geringeren Lebenserwartung. Daten des Robert Koch-Instituts zufolge kann zudem »von einer graduellen Abstufung der Lebenserwartung gesprochen werden«, da auch die Lebenserwartung von Menschen mit mittlerem Einkommen geringer ist als die von Menschen aus den höchsten Einkommensgruppen.[113]

Also haben genau die Menschen, die in Rentendiskussionen oft adressiert werden als die *hart arbeitenden Leute*, deren *Lebensleistung* anerkannt werden soll und deren geringe Rente – verursacht durch die niedrige Entlohnung ihrer Berufe – später aufgestockt werden muss, viel seltener etwas von ihrem Lebensabend. Die Rentenkassen zahlen höhere Renten länger als kleinere Renten und verteilen dadurch prozentual mehr Geld »nach oben«. Alt zu werden, ist also nicht unbedingt individuelles Glück und früh zu sterben kein individuelles Verschulden, sondern beides ist direkt verbunden mit einer Politik, die akzeptiert hat, dass schlechte Arbeitsbedingungen, prekäre Löhne und Armut das Leben verkürzen können. Wir können Zeit nicht direkt hinzukaufen, doch vermögend zu sein, hat für viele einen lebensverlängernden Effekt.

Wie hoch eine Gesellschaft die Gesundheit ihrer Mitglieder schätzt, wirkt sich darauf aus, ob Menschen die Zeit nach dem Erwerbsleben als gute Zeit erleben. Denn die Anzahl der »gesunden Lebensjahre« – so der Fachbegriff – nach dem 65. Geburtstag ist in Deutschland rückläufig.[114] Konnten Frauen im Jahr 2000 noch durchschnittlich neun gute Jahre und Männer zehn erwarten, sank diese Zahl bis 2012 für beide Geschlechter auf knapp über sechs Jahre, schreibt die Politologin Cornelia Heintze in einer Expertise zu einem »zeitgemäßen Pflegesystem«. Im selben Zeitraum stiegen jedoch die zu erwartenden gesunden Lebensjahre in den nordischen Ländern kontinuierlich an. In Schweden und Dänemark beispielsweise können die Menschen nach ihrem 65. Geburtstag noch mit über 15 Jahren rechnen, in denen Krankheiten und Pflegebedürftigkeit eine weniger große Rolle spielen als bei deutschen Senior_innen. Heintze führt diesen immensen Unterschied darauf zurück, dass der Gesundheitsprävention in Deutschland ein geringerer Stellenwert beigemessen werde. Zudem würden Care-Aufgaben in Deutschland viel stärker von Familienangehörigen übernommen als in den nordischen Ländern. Da die Kombination von Arbeit und Care gesundheitlich belastend sein kann, sind Menschen, die in diesem Sinne doppelt gearbeitet haben, dann im Rentenalter kränker. Die Unterfinanzierung des Care-Sektors kostet uns daher langfristig vermutlich mehr, als es kosten würde, ihn jetzt bedarfsgerecht auszubauen.

Arbeit sollte allen Menschen dienen und ihr Leben besser machen. Arbeit, die der Gesundheit von Menschen schadet, ihre Beziehungen brüchig macht, die Umwelt zerstört und die Klimakrise beschleunigt, dient allein den Interessen einiger weniger Menschen und der Vermehrung ihres Reichtums. Wie wir aktuell Arbeit organisieren und bezahlen, hat zur Folge, dass die meisten Menschen im Widerspruch zu ihren eigenen Werten leben müssen. Die Feministin und emeritierte Professorin für politische Philosophie und internationale Politik Silvia Federici hat geschrieben: »Arbeit mag notwendig sein, aber sie ist keine politische Strategie.«[115] Für ein besseres Leben, ein gutes und gerechtes Leben für alle, müssen wir weit über die Arbeit hinausdenken und erkennen, dass wir anders und weniger arbeiten sollten als bisher.

_ DER KONSTRUKTIONSFEHLER DES ACHTSTUNDENTAGS

Zeit als abstrakte Größe zu betrachten, mit der sich exakt rechnen und planen ließe, ist ein techno-utopisches Missverständnis, das es uns erschwert, die Natur der Alltagszeit zu begreifen und auf unser Leben anzuwenden. Zeit gehört zu uns Menschen, sie ist lebendig, widerspenstig, wechselhaft, ihr Verstreichen unkalkulierbar. Der Versuch, den Tag in drei exakt gleich große, gleich wertvolle Stücke zu schneiden – Arbeit, Freizeit, Schlaf –, ist daher von vornherein zum Scheitern verurteilt.

Der Achtstundentag, der seit Langem als das Maß für einen erträglich langen Arbeitstag gilt, geht auf diese lebensferne Vorstellung von Zeit zurück: eine zu simple Formel. Als die Arbeiter_innenbewegung zu Beginn des 20. Jahrhunderts für eine Verkürzung der täglichen Erwerbsarbeitszeit eintrat, identifizierte sie drei relevante Lebensbereiche, denen jeweils acht Stunden zugeteilt werden sollten. Die Beschäftigten sollten genauso viel freie Zeit bekommen, wie sie für ihre Berufe aufwenden mussten, und zusätzlich genügend Schlaf. »8 Stunden Unternehmerdienst – 8 Stunden Schlaf – 8 Stunden Mensch sein«, so beschrieb der Unternehmer und Sozialreformer Ernst Abbe die Work-Life-Balance vor über 100 Jahren.[116] Die Arbeitszeit seiner Mitarbeiter_innen sank erheblich, nämlich von zuvor zehn Stunden am Tag, als der Inhaber der Firma Zeiss im Jahr 1900 den Achtstundentag einführte. Für die Arbeiterbewegung war diese Drei-mal-acht-Stunden-Formel damals eine »plausible Aufteilung der Zeit, die gleichsam der Natur der Verhältnisse zu entsprechen schien«, so der Sozialphilosoph Oskar Negt.[117]

Doch was fair und emanzipatorisch sein sollte und damals tatsächlich einen erheblichen Fortschritt in puncto Zeitgerechtigkeit für Arbeiter_innen darstellte, basierte auf einem verkürzten Arbeitsbegriff: Nur die bezahlte Arbeit wurde als solche anerkannt. Die Idee übersah, dass »der Arbeiter« nicht die gesamte Gesellschaft abbildete, und ignorierte die Verhältnisse all jener Menschen, die ihren Alltag nicht oder nicht nur mit geregelter Lohnarbeit verbrachten, sondern die notwendigen, aber unbezahlten Arbeiten zu Hause verrichteten, wie kochen, sich um Kinder und Alte kümmern oder die Wäsche machen. Eine stimmige Formel hätte mit einbeziehen müssen, dass Arbeit nicht nach der Fabrikarbeit endete und die reproduktiven Aufgaben sogar die Basis dafür darstellten, dass Menschen am Morgen zum Unternehmerdienst aufbrechen konnten. Ausgerechnet die proletarische Bewegung hat die unbezahlte

Arbeit zu Hause ausgespart und ihr damit abgesprochen, richtige Arbeit zu sein. Präziserweise müssten wir wohl heute von einer Erwerbsarbeiter_innen-Bewegung sprechen oder einer halben Bewegung für bessere und kürzere Arbeit.

Obwohl wir mittlerweile wissen, dass eine Vollzeit-Erwerbsarbeit keine acht Stunden fürs »Menschsein« im Sinne von Ernst Abbe übrig lässt, hält sich die Idee bis heute, es sei möglich, ausgewogen und gerecht, den Tag in zwei gleich lange Zeiten plus die Nacht aufzuteilen. Doch diese Formel wird unserer heutigen Gesellschaft genauso wenig gerecht wie der Gesellschaft damals. Denn zum einen dehnt sich Arbeit in unsere anderen Zeiten aus: Zu den acht Stunden Erwerbsarbeit addieren sich in Deutschland für immer mehr Menschen – wie erwähnt – immer längere Pendelwege, und da wir ausgeruht zu unseren Jobs erscheinen sollen, müssen wir die Zeit nach der Arbeit so nutzen, dass wir am nächsten Tag wieder in Bestform sind. Zum anderen haben wir noch immer nur einen Teil der gesellschaftlich notwendigen Arbeiten als Erwerbsarbeit organisiert und brauchen Zeit für andere, unbezahlte Arbeiten. Auch über 100 Jahre nach Einführung des Achtstundentags besitzen die Menschen kein Smarthome, das sich automatisch reinigt, und keine Roboter, die den Kühlschrank befüllen oder für uns kochen. Wir leben noch immer mit Menschen zusammen, die sich nicht um sich selbst kümmern können, brauchen selbst Fürsorge von anderen und können und wollen nicht alle Care-Arbeit an andere abgeben. Der Achtstundentag wäre dann eine faire Rechnung, wenn es nur noch diese acht Stunden (bezahlte) Arbeit gäbe und wir über den Rest unserer Zeit wirklich frei verfügen könnten.

Wenn wir uns um niemanden und nichts mehr kümmern müssten. Eine fürsorgelose Gesellschaft.

Die Auffassung, dass die eigene Arbeit getan sei, wenn man den Arbeitsort verlässt, trägt noch heute zum Gender-Care-Gap bei. Männer in Deutschland, die in einer Partnerschaft mit einer Frau leben, zeigen wenig Bereitschaft, die im gemeinsamen Haushalt anfallenden Arbeiten gleichberechtigt zu übernehmen. Die Care-Arbeitszeit von Frauen beträgt pro Tag 87 Minuten mehr als die von Männern. Sogar bei zwei in Vollzeit tätigen Eltern verbringt die Mutter 40 Prozent mehr Zeit mit Kinderbetreuung und Haushaltsaufgaben als ihr Partner.[118] Strategien für Gleichberechtigung lediglich in Arbeitswelt und Politik zu entwickeln, reicht nicht aus. Wir müssen unsere politischen Bemühungen auf den als privat geltenden Bereich der familiären Fürsorge ausdehnen. Denn wenn die ungerechte Arbeitsteilung und die dadurch bedingte erhebliche Differenz bei der frei verfügbaren Zeit dazu führt, dass Care-Verantwortliche – meist sind es Frauen – sich deutlich häufiger erschöpft und weniger gesund fühlen als Männer, können sie ihr Leben weniger frei gestalten als ihre Partner.

Der Achtstundentag erscheint heute immer noch vielen als faires Maß, weil wir akzeptieren, dass die Erwerbsarbeit den größeren Teil des Tages einnehmen darf und anderen Tätigkeiten und Bedürfnissen automatisch weniger Zeit zusteht. Viele begreifen es als Naturgesetz, dass die Erwerbsarbeit im Zentrum unserer Zeitkultur steht. Das hat zur Folge, dass wir uns den Ansprüchen unterordnen, die die Wirtschaft auf unsere Lebenszeit erhebt. Wer viel Zeit für bezahlte Arbeit aufbringen kann, ist der gesellschaftliche Maßstab. Wir halten diejenigen, die von morgens bis abends in ihren Berufen arbeiten können, für die Mehrheit, obwohl sie nicht in der Mehrheit sind. Die Gesellschaft in Deutschland besteht insgesamt aus mehr Personen, die ihr Leben nicht um eine Vollzeitstelle herum strukturieren. Spielende Kinder, junge Menschen in der Ausbildung, Erwachsene, die täglich nur wenige Stunden in einem Job verbringen, die gerade stillen, pflegen oder allein erziehen, die gerade nicht erwerbsarbeiten dürfen oder können, die vorübergehend oder schon lange erwerbslos oder in Rente sind, bilden eine Mehrheit fern der beruflichen Vollzeit. Relativ unbemerkt spielt sich der große Teil des Lebens eher jenseits der bezahlten Arbeit ab.

Um den Achtstundentag vehementer infrage stellen zu können, müssen wir auch hier über Machtverhältnisse sprechen. Denn die Lebensmodelle, die wir als Norm akzeptieren, spiegeln für viele Menschen nicht die Realität oder sind für sie schlicht unerreichbar. Wir erlangen keine Gerechtigkeit und auch nicht mehr Freiheit, wenn möglichst viele Menschen die herkömmlichen Erwerbsbiografien anstreben, die in unserer Gesellschaft am ehesten berufliche Entwicklung, Anerkennung sowie die größte ökonomische Sicherheit versprechen. Die bisherige Gleichstellungspolitik und einige feministische Strömungen haben ihre Ideen für eine gleichberechtigte Arbeitswelt auf diesem Missverständnis aufgebaut. Denn sie orientieren sich an den Erwerbsbiografien von Menschen mit sehr guten Ausgangsbedingungen, deren Weg nie von Unvorhergesehenem unterbrochen wurde, die keine chronischen Krankheiten haben, die sie in ihrer Belastbarkeit einschränken, und an Menschen, die in ihrem Leben keine oder kaum unbezahlte Fürsorgearbeiten verrichten. Die Zukunftsvision dieser Arbeitswelt ist eine sorg-lose Welt, in der die Übernahme familiärer und bezahlter Care-Arbeit noch stärker zu einem Klassenmerkmal wird. Fortschrittlich und feministisch wäre es jedoch, endlich klar zu sehen, welche Effekte das Lebensmodell »Viel Erwerbsarbeit, wenig Care« auf unsere Gesellschaft tatsächlich hat. Selbst viele progressive Menschen akzeptieren Vollzeitarbeit und Karriere als Ideal und laden es zusätzlich emotional auf mit der Vorstellung, dass dieses Modell wie kein anderes Glück und Zufriedenheit verspricht. Selbst diejenigen, die ständig von Innovation, mutigen Ideen und Wandel reden, glorifizieren lange Arbeitstage, statt Zeit für all die anderen Aufgaben freiräumen zu wollen, die uns gesellschaftlich zusammenhalten. Doch Fürsorge auszuklammern oder vollständig outzusourcen, ist nicht der Weg in eine gerechtere Gesellschaft.

Die neoliberale Gleichstellungspolitik formuliert als Ziel, dass irgendwann alle Menschen im erwerbsfähigen Alter in gut bezahlten Vollzeitstellen arbeiten und sich auf die Art finanziell absichern können. Doch gute Löhne für alle sind im derzeitigen Wirtschaftssystem gar nicht vorgesehen. Auch in Deutschland wird es immer schwieriger, sich mit einem Vollzeitjob über Wasser zu halten, wie die Journalistin Julia Friedrichs in ihrem Buch *Working Class: Warum wir Arbeit brauchen, von der wir leben können*[119] beschrieben hat. So wie Erwerbsarbeit in kapitalistischen Gesellschaften organisiert und entlohnt wird, ist sie zu wenig in die Lebenszusammenhänge eingebettet. Unser Verständnis von Vollzeitarbeit bildet vielmehr ein eigenes System, das auf die Zeit, die Familien, Freundschaften, Liebe, politische

Beteiligung, Kreativität und Gesundheit brauchen, keine Rücksicht nimmt.

Die SPD warb im Bundestagswahlkampf 2021 mit dem Slogan *Soziale Politik für dich*, ohne eine kürzere Vollzeit vorzuschlagen, armutsfeste Teilzeitlöhne zu fordern oder die wirtschaftliche Bedeutung von unbezahlter Care-Arbeit anzuerkennen. Vollzeitarbeit für alle in ihrer bisherigen Form, weil sie für alle finanziell notwendig wird, wäre aber für sehr viele Menschen nicht sozial, denn sie ließe ihnen zu wenig Zeit für die andere Arbeit, die sie für die Gesellschaft leisten. Wer die gesamte Gesellschaft und ihr Wohlergehen im Blick hat, muss ein Ende der 40-Stunden-Woche fordern.

_ WIE VOLLZEIT FÜR ALLE SOZIALE UNGLEICHHEIT FESTIGT

Für eine Arbeitswelt mit vornehmlich Vollzeitstellen müssten wir unser Zusammenleben völlig neu organisieren, da die bislang unbezahlt geleistete Care-Arbeit dann zu noch größeren Teilen professionalisiert, d. h. in bezahlte Arbeitsstellen umgewandelt werden müsste. Denn diejenigen, die »aus Liebe« putzen und bislang in Teilzeit, in Minijobs oder ausschließlich zu Hause arbeiten, hätten plötzlich Besseres zu tun. Die britische Autorin Laurie Penny hat in ihrem Buch *Fleischmarkt* geschrieben: »Einfach indem sie überhaupt nichts täten, könnten Frauen die westliche Gesellschaft in die Knie zwingen.«[120] Genau das würde bei der Umsetzung der Idee »Vollzeit für alle« passieren: Wenn sich die neuen Vollzeitkräfte weigern würden, weiterhin unbezahlt zu Hause zu arbeiten, würden sich die Nebenwirkungen schnell in den Büros, Betrieben und Schulen des Landes zeigen. Plötzlich säßen dort mehr Menschen mit ungewaschenen Hemden und Kinder im Schlafanzug und ohne Schulbrot. Eine streikende Frau reißt im Durchschnitt ein Care-Loch von über vier Stunden in ihre Familie, die kompensiert werden müssten. Vier Stunden unbezahlte Arbeit pro Tag, die unsere Wirtschaft als Investition voraussetzt, ohne sie in der Wirtschaftsleistung auszuweisen und zu honorieren. Unser Wohlstand basiert auf dieser Arbeit.

Bei den derzeitigen Haushaltseinkommen können sich nur die wenigsten Hilfe im Haushalt und bei anderen Care-Aufgaben leisten.[121] Doch auch wenn sich die finanzielle Situation durch doppelte Vollzeit verbessern würde, bliebe ein anderes Problem bestehen: Schon jetzt – bei einer Vollzeitquote von etwas über 60 Prozent aller Beschäftigten – gibt es in Deutschland nicht genügend Menschen, die als private Haushaltshilfe arbeiten wollen.[122,123] Das liegt nicht zuletzt daran, dass diese Jobs überwiegend in prekären Lebenssituationen angenommen werden: weil die betreffende Person keine Arbeitserlaubnis hat, über keine berufliche Qualifikation für andere Arbeiten verfügt, sie sich zum Arbeitslosengeld, einem niedrigen Einkommen oder einer unzureichenden Rente etwas hinzuverdient. In Deutschland arbeiten neun von zehn Haushaltshilfen unangemeldet, also ohne jegliche soziale Absicherung; trotz des großen Bedarfs an Unterstützung zu Hause haben sich hier nur wenig reguläre Jobs entwickelt. Menschen, die akut auf Hilfe im Haushalt angewiesen sind, wie zum Beispiel pflegende Angehörige, stellt es schon jetzt vor große Probleme, dass qualifizierte Hilfe so schwer zu bekommen oder zu teuer für sie ist. Wir werden in Deutschland in naher Zukunft viel mehr Haushaltshilfen und andere Care-Kräfte brauchen als bislang, weil die geburtenstarke Generation der Babyboomer alt und pflegebedürftig wird. Aber gute Arbeitsbedingungen, die diese Berufe attraktiv machen würden, bieten wir nicht. Das hat einen Grund.

Damit man Care-Aufgaben als bezahlte Tätigkeiten abgeben kann, muss der eigene Stundenlohn höher sein als der, den man beispielsweise der Putzkraft bezahlt. Persönliche Dienstleistungen, die man selbst erledigen könnte, auf andere zu übertragen, ist ökonomisch erst dann sinnvoll, wenn man dadurch Geld spart. Sich eine Haushaltshilfe zu leisten oder sich Einkäufe liefern zu lassen, ist also ein Klassenmerkmal. Für Menschen mit wenig Geld ist es kaum attraktiv, die Arbeitszeit von anderen zu bezahlen, die ähnlich teuer oder sogar teurer wäre als ihre eigene. Der Markt der persönlichen Dienstleistungen kann nur dann wachsen, wenn die soziale Schere in einer Gesellschaft immer weiter auseinandergeht und große Einkommensunterschiede als unveränderbar hingenommen werden. In dieser Klassengesellschaft erheben diejenigen, die in gut bezahlten Berufen arbeiten, den Anspruch, dass deutlich schlechter bezahlte Menschen Aufgaben übernehmen, die als unattraktiv gelten. Aufgaben, auf die Wohlhabende keine Lust haben und durch deren Outsourcing sie Zeit für Tätigkeiten gewinnen, die als höherwertig eingestuft werden. Das angenehme Leben der Mittelschicht beruht auf der Existenz einer Dienstbotenklasse.

Das Bewusstsein für diese Problematik ist in Teilen der Gesellschaft durchaus vorhanden. Ein häufiger Vorschlag lautet, die sogenannten haushaltsnahen Dienstleistungen besser zu bezahlen und in diesem Bereich reguläre, sozialversicherungspflichtige Jobs zu schaffen. Die Bundesregierung plant, haushaltsnahe Dienstleistungen staatlich zu fördern und ein Gutscheinmodell einzuführen, über das mehr Menschen vergünstigt Haushaltshilfen engagieren könnten, während diese dann angestellt und besser bezahlt arbeiten würden. Die Wissenschaftlerin Uta Meier-Gräwe, Mitglied der Sachverständigenkommission, die diese Maßnahme im Zweiten Gleichstellungsbericht der Bundesregierung empfohlen hat, sieht die Chance, haushalts- und familienunterstützende Tätigkeiten zu einem »attraktiven Dienstleistungsberuf« zu entwickeln. Sie schreibt, dass die Arbeit in privaten Haushalten zu einem Beruf werden sollte, »der in seiner gesellschaftlichen Bedeutung anderen Sozialberufen in keiner Weise nachsteht«.[124] Das klingt zunächst gut, doch es gibt mehrere Probleme: Zum einen kommen Dienstbotenjobs, wie sie von Essenslieferant_innen oder Paketbot_innen ausgeübt werden, in dieser Diskussion nicht vor. Zum anderen sind andere soziale Berufe zwar gesellschaftlich bedeutend, doch auch sie werden in der Regel sehr schlecht bezahlt – abgewertet, weil sie weiblich konnotiert sind. Wie soll es also gelingen, haushaltsnahe Dienstleistungen zu einem respektierten und angemessen bezahlten Berufsfeld zu machen? In einer Stellungnahme des DGB zur staatlichen Förderung dieses Bereichs heißt es, eine Dienstleistungsstunde, die als »gute Arbeit« gelten könne, müsse mit mindestens 30 Euro vergütet werden.[125] Das wäre deutlich mehr, als angestellte Reinigungskräfte aktuell durchschnittlich verdienen. Die Bundesregierung käme vermutlich in Erklärungsnot, würde sie subventionierte Hausarbeit wie vom DGB vorgeschlagen bezahlen wollen. Es ist wahrscheinlicher, dass Hausarbeit auch bei staatlicher Förderung sehr schlecht entlohnt und weiterhin nicht dazu beitragen würde, mehr Gerechtigkeit und finanzielle Sicherheit zu schaffen. Unsere Klassengesellschaft bliebe so, wie sie ist.

Das bisherige Konzept einer Arbeitswelt mit lauter Vollzeitstellen, für das auch der Karriere-Feminismus steht, ist klassistisch und rassistisch. Denn in der Dienstbotenklasse sind rassifizierte Menschen und Angehörige der Unterschicht überrepräsentiert. Ihre Chancen, sich eigene berufliche Träume zu erfüllen und sozial aufzusteigen, sind gering. Schon 1984 hat die US-amerikanische Autorin und Feministin bell hooks in ihrem Text *Re-Thinking the Nature of Work* erklärt, warum es der feministischen Bewegung der 1970er- und 1980er-Jahre nicht gelang, die Mehrheit der Frauen hinter sich zu versammeln: Diesem *weißen Feminismus* fehlte das Bewusstsein für Klasse und Race. Er ließ das Wissen von Frauen aus der Arbeiterklasse außen vor sowie das von armen Frauen, darunter sehr viele Schwarze Frauen, die die Erfahrung gemacht hatten, dass Erwerbsarbeit hauptsächlich »ausbeutend und entmenschlichend« sei.[126, 127] Der Fokus der Bewegung damals lag, genau wie der Fokus des Karriere-Feminismus heute, darauf, wenigen Frauen beruflichen Erfolg zu ermöglichen und dabei zu ignorieren, dass die meisten Frauen weder erfüllende noch gut bezahlte Jobs finden würden. »Unzählige Frauen sind wütend, weil sie von feministischem Denken ermutigt wurden, zu glauben, sie würden über eine Berufstätigkeit Befreiung erfahren. Größtenteils hat das jedoch dazu geführt, dass sie Überstunden zu

Hause und Überstunden bei der Arbeit machen«, so hooks in einem späteren Essay.[128] Im Gegensatz zu weißen Frauen, die endlich eigene Karrieren wollten, sehnten sich Schwarze Frauen, so hooks, nach mehr Zeit mit ihren Kindern und Familien.[129] Erst ein Feminismus, der das Ende von ökonomischer Ausbeutung, gute Arbeitsbedingungen und gut bezahlte Arbeit für alle Frauen in den Mittelpunkt stelle und die Frage löse, wie die Organisation von Arbeit zu einem guten Leben für alle führe, könne zu einer Massenbewegung werden, so bell hooks.[130, 131]

Menschen, die im Bereich der haushaltsnahen Dienstleistungen tätig sind, haben allen Grund, stolz zu sein. Ihre Arbeit ist anspruchsvoll und gesellschaftlich aktuell unverzichtbar. Solange sie schlecht bezahlt werden, eignen sich haushaltsnahe Dienstleistungen jedoch nicht dazu, Zeitgerechtigkeit in einer Gesellschaft herzustellen. Menschen mit geringem Einkommen, wie die Angehörigen der prekären Dienstbotenklasse, müssen zusätzlich zu ihren oft überlangen Arbeitstagen ihre eigene Toilette putzen, selbst einkaufen, selbst kochen und haben dementsprechend weniger Zeit, die sie nach ihren Wünschen verwenden können. Um Zeitgerechtigkeit zu erreichen, müssen wir den Anspruch auf billige persönliche Dienstleistungen aufgeben. Das heißt konkret, dass diejenigen, die sich daran gewöhnt haben, häusliche Aufgaben abzugeben und sich darüber Zeit zu kaufen, diese Aufgaben wieder *insourcen* sollten. Statt mehr Menschen in 40-Stunden-Jobs zu drängen, müssen wir einen geringeren Vollzeitumfang ermöglichen und die frei werdende Zeit auch dafür nutzen, die notwendigen Arbeiten unseres persönlichen Alltags wieder selbst zu übernehmen.

Die Idee, die Vollzeit-Erwerbsquote zu steigern, ohne Care-

Arbeit aufzuwerten und fair zu verteilen, geht für eine gerechte Zukunft nicht auf. Der Zweite Gleichstellungsbericht der Bundesregierung hat deshalb bereits 2017 empfohlen, dass die Familienpolitik langfristig das Erwerbs-Sorge-Modell ermöglichen solle, mit dem »Zweiverdiener-Arrangements ohne Überforderung gelebt werden können«.[132] Doch konkrete politische Ideen, wie das gelingen könnte und wie zudem auch Alleinerziehende ohne Überforderung leben können, hat die Bundesregierung bislang nicht vorgelegt. Vorschläge wie das Wahlarbeitszeitgesetz[133] und das von der Familiensoziologin Karin Jurczyk und dem Rechts- und Politikwissenschaftler Ulrich Mückenberger entwickelte *Optionszeitenmodell*, über das Menschen ein Zeitbudget von neun Jahren erhalten sollen, um ihre Erwerbstätigkeit »zugunsten gesellschaftlich relevanter Tätigkeiten zu unterbrechen bzw. zu reduzieren«[134], werden bislang eher in Fachkreisen diskutiert.

Sicher geht es vielen Menschen besser, wenn sie Care-Arbeit teilen und sich dabei auch von Fachkräften unterstützen lassen, denn niemandem liegt Kindererziehung oder Krankenpflege im Blut. Doch die wenigsten verspüren den Wunsch, sich kaum noch selbst um ihre Kinder, Angehörigen oder Freund_innen zu kümmern. Niemals kann alle Zeit, die für Care und emotionale Arbeit aufgebracht wird, vollständig an andere abgegeben werden, denn gemeinsame Zeit ist eine der wichtigsten Zutaten enger Bindungen. Ohne sie fehlt Beziehungen die Tiefe und die Verbindlichkeit. Die meisten Eltern von Kindern mit Behinderungen wünschen sich beispielsweise mehr Unterstützung zu Hause und mehr inklusive Kitas und Schulen – sie möchten ihre Kinder nicht in Pflegeeinrichtungen geben und von ihnen »entlastet« werden. Eine intersektionale feministische Politik muss also versuchen, Care zu integrieren, statt vorrangig outzusourcen. Die Frage, wie viel Zeit wir für unsere sozialen Beziehungen brauchen, muss gleichberechtigt in die Debatte um ökonomische Gerechtigkeit einbezogen und als politisch relevante Frage begriffen werden. Denn Geld kann die Zeit, die wir füreinander brauchen, niemals wettmachen.

Der Achtstundentag war nie für alle gedacht. Und er wird nie für alle möglich und fair sein. Der Achtstundentag produziert und festigt gesellschaftliche Ungleichheit, da er jenen den Zugang zu Wohlstand und gesellschaftlichem Einfluss erleichtert, die sich für ein erwerbsarbeitszentriertes Leben entscheiden können und deren Stundenlohn hoch genug ist, Care-Arbeit abzugeben. Er benachteiligt somit diejenigen, die statt Erwerbsarbeit andere gesellschaftlich relevante Aufgaben übernehmen, die andere Ideen und Wünsche ans Leben haben, die vom Arbeitsmarkt ausgegrenzt oder mit Hungerlöhnen bezahlt werden, die aufgrund von körperlichen oder psychischen Einschränkungen den Anforderungen eines typischen Vollzeitjobs nicht gewachsen wären. Gerechtigkeit lässt sich innerhalb einer primär auf Erwerbsarbeit ausgerichteten Gesellschaft nicht herstellen.

_ ARBEIT GERECHT VERTEILEN

Wir arbeiten viel – aber weniger, als wir denken. Nur rund 55 Prozent aller Bürger_innen sind aktuell erwerbstätig. 25 Millionen Menschen haben Vollzeitstellen, etwas mehr als 15 Millionen arbeiten in Teilzeit – mit 38,4 Prozent aller Beschäftigten war das im Jahr 2021 ein nicht unerheblicher Anteil. Knapp vier Millionen Menschen sind selbstständig tätig, und ihre Wochenarbeitszeiten liegen mit durchschnittlich 48 Stunden höher als die von Angestellten. Doch auch jede_r fünfte Selbstständige arbeitet in Teilzeit.[135] Nur ein Drittel der in Deutschland lebenden Menschen ist in dem Umfang beschäftigt, den wir als Vollzeit-Erwerbsarbeit bezeichnen – die anderen arbeiten weniger oder gar nicht. Ein Tag mit acht Stunden oder mehr bezahltem Tun ist nicht der normale Tag. Und es besteht auch keine Notwendigkeit, dass er das für die meisten Menschen wird. Denn würde man das derzeitige jährliche Gesamtarbeitsvolumen einschließlich aller Überstunden gleichmäßig auf alle Erwerbstätigen verteilen, würden diese im Schnitt etwa 30 Stunden pro Woche arbeiten. Würde man die aktuell gearbeiteten Stunden darüber hinaus auf alle verteilen, die arbeiten möchten – dazu zählen auch ältere Menschen, die über das Rentenalter hinaus arbeiten wollen[136] –, würde dieser Wert noch weiter sinken. Eine allgemeine Arbeitszeitverkürzung, die mit einem Lohnausgleich einhergeht, wäre also auch ein Mittel, um erwerbslosen und geringfügig beschäftigten Menschen zu existenzsichernder Arbeit zu verhelfen, Einkommen zwischen Frauen und Männern gerechter zu verteilen und Überstunden abzuschaffen. Wir könnten der 20-Stunden-Woche schon jetzt erstaunlich nahekommen, allein dadurch, dass wir die vorhandene Arbeit anders verteilen. Im ersten Jahr der Covid-19-Pandemie zeigte sich sogar Bundesarbeitsminister Hubertus Heil offen für den Vorschlag, mittels einer Vier-Tage-Woche Arbeitsplätze zu erhalten.[137] Arbeitszeitverkürzungen sind ein politisches Mittel für die Herstellung von sozialer Gerechtigkeit.

Wie aber sähe eine Vollbeschäftigung mit Vollzeitstellen in Zahlen aus? Deutschland hatte 2020 ein Erwerbspersonenpotenzial von 47,5 Millionen Menschen. Neben den aktuell Erwerbstätigen und Arbeitssuchenden ist darin auch die sogenannte stille Reserve enthalten, also all jene, die unter gewissen Voraussetzungen eine Erwerbsarbeit annehmen würden, derzeit aber nicht als arbeitssuchend in der Statistik auftauchen. Wenn all diese Menschen die durchschnittlichen Jahresarbeitsstunden einer regulären Vollzeittätigkeit[138] ableisten würden, läge das Jahresarbeitsvolumen in Deutschland bei 78 Milliarden Stunden und damit 16 Milliarden Stunden höher als bisher, was rund 9,8 Millionen zusätzlichen Vollzeitstellen entspräche. Wo soll dieses Jobwunder herkommen? In Deutschland fehlten zwar im Frühjahr 2022 über eine halbe Millionen Fachkräfte[139], doch genug bezahlte Arbeit, um jede erwerbsfähige Person 40 Stunden pro Woche zu beschäftigen – zumal mit einem Job, den sie beherrscht –, wird absehbar nicht im Angebot sein.

Die bisherige Vollzeitarbeit zu verkürzen, ist auch aus einem anderen Grund relevant: für das Erreichen der Klimaziele. Der Zusammenhang zwischen einer kürzeren Arbeitswoche und weniger Treibhausgasemissionen wird von etlichen wissenschaftlichen Gutachten gestützt. Der britische Thinktank *Autonomy* hat in seiner Studie »Die ökologischen Grenzen der Arbeit« 2019 ausgerechnet, wie stark Erwerbsarbeit reduziert werden müsste, damit sich die Erde nicht um mehr als zwei Grad erwärmt. Die ökologisch ideale Arbeitszeit in Deutschland müsste sogar stärker sinken als in anderen Ländern, da die Produktivität hier besonders hoch ist, und zwar auf sechs Stunden pro Woche.[140] Natürlich ist nicht jeder Job in gleichem

Maße klimaschädlich. Einige Industrien stoßen enorm viel CO_2 aus, andere kaum etwas. Um die Erderwärmung zu verlangsamen, müssen die Berufe der Zukunft ressourcensparend sein: Zero-Carbon- statt High-Carbon-Jobs. Eine der zentralen Strategien bei der Transformation zu einer klimaneutralen Wirtschaft wird sein, die Arbeit in Branchen, die aus ökologischen Gründen schrumpfen müssen, mittels Arbeitszeitverkürzungen auf mehr Menschen zu verteilen, damit möglichst viele weiterhin am Erwerbsleben teilhaben können, und neue Jobs vor allem in den Bereichen zu schaffen, die gesellschaftlich notwendig sind und Umwelt und Klima nicht groß schädigen. Um diese Entwicklung zu fördern, schlägt beispielsweise die Sozialwissenschaftlerin Gabriele Winker höhere Steuern für CO_2-intensive Wirtschaftszweige vor, die wiederum dafür genutzt werden könnten, mehr Stellen in öffentlich finanzierten Bereichen wie Bildung, Fürsorge und Gesundheit zu schaffen.[141] Bei Lohnausgleichszahlungen für Arbeitszeitverkürzungen solle zudem mehr Einkommensgleichheit erreicht werden, indem man geringe Löhne in vollem Umfang ausgleicht, mittlere und hohe hingegen prozentual weniger.[142] Dieses Vorgehen könnte neben mehr freier Zeit noch einen weiteren positiven Effekt haben: Der von Ungleichheit mitverursachte Druck, viel zu arbeiten, um materiell mit anderen Leuten mithalten zu können, ließe nach. Ausreichende Löhne bei weniger Arbeitsstunden könnten beispielsweise durch Mindestwochen- oder Mindestmonatslöhne statt der üblichen Mindeststundenlöhne sichergestellt werden, so der Wirtschaftsanthropologe Jason Hickel.[143] Einen Mindestmonatslohn könnten Alleinerziehende schon jetzt fordern, um darauf aufmerksam zu machen, dass ein Mindestlohn, der pro Stunde gezahlt wird, sie und andere Care-Verantwortliche diskriminiert.

Die Notwendigkeit von 40-Stunden-Jobs besteht aktuell nur, wenn sich ausschließlich mit diesem Arbeitsumfang ein Einkommen erwirtschaften lässt, das zum Leben reicht. Somit entscheidet die Höhe der Löhne viel mehr als die gesellschaftliche Notwendigkeit darüber, wie viel wir arbeiten. Wären die Produktivitätsfortschritte der letzten Jahrzehnte an die Beschäftigten weitergegeben worden, könnte die 40-Stunden-Woche schon längst Geschichte sein. Doch Produktivitätssteigerungen und Lohnentwicklung haben sich in vielen Ländern voneinander entkoppelt.[144] Unternehmen machen zwar Profite, nutzen Produktivitätssteigerungen jedoch kaum dafür, Arbeitszeiten zu senken oder die Löhne normaler Arbeiter_innen fair anzuheben. Die Gewinne fließen stattdessen in überhöhte Managergehälter, die sich ohnehin von der Lohnentwicklung bei regulären Mitarbeiter_innen abgekoppelt haben, sowie in Renditen.[145] In Deutschland hat die durchschnittliche Lohnentwicklung zuletzt zwar die Produktivitätsentwicklung übertroffen,[146] allerdings lag davor eine lange Phase – von 1994 bis 2016 –, in der die Reallöhne sanken oder sich schwach entwickelten, während die Arbeitsproduktivität kräftig stieg.[147] Daher hat sich die Schere noch lange nicht wieder geschlossen. Würden Unternehmen ihre Gewinne stärker nutzen, um ihren Mitarbeiter_innen das Leben leichter zu machen, hätten wir in den vergangenen Jahrzehnten sukzessive die Wochenarbeitszeiten senken können und wären vielleicht schon heute bei einer kurzen Vollzeit zwischen 20 und 30 Stunden angelangt, ohne auf einen guten Lebensstandard verzichten zu müssen.[148]

Dass so etwas möglich ist, wenn Beschäftigte sich gewerkschaftlich organisieren, zeigt das Beispiel der IG Metall. Bei einer Befragung zum Tarifabschluss 2018 hatten sich rund 190 000 Beschäftigte dafür ausgesprochen, mehr freie Zeit statt mehr Geld zu bekommen. Beschäftigte haben seither den Anspruch, ihren Vollzeitjob auf 28 Wochenstunden zu verkürzen oder acht zusätzliche freie Tage im Jahr zu nehmen.[149]

Überall in der Welt übersteigt die für unbezahlte Care-Arbeit aufgebrachte Zeit die Anzahl der Stunden, die Menschen in ihren Berufen verbringen. 89 Milliarden Stunden pro Jahr, also 35 Prozent mehr als für bezahlte Tätigkeiten, waren das zuletzt in Deutschland.[150] Wir werden wohl immer in Arbeitsgesellschaften leben, da wir auf diese Weise unser Leben organisieren, doch unser Arbeitsschwerpunkt ist das Kümmern umeinander. Wenn wir das berücksichtigen, ist unser Land bereits vollbeschäftigt. Wir müssen die gesamte Arbeit, die für ein gutes Leben notwendig ist, aber endlich gerecht verteilen.

Wie könnte eine neue, emanzipatorische Formel dafür aussehen, die ähnlich wie das Drei-mal-acht-Stunden-Modell einfach zu verstehen ist, gleichzeitig aber anwendbar wäre auf vielfältige, komplexe Leben? Ein eingängiges Konzept hat die Soziologin Frigga Haug mit der sogenannten *Vier-in-einem-Perspektive* entwickelt, in der neben acht Stunden Schlaf vier Lebensbereiche gleichberechtigt nebeneinander ihren Platz bekommen.[151] Haugs 16-Stunden-Tag umfasst vier Stunden Lohnarbeit, vier Stunden Care-Arbeit (die neben der Sorge für andere auch die Sorge für sich selbst einschließt), vier Stunden kulturelle Arbeit (zum Beispiel die eigene Weiterbildung) sowie vier Stunden politische Arbeit.[152] Der Vorschlag ist ausdrücklich als engagiertes Lebensmodell zu verstehen, wobei die Benennung der vier ausgewählten Bereiche »die Einzelnen mit ihrer Weise, das Leben zu leben«, konfrontieren soll.[153] Frigga Haug möchte mit ihrem Modell keine starre Vorgabe machen, sondern anregen, darüber zu reflektieren, wie wir erwerbsarbeiten, Verantwortung für uns selbst und andere übernehmen, »schöpferische und künstlerische Fähigkeiten« zulassen und entwickeln[154] sowie die Gesellschaft mitgestalten, in der wir leben. Kurz gesagt, ob sich die Art, wie wir leben und arbeiten, tatsächlich mit unseren Bedürfnissen und Fähigkeiten im Einklang befindet.

In Frigga Haugs Modell sind wir gleichermaßen arbeitende und sorgende Personen, haben alle das Recht auf persönliche Entwicklung und Spaß und übernehmen alle mittels politischem Engagement Verantwortung über unser eigenes Leben hinaus. Eine Kultur, in der Erwerbstätigkeit nicht mehr die meiste Zeit einnimmt, sondern ausreichend Platz für andere Tätigkeiten lässt, würde den Menschen mehr zutrauen als berufliche Fähigkeiten. Haug sieht die Vier-in-einem-Perspektive aber nicht nur als etwas, das unseren Alltag bereichern und sich positiv auf unsere gemeinsame Zukunft auswirken könnte, sondern auch als Wiedergutmachung an zeitarmen Menschen, vor allem Frauen, die »einen umfassenden Nachholbedarf [haben], sich künstlerisch, kulturell, lernend – auch politisch gestaltend – zu entfalten, weil diese Bereiche in der herkömmlichen ›Vereinbarkeit von Beruf und Familie‹ als Erstes geopfert werden« müssten.[155]

Die Vier-in-einem-Perspektive wird manchen Menschen nicht behagen, weil sie darin möglicherweise neue Vorgaben sehen, wie sie ihr Leben gestalten sollen. Care-Verantwortung zu übernehmen oder sich politisch einzubringen, ist schließlich momentan nicht für alle Menschen selbstverständlich. Doch so, wie wir heute Erwerbsarbeit als selbstverständlichen Beitrag für eine Gesellschaft anerkennen, könnte das langfristig auch für andere Arbeiten gelten. Frigga Haugs Idee gibt uns daher die Frage mit, warum einige Menschen denken, Care-Aufgaben oder zivilgesellschaftliches Engagement ginge sie nichts an. Die Gender-Wissenschaftlerin Kathi Weeks hat die Gefahr aufgegriffen, dass es Menschen abstoßen könnte, kürzere Erwerbsarbeitszeiten zu fordern, um die frei werdende Zeit für vorgegebene Aufgaben wie Care zu nutzen, und schlägt in ihrem Buch *The Problem with Work* stattdessen vor, mehr Zeit für »was wir wollen« zu fordern, um mehr Menschen hinter dieser Idee zu versammeln.[156]

Mehr Zeit für »was wir wollen« ist vergleichbar mit der Drei-mal-acht-Formel von Ernst Abbe, die im Kern eine radikale, geradezu revolutionäre Idee ist, wenn man sie auf den Alltag in unserer herrschenden Zeitkultur anwendet. Würde unsere Gesellschaft genauso viele Stunden fürs Menschsein einplanen wollen – also freie Zeiten und Zeit für soziale Beziehungen –, wie eine Person jeden Tag arbeitet, müsste die Politik sofort handeln. Denn unsere tägliche freie Zeit ist momentan kürzer als unser Arbeitstag, da sie der Zeitrest ist, der übrig bleibt, wenn Erwerbsarbeit, Schul- und Bildungszeiten sowie die unbezahlten Arbeiten geschafft sind. Genauso viel Zeit für das Menschsein wie für den Unternehmerdienst vorzusehen, formuliert ein Recht auf mehrere Stunden tägliche Eigenzeit, das es bislang nicht gibt. Unser Verständnis von

Arbeit müsste dafür neu gefasst werden: Sie würde dann all jene Tätigkeiten einschließen – wie Care-Aufgaben und politisches Engagement –, die notwendig und sinnvoll sind für eine Gesellschaft, deren Ziel es ist, dass alle Menschen »so gut wie möglich« in ihr leben können.[157]

Im Streben nach einer gerechten Verteilung von Zeit sollten wir daher nicht zuerst Zeit berechnen, sondern anerkennen, wie unfrei wir gerade darin sind, unsere Zeit nach unseren eigenen Vorstellungen zu nutzen und ihr eine eigene Bedeutung zu geben. Denn der größte Teil der Alltagszeit ist für Menschen im erwerbsfähigen Alter durch ökonomische Notwendigkeit bestimmt. Wir verstehen und erleben Zeit vornehmlich in ihrer kapitalistischen Funktion. Doch damit Menschen herausfinden können, was ihnen liegt, was sie interessiert und was sie ausmacht, brauchen sie mehr Zeit. Eine Zeitkultur, die uns zu wenig Autonomie darüber gibt, wie wir unsere Zeit verwenden wollen, hält unsere Chancen, uns frei zu entwickeln, klein. Um das zu verändern und unsere Zeit der Fremdbestimmung zu entziehen, brauchen arbeitsfreie Zeiten in unserem Leben einen tatsächlich gleichberechtigten Platz.

_ 15 FEHLENDE STUNDEN: DIE SCHWIERIGE SITUATION VON FAMILIEN

Die große Mehrheit der Eltern in Deutschland ist mit ihren aktuellen Arbeitszeiten unzufrieden und empfindet sie überwiegend als zu lang. Aus den Ergebnissen einer repräsentativen Arbeitnehmer_innenbefragung des Wirtschafts- und Sozialwissenschaftlichen Instituts der Hans-Böckler-Stiftung (WSI) unter Eltern geht klar hervor, dass Erwachsene, die sich um Kinder kümmern, die durchschnittlichen zeitlichen Anforderungen ihrer Berufe als Belastung wahrnehmen. Nur 21 Prozent der Eltern sagten, sie würden ihre bisherigen Arbeitszeiten gern beibehalten. Zwei Drittel wollten sie gern reduzieren, und *alle* gaben Wunscharbeitszeiten von unter 40 Stunden an. Eltern mit überlangen Wochenarbeitszeiten wünschen sich eine Reduzierung von durchschnittlich 15 Stunden. Mütter in Vollzeitstellen nannten 26 Stunden, Väter in Vollzeit 34 Stunden als ihre ideale wöchentliche Arbeitszeit.[158] Die Unterschiede bei den Wünschen von Müttern und Vätern sind sicher nicht als verschieden stark ausgeprägtes berufliches Interesse zu verstehen, sondern sie spiegeln das Wissen um die Zeit, die neben dem Job noch für unbezahlte Care-Arbeit aufgebracht werden muss, denn diese ist zwischen Männern und Frauen noch immer ungleich verteilt. Auswertungen zum Gender-Care-Gap haben, wie erwähnt, gezeigt, dass Mütter selbst dann, wenn sie im gleichen Umfang arbeiten wie ihre Partner, deutlich mehr Zeit für Arbeiten im Haushalt und für ihre Kinder aufwenden. Wenn Frauen also sagen, dass Aufgaben wie Einkaufen, Putzen, Kinderarztbesuche und Begleitwege gut zu schaffen wären, wenn sie nur noch 26 Stunden in ihrem Beruf arbeiten würden, dürfte dieser Wert näher am tatsächlichen Zeitbedarf von Familien liegen als der Durchschnittswert der Männer.

Wie stark verdichtet die Zeit von Familien mit Kindern ist, wird an den Reduzierungswünschen deutlich: Bis zu 15 Stunden mehr verfügbare Zeit pro Woche bräuchten Eltern, um ihren Alltag bewältigen zu können. Bisher müssen sie ihre Familienaufgaben stattdessen in die Abende und das Wochenende quetschen. Die hohe Arbeitsintensität, die viele Menschen schon im Job überlastet, setzt sich zu Hause fort. Der von Eltern empfundene Stress entsteht maßgeblich durch ihre zeitliche Überforderung, denn all die Dinge, an die sie bei der Familienorganisation denken müssen, sind niemals ganz zu schaffen. Die Wissenschaftlerinnen Christina Klenner und Svenja Pfahl, die die WSI-Daten ausgewertet haben, urteilen über die Zeitarmut von berufstätigen Eltern: »Diese Ergebnisse belegen, dass ein Teil der deutschen Mütter und Väter […] entschieden zu wenig Zeit hat. Was das für das Familienleben, die Entwicklung der Kinder, die Gesundheit und das Wohlbefinden und letztlich auch für das Leistungsvermögen der Eltern bedeutet, ist für Deutschland kaum erforscht.«[159]

Die Bilanz der Forscherinnen benennt den Kern des Problems: Bislang wird die Zeitnot von Familien politisch und gesellschaftlich heruntergespielt, wird als unvermeidbarer Bestandteil ihres Alltags gesehen. *Alle Eltern sind gestresst, so ist das nun mal!* Diese Bagatellisierung von Überlastung macht es schwierig, sich ernsthaft damit auseinanderzusetzen, wie schädlich der Stress tatsächlich für alle Beteiligten ist, und nach Abhilfe zu suchen.

Zeitnot ist kein Luxusproblem. Mittlerweile ist belegt, dass starke Vereinbarkeitsprobleme die Gesundheit beeinträchtigen können. Menschen, die sich zwischen den Anforderungen von Beruf, Kinderbetreuung und Pflege zerreiben, berichten von geringerer Lebenszufriedenheit und häufiger von depressiven Symptomen und Angststörungen. Laut Frauengesundheitsbericht des Robert Koch-Instituts von 2020 fühlen sich teilzeiterwerbstätige Mütter gesünder als vollzeiterwerbstätige Mütter.[160] Pflegende Angehörige sind laut Analyse von Versichertendaten häufiger krank als die durchschnittlichen Versicherten, und bei ihnen werden sogar doppelt so oft Depressionen diagnostiziert.[161] Die Mehrfachbelastung durch Erwerbs- und Care-Arbeit kann zudem zu einer schlechteren Gesundheit im Rentenalter führen.[162] Gerade diese Befunde sollten als Beleg dienen, dass berufstätige Care-Verantwortliche nicht nur über ihr stressiges Leben »jammern«, sondern Zeitnot und Überlastung, die sich aus der Kombination von Beruf und Care ergeben, sie tatsächlich krank machen können.

Auf die Erschöpfung von Müttern durch zu viel Arbeit reagierte die deutsche Politikerin Elly Heuss-Knapp schon 1950 mit der Gründung des Müttergenesungswerks, einer Stiftung, die seither Erholungskuren für Mütter und Kinder ermöglicht und sich erfolgreich für einen gesetzlichen Anspruch auf diese spezielle Gesundheitsversorgung eingesetzt hat. Mütter waren auch schon erschöpft, bevor sie mehrheitlich erwerbstätig waren, denn die Arbeitswoche als Hausfrau und Mutter mehrerer Kinder endete nicht nach 40 Stunden und kannte kein Wochenende. Die Politisierung des Themas durch die Gattin des damaligen Bundespräsidenten Theodor Heuss hat jedoch nicht dazu geführt, dass seither zeitpolitische Konzepte umgesetzt wurden, die es ermöglichen, berufliche und familiäre Arbeit so miteinander zu verbinden, dass die Gesundheit nicht leidet. Die Zahl der Mütter, die mit Erschöpfungszuständen und Burn-out eine Kur beantragen, steigt seit Jahren. Das Müttergenesungswerk bietet seit 2013 zudem auch Aufenthalte für pflegende Angehörige und Eltern aller Geschlechter an, da Überlastung kein rein mütterspezifisches Thema mehr ist. 60 Prozent der Väter, die eine Kur in Anspruch nehmen, berichten von Problemen, Familie und Beruf zu vereinbaren. Als größte Belastung nennen sowohl Mütter als auch Väter den ständigen Zeitdruck.[163]

Anne Schilling, die bis 2020 Geschäftsführerin des Müttergenesungswerks war, hat beobachtet, dass viele Eltern und pflegende Angehörige versuchen, sich möglichst lange nicht anmerken zu lassen, wie überlastet sie sind. Aufgrund von Familien- und Erwerbsarbeit so erschöpft zu sein, dass man kurz vor dem Zusammenbruch steht, ist ein gesellschaftliches Tabu. Da offenbar nur wenige Menschen sich darüber austauschen, entsteht vielfach der Eindruck: *Andere schaffen es doch auch.* Anne Schilling berichtet, heute würden Eltern meist erst dann einen Kurantrag stellen, »wenn es nicht mehr anders geht«[164] und die Betroffenen bereits krank seien. Eine Kur dient in solchen Fällen nicht mehr der Prävention, wie es eigentlich gedacht ist und sinnvoll wäre, sondern als erster Baustein einer Genesung von akuter Erschöpfung. Rund 2,9 Millionen Frauen und etwa 1,7 Millionen Männer sind durch ihre Arbeitslast aus Job und Care so stark gesundheitlich belastet, dass sie aus ärztlicher Sicht eine Kur machen sollten, so das Ergebnis einer 2021 veröffentlichten Studie für das Bundesfamilienministerium.[165] Die Forscher_innen gehen davon aus, dass die zusätzlichen Belastungen durch die Pandemie den Gesundheitszustand von Eltern und pflegenden Angehörigen noch weiter verschlechtern und die Nachfrage nach Kuren ansteigen werde: »Sicher ist auch, dass sich die Pandemieerfahrungen in besonderer

Weise auf die akute und wahrscheinlich auch die künftige Gesundheit und die Krankheitsanfälligkeit aller Mitglieder von Familien und Partnerschaften auswirken.«[166]

Dass Eltern im Alltag zu wenig Zeit für sich selbst und ihre Gesundheit haben, liegt auch daran, dass sich die von unserem Gemeinwesen finanzierte Kinderbetreuung an den Erwerbsarbeitszeiten orientiert. Eltern, die in Teilzeitstellen arbeiten oder erwerbslos sind, haben einen geringeren Anspruch als Eltern mit Vollzeitjobs. Wenn Eltern ihre berufliche Arbeitszeit reduzieren, verringert sich in der Regel gleichzeitig der Betreuungsanspruch für ihr Kind. Der Rat an überlastete Eltern, doch einfach weniger zu arbeiten, hilft ihnen kaum weiter, wenn sie dadurch keine wirklich freie Zeit, sondern meistens nur mehr gemeinsame Stunden mit ihren Kindern gewinnen. Auch wenn Teilzeitarbeit ein Stück weit entlasten kann, brauchen Eltern zusätzlich Zeit für Dinge, die sie gesund erhalten und ihnen Erholung ermöglichen. Diese Zeit müssen sie in unserer Gesellschaft jedoch privat organisieren, zum Beispiel durch Hilfe von Freund_innen oder Familienangehörigen, oder sogar privat finanzieren, indem sie Menschen dafür bezahlen, auf ihre Kinder aufzupassen. Nur ein kleiner Teil aller Eltern verfügt regelmäßig über solche Unterstützung. Eine alleinerziehende Mutter erzählte mir, sie habe eine bereits zugesagte Psychotherapie nicht antreten können, da ihr Kita-Gutschein nur für ihre 30 Wochenarbeitsstunden galt. Jede Woche eine Babysitterin zu bezahlen, um psychisch gesund zu werden, konnte sie sich von ihrem Gehalt nicht leisten. Einer anderen Mutter gelang es nicht, die Übungen, die ihr Physiotherapeut ihr für ihren schmerzenden Rücken gezeigt hatte, so oft in ihren Alltag einzubauen, dass ihre Beschwerden sich besserten. Die medizinischen und ärztlichen Empfehlungen zur Gesunderhaltung scheitern vielfach an langen Arbeitswochen und zu wenig freier Zeit.

Unsere gesellschaftlichen Strukturen gewähren Eltern zunehmend Raum für Erwerbsarbeit, aber die Zeit für Erholung haben wir bislang nicht kollektiv organisiert. An diesem Systemfehler können wir erkennen, dass eine erwerbsarbeitszentrierte Gesellschaft nicht nachhaltig sein kann. Nachhaltigkeit würde bedeuten, dass wir Ausgleichszeiten strukturell mitdenken und denen, die sie brauchen, im notwendigen Umfang ermöglichen. Denn Gesundheit ist eine unabdingbare Voraussetzung dafür, sich um sich selbst und die eigenen Kinder kümmern sowie arbeiten gehen zu können. Zeit für Arbeit ist ohne Zeit für sich selbst nicht denkbar.

Der Alltag von berufstätigen Menschen mit Care-Aufgaben ließe sich entzerren, wenn wir uns darauf verständigen würden, dass Zeitnot und Überforderung nicht normal sind, sondern Ausdruck einer Zeitkultur, die uns schadet. Die frei verfügbare Zeit für Eltern und andere Care-Personen zu erhöhen, würde sich auf viele Dinge positiv auswirken: auf die Familien selbst sowie auf ihr soziales Umfeld, da mehr gemeinsame Zeit möglich würde; auf unser Gemeinwesen, indem es die immens hohen Krankheitskosten reduzieren würde; aber auch auf die Wirtschaft, da Mitarbeiter_innen ausgeruhter wären und Menschen, die ihren Beruf aufgrund der familiären Belastung aufgegeben haben, wieder zurückkehren würden. Eine Politik, die die Vorteile einer solchen Zeitkultur erkennt, würde die Rahmenbedingungen dafür schaffen, dass die von ständiger Zeitnot Betroffenen erst gar nicht kurbedürftig werden. Tatsächlich sind die Mitarbeiter_innen des Müttergenesungswerks 70 Jahre nach Gründung der Stiftung aber damit beschäftigt, eine Ausweitung ihrer Angebote zu planen.

_ EIN ANDERER BLICK AUF TEILZEIT

Die deutsche Gleichstellungspolitik hat der Teilzeitarbeit den Kampf angesagt. Denn Menschen in diesen Jobs verdienen in der Regel zu wenig, um finanziell unabhängig zu sein. Der Mindestlohn orientiert sich an Vollzeitstellen. Die Karrierechancen sind nach wie vor besser, wenn man einen Vollzeitvertrag unterschreibt, und nach der Rente droht mit Teilzeitlöhnen die Altersarmut. In Diskussionen über Geschlechtergerechtigkeit geht es daher vor allem darum, was getan werden muss, damit Frauen »beruflich aufschließen«. Die Argumente dafür, dass Frauen ihre Erwerbsmuster verändern sollten, heißen Geld, Macht und Selbstverwirklichung. Für mehr Gleichberechtigung sollen sie sich den Arbeitszeiten anpassen, die vor einem Jahrhundert entstanden sind und sich noch immer an den typischen Erwerbsbiografien von Menschen ohne Care-Verantwortung orientieren. Im Kern ist die Vollzeitnorm Diskriminierung. Denn an Männer richtet sich gleichzeitig kein Appell, weniger zu arbeiten. So drängt die Familienpolitik auch Väter in eine Rollenüberforderung: Sie sollen sich zu Hause mehr einbringen, ohne dass sich die beruflichen Anforderungen an sie verändern. Fürsorgendes Verhalten werde neben der Ernährerfunktion jetzt »zusätzlich erwartet«, kritisiert der Gender-Wissenschaftler Stephan Höyng.[167]

Eine Teilzeitstelle ist weiterhin das Normalarbeitsverhältnis von weiblichen Care-Verantwortlichen in Deutschland, während Männer mit Care-Aufgaben überwiegend in Vollzeit arbeiten. 40 Prozent der Frauen und nur vier Prozent der Männer, die Angehörige pflegen, arbeiten mit reduzierter Stundenzahl.[168] Rund 66 Prozent der Mütter arbeiten Teilzeit, bei den Vätern sind es nur sieben Prozent.[169] Auch bei Frauen ohne eigene Kinder liegt die Teilzeitquote mit 35 Prozent weit über der von Männern mit zwölf Prozent.[170] Obwohl die Vollzeitbeschäftigung für aufstiegs- und leistungsorientierte Personen als Norm gilt, ist die Teilzeitquote sowohl bei Frauen als auch bei Männern in den letzten Jahrzehnten kontinuierlich gestiegen.[171] Die Gründe dafür sind unterschiedlich. Etwa jede zehnte Person gibt an, keine Vollzeitstelle gefunden zu haben, obwohl sie danach gesucht habe. Fast 50 Prozent der Frauen entscheiden sich für eine Teilzeitstelle, weil sie die restliche Zeit für die Betreuung von Kindern oder die Pflege von Angehörigen benötigen, ein Vollzeitberuf also neben der Care-Arbeit nicht zu schaffen wäre. Eine kleine Anzahl von Teilzeit-Erwerbstätigen befindet sich neben der beruflichen Arbeit gerade in einer Ausbildung. Doch etwa jede dritte teilzeitbeschäftigte Person hat andere Gründe, ihre Erwerbsarbeitsstunden zu reduzieren.[172] In deutschen Forschungsarbeiten, die regelmäßig Motive für Teilzeitmodelle erheben, sind die »sonstigen Gründe« bisher leider nicht differenziert erfasst worden, sodass es kaum Daten dazu gibt, wie viele Menschen sich unabhängig von Care für kürzere Arbeitszeiten entscheiden – und aus welchen Motiven. Teilzeit wird vielfach als defizitär empfunden, daher problematisieren öffentliche Diskurse dieses Arbeitsmodell eher. Motiven für eine reduzierte Stundenzahl, die nichts mit Familie zu tun haben, begegnen viele mit Skepsis. Auch im feministischen Diskurs wird Teilzeit eher mit Ungerechtigkeit in Verbindung gebracht als mit Freiheit.

Eine explorative Studie aus Großbritannien unterstreicht jedoch, wie die freiwillige Reduzierung von Arbeitszeit mit einem Mehr an Freiheit zusammenhängen kann: Einige der für die Studie interviewten Personen erzählten, sie hätten sich durch die Ansprüche von Vollzeitarbeit in ihrer Autonomie eingeschränkt gefühlt und Teilzeit als Weg gesehen, wieder mehr Kontrolle über ihre eigene Lebenszeit zu erhalten. Andere wollten wissen, »wer sie jenseits ihrer Arbeitsidentitäten waren«, und mehr Zeit für persönliche Interessen zurückerlangen.[173] Für eine andere Perspektive auf Teilzeit sollten wir uns daher fragen, warum die Idee einer erfüllenden Berufstätigkeit mit ausreichend Gehalt an einen 40-Stunden-Job gebunden sein muss. Wären genügend Einkommen und berufliche Selbstverwirklichung nicht auch in einer Teilzeitstelle realisierbar? In der frei gewordenen Zeit könnten sich zusätzliche Möglichkeiten auftun, ein erfülltes Leben zu führen. Oder zunächst einmal darüber nachzudenken, was ein erfülltes Leben für uns ist. Die Vollzeitnorm engt unsere Vorstellung darüber viel zu sehr ein.

Aus Unternehmen heißt es immer wieder, insbesondere jüngere Menschen – beginnend mit der Generation der Millennials – würden gern weniger als 40 Stunden in der Woche arbeiten. Auch das Interesse, im Laufe ihrer Karriere eine Führungsposition zu übernehmen, ist bei ihnen seit einiger Zeit rückläufig.[174] Junge Menschen verfolgen ihre beruflichen Ziele nicht um jeden Preis. Der Gesundheitsreport 2019 der Betriebskrankenkassen hob hervor, dass sich die Mehrheit der jüngeren Arbeitnehmer_innen eine klare Trennung von Beruf und Privatleben wünsche, ständige Erreichbarkeit ablehne und großes Interesse an einer Vier-Tage-Woche habe.[175] Darauf, dass kürzere Arbeitszeiten zu einem echten Thema geworden sind, mit dessen Umsetzung jüngere Generationen sich frühzeitig befassen, deuten auch andere Studien hin. In der Shell-Jugendstudie von 2019 sagten über 90 Prozent der Jugendlichen, neben ihrem Beruf dürften Freizeit, Familie und Kinder später nicht zu kurz kommen. Als »typische Aussage« eines Teenagers zwischen 14 und 17 Jahren stellte die SINUS-Jugendstudie 2020 die Zukunftswünsche eines Jugendlichen vor, beschrieben als »männlich, 16 Jahre, Migrationshintergrund, Traditionell-Bürgerliche«, der sagte: »So ein Einfamilienhaus irgendwo auf dem Dorf, am besten auch in Schleswig-Holstein […] und dann so, ich gehe halt arbeiten, aber nicht Fulltime-Job, sondern Dreiviertelstelle oder so, dass ich auch viel in meiner Freizeit mache, mit meinen Kindern machen kann. Ich möchte ganz gerne Kinder haben, und dass ich dann einfach ein gelassener Mensch bin.«[176]

Jugendliche haben offenbar beobachtet, dass genügend freie Zeit in Verbindung mit einer Berufstätigkeit nicht selbstverständlich ist, sondern sich über bewusst reduzierte Erwerbsarbeit erreichen lässt, und dass manche Berufe mehr Freizeit bieten als andere. Die Probleme in einer zeitknappen Gesellschaft führen bei Heranwachsenden möglicherweise dazu, dass ihre Vorstellung von Wohlstand nicht nur Geld impliziert, sondern auch den Wert arbeitsfreier Zeit stärker berücksichtigt als in den vorangegangenen Generationen. Junge Menschen haben eine andere zeitkulturelle Prägung als ältere: Viele von ihnen sind mit doppelt erwerbstätigen oder alleinerziehenden Eltern aufgewachsen. Immer mehr sind schon in der Schulzeit oder während der Ausbildung erschöpft, weil der Leistungsdruck hoch ist, sie Zukunftsängste haben und teilweise einer Doppelbelastung aus Lernen und Geldverdienen ausgesetzt sind.[177] Je früher sie Zeitdruck erleben, desto eher wehren sie sich dagegen.

Die Generation ihrer Eltern wählt bislang einen anderen Weg. Gerade einmal vier Prozent der zusammenlebenden Paare mit Kindern verschaffen sich heute über die *doppelte Teilzeit* mehr Freiraum für Familienaufgaben und persönliche Interessen. Der Anteil dieser Erwerbskonstellation stagniert seit Jahren. Obwohl Mütter heute nach der Geburt eines Kindes durchschnittlich früher wieder in den Job zurückkehren und seltener ihren Beruf ganz aufgeben, reduzieren Väter ihre Arbeitszeit so gut wie nie, wenn die Familie über zwei Einkommen verfügt. Die tatsächliche »Modernisierung«, die sich in Familien und Lebensgemeinschaften in den letzten Jahren vollzogen hat, ist der Trend zur doppelten Vollzeit.[178] Die Warnungen vor der sogenannten Teilzeitfalle wirken. Diese Interpretation von Gleichberechtigung – »mehr Erwerbsarbeit für alle« – ist jedoch eher eine Gleichbelastung. Die negativen Seiten des Modells *Doppelte Vollzeit* fallen in der Debatte über berufliche und finanzielle Gerechtigkeit oft unter den Tisch. Über Zeitarmut und ihre Effekte wird nicht gesprochen, da in den älteren Generationen die Bedeutung von Zeit der von Geld und Erwerbsarbeit bislang deutlich unterlegen ist.

Die doppelte Vollzeit wird von Paaren mit Kindern jedoch nicht vorrangig aus finanzieller Notwendigkeit häufiger gewählt. Bei Eltern mit niedrigen Bildungsabschlüssen ist das Doppelte-Vollzeit-Modell deutlich weniger verbreitet als bei Akademiker_innen, obwohl man erwarten würde, dass Menschen aus ärmeren Schichten viel eher auf zwei volle Einkommen angewiesen sein müssten.[179] Doch gering qualifizierte Beschäftigte arbeiten oft unfreiwillig mit einer geringeren Stundenzahl oder finden erst gar keine Stelle. Rund 40 Prozent der Teilzeitbeschäftigten mit geringer Qualifikation sagen, dass sie lieber mehr arbeiten würden. Sie arbeiten weniger als andere und verfügen über weniger Geld, weil der Arbeitsmarkt sie ausgrenzt. 17 Prozent der Geringqualifizierten hatten zuletzt keine Arbeitsstelle und machten damit knapp die Hälfte aller Erwerbslosen in Deutschland aus.[180] Arbeitszeiten sind also nicht nur zwischen Männern und Frauen ungleich verteilt, sondern auch zwischen Bildungsklassen. Neben dem Qualifikationsniveau spielen weitere Faktoren eine Rolle: Menschen ohne deutsche Staatsbürgerschaft sowie in Ostdeutschland lebende Menschen erwerbsarbeiten weniger Stunden, als sie gern würden.[181] Die Möglichkeit, eine »Normalarbeitsstelle« zu finden, die den eigenen Wünschen nahekommt, haben nur wenige. Die größte »Chance« auf eine Arbeitswoche zwischen 35 und 40 Stunden haben Männer mit mittlerer beruflicher Qualifikation,[182] deutschem Pass und einem westdeutschen Wohnsitz – und das unabhängig davon, ob sie mit Kindern zusammenleben oder nicht. Die Debatte über den Zugang zu gut bezahlten Stellen mit Chance auf berufliche Weiterentwicklung darf sich daher nicht länger nur auf Gender-Aspekte und die Verteilung von Sorgearbeit beschränken. Das Problem der ungerechten Verteilung von Arbeitszeit und Einkommen wird dadurch nämlich nicht beseitigt. Was nützt einer gering qualifizierten Frau ein Kitaplatz oder eine gleichberechtigte Partnerschaft, wenn sie nur Minijobs findet?

Wir können all das, was an Teilzeitstellen kritisiert wird, verändern: Menschen, die sich um andere kümmern, ganz besonders diejenigen, die allein Kinder großziehen oder allein Angehörige pflegen, sollten auch in reduzierten Stellen genug Geld verdienen, um davon leben zu können. Dass der Mindestlohn sich an einer 40-Stunden-Woche orientiert, diskriminiert insbesondere Frauen, da sie nach wie vor den größten Teil der unbezahlten Care-Arbeit in Deutschland übernehmen. Care-Aufgaben müssten deutlich stärker in der Rentenberechnung berücksichtigt werden, da unsere Wirtschaft ohne sie nicht funktionsfähig wäre. Es ist durchaus möglich, in Teilzeit Karriere zu machen und berufliche Verantwortung zu übernehmen. Einige Unternehmen richten bereits geteilte Führungsstellen ein. Es gibt keine sachlichen Gründe dafür, dass Teilzeitstellen weniger interessant sein müssen als Vollzeitstellen. Haben wir das erst einmal verstanden und umgesetzt, könnten wir unsere Arbeitszeiten freier wählen. Denn so, wie die heutige Berufswelt Arbeitszeiten mit Anerkennung, Entwicklungsmöglichkeiten und Einkommen verknüpft, kann man von Wahlfreiheit kaum sprechen.

Viele Menschen sind glücklicher, entspannter und auch gesünder, wenn sie mehr Zeit für ihre Kinder, Freund_innen oder Hobbys haben. Wenn wir die Voraussetzungen dafür schaffen, dass alle, die wollen, weniger arbeiten können, dann bedeutet mehr Teilzeit – und nicht mehr Vollzeit – einen Gewinn an Freiheit, Selbstbestimmung und Gleichberechtigung.

_ PERSPEKTIVEN

»Aber ich arbeite gern viel«, »Meine Aufgaben sind in unter 40 Stunden nicht zu schaffen«, »Meinen Job kann man sich nicht teilen«, entgegnen mir häufig Menschen, die sich eine Verkürzung der Wochenarbeitszeit *für sich selbst* nicht vorstellen können und daher auch nicht darüber nachdenken wollen, warum es gesellschaftlich eine gute Idee sein könnte, weniger zu arbeiten. Sozialen Fortschritt erreichen wir aber nicht, wenn wir nur von unserer eigenen Situation ausgehen. Es geht schließlich darum, Zeit in unserer Gesellschaft so aufzuteilen, dass alle an Erwerbsarbeit, Care und Engagement partizipieren können und auf diesem Weg auch für alle genug wirklich freie Zeit entsteht.

Von der Politik gesehen und berücksichtigt zu werden, hängt momentan stark von Erwerbsarbeit ab. Die Anliegen der sogenannten Leistungsträger_innen – das meint Menschen mit mittleren und hohen Einkommen und Vermögen – zählen am meisten. Wer hingegen erwerbslos und auf finanzielle Unterstützung vom Staat angewiesen ist, wer schlecht bezahlt oder unbezahlt arbeitet, soll sich dankbar zeigen, nichts vorschlagen und nichts fordern. So wurde in der Coronapandemie schnell deutlich, dass Menschen, die ihre Zeit mit unbezahlten Care-Aufgaben verbringen, kaum politische Unterstützung erhalten. Für Angestellte wurde binnen kürzester Zeit die Kurzarbeit eingeführt, um Einkommen und Arbeitsplätze zu sichern, während insbesondere Mütter an Einkommen verloren, weil sie ihre Arbeitszeiten für Betreuungsaufgaben reduzieren mussten.[183] Eine gerechte Gesellschaft gelingt jedoch nur dann, wenn die Rechte, Interessen und Bedürfnisse all ihrer Mitglieder als schützenswert erachtet werden, unabhängig davon, ob, was und wie viel sie arbeiten können. Weder eine Lebensleistung noch, ob jemand Respekt verdient, misst sich an der Erwerbsarbeit; ein Mensch darf nicht gleichgesetzt werden mit seinem Beitrag zur Ökonomie.

Ein erwerbsarbeitszentriertes Gesellschaftsmodell, in dem Menschen nützlich sein sollen und ihre Fähigkeiten ökonomisch verwertbar, steht nicht zuletzt Vielfalt und Inklusion entgegen. Denn die Arbeitsfähigkeit als Ideal zu setzen, produziert eine große Furcht davor, auf Unterstützung angewiesen zu sein, weil man krank wird oder alt, eine Behinderung erwirbt oder anderweitig nicht mehr zu den Anforderungen der Arbeitswelt passt. Auf die Fürsorge von anderen angewiesen zu sein, muss die Lebensqualität nicht mindern, wenn wir Strukturen schaffen, über die Menschen gut versorgt werden und weiterhin selbstbestimmt leben können. Genauso wenig muss die Entscheidung, mit Kindern zu leben oder Angehörige zu pflegen, mit einem Verlust an Freiheit, Zufriedenheit und beruflichen Möglichkeiten einhergehen, wenn wir Sorgestrukturen professionell und solidarisch gestalten, sodass die Fürsorgearbeit genügend Zeit für anderes lässt. Ob Care-Beziehungen das Leben einschränken oder bereichern, hängt davon ab, welche politische Haltung eine Gesellschaft zu dieser Frage einnimmt. Eine Gesellschaft, die alle Menschen als gleichwertige Bürger_innen behandeln will, muss Anerkennung von Erwerbsarbeit abkoppeln. Denn nicht, dass wir arbeiten können, ist die wichtigste menschliche Qualität, sondern die, dass wir dafür Sorge tragen, dass alle Menschen würdevoll leben können, egal, wie sehr sie sich unterscheiden. Die Fürsorge steht am Anfang und am Ende unseres Lebens und überall dazwischen. Wir sind eine Care-Gesellschaft, die brüchig ist, weil sie versucht, etwas anderes zu sein.

Wir sprechen viel über den Wandel der Arbeitswelt: an welchen Orten wir arbeiten werden, welche Berufe verschwinden werden, wie wir mit Maschinen und künstlichen Intelligenzen interagieren werden. Aber dabei sparen wir mehrere große Fragen aus: Sollte Erwerbsarbeit weiterhin unser Leben bestimmen? Wollen wir tatsächlich alle Arbeiten, die im Zusammenleben erledigt werden müssen, in bezahlte Tätigkeiten verwandeln?

Sich eine Zukunft vorzustellen, in der die Erwerbsarbeit einen wesentlich kleineren Teil des Lebens einnimmt und stattdessen mehr Zeit für andere Dinge bleibt, fällt vielen Menschen schwer. Sie deuten diesen Gedanken als Träumerei, die wir uns ab und an erlauben können, nicht als reale Möglichkeit, anders zu leben. Schließlich gibt es als Sehnsuchtsort den Ruhestand, mit dem wir angeblich in ein Meer aus freier Zeit hinübertreten. Wir werden ja weniger arbeiten: nur später. Freie Zeit als neuer, als *anderer* Lebensabschnitt. Um weniger arbeiten zu können, muss die Zeit für uns erst neu beginnen. Diese Beruhigungstaktik, dass wir *irgendwann* all die Zeit haben werden, um das zu tun, wonach wir uns sehnen, schadet uns jedoch in der Gegenwart, da wir unsere Bedürfnisse damit nicht als etwas Unmittelbares, Wichtiges begreifen, sondern stattdessen verinnerlichen, dass sie etwas Zukünftiges sind: Wir dürfen etwas anderes wollen, überhaupt etwas wollen, aber nicht jetzt. Später. In der Gegenwart sollen wir bedürfnislos sein. Wir sollen uns mit den Gegebenheiten arrangieren und das Beste aus ihnen machen. Die Gegenwart ist damit nur eine Übergangsphase, bis das richtige Leben beginnt. Wenn wir unsere Gegenwart jedoch nicht als relevant betrachten, sondern als Vorstufe zu etwas, das erst noch kommen wird, dann entpolitisieren wir sie. Wir trainieren uns darauf, auf den richtigen Zeitpunkt zu warten. Aber wann beginnt die richtige Zeit? Unendliche Geduld und sanft formulierte Ideen werden zur Tugend, konkrete Ideen, Forderungen und Warnungen hingegen als Aktivismus diffamiert. Es gilt als zu radikal, in der Gegenwart zu handeln. Doch wenn das Jetzt nicht zählt, wie steht es dann um unsere zukünftige Gegenwart?

Eine lebendige Gesellschaft beginnt zu planen, zu proben und die gewünschten Neuerungen Stück für Stück umzusetzen. Wenn wir mehr Zeit füreinander haben und anders arbeiten wollen, müssen wir jetzt anfangen, die Frage nach dem Stellenwert der Erwerbsarbeit in unserem Leben und nach der gerechten Verteilung aller Arbeiten zu einem Gegenwartsprojekt zu machen. Einem Projekt, das wir selbst in die Hand nehmen mit Gesprächen, Experimenten, Protesten und der Bereitschaft, Teil dieser Veränderungen zu sein. Unsere Gegenwart ist relevant, veränderbar und politisch. Nur eine radikale Gegenwart schließt die Zukunft ein.

3
ZEIT FÜR CARE

Our very idea of productivity is premised on the idea of producing something new, whereas we do not tend to see maintenance and care as productive in the same way.
_ JENNY ODELL[184]

_ IST FÜRSORGE ARBEIT?

Eine zentrale Frage beim Thema Zeitgerechtigkeit lautet, ob Fürsorgetätigkeiten, die Menschen für enge Bezugspersonen wie Kinder, pflegebedürftige Eltern oder Freund_innen übernehmen, als Arbeit zu bezeichnen sind, und falls ja, wie man sie ins Verhältnis setzen kann zu anderen Formen der Arbeit. Wie lassen sie sich bewerten, gerecht verteilen, gar entlohnen?

»Meine Kinder sind keine Arbeit«, sagen viele Menschen, wenn sie mit der feministischen Forderung konfrontiert werden, Care-Aufgaben sollten so anerkannt und bezahlt werden wie Erwerbsarbeit. Und da ist ja auch etwas dran: Im persönlichen Umfeld erbrachte Fürsorge ist hinsichtlich ihres Arbeitscharakters nicht direkt vergleichbar mit beruflichen Tätigkeiten. Menschen gründen schließlich nicht Familien, weil sie eine Lohnarbeit suchen oder ihre bisherige Arbeitszeit ausdehnen möchten, sondern weil sie einen Sinn darin erkennen, mit Kindern zu leben. Sie pflegen Angehörige, statt sie in einem Heim unterzubringen, weil sie diese Menschen gut versorgen und in ihrer Nähe haben möchten. Sie unterstützen andere Erwachsene, weil fürsorgliches Handeln Bestandteil von Freund_innenschaften ist.

Für Kinder zu sorgen, wird heute vor allem als freiwillige Entscheidung gesehen, während sich Erwerbsarbeit als existenzielle Notwendigkeit darstellt. Vor allem für all jene, die in ihrem Job schlecht behandelt oder schlecht bezahlt werden, die kaum Freude oder Erfüllung darin finden, fühlt sich Arbeit wenig freiwillig an. Diese unterschiedliche Wahrnehmung von familiärer Fürsorge und bezahlten Tätigkeiten führt dazu, dass manche Menschen den Begriff der Care-Arbeit ablehnen, da er ihrem Arbeitsbegriff widerspricht. In einer Gesellschaft, in deren Zentrum die Erwerbsarbeit steht und Care als freiwillige Erweiterung des Lebens gesehen wird, kann es sich sogar als Rebellion anfühlen, sich trotz aller Widrigkeiten für eine Familie zu entscheiden. Denn um sich im Kapitalismus Care *und* Karriere zuzutrauen, muss man ein wenig größenwahnsinnig sein und sich für sehr belastbar halten. Vielleicht ist das Gefühl, mit der Übernahme von Care-Aufgaben eine irgendwie irrationale Entscheidung zu treffen, aber auch genau das Problem unserer Zeit: Für andere Menschen zu sorgen, sollte sich nicht waghalsig und unvernünftig anfühlen, sondern etwas sein, das allen offensteht, die gemeinsam mit anderen leben wollen. Zudem ist es in vielen Fällen keineswegs eine sorgsam abgewogene Entscheidung, Care-Verantwortung zu tragen. Diese Verantwortung kann uns auch zufallen: Wir alle, die Eltern, Geschwister oder Partner_innen haben, können zu pflegenden Angehörigen werden.

Arbeit und Geld gehören für uns zusammen. Welchen finanziellen Gegenwert die Care-Arbeit haben sollte, ist jedoch nur schwierig zu beziffern. Wie sollen wir einschätzen können, was ein fairer Lohn wäre, wenn wir gelernt haben, dass Care keine Arbeit ist? Welchen Stundenlohn würden Sie gern dafür bekommen, eine halbe Stunde lang Möhren für ein Kind zu raspeln? Wie viel Geld dafür, ein Baby zu baden? Wie fühlt es sich an, für etwas, was man genießt, bezahlt werden zu wollen? Vielleicht hat man sich sogar lange danach gesehnt, ein Kind umsorgen zu dürfen. Welch ein Glück, wenn es dann endlich so weit ist.

Dennoch: Rechnet man die Tätigkeiten, die in einem Haushalt mit Kindern jede Woche erledigt werden müssen, anhand der Gehälter zusammen, die bezahlte Care-Arbeiter_innen dafür bekämen, müsste die familiäre Vollzeit-Fürsorgearbeit mit über 7000 Euro im Monat entlohnt werden.[185] Stattdessen bekommen diejenigen, die zu Hause andere versorgen, die kochen, putzen, trösten, in der Regel keinen Cent und können deshalb häufig auch mit dieser Arbeit nichts für ihre Altersvorsorge tun. Care-Arbeit zu übernehmen, macht vielfach arm, als wäre diese Zeit nichts wert gewesen, als hätten die Care-Gebenden nichts geleistet. Die gleiche gesellschaftliche Haltung spiegelt sich in der professionellen Care-Arbeit wider. In diesem Bereich wird nicht nur schlecht bezahlt, teilweise wird geleistete Arbeit erst gar nicht erfasst. So hat das Bundesarbeitsgericht im Juni 2021 entschieden, dass einer Live-in-Pflegerin auch für Bereitschaftszeiten der Mindestlohn gezahlt werden muss. Die aus Bulgarien stammende Klägerin bekam nur sechs Stunden pro Tag honoriert, obwohl sie sich rund um die Uhr um eine Seniorin kümmerte. 950 Euro netto verdiente sie im Monat.[186] Nach arbeitsrechtlichen Standards müsste eine 24-Stunden-Pflege auf mehr als drei Vollzeitkräfte aufgeteilt werden. Die Lohnkosten lägen so monatlich bei 9100 Euro.[187] Das ist rund das Zehnfache von dem, was die Pflegekraft bekam.

Viele Menschen sperren sich wohl auch aus Selbstschutz dagegen, im privaten Rahmen erbrachte Care-Aufgaben als Arbeit anzuerkennen, denn wenn wir sie zu unserer Erwerbsarbeit hinzuaddieren würden, nähme Arbeit unsere Tage nahezu vollständig ein. Mütter mit kleinen Kindern sind nach Berechnungen des Deutschen Instituts für Wirtschaftsforschung (DIW) rund 14 Stunden am Tag beschäftigt, wenn ihre Fürsorgearbeit in die insgesamt erbrachte Arbeit mit eingerechnet wird.[188] Am Ende der Care-Arbeit ist keine Zeit mehr übrig für Selbstfürsorge oder Gespräche. Wir wollten doch Familie als Zuckerguss, nicht als Garantie für Überlastung! Wir wollten, dass das Leben durch eine Familie größer wird, nicht kleiner. Festzustellen, dass wir Arbeitstiere sind, domestiziert und unterworfen, widerspricht unserem Bild des freien, unabhängigen Menschen, der seine Zeit vielfältig nutzen kann. Wir müssen also vor uns selbst verschleiern, wie viel wir arbeiten, um sagen zu können, dass Arbeit nicht unser ganzes Leben ist. Solange Care als etwas Selbstgewähltes gilt, solange Care Selbstlosigkeit ist und mit Liebe verschmilzt, können wir uns als freie Menschen sehen.

Diejenigen, die all die Care-Arbeit auf sich nehmen, sind doch nicht so dumm, sich ausnutzen zu lassen! Diejenigen, die

Care-Arbeit verweigern und delegieren, sind doch nicht so herzlos, andere auszubeuten! Diese Glaubenssätze müssen wir uns aufsagen, damit wir uns nicht vor uns selbst erschrecken. Damit wir glauben können, dass Gleichberechtigung zum Greifen nah sei. In Gesellschaften, die sich vor allem an von Männern entwickelten Standards und ihren Lebensentwürfen orientieren – also in patriarchalen Gesellschaften –, kann Care nicht als gleichwertige Arbeit anerkannt werden, weil die Abwertung von allem, was mit Weiblichkeit verknüpft ist, diese Kultur noch immer prägt. Ein Land, das sich als modern und fortschrittlich begreifen will, muss postulieren, es habe Gleichberechtigung bereits hergestellt oder garantiere zumindest gleiche Chancen. Care nicht als Arbeit zu sehen, kommt daher einer Verteidigung unseres kulturellen Selbstverständnisses gleich. Wenn wir Fürsorge als gleichwertige Arbeit anerkennen würden, sie gerecht verteilen und angemessen bezahlen würden, würde das die Machtverhältnisse und die Art und Weise, wie wir miteinander umgehen, komplett verändern. Es käme tatsächlich einer Care-Revolution gleich, ein Begriff, den das länderübergreifende Bündnis *Netzwerk Care Revolution* geprägt hat, das sich dafür einsetzt, menschliche Bedürfnisse statt Profitmaximierung ins Zentrum der Wirtschaft zu stellen.[189] Wir erreichen wirkliche Gleichberechtigung nicht allein über Emanzipation in der Berufswelt, wir müssen auch die Art und Weise, wie wir uns umeinander kümmern, grundlegend verändern.

Ist es Arbeit, ein Baby in den Schlaf zu wiegen? Ist es Arbeit, eine Schwerkranke zu füttern? Ist es Arbeit, geduldig zuzuhören, wenn ein trauriger Freund von seinem Kummer spricht?

Das Unbehagen, Fürsorge als Arbeit aufzufassen, ist zwar nachvollziehbar, denn unser Verständnis von Arbeit ist bislang ein anderes. Klar ist aber: Care ist Zeit. Zeit, die wir übrig haben müssen, die wir freiräumen müssen. Zeit, die wir nicht mit anderen Tätigkeiten verbringen können, wie im Gras zu liegen, schreiben zu lernen,[190] mit einer Freundin ins Theater zu gehen, Nachrichten zu hören, zu promovieren, für Geld zu arbeiten oder dieses Buch zu lesen. Die mit Care-Aufgaben verbrachte Zeit kann an anderen Stellen fehlen. Und da Care unbezahlt ist und möglichst unsichtbar sein soll, denkt unsere Gesellschaft sie zeitlich nicht mit. Doch kaum etwas verschlingt so unbändig viel Zeit, wie sich um andere zu kümmern. Care verwandelt die eigene Zeit in die Zeit von anderen.

Welche Menschen ihre Zeit mit Care verbringen *müssen*, weil niemand anders es tut, oder im Gegenteil, welche Menschen ihre Zeit mit Care verbringen *können*, weil sie das gern möchten, ist eine Frage von Gerechtigkeit. Zeit lässt sich nicht vermehren, die verpassten Momente lassen sich nicht nachholen. Zeitgerechtigkeit ist daher etwas, das wir unmittelbar im Jetzt herstellen müssen und nicht erst in unbestimmter Zukunft.

Um Care-Tätigkeiten dem Bereich der Arbeit zuzurechnen, brauchen wir ein neues Bewusstsein dessen, was Arbeit ist, eines, das weit mehr beinhaltet als nur Erwerbsarbeit. Wir müssen offen dafür sein, auch all jene Tätigkeiten als Arbeit zu verstehen, für die wir nicht bezahlt werden. Care-Gebende sollten die Leistung, die sie jeden Tag erbringen, nicht kleinreden, selbst wenn sie diese Aufgaben gern übernehmen. bell hooks hat vorgeschlagen, die eigene Haltung zu Care-Aufgaben zu verändern, um sie aufzuwerten. Sie vertrat die Auffassung, Frauen könnten nicht erwarten, dass Männer Fürsorge zu schätzen wüssten, wenn nicht einmal Frauen selbst den Wert dieser Arbeit anerkennen würden. Sie ermutigte daher dazu, es als »Geste von Macht und Widerstand« zu begreifen, der eigenen Arbeit einen Wert zuzuschreiben und stolz auf sie zu sein – unabhängig davon, ob sie bezahlt werde oder nicht.[191] Care-Arbeit darf sich gut anfühlen, liebevoll und bereichernd sein und trotzdem als Arbeit bezeichnet werden, denn sie ist ein gesellschaftlich unverzichtbarer Beitrag.

Dieser erweiterte Arbeitsbegriff würde die Arbeitsmenge im Alltag Einzelner sichtbar machen und eine Verständigung darüber ermöglichen, wie viel Arbeit zu viel ist. Denn während acht Stunden Erwerbsarbeit zumeist noch als vertretbar erachtet werden, würden deutlich mehr Menschen anerkennen, dass 14 Stunden Arbeit an einem Werktag und zwölf Stunden am Sonntag zu viel sind. Diese überlangen Arbeitstage sind jedoch für viele Menschen Normalität, bei denen sich Erwerbsarbeit, Hausarbeit, Fürsorgearbeit und Optimierungsarbeit an sich selbst addieren. Halten wir so viel Arbeit wirklich für zumutbar? Halten wir Tage ohne Pausen, ohne freie Zeit noch für *zeitgemäß*?

_ DIE EIGENHEITEN VON CARE-ZEIT

Wenn ich am späten Nachmittag das Büro verlasse, beginnt in meiner Wahrnehmung keine neue Zeit. Seitdem ich Kinder habe, formuliere ich den Beginn des Feierabends in meinem Kopf eher so: Ich gehe nach Hause. Dass nach der Arbeit meine freie Zeit beginnt, eine andere Qualität von Zeit, stimmt für mich nicht. Ich denke in diesem Moment gar nicht darüber nach, weil ich das, was vor mir liegt, nicht mit Zeit verbinde. Die Stunden sind an meine noch jungen Kinder gebunden, sie sind vorbestimmt. Ich habe Abläufe vor Augen, Routinen. Ich kann diese Zeit kaum gestalten, sie geschieht mir eher. Ich wechsle den Ort, aber meine Zeit ist mit Aufgaben gefüllt, für die ich mich nicht jeden Tag neu und frei entscheide. Und doch werde ich voller Vorfreude zur Kita fahren oder die Treppen zur Wohnung hinaufgehen und mit jeder Stufe mehr die Stimmung wechseln. Ich habe immer noch Herzklopfen, wenn ich meine Kinder nach ein paar Stunden wiedersehe. Ich werde sie drücken und mich umarmen lassen, erleichtert darüber, wieder mit ihnen zusammen zu sein, und mich gleichzeitig in Müdigkeit verlieren. Ich werde präsent sein, mich auf meine Familie einlassen, lachen, seufzen, Hausarbeit erledigen, während die Kinder um mich herumspielen. Ich werde gedanklich abdriften und wieder zurückkehren. Die Familienzeit am Abend ist offen, kostbar, eng und fremdbestimmt. Die Zeit gehört mir nicht allein. Meine Zeit verschmilzt mit der Zeit meiner Kinder. Je nachdem, wie sehr ich mich ihren Bedürfnissen widme, kann diese Zeit auch ganz zu ihrer Zeit werden.

Mit der Idee, Zeit zu haben, verbinde ich, frei über sie verfügen zu können, etwas mit ihr machen zu können, was nicht vorbestimmt ist. Zeit zu haben, erlaubt Spontaneität. Die Sätze *Ich habe keine Zeit* oder *Ich brauche Zeit für mich* drücken nicht aus, dass jemand keine Zeit neben der Erwerbsarbeit hat, sondern zu wenig offene Zeit, die nicht bereits an etwas gebunden ist. Zeit haben wir immer, da wir in ihr leben. Das Gefühl, *zu wenig* Zeit zu haben, drückt aus, dass wir uns nicht frei genug in der eigenen Zeit bewegen können. Alle Menschen haben gleich viel Zeit, 24 Stunden an jedem Tag. Aber sie erleben die Zeit unterschiedlich.

Wir alle werden nach der Uhr erzogen: Sobald wir Zeit bewusst wahrnehmen können, begegnen wir ihr als Instrument der Begrenzung, nicht als Raum für unsere Bedürfnisse. Zeit ist etwas, das plötzlich enden kann, weil der Uhrzeiger auf die volle Stunde gesprungen ist. Zeit ist eine abstrakte Größe. Sie ist planbar, kontrollierbar, ihr Gebrauch optimierbar. Die Care-Zeit aber gehorcht nicht der Uhr. Sie ist eine widerspenstige Zeit.

Care-Arbeit endet nahezu nie. Selbst die professionelle und bezahlte Care-Arbeit, wie Erzieher_innen oder Pflegefachkräfte sie leisten, endet anders als Aufgaben, die zu einem beliebigen Zeitpunkt unterbrochen und später fortgesetzt werden können. Viele Prozesse in der Erwerbsarbeit sollen zeitlich durchgeplant und optimiert werden. Sie können durch Erfahrung der handelnden Personen oder Unterstützung von Maschinen und Technologie effizienter und produktiver gestaltet werden. Doch Fürsorge kann nicht auf diese Art und Weise optimiert werden. Ich kann um 18 Uhr aufhören, an diesem Text zu schreiben, und morgen früh wieder beginnen. Ich kann jedoch nicht um Punkt 21 Uhr die Einschlafbegleitung meines Kindes beenden, wenn es immer noch Fragen stellt. Eine Freundin in einer Krise braucht eventuell mehr als den 30-Minuten-Slot, der zwischen meinen Meetings frei ist. Eine Altenpflegerin kann nicht auf die Minute genau planen, wie lange ein dementer Mensch für seine Mahlzeit benötigt. Wenn Fürsorgearbeit künstlich begrenzt wird und sich an der Uhr statt an Bedürfnissen orientiert, ist das für die Care-Gebenden frustrierend, weil sie den Menschen, die sie umsorgen, nicht gerecht werden können. Diejenigen, die auf die Fürsorge angewiesen sind, kommen zu kurz.

Care-Zeit entgegen ihrer Natur zu verkürzen, mehr als eigentlich möglich in sie hineinzupressen, belastet die Beziehungen zwischen Menschen. Die Kompression dieser Zeit macht Familien fragiler. »Zeitdruck und materielle Unsicherheit produzieren Gewalt und zerstören soziale Beziehungen und Sorgeverhältnisse«,[192] konstatieren die Verfasser_innen der Resolution des Netzwerks Care Revolution. Es ist sicherlich nicht vermeidbar, sich ab und an beeilen zu müssen. Doch wenn dies zum Normalzustand wird, entwickelt sich ein dauerhafter Stresslevel, der zu Überforderung und schlechtem Gewissen führen kann, weil man das Gefühl bekommt, keine der beruflichen und privaten Aufgaben wirklich gut zu machen und jeden Tag wieder in einem oder auch beiden Bereichen zu versagen. Das schlechte Gewissen, das für viele Care-Verantwortliche ein dauerhafter Begleiter ist, entsteht, weil Elternschaft und Pflege nicht die Zeit zugestanden werden, die sie brauchen. Insbesondere emotionale Bedürfnisse bleiben auf der Strecke, wenn nur Zeit für das Allernötigste ist.

Menschen, die sich um andere kümmern und für sie sorgen, müssen sich auf deren Zeitbedürfnisse einlassen können. Die Care-Zeit geht von Babys aus, von Kindern, Kranken, pflegebedürftigen Menschen. Die Care-Zeit entspringt bei ihnen. Care-Gebende merken schnell, dass man diese Zeit nicht verlassen kann, nur weil die Uhr es will. Wie viel Care-Zeit ein

Säugling braucht, lässt sich mit ihm nicht verhandeln. Ein Baby schläft nicht schneller ein, weil die Uhr Mitternacht zeigt. Wir können es nicht vertrösten oder kurz anrufen, statt es herumzutragen. Nach der Geburt leben das Kind und seine Eltern in einer gemeinsamen, verwobenen, dichten Zeit, die nicht länger von den Erwachsenen kontrolliert wird. In der Care-Zeit haben die Bedürftigen das Sagen, sie sind die Uhr. Care-Zeit verkehrt die Machtverhältnisse. Das Baby ist Herrin der Zeit.

_ ERSCHÖPFUNG BY DESIGN

Du wolltest doch Kinder! Dieser Satz wurde vermutlich allen Eltern schon einmal entgegengeschleudert, die es gewagt haben, zu berichten, wie anstrengend der Alltag mit einem Kleinkind sei. Doch wenn Care-Verantwortliche darüber sprechen, dass sie erschöpft sind, ihre eigenen Bedürfnisse zu kurz kommen und sie sich danach sehnen, endlich mal wieder auszuschlafen, bereuen sie nicht, sich für ein Leben mit Kindern entschieden zu haben oder Angehörige zu pflegen. Sie sind nur zerrissen zwischen den vielfältigen Anforderungen des Alltags. Care-Arbeit ist das, was man trotzdem macht, gegen viele Widerstände.

Elternschaft ist *Erschöpfung by design*: Familien, so wie sie heute leben, können einer Überlastung kaum entgehen, wenn die Erwachsenen versuchen, ihren Berufen gerecht zu werden und sich selbst um ihre Kinder und den Haushalt zu kümmern. Viele tun es dennoch. Sie, und hier insbesondere die Mütter, räumen sich die notwendige Zeit frei, indem sie eigene Bedürfnisse zurückstellen und auf Schlaf verzichten. 77 Prozent der

Mütter und 61 Prozent der Väter von minderjährigen Kindern sagten 2020 in einer Befragung[193], sie könnten sich nicht ausreichend oder gar nicht von der Arbeitsbelastung in Familie und Beruf erholen. Denn obwohl insbesondere Eltern kleiner Kinder ohne Zweifel weniger Schlaf bekommen und zu Hause mehr Care-Arbeit erbringen müssen als die meisten anderen Menschen, verlangt unsere Gesellschaft von ihnen, im Beruf genauso viel zu leisten. Menschen, die sich um andere kümmern, sollen so erwerbsarbeiten, als gäbe es ihre Care-Aufgaben nicht. Von Eltern und pflegenden Angehörigen wird erwartet, dass sie die Care-Seite ihres Lebens leugnen, wegorganisieren und sich die Anstrengung nicht anmerken lassen. Über Care-Arbeit darf nur in Rosa gesprochen werden, mit überschminkten Augenringen und immer lächelnd.

In den wenigsten Fällen können beide Eltern im ersten Lebensjahr ihres Kindes eine berufliche Pause einlegen. Ein Elternteil muss zudem oft wenige Tage nach der Geburt wieder für acht Stunden zurück ins Büro oder in den Betrieb – egal, wie kurz die Nacht war, und egal, wie erholungsbedürftig und überfordert die Partner_innen im Wochenbett sind. Zwar befinden sich Menschen, die ein Kind geboren haben, noch acht Wochen danach im Mutterschutz und dürfen keiner bezahlten Arbeit nachgehen, doch in dieser Zeit haben sie kein Recht auf Fürsorge oder auf Unterstützung durch andere. Ein echter Schutz für eine Person, die schwanger war, gerade geboren hat, deren Geburtsverletzungen heilen, müsste umfassen, dass sie und das Baby so lange umsorgt werden, bis sie selbst gut allein dazu in der Lage ist. Die ersten Wochen mit einem Neugeborenen sind derart fordernd, dass es als fahrlässig gelten müsste, eine Wöchnerin den größten Teil des Tages mit ihrem Baby allein zu lassen. Sollte ein Elternteil aus der ersten Zeit nach der Geburt nicht eher erzählen können: »Ich habe mich so gut umsorgt gefühlt« statt: »Ich habe mich oft sehr allein gefühlt«? Warum nehmen wir uns diese Zeit nicht? Oder besser: Wer nimmt uns diese Zeit?

Noch immer beantragen knapp 60 Prozent der Väter in Deutschland keinen einzigen Monat Elterngeld und begründen dies überwiegend damit, dass der finanzielle Verlust zu groß wäre.[194] Die Väter, die Elternzeit nehmen, taten dies zuletzt durchschnittlich nur für 3,3 Monate, während Mütter durchschnittlich 13,6 Monate nahmen.[195] Wie sich gleichgeschlechtliche und queere Elternpaare die Elternzeit aufteilen, wird leider bislang in offiziellen Statistiken nicht erhoben. Die fehlende Freistellung nach der Geburt trifft sie jedoch auch. Viele Partner_innen können nicht einmal wenige Wochen im Beruf pausieren, um für die eigene Familie voll und ganz da zu sein. Die Einführung einer zehntägigen Freistellung für Lebenspartner_innen nach der Geburt, die eine EU-Richtlinie seit dem Sommer 2019 vorsieht, lehnte das von der SPD geführte Bundesfamilienministerium in der vergangenen Legislaturperiode noch mit Verweis auf das Elterngeld ab. Unter der neuen Bundesregierung, die 2021 ihre Arbeit aufnahm, soll die EU-Richtlinie umgesetzt werden. Doch im ersten Haushaltsplan, der im Frühjahr 2022 beschlossen wurde, waren keine Mittel dafür vorgesehen. Das Anliegen muss warten. Dabei belegen die Daten zu Inanspruchnahme des Elterngeldes deutlich, dass viele Paare sich keine gemeinsame Zeit mit dem Neugeborenen leisten können, und das, obwohl die

Überlastung junger Mütter mit einem höheren Risiko für eine postpartale Depression verbunden ist, was wiederum die Eltern-Kind-Bindung stören kann. Wie wenig ernst die Bundesregierung es mit dem Ziel gleichberechtigter Elternschaft und dem Wohl von Kindern meint, zeigt sich an der mangelnden Unterstützung von Eltern nach der Geburt eines Kindes. Längere Elternzeiten von Vätern bewirken auch, dass diese sich langfristig mehr an der Care-Arbeit zu Hause beteiligen als Väter, die keine oder nur kurz Elternzeit genommen haben.[196] Daraus leitet sich sehr klar ab, was politisch getan werden könnte, um Equal-Care-Arrangements in Familien zu unterstützen. Doch eine Strategie, die versucht, den unterschiedlichen Bedürfnissen von Familien gerecht zu werden und auch Männer von der gleichberechtigen Übernahme von familiärer Care-Arbeit zu überzeugen, gibt es in der Familienzeitpolitik bislang nicht.

Diese Leerstelle wirkt sich nicht nur auf die Familien aus, die es schon gibt. Menschen, die bislang noch keine Kinder haben, nehmen die Lebensumstände von Familien in Deutschland so wahr, dass sie eine Entscheidung für Familie als »Zeitrisiko«[197] beschreiben. Die Entscheidung oder die Notwendigkeit, für andere zu sorgen, würde in unserer Gesellschaft größere Akzeptanz erfahren, wenn wir soziale Beziehungen generell aufwerten und ihnen die Zeit zugestehen würden, die sie brauchen. Sich um andere Menschen zu kümmern, würde dann zu mehr Zufriedenheit führen, anstatt Eltern und Pflegende in ein Burn-out zu treiben, wie es heute so oft geschieht. Unsere Gesellschaft könnte von stabileren sozialen Beziehungen getragen werden, wäre die Zeit, die wir mit Care verbringen, nicht so viel weniger wert als die Zeit, die Menschen der Wirtschaft geben sollen. Die Art und Weise, wie wir leben, ist nicht alternativlos.

_ ZU WENIG ZEIT FÜR CARE UND KINDER

Wie groß der Zeitdruck ist, unter dem Erwachsene heute stehen, hat die letzte große Zeitverwendungserhebung für Deutschland belegt, die alle zehn Jahre durchgeführt wird. Der Erhebung zufolge hält über die Hälfte der Erwachsenen die Zeit, die sie für Hausarbeit aufwenden können, für nicht oder nur teilweise ausreichend.[198] Ebenso klagt über die Hälfte der Eltern darüber, dass die Zeit, die sie für ihre Kinder haben, generell oder häufig zu wenig sei.[199] In einer Befragung von 2018 gaben 40 Prozent der in Deutschland lebenden Eltern zudem an, dass »fehlende Zeit« sie im Alltag am meisten belaste. Finanzielle, psychische, partnerschaftliche und körperliche Belastungen spielten für sie eine deutlich geringere Rolle als fehlende Zeit.[200]

Care-Verantwortung für Kinder und Angehörige wird zwar teilweise durch öffentliche Angebote über die Kernfamilie hinaus geteilt, doch hinter den Kitas endet das sorgende Dorf oft abrupt. Dem zeitpolitischen Familienbericht der Bundesregierung zufolge werden lediglich rund ein Drittel der Elternpaare und Alleinerziehenden von den Großeltern ihrer Kinder unterstützt. Regelmäßige Kinderbetreuung durch Freund_innen, Nachbar_innen oder bezahlte Babysitter_innen ist in Familien in Deutschland die Ausnahme, es sind vor allem Verwandte, die mithelfen. Zwei Drittel der Familien haben jenseits der Betreuungseinrichtungen keine Unterstützung.[201]

Zu wenig Zeit für Care macht nicht nur wegen des Zeitdrucks unzufrieden. Das vollständige Outsourcen von Fürsorge kann nicht unbedingt das Ziel sein, da sie eben auch maßgeblich der Beziehungspflege dient. Care verbindet Menschen emotional. Theoretisch ließen sich alle familiären Care-Arbeiten als bezahlte Tätigkeiten abgeben, und es ist gut, dass Babysitter_innen einspringen können, wenn Eltern abends Termine haben oder Zeit ohne ihre Kinder verbringen wollen. Doch die eigenen Kinder möglichst wenig zu sehen, entspricht nicht den Vorstellungen der meisten Eltern. Und auch Kinder nehmen den familiären Zeitmangel wahr: Etwa jedes zehnte Kind in Deutschland findet, dass seine Eltern zu wenig Zeit mit ihm verbringen, bei Kindern von Alleinerziehenden sagt das sogar über ein Drittel.[202] Unzufrieden sind Kinder dabei am ehesten mit der Menge an Zeit, die sie mit ihren Vätern teilen können. Nur 36 Prozent der Sechs- bis Elfjährigen, die für die WorldVisions Kinderstudie 2018 befragt wurden, hielten die Zeit mit ihren Vätern grundsätzlich für ausreichend, verglichen mit 66 Prozent, die sagten, dass ihre Mütter immer genügend Zeit für sie hätten.[203] Rund 65 Jahre nach der »Samstags gehört Vati mir«-Kampagne nehmen viele Kinder ihre Väter noch immer als den abwesenden Elternteil wahr.

Die zeitliche Belastung von Eltern beträgt in den Jahren, in denen ihre Kinder klein sind, pro Person »als Summe aus bezahlter und unbezahlter Arbeit sowie dem beruflichen Pendeln […] durchschnittlich etwa 62 bis 63 Stunden pro Woche; wohlgemerkt, eine Arbeitsbelastung über mehrere Jahre hinweg«, heißt es in einer Analyse der staatlichen Zeitverwendungserhebung 2012/2013.[204] Für Alleinerziehende, die sich die familiäre Care-Arbeit mit keinem zweiten Erwachsenen teilen können, liegt die zeitliche Belastung naturgemäß noch einmal deutlich höher. In Deutschland sind rund 2,09 Millionen Mütter und 435 000 Väter alleinerziehend[205] – in rund einem Fünftel aller Familien mit Kindern kümmert sich nur ein Erwachsener. Neun von zehn Alleinerziehenden sind Mütter.[206]

Die kombinierte Arbeitslast aus Care und Beruf ist heute auch deshalb so hoch, weil in immer mehr Familien beide Erwachsene außerhalb des Haushalts arbeiten, das »Alleinernährermodell« also seltener geworden ist. In der Arbeiter_innenklasse und in Ostdeutschland waren die Erwerbsquoten von Frauen zwar schon immer hoch, jedoch hat sich der Anteil der berufstätigen Frauen in den letzten Jahrzehnten in allen Gesellschaftsgruppen weiter erhöht.[207] Umfasste das Erwerbsarbeitsvolumen in vielen Paarfamilien früher eine Vollzeitstelle, arbeiten zwei Elternteile zusammen heute immer öfter statt 40 Stunden 60, 80 oder sogar 100 Stunden pro Woche in ihren Berufen. Kein Wunder, dass immer mehr Eltern über Zeitnot klagen. Das Modell Hausfrau wurde von der Emanzipation und vom Hunger der Wirtschaft nach Arbeitskräften eliminiert, die Hausarbeit jedoch ist geblieben. Sieben Tage die Woche.

Zudem wächst mit jedem Familienmitglied, jedem weiteren Kind der Zeitaufwand für Care, was im politischen Diskurs weitgehend ausgeblendet wird. Familien mit einem Kind haben andere zeitliche Bedürfnisse als Familien mit vier Kindern, als Familien, in denen Kinder mit Behinderungen leben, oder als

Familien, in denen Angehörige gepflegt werden. Die Forderung nach einer 32-Stunden-Woche, die mittlerweile immerhin nicht mehr als radikale Forderung betrachtet wird, orientiert sich jedoch am Bild der idealtypischen Kleinfamilie, deren zusätzlicher Zeitbedarf mit einer solch geringen Entlastung vielleicht schon ausgeglichen werden könnte. Doch eine Zeitpolitik für alle muss über die Kleinfamilie hinausdenken.

Im Achten Familienbericht der Bundesregierung heißt es: »Zeitknappheit entsteht, wenn die Zeitstrukturen unterschiedlicher gesellschaftlicher Teilsysteme nicht miteinander abgestimmt sind und Akteure, die sich in zwei oder mehr dieser Systeme bewegen, systematisch Zeitkonflikte zu bewältigen haben.«[208] Diese Definition beschreibt die Zeitknappheit vor allem als Synchronisierungsproblem, nicht aber als konkreten Zeitmangel. Synchronisierungsprobleme kennen wir alle: Die Zahnärztin hat nur während unserer Kernarbeitszeiten geöffnet, die Kleinkindschwimmkurse finden am Vormittag statt, für die Reisepassverlängerung muss man einen halben Tag Urlaub nehmen, und der Hort schließt, bevor das letzte Meeting im Job vorbei ist. Durch eine bessere zeitliche Abstimmung bei den Öffnungszeiten von Behörden, Arztpraxen und Geschäften sowie durch flexiblere Arbeitszeiten könnten diese Synchronisierungsprobleme zum Teil aufgelöst werden. Doch da auch in diesen Einrichtungen wiederum Eltern und andere Menschen mit Care-Pflichten arbeiten, werden durch Lösungen für die einen neue Zeitprobleme für andere geschaffen. Damit Kitas oder Behörden ihre Öffnungszeiten an den Bedarf anpassen könnten, bräuchte es in diesen Bereichen viel mehr Personal.

Zudem müssen immer mehr Menschen bekanntermaßen immer längere Wege zur Arbeit in Kauf nehmen. Wenn man einen Betreuungsplatz für sein Kind bei der Kommune einklagt, gilt eine halbe Stunde Fahrzeit zur Kita als zumutbare Wegstrecke. Statt Zeit mit Familie und Freund_innen zu verbringen, sitzen Menschen länger im Auto, in der S-Bahn oder auf dem Rad. Auch die Stadt- und Raumplanung ist also ein Feld, auf dem die Politik aktiv werden muss, um Zeitgerechtigkeit zu schaffen.

Zeit wird von Eltern nicht nur als knapp empfunden, und sie versagen auch nicht einfach bei der Aufgabe, ihre Lebensbereiche perfekt miteinander zu synchronisieren. Die Zeit fehlt real. Mit dem Ergebnis, dass sie fast den gesamten Tag mit Tätigkeiten verbringen, die unverzichtbar sind und sich nicht verschieben lassen: Erwerbsarbeit und Care-Aufgaben. Insbesondere für die Eltern kleiner oder stark pflegebedürftiger Kinder bleibt »alltags praktisch nichts, und chronische Schlafdefizite während der Arbeitswoche sind weitverbreitet«.[209]

_ WIE DIE GEGENWÄRTIGE FAMILIENPOLITIK DIE ZEITARMUT NOCH VERSCHÄRFT

Es ist kein Geheimnis, dass Sorgearbeit überall in der Welt ungleich verteilt ist. Frauen übernehmen global betrachtet drei Viertel der unbezahlten Care-Arbeit; in keinem Land der Welt beteiligen sich Männer gleichberechtigt an diesen Aufgaben. Das hat auch den Effekt, dass der durchschnittliche Arbeitstag – zusammengesetzt aus bezahlter und unbezahlter Arbeit – für Frauen deutlich länger ist als für Männer.[210] Zum Gender-Care-

Gap werden in Deutschland erst seit den 1990er-Jahren Daten erhoben, obwohl es feministische Kritik an der Ungleichverteilung schon deutlich länger gibt. Noch immer verbringen Frauen täglich im Durchschnitt 52,4 Prozent mehr Zeit mit unbezahlter Care-Arbeit als Männer.[211] Der Wert vergrößert sich, wenn man zusätzlich betrachtet, ob Paare Kinder haben, in welcher Familienphase sie sich befinden, und um welche Art von Care-Aufgaben es sich jeweils handelt. Bei Eltern im Alter von 34 Jahren, also während der Phase, in der ihre Kinder sehr jung sind, beträgt der Gender-Care-Gap sogar 110,6 Prozent. Eine Anerkennung als gleichwertige Arbeit erfährt Care-Arbeit vonseiten der Familienpolitik dennoch bis heute nicht. Es ist jedenfalls nicht geplant, sie finanziell oder für die Rente stärker anzuerkennen, sie über politische Maßnahmen gleichberechtigter aufzuteilen oder in ihrer Bedeutung der Erwerbsarbeit gleichzustellen. Sorgearbeit ist und bleibt in den Augen der Familienpolitik offenbar weniger wert. Genau diese Sichtweise macht es uns unmöglich, Erwerbsarbeit und Sorgearbeit auf befriedigende Weise auszubalancieren, denn die Übernahme von unbezahlter Sorgearbeit schwächt den sozialen Status einer Person, während die Übernahme von Erwerbsarbeit zu einem höheren sozialen Status führt. Dieser Statuseffekt von Zeitverwendung macht es unwahrscheinlich, dass diejenigen, die gerade viel Zeit mit Erwerbsarbeit verbringen, ihre Arbeitszeit freiwillig zugunsten von Care-Zeit reduzieren würden.

Die zweite politische Abwertung erfährt Fürsorgearbeit, indem sie vor allem als Faktor gesehen wird, der Care-Verantwortliche von einer Erwerbstätigkeit – einer »echten Arbeit« –

fernhält. In der politischen Debatte um die Aufteilung von Sorgearbeit geht es daher vor allem um eine stärkere Erwerbsbeteiligung von Frauen, die gleichgesetzt wird mit größerer finanzieller Unabhängigkeit und beruflicher Selbstverwirklichung. Da Gleichstellungspolitik bisher nicht darauf abzielt, Männer im gleichen Maß ihre Zeit im Beruf reduzieren zu lassen, wie Frauen sie erhöhen, hat das den Effekt, dass die Arbeitslast in Familien insgesamt steigt. Die Zeit von Familien wird noch stärker in die Berufswelt verschoben, statt die Berufswelt zugunsten ihrer Bedürfnisse zu verändern. Auch die Strategie, die institutionellen Betreuungszeiten für Kinder auszuweiten, denkt die Gesamtheit aller Care-Aufgaben, die zu Hause immer noch anfallen, nicht systematisch mit, sondern ermöglicht Eltern vor allem mehr Zeit für mehr Erwerbsarbeit. Auf diese Weise steigert die Gleichstellungspolitik die Zeitarmut von Eltern sogar noch. Was es bräuchte, wäre eine echte Familienzeitpolitik. Denn eine familienfreundliche, geschlechtergerechte und teilhabeorientierte Politik sollte allen Eltern und insbesondere Frauen mehr Zeit verschaffen, die sie frei nutzen können – zum Beispiel für ein Engagement in der Kommunalpolitik oder auch, um mit weniger Stress zu leben.

Da reproduktive Tätigkeiten im Bruttoinlandsprodukt bislang nicht berücksichtigt werden, sollen Frauen heute beides leisten: Reproduktion und Produktion. Das Wirtschaftswachstum wird also mit ermöglicht durch die zunehmende Mehrfachbelastung vieler Menschen. Die Prognose des britischen Ökonomen John Maynard Keynes aus seinem Essay »Ökonomische Möglichkeiten für unsere Enkelkinder« von 1930, dass wir in 100 Jahren – also 2030 – nur noch 15 Stunden die Woche arbeiten werden,[212] hat sich verkehrt in die Praxis, dass die Kombination von Erwerb und Care der neue Standard ist und darüber noch längere Wochenarbeitszeiten entstehen als die 40-Stunden-Woche. Die Zukunft der Arbeit – in die wir uns gerade bewegen – heißt Mehrarbeit.

Auf extreme Weise wurde diese Arbeitsnormalität bei Care-Personen in der Covid-19-Pandemie sichtbar. In den ersten Monaten 2020, als Kitas und Schulen schließen mussten, hielt die damalige Bundesfamilienministerin Franziska Giffey (SPD) es für »anstrengend, aber möglich«[213], im Homeoffice zu arbeiten und gleichzeitig kleine Kinder zu betreuen oder sie bei Schulaufgaben zu unterstützen. Die Annahme, es sei nur Nebensache, keine richtige Arbeit, sich um Kinder zu kümmern, führte in der Konsequenz dazu, dass vor allem Mütter ihre Erwerbsarbeitszeiten reduzierten, um den Familienaufgaben weiterhin gerecht werden zu können.[214] Manche Eltern kündigten ihren Job sogar ganz. In den Kurkliniken kamen Eltern kränker und erschöpfter an als zuvor.[215] Doch auch nach über zwei Jahren Ausnahmezustand, in dem Eltern immer wieder ohne öffentliche Kinderbetreuung dastanden, wurde in der Politik keine temporäre berufliche Entlastung für sie diskutiert. Im 2021 vereinbarten Koalitionsvertrag der neuen Bundesregierung wurden weder die Effekte der Pandemie auf die Gleichberechtigung thematisiert noch eine Equal-Care-Strategie formuliert. Corona blieb für die Wertschätzung und Unterstützung familiärer Sorge folgenlos.

Expert_innen für Gleichberechtigung drängen schon seit Jahren darauf, dass sich die Erwerbsarbeitszeiten von Frauen und Männern im Umfang einer geringeren Vollzeit einander angleichen sollten. In der Pandemie hätte solch ein Modell gerade in Vollzeit tätige Eltern entlasten können, da ein kürzerer Arbeitstag mehr Zeit für Kinder ermöglicht hätte. In einem Dossier des Instituts für Sozialarbeit und Sozialpädagogik e. V. für das Familienministerium von 2020 empfehlen die Forscherinnen 30 oder 35 Wochenstunden Erwerbsarbeit für alle Menschen, unabhängig von ihrem Familienstatus.[216] Frauen würden dann ihren durchschnittlichen Erwerbsumfang erhöhen und Männer ihren verringern können. Auf diese Weise würde der materielle Wohlstand gleichberechtigter zwischen Frauen und Männern verteilt, und Männer könnten zu Hause mehr von der unbezahlten Care-Arbeit übernehmen. Allerdings gibt es in diesem Modell mit Blick auf Elternpaare einen Denkfehler: Die gesamte Arbeitslast von Familien würde dadurch nicht grundsätzlich weniger, sondern sich lediglich anders auf die Erwachsenen verteilen. Mehr frei verfügbare Zeit pro Haushalt würde erst dann entstehen, wenn beide Elternteile zusammen weniger arbeiten würden als vorher. Zweimal 30 oder 35 Stunden, wie im Dossier des Familienministeriums vorgeschlagen, bedeuten aber ähnlich viel Erwerbsarbeit wie das modernisierte Ernährermodell, in dem Väter Vollzeit und Mütter Teilzeit arbeiten und das mit rund 70 Prozent die am häufigsten gewählte Erwerbskonstellation deutscher Elternpaare ist.[217] Auch für Alleinerziehende wäre eine geringere Vollzeit von 30 bis 35 Stunden nur dann eine Entlastung, wenn das Gehalt reichen würde, um ihre Familie zu ernähren, und sie darüber hinaus Unterstützung bei der Care-Arbeit bekämen. Im Diskurs über Vereinbarkeit werden die Bedürfnisse von Alleinerziehenden und pflegenden Eltern trotz ihrer großen Zahl häufig als Randthema behandelt, da die Veränderungen, die nötig wären, um sie mit genug Geld und Zeit auszustatten, deutlich radikaler wären, als wenn diese Modelle nur für Elternpaare und Familien mit gesunden Kindern konzipiert werden.

Den Gender-Care-Gap adressierte das Bundesfamilienministerium bislang lediglich über Informationskampagnen, die erreichen sollen, dass Elternpaare die Arbeitsteilung individuell aushandeln. Doch ohne gesetzliche Regelungen, das belegt Forschung zur Familienpolitik,[218] ist es unwahrscheinlich, dass sich Mann-Frau-Paare die Care-Aufgaben in Zukunft fairer teilen werden. Die kürzere Arbeitswoche findet sich jedoch nicht als Vorhaben in der aktuellen Gleichstellungsstrategie der Bundesregierung. Die Gleichstellungspolitik ging zuletzt davon aus, dass neben Vollzeitjobs, die aktuell durchschnittlich 43,5 Wochenstunden reine Arbeitszeit umfassen, genügend andere Zeit fürs Menschsein bleibt. Erst als die grüne Politikerin Lisa Paus – selbst alleinerziehend – im April 2022 nach dem Rücktritt ihrer Vorgängerin neue Bundesfamilienministerin wurde, thematisierte das erste Mal seit langer Zeit eine Bundespolitikerin kürzere Arbeitszeiten. »Eine Reduzierung der Wochenarbeitszeit wäre hilfreich« für Familien, so Paus in einem Interview kurz nach Amtsantritt, sei jedoch »vornehmlich« Aufgabe der Tarifpartner und nicht Aufgabe der Politik.[219]

Rollenbilder sind zwar moderner und vielfältiger geworden, doch wer welche Arbeiten übernimmt und wofür Anerkennung bekommt, ist nach wie vor in hohem Maße geschlechtsspezifisch codiert. Gleichgeschlechtliche Paare teilen sich Erwerb und Sorge egalitärer auf,[220] Mann-Frau-Paaren gelingt dies jedoch überwiegend nicht. Damit Letztere eigenständig ihre Arbeitszeiten für Beruf und Care ausbalancieren können, müsste es für alle Menschen gleichermaßen attraktiv sein, einen Teil ihrer Zeit mit der Sorge für andere zu verbringen. Dafür bräuchte es aber eine politische Strategie, die konkrete Ideen entwickelt und es künftig allen Elternpaaren möglichst einfach macht, sich gleichberechtigt um Sorgeaufgaben zu kümmern. Dadurch, dass man die Care-Aufgaben vor allem innerhalb bestehender Kleinfamilien neu verteilt, werden die beruflichen Nachteile von Care-Verantwortlichen gegenüber denjenigen Menschen noch verschärft, die sich nicht um andere kümmern müssen bzw. von denen angenommen wird, Care spiele in ihrem Leben keine Rolle.

Care-Zeiten bleiben auf Individuen abgewälzte, entpolitisierte Zeiten, wenn sie nicht als Gesellschaftsaufgabe begriffen werden. Es braucht dieses radikale Umdenken: Zeit- und Teilhabepolitik müssen sich mit dem Thema Care-Arbeit befassen und größere Lösungen entwerfen, die über die Kopplung von Care-Verantwortung an biologische Elternschaft und die engsten Verwandtschaftsgrade hinausgehen. Kürzere Arbeitszeiten für alle sind notwendig, damit beispielsweise Erwachsene ohne eigene Kinder Care-Aufgaben in befreundeten Familien oder in der Nachbarschaft übernehmen können. Zudem sollte nicht der Fehler gemacht werden, Care vor allem als Kümmern um diejenigen zu betrachten, die sich nicht selbst versorgen können. Care ist mehr: Menschen übernehmen soziale Verantwortung schließlich auch für Partner_innen, Freund_innen, für Kolleg_innen, für Nachbar_innen, indem sie sich unterstützend in deren Leben einbringen. Wie Zeit für Care gut organisiert werden kann, war schon immer eine gesamtgesellschaftliche Frage, die nicht nur Familien betrifft. Alle Menschen brauchen, alle Menschen geben Care. Wenn Care-Arbeit insgesamt gerecht verteilt werden soll und mehr Menschen ihr aus freien Stücken einen selbstverständlichen Platz in ihrem Alltag einräumen sollen, braucht Care in unserer Gesellschaft eine eigene Wertigkeit, die von der Bedeutung der Erwerbsarbeit nicht mehr verdrängt werden kann.

_ ERHOLUNG VON CARE-ARBEIT

Care-Verantwortung zu tragen, ist nicht nur deswegen erschöpfend, weil diese Arbeit als »zweite Schicht«[221] vor und nach dem Job stattfindet, sondern auch, weil durch die überlangen Arbeitstage weniger Zeit für Erholung bleibt. Selbst nicht erwerbstätige Care-Personen, die »nur« die eine Schicht zu Hause arbeiten, haben zumeist wenig Zeit für sich selbst. Schließlich haben sie keine festgelegte Wochenarbeitszeit, keinen Feierabend, und da ihr Arbeitsort auch ihr Zuhause ist, verschwimmen die Grenzen zwischen Arbeit und Freizeit. Menschen, deren Hauptaufgabe die unbezahlte Care-Arbeit ist, haben oft sogar längere Arbeitstage als bezahlte Berufstätige. Über die Hälfte der pflegenden Angehörigen klagt ihnen fehle Zeit für persönliche Interessen und zum Ausruhen.[222] Ebenso gibt knapp die Hälfte der nicht erwerbstätigen Mütter an, häufig unter Zeitdruck zu stehen.[223] Zudem übernehmen in Deutschland etwa 480 000 Kinder und Jugendliche Pflegeaufgaben in ihren Familien, teilweise schon im Alter von zehn Jahren.[224] Studien zur Zeitverwendung der sogenannten Young

Carer gibt es noch nicht, aber sie schätzen ihre Lebensqualität deutlich geringer ein, als andere Menschen es tun.[225]

Wie viel Eltern selbst noch am Wochenende arbeiten, haben Berechnungen von Claire Samtleben für das Deutsche Institut für Wirtschaftsforschung (DIW) gezeigt. Mütter mit Kindern bis sechs Jahren sind, wie weiter oben bereits erwähnt, an Wochentagen insgesamt fast 14 Stunden in Arbeitsaufgaben eingebunden, Väter mehr als zwölf Stunden. An Sonntagen haben Frauen mit kleinen Kindern nur zwei Stunden mehr ungebundene Zeit als unter der Woche, sie sind also noch immer etwa zwölf Stunden für die Familie tätig. Väter kleinerer Kinder haben hingegen deutlich mehr freie Zeit, sie wenden an den Wochenenden »nur« acht Stunden für Arbeitstätigkeiten auf.[226] Die Männer scheinen eine Zauberformel für vier Stunden zusätzliche freie Zeit zu kennen, von der Frauen nichts wissen.

Diese als Gender-Leisure-Gap bezeichnete Diskrepanz entsteht, weil viele Mann-Frau-Paare noch immer nicht gleichberechtigt leben. Dabei beschreibt der Gender-Leisure-Gap nicht nur einen quantitativen Unterschied, sondern auch eine andere Qualität von freier Zeit, den die Soziologin Judy Wajcman als *less leisurely*[227] kennzeichnet: Die freie Zeit von Frauen fühle sich für sie *weniger freizeitlich* an, da sie zum Beispiel häufiger ihre freie Zeit mit ihren Kindern verbrächten und die freie Zeit öfter von Care-Aufgaben unterbrochen werde als die freie Zeit von Männern, die folglich mehr pure Freizeit am Stück genießen könnten – ein Effekt des ungleichen Mental Load. Auf die Art kann sogar die gleiche Summe freier Zeit für Frauen weniger erholsam sein als für Männer.

Die Zeit am Wochenende ist nicht nur deshalb knapp, weil viele Care-Aufgaben täglich verrichtet werden müssen, sich also nicht aufschieben lassen. Das Wochenende soll außerdem einen Mangel an Eigenzeit oder Familienzeit unter der Woche kompensieren. Dadurch werden in diese Tage große Erwartungen gesetzt, die wiederum zusätzliche Aufgaben verursachen, die sich *weniger freizeitlich* anfühlen können: wenn beispielsweise Besuch kommt, besonders aufwendig gekocht oder ein Ausflug organisiert wird. Zwar übernehmen Väter in Mann-Frau-Konstellationen am Wochenende mehr familienbezogene Arbeit als sonst, aber nicht mehr als ihre Partnerinnen. Frauen tragen, unabhängig von ihrer Erwerbstätigkeit, häufig selbst an den Wochenenden die Hauptverantwortung für das gelingende Familienleben.

Zeitliche Freiräume wie der Feierabend, das Wochenende oder die Ferien gehören nicht allen Menschen gleichermaßen, da sie sich nach wie vor von der Erwerbsarbeit ableiten. Sie werden als Gegenleistung zur Anstrengung im Job verstanden. Wenn Frauen über ihre Rolle als Hausfrau sprechen, sagen sie vielfach: »Ich arbeite gerade nicht.« Auch ihre Partner_innen beschreiben dies vielfach so und machen die geleistete Care-Arbeit dadurch unsichtbar. Der Elternteil, der mehr Wochenstunden mit Erwerbsarbeit verbringt und mehr zum Haushaltseinkommen beiträgt, beansprucht daher die freie Zeit am Wochenende oft stärker für sich, während die Personen, die für die Familienaufgaben hauptverantwortlich sind, ihre Bedürfnisse nach freier Zeit zurückstellen. Sie halten ihre Arbeit oft selbst für weniger wertvoll. Somit entsteht zusätzlich zu dem ökonomischen Machtgefälle auch noch ein Machtgefälle der freien Zeit. Mit den bekannten Folgen für die Care-Gebenden: Erholung ist unmöglich, Erschöpfung programmiert, soziale Beziehungen und persönliche Interessen kommen zu kurz. Wie gelingt es, dass Männer ihren Teil der Verantwortung übernehmen? Ohne politische Interventionen wird das Machtgefälle zwischen Frauen und Männern – das sich auch in unterschiedlich viel Freizeit zeigt – auf Dauer bestehen bleiben.

Eine fortschrittliche Zeitpolitik müsste nicht nur die Arbeitszeiten für Beruf und Fürsorge ins Gleichgewicht bringen, sondern ebenso Strategien entwickeln, wie Care-Gebenden genügend freie Zeiten zugestanden werden können. Die Berücksichtigung von Erholungszeiten und freien Zeiten für eigene Interessen und soziale Kontakte fehlt in der Debatte über Equal Care jedoch bislang. Stattdessen beschränkt sie sich auf die Aufteilung bezahlter und unbezahlter Arbeit. Dabei verliert sie aus dem Blick, dass mehr Freiheit, das eigene Leben zu gestalten, nicht allein dadurch entsteht, dass sich Frauen künftig mehr im Erwerbsleben und Männer mehr in Sorgetätigkeiten einbringen. Erwachsene brauchen Eigenzeiten, in denen sie für sich selbst sorgen und sich jenseits von Beruf und Familie entfalten können. Mehr Familienfreundlichkeit erreicht Zeitpolitik erst dann, wenn Care-Verantwortliche mehr Zeit haben, sich zu erholen. Erschöpfte Erwachsene können keine guten Care-Giver sein. Gute Care-Politik muss daher mehr Erholungs- und frei verwendbare Zeiten ermöglichen und gleichberechtigt zugänglich machen.

_ WOLLEN MÄNNER CARE-ARBEITEN?

Das Phänomen, dass so wenige Väter in Teilzeitmodellen erwerbsarbeiten, lässt sich nicht nur damit erklären, dass Unternehmen sich dagegen sträuben oder dass das Geld sonst nicht reichen würde. Vielmehr scheint es bei manchen Männern, so hat es der Psychologe John Neulinger beschrieben, eine Art Furcht davor zu geben, dass die dann frei werdende Zeit mit Arbeiten gefüllt werden soll, auf die sie keine Lust haben.[228] Und zwar nicht nur keine Lust im Sinne von Bequemlichkeit. Sie scheuen die Sorgearbeit auch deshalb, weil sie nach wie vor als unmännlich gilt. Sobald Männer mehr Care-Arbeit übernehmen und weniger erwerbsarbeiten als der durchschnittliche Mann, fühlen sie sich offenbar minderwertig und werden nachweislich unzufriedener.

Tatsächlich sind Väter in Deutschland am zufriedensten mit ihrem Leben, wenn sie 50 Stunden pro Woche ihrem Beruf widmen, so die Ergebnisse einer Untersuchung des Soziologen Martin Schröder zur Lebenszufriedenheit von Menschen in Deutschland. Schröder bezeichnet die Abhängigkeit der Männer von ihrer Arbeit als »schockierend«[229]. Auf der anderen Seite geben fast 80 Prozent der Väter an, sich mehr Zeit für ihre Familie zu wünschen.[230] Was also wollen sie? Die widersprüchlichen Befunde könnte man deuten als Zerrissenheit zwischen gesellschaftlichem Anspruch und Wirkmächtigkeit von Geschlechtersozialisation. Von Vätern wird heute erwartet, präsent zu sein und sich mehr um ihre Kinder zu kümmern als die Generationen vor ihnen. Offenbar passt dieses Väterbild jedoch nicht zu der Rolle, mit der sie sich nach wie vor am wohlsten fühlen. Viel Zeit im Beruf gibt ihnen Sicherheit in ihrer Geschlechterrolle, da diese Zeit männlich konnotiert ist. Traditionelle Vorstellungen von Männlichkeit stehen der Zeitgerechtigkeit zwischen Frauen und Männern also im Weg, da Männer ihre Macht auch darüber ausüben, sich mehr von der Zeit zu nehmen, die als wertvollere Zeit gilt.

Väter scheinen sich heute noch immer mehrheitlich still damit abzufinden, dass sie besonders in den ersten Lebensjahren ihrer Kinder weniger Zeit mit ihnen verbringen. Was nicht heißen muss, dass sie den Wunsch nach mehr Familienzeit nicht haben. Studien des Sozialforschers Carsten Wippermann belegen zwar, dass Rollenmodelle vielfältiger werden, doch noch immer »dominiert für Männer die Rollennorm, im Fall einer Familiengründung die Aufgabe der Existenzsicherung zu übernehmen«.[231] Zudem glauben viele, dass es ihrer Partnerin zusteht, sich nach der Geburt zu entscheiden, wie sie künftig leben möchte, und dass sie sich den familiären Wünschen ihrer Partnerin unterordnen müssten.[232] Das Ergebnis dieser Annahmen ist ein Dilemma: Ein tief verinnerlichtes Bild davon, was ein Mann sein darf, verhindert vielfach, dass Männer über ihre eigenen Wünsche nachdenken, sie aussprechen und umzusetzen versuchen. Offene Gespräche über die möglichen alternativen Rollenverteilungen in der Familie kommen dadurch oft gar nicht erst zustande.

Männer sind jedoch ihrer Sozialisation nicht hilflos ausgeliefert. Sie könnten beginnen, Männlichkeitsnormen infrage zu stellen, ihre Zeit anders zu nutzen als bisher und Care-Aufgaben aufzuwerten, weil sie »darin soziale Beziehung erleben können, wachsen können«[233]. Wenn Männer, insbesondere heterosexuelle Männer und Väter, heute freier leben möchten, brauchen sie einen öffentlichen Diskurs über die Vielfalt von Geschlechterrollen, und vor allem brauchen sie Solidarität untereinander. Mehr Väter in Elternzeit zu bringen oder Männer von kürzeren Arbeitszeiten zu überzeugen, kann daher nicht allein die Aufgabe von Feminist_innen sein. Denn obwohl ein stärkeres männliches Engagement in der Sorgearbeit auch Frauen mehr Freiheit verschaffen würde, muss die Emanzipation der Männer von ihnen selbst ausgehen. Feministische und queere Bewegungen können dafür Vorbild und Ermutigung sein. In der kritischen Männlichkeitsforschung wird dieser Veränderungsprozess, in dem Männlichkeit und Sorgeverantwortung sich nicht mehr widersprechen, unter dem Stichwort *Caring Masculinities* diskutiert. Darunter verstehen Soziolog_innen »Arten des Mannseins, die sich auf vielerlei Weise von tradierten Männerbildern und -rollen – etwa einer vergleichsweise starken Orientierung auf Erwerbsarbeit, Macht und Dominanz – unterscheiden«.[234] Mehr Rollenbilder für Männer, die Sorgeverantwortung einschließen, bedeuten auch einen Abschied von patriarchaler Macht. Was wiederum erklärt, warum politisch noch wenig dafür getan wird, Care-Arbeit aufzuwerten und gleichberechtigt zu verteilen, und gleichzeitig auch, warum so viele Männer zögern, ihre bisherigen Lebensmodelle für eine noch unbekannte Freiheitserfahrung aufzugeben.

_ DIE DRITTE ZEIT:
HAUSHALTSNAHE DIENSTLEISTUNGEN

Berufstätigen Eltern, pflegenden Angehörigen oder auch Menschen ohne direkte Care-Verantwortung, die im Beruf überlang arbeiten müssen, fehlt vielfach ausreichend Zeit, um sich allein um alle Alltagspflichten zu kümmern. Solange Erwerbs- und Care-Arbeit nicht neu verteilt werden, um diese Zeitkonflikte zu lösen, kauft sich ein Teil der Bevölkerung die Zeit von Dritten hinzu, die Haushalts- oder Betreuungsaufgaben für sie übernehmen. Die Klasse der Menschen, die Hausarbeit abgeben will, schafft dafür gering bezahlte Jobs. Wie schon in Kapitel 2 beschrieben (siehe: *Wie Vollzeit für alle soziale Ungleichheit festigt*), entsteht auf diese Weise eine gesellschaftliche Arbeitsteilung, die soziale Ungleichheit festigt.

Dabei kommt die Beschäftigung von Personal für die eigene Familienarbeit im Prinzip einem Festklammern an patriarchalen Verhältnissen gleich, in denen die meist männlichen Erwerbstätigen die Verantwortung für die Aufgaben zu Hause den Frauen übertrugen. In heteronormativen Familien mit Alleinernährer galt eine klare Arbeitsteilung, die heute darüber wiederhergestellt wird, Hausarbeit an bezahlte Care-Kräfte abzugeben. Die Putzkraft ersetzt nun die Hausfrau, statt dass sich Männer stärker im Haushalt einbringen. Das erklärt auch, warum der Gender-Care-Gap sich selbst bei doppelt erwerbstätigen Paaren so hartnäckig hält: Viele Erwachsene erheben eher Anspruch auf Personal, als sich die Arbeit zu Hause gleichberechtigt zu teilen. Männer müssen sich nicht verändern, wenn die Familie eine Putzkraft bezahlen kann. Diese bequeme Lösung verhindert eine ehrliche Debatte über Equal Care und lässt völlig außer Acht, dass das Outsourcen von Care meist prekäre Arbeitsverhältnisse bedeutet und die Gleichberechtigung von Menschen verhindert, die als moderne Dienstbot_innen für andere tätig sind.

Hausangestellte sind überall auf der Welt schlechter als andere Arbeitnehmer_innen durch Gesetze oder Tarifverträge geschützt, die Höchstarbeitszeiten, Urlaub und Entlohnung für sie regeln würden.[235] Diese Art der Ausbeutung verorten wir aus europäischer Perspektive häufig als Problem asiatischer, lateinamerikanischer oder afrikanischer Länder, in denen tatsächlich prozentual die meisten der weltweit über 100 Millionen Hausangestellten arbeiten. Aber auch in Deutschland kaufen sich rund 3,3 Millionen Haushalte Unterstützung von anderen hinzu.[236] Darüber hinaus leben nach Schätzungen des Sozialverbands VdK zwischen 300 000 bis 500 000 vornehmlich aus Osteuropa stammende Pflegekräfte in Deutschland, die illegal in Haushalten älterer Menschen beschäftigt und daher arbeitsrechtlich ungeschützt sind.[237] Und das, obwohl sie vielfach nicht nur Vollzeit arbeiten, sondern pflegebedürftige Menschen teilweise sogar rund um die Uhr betreuen.

Die Soziologin Arlie Hochschild hat in ihren Analysen zur Verteilung von Care-Arbeit den Begriff *global care chains* geprägt, der die Tatsache umschreibt, dass Arbeitsmigrant_innen – meistens Frauen – in den Zielländern Care-Aufgaben übernehmen und dabei zu Hause in ihren eigenen Familien Lücken hinterlassen, die wiederum von weiblichen Verwandten – wie ihren eigenen Müttern oder ältesten Töchtern – geschlossen werden müssen. Diese Frauen opfern aus wirtschaftlicher Not ihre eigene Familienzeit dafür, reicheren Familien Zeit für die Befriedigung oftmals sicher weniger elementarer Bedürfnisse zu verschaffen. Ihre Rolle als Mutter, Schwester, Tochter können sie dann nur noch aus der Ferne und in geringem zeitlichen Umfang in Form von *Skype-mothering*[238] und über andere digitale Medien erfüllen. Da die Löhne der Arbeitsmigrant_innen oft kaum existenzsichernd sind, können sie ihre Familien nicht nachholen.[239] An diesen internationalen Sorgeketten wird besonders deutlich, dass Sorgearbeit durch haushaltsnahe Dienstleistungen keineswegs nach dem Gerechtigkeitsprinzip neu verteilt, sondern vielmehr länderübergreifend unter Frauen weitergegeben wird und schlecht bezahlte oder unbezahlte feminisierte Arbeit bleibt.

Die betreuenden Familienangehörigen in den Herkunftsländern können vielfach keiner eigenen Erwerbstätigkeit nachgehen, weil die Wirtschaft dort oft schwach ist und es keine Arbeitsplätze für sie gibt. Die globalen Sorgeketten sind Kennzeichen einer »imperialen Lebensweise« der reichen Länder, die ihren eigenen Wohlstand und Komfort darüber herstellen, dass sie Familien in ärmeren Ländern auseinanderreißen. Neben Haushaltshilfen werben sie außerdem Care-Fachkräfte wie zum Beispiel Altenpfleger_innen ab (*care drain*), die in ihren Herkunftsländern fortan fehlen.[240] Da die Wirtschaft reicher Länder zunehmend so organisiert wird, dass sie auf die billige Care-Arbeit von Arbeitsmigrant_innen angewiesen ist, haben diese Länder kaum Interesse an globaler ökonomischer Gerechtigkeit. Denn würden in Osteuropa oder im globalen Süden genügend existenzsichernde Arbeitsplätze entstehen, ginge die Arbeitsmigration von Care-Kräften stark zurück. Genügend Zeit für Care muss daher als transnationales politisches Thema begriffen werden.

Die Zeit, die bezahlte Arbeitskräfte in den Haushalt anderer einbringen, könnte man als die Zeit von Dritten oder die »dritte Zeit« bezeichnen. Anhand dieser Formulierung lässt sich dann fragen: Wie viel Zeit von Dritten benötige ich, um meinen Alltag nach meinen Wünschen organisieren zu können? Wer profitiert von der Zeit von Dritten und wer nicht? Wem wird ein Anspruch auf die Zeit von Dritten zugestanden? Welche Rolle spielt die dritte Zeit bei Karrieren? Benötigen nicht die meisten Menschen, die Karriere machen, auch die Zeit von Dritten für ihren beruflichen Erfolg?

Dass viele Erwerbstätige glauben, die eigene Hausarbeit nur mit fremder Hilfe schaffen zu können, zeigt zum einen, dass die zeitlichen Anforderungen der Arbeitswelt zu selten hinterfragt werden. Zum anderen offenbart sich darin aber auch das Selbstverständnis, dass die eigene gute Ausbildung oder der eigene gute Verdienst mit einem Anspruch auf Personal einhergeht. In diesem Klassendenken haben manche Menschen mehr Recht auf freie Zeit als andere – denn wer die Wohnung der Putzkraft putzt, wird von der Idee der Vergabe haushaltsnaher Dienstleistungen an andere Menschen nicht beantwortet. Freie Zeit ist dann ein Privileg der Reichen.

Diejenigen, die glauben, ohne Putzkraft ihren Job nicht schaffen zu können, oder die sich darüber mehr Freizeit kaufen, verdienen oft ein Vielfaches von dem, was sie für haushaltsnahe Dienstleistungen pro Stunde zahlen. Selbst zu putzen, wäre in dieser Logik zu teuer. Die britische Philosophin Arianne Shahvisi hält dem entgegen: »Wenn du Zeit sparst, weil eine andere Person für dich putzt, und du dieser Person nicht das bezahlst, was deine eigene Zeit wert ist, lässt sich daraus schließen, dass du deine Zeit für wertvoller hältst als ihre. In diesem Fall ist das Outsourcen des Putzens ein moralisches Problem, da es ein System abnickt, in dem die Arbeit mancher Menschen weniger wert ist als die Freizeit anderer – und damit sind alle möglichen Ungerechtigkeiten vorprogrammiert.«[241] Womit sie natürlich recht hat, denn warum sollte eine andere Person für 13 Euro arbeiten, wenn man selbst unter einem Stundensatz von 80 Euro keinen Finger rührt?

Insofern wäre es ein interessantes Experiment, die Löhne für private Putzkräfte und Babysitter_innen an das Einkommen ihrer Auftraggeber_innen zu koppeln. Wie viele Menschen dann wohl plötzlich selbst staubsaugen würden? Einen ähnlichen Effekt dürfte es bei Paaren haben, wenn über das gemeinsame Haushaltseinkommen beiden Erwachsenen jeweils der gleiche Stundenlohn zugestanden würde, ob sie ihre Arbeit nun im Beruf oder im Haushalt verrichten. Diejenigen, die mehr Zeit mit den Kindern verbringen, würden dadurch dann nicht mehr finanziell benachteiligt. Diese Idee könnte zu mehr Wertschätzung für Care-Arbeit führen und deutlich machen, dass die Erwerbstätigkeit einer Person oft daran hängt, dass die andere mehr unbezahlte Arbeit zu Hause erledigt.

_ EIN CARE-EINKOMMEN

Mit der Frage, ob in Haushalten überhaupt unbezahlt gearbeitet werden sollte, beschäftigen sich Feminist_innen seit Jahrzehnten. Die wohl bekannteste Aktion ist die Lohn-für-Hausarbeit-Kampagne, die 1972 auf der National Women's Liberation Conference in Großbritannien ihren Anfang nahm. »Wir waren zu dem Schluss gekommen, dass die unbezahlte Arbeit zentral für den niedrigen Status von Frauen in allen Bereichen und jedem Land war«, so begründet die US-Amerikanerin

Selma James, eine der Initiatorinnen der Kampagne, die Wahl des Themas.[242] Den Frauen ging es um mehr als die formale Forderung nach einem Lohn für ihre unbezahlte Arbeit zu Hause: Sie wollten vor allem das Bewusstsein dafür schärfen, dass sie die Bedingungen ihrer Arbeit verhandeln und diese sogar verweigern konnten. Care-Aufgaben seien eine Arbeit wie jede andere, für die prinzipiell auch jede_r zuständig sein könne; es liege nichts »Natürliches« darin, dass sie bislang vor allem von Frauen verrichtet werde.

Die Kampagne wurde von feministischen Gruppen in vielen Ländern aufgegriffen und auch in Deutschland kontrovers debattiert.[243] Einige Feminist_innen vertraten die Auffassung, die Einführung eines Lohns für Hausarbeit würde dazu führen, dass Frauen sich weiterhin stark mit ihrer häuslichen Rolle identifizieren würden,[244] statt individuell ihren Wünschen nachzuspüren. Andere hielten dagegen, dass es zwangsläufig zu einer Doppelbelastung von Frauen führe, wenn finanzielle Unabhängigkeit allein in der Erwerbsarbeit verortet bleibe, da es unwahrscheinlich sei, dass Männer sich an der Arbeit zu Hause stärker beteiligen würden, solange diese keinen monetären Wert habe.[245] Die Berliner Gruppe *Lohn für Hausarbeit* kritisierte schon 1977, dass die Kombination von unbezahlter Care-Arbeit und Beruf einen »so langen Arbeitstag und so niedriges Einkommen [bringe], daß weder Zeit noch Geld noch Raum für uns selbst bleibt!«.[246] 45 Jahre nach diesem in der Frauenzeitschrift *Courage* erschienenen Text belegen Zeitverwendungserhebungen bei Menschen mit Care-Verantwortung und Beruf genau diesen Umstand, und zwar ganz besonders bei Frauen. Die massiv gestiegene Erwerbstätigenquote bei Frauen hat nur einem kleinen Teil von ihnen finanzielle Unabhängigkeit und einen Traumjob gebracht; die Masse derjenigen, die in Teilzeit oder geringfügig in bezahlten Stellen arbeiten, ist weiterhin ökonomisch abhängig, außerdem beschreiben sehr viele Frauen ihren Job als nicht erfüllend. Es gibt unzählige Arbeitsverhältnisse, in denen Menschen erniedrigt werden, ihre Gesundheit leidet oder sie sogar Gewalt erfahren. Die Berliner Feminist_innen beschrieben damals als ihre Vision: »Wir wollen endlich auch weniger arbeiten und etwas tun können, was uns Spaß macht, wo wir uns entfalten können, wo wir nicht herumkommandiert werden.«[247] Für wie viele Frauen ist diese Freiheit heute Realität?

Selma James, die mittlerweile 92 Jahre alt ist, hält an der Forderung eines Care-Einkommens fest, da sie es als Schlüssel dafür sieht, die Lasten von Care-Arbeit sowie die ökonomische Macht endlich fair zu verteilen.[248] Alleinerziehende oder Eltern, die ihre behinderten Kinder selbst pflegen, müssen beispielsweise viel mehr unbezahlte Care-Aufgaben schultern als andere Menschen, weshalb sie nicht gleichberechtigt an der beruflichen, bezahlten Arbeit partizipieren können. Chancengleichheit gibt es für sie nicht. Sie werden immer längere Arbeitstage haben, die sie stärker erschöpfen und an denen ihnen weniger Zeit für persönliche Interessen bleibt. Erst wenn Care-Verantwortung gesellschaftlich respektiert und finanziell unterstützt werde, so Selma James in einem gemeinsamen Text mit ihrer Projektpartnerin vom *Global Women's Strike*[249], Nina López, werde sie für alle Geschlechter attraktiv.[250] Für das Gerechtigkeitsziel, dass Care-Verantwortung niemanden mehr überlasten und arm machen soll, braucht es neue politische

Instrumente wie das Care-Einkommen und auch eine allgemeine Arbeitszeitverkürzung. Beides erscheint uns so radikal, weil, wie es James formuliert, die Veränderung »mit Frauen beginnt, aber jeden einschließt«[251]. In einer wirklich gleichberechtigten Welt sollte es eigentlich keinen Widerstand auslösen, das Denken einmal von einer anderen Perspektive aus zu beginnen.

Aber wer soll ein Care-Einkommen bezahlen? Wenn diese Frage das Erste ist, was auf diese Forderung entgegnet wird, sollten wir uns noch einmal vergegenwärtigen, wie sich die Welt verändern würde, wenn morgen alle bislang unbezahlten Arbeiten ruhen würden. Wenn weder Kinder geboren noch gestillt noch zur Schule gebracht würden, wenn keine Betten bezogen, kein Essen gekocht und kein Müll aus der Wohnung getragen würde. Dann eine Woche, ein Jahr. Ohne die vor und nach der Erwerbsarbeit geleistete Sorgearbeit ist unsere Wirtschaft, genau wie die staatliche Infrastruktur, unvorstellbar[252], denn Arbeitskraft regeneriert sich, indem wir füreinander sorgen. Zukünftige neue Arbeitskräfte brauchen zunächst einmal Eltern. Care ist integraler Bestandteil der Wirtschaft, ein Teil der Wertschöpfungskette und der größte systemrelevante Sektor. Mit dem Unterschied, dass wir das Geld, das Care mit erwirtschaftet, den Care-Arbeiter_innen vorenthalten. Ihr Lohn ist bereits vorhanden und müsste ausgezahlt werden.

Es ist jedoch wichtig festzuhalten, dass ein Care-Einkommen allein nicht reicht, um die Lebensbedingungen von insbesondere Frauen und allen, die überdurchschnittlich viel Zeit für Care benötigen, zu verbessern. Zeit zu politisieren, indem man ihr einen monetären Wert zuweist, hilft nicht dabei, Care-

Bedürfnisse als Recht eines jeden Menschen zu verstehen. Für ein freies, selbstbestimmtes Leben brauchen wir mehr als ökonomische Gerechtigkeit. Jeder Mensch muss auch genügend Zeit haben, über die er ganz allein verfügen kann.

_ ZEIT FÜR PROFESSIONELLE PFLEGE

Eine Frage, die wir uns als Gesellschaft immer wieder stellen müssen, lautet: Nach welchen Werten wollen wir unser Zusammenleben organisieren, und welche Effekte dieser Entscheidungen sind wir bereit, dafür in Kauf zu nehmen. Wenn wir beispielsweise alten Menschen eine humane, respektvolle, liebevolle professionelle Pflege zukommen lassen wollen, müssen wir die Art und Weise, wie sie versorgt werden, in vielerlei Hinsicht verbessern. Vorrangig ist im Moment auch hier die zeitliche Dimension, denn sowohl Pflegefachkräfte als auch die gepflegten Personen wünschen sich in erster Linie genau das: mehr Zeit. Eine aktuelle Studie der Universität Bremen kommt in einem Zwischenbericht[253] zu dem Ergebnis, dass Bewohner_innen von Pflegeheimen derzeit durchschnittlich 99 Minuten pro Tag gepflegt werden, laut Pflegezielen dafür jedoch 141 Minuten pro Person und Tag zur Verfügung stehen müssten. Dabei sind die 99 Minuten noch nicht einmal die Zeit, die direkt mit den Pflegebedürftigen verbracht wird, sondern darin ist auch die indirekte Pflege enthalten, zum Beispiel Dienstübergaben, Angehörigengespräche oder Personalverwaltung. 80 Prozent der Beschäftigten in der Krankenpflege und 69 Prozent in der Altenpflege gaben in einer DGB-Befragung zu ihren Arbeitsbedingungen an, häufig oder sogar sehr häufig gehetzt zu arbeiten.[254] Der Zeitstress in diesen Care-Berufen liegt damit deutlich über dem Durchschnittswert für alle Beschäftigten in Deutschland, auch wenn der mit 55 Prozent ebenfalls bedenklich erscheint. In der Pflege sagten zudem 46 Prozent der Fachkräfte, dass sie ihre Arbeit weniger gut machen können als eigentlich nötig, weil sie sonst ihr Pensum nicht schaffen würden. Die Abstriche bei der Qualität gehen dabei nicht nur zulasten der pflegebedürftigen Personen; gerade bei Pflegekräften mit hohem ethischen Anspruch kann so auch eine große emotionale Belastung entstehen. Die extreme Arbeitsdichte ist aber nicht das einzige Merkmal, das Pflegeberufe besonders anspruchsvoll macht: Schichtarbeit mit Abend- und Nachtdiensten, Wochenendarbeit und wechselnde Dienstpläne mit oft kurzfristigem Einsatz prägen die Zeitkultur in der professionellen Pflege. Während 64 Prozent der Pfleger_innen im Schichtdienst arbeiten, tun dies in Deutschland insgesamt nur 16 Prozent aller Beschäftigten.

In der Pflege entsteht Zeitdruck vor allem, weil unser Gesundheitssystem beim Personal spart: Zu wenige Menschen übernehmen die Aufgaben, die rund um die Betreuung der Bewohner_innen von Heimen und der Patient_innen in Krankenhäusern anfallen. Gleichzeitig ist es schwierig, neue Menschen für den Beruf zu gewinnen, da die bekannten Arbeitsbedingungen – hohe körperliche und psychische Belastung, unregelmäßige Arbeitszeiten sowie Löhne, die als zu niedrig empfunden werden – nicht genügend Interessierte motivieren können und auch immer wieder Pflegekräfte ihren Beruf aufgeben (siehe Kapitel 2, *Atypische und flexible Arbeitszeiten*). Selbst wenn also ausreichend Geld bereitgestellt werden sollte, damit mehr Personal eingestellt und die Gehälter angehoben werden können, wäre das Problem Personalmangel von heute auf morgen nicht zu lösen. Dennoch wird einer der Schlüssel dafür sein, bestehendes Personal zu halten, ausgestiegenes zurückzuholen und neues zu gewinnen, den Pflegefachkräften mehr Zeit für jede Person zu geben und einzuplanen, dass der Zeitbedarf für gute Pflege so unterschiedlich ist wie die Menschen, die gepflegt werden.

Care-Aufgaben folgen einer anderen zeitlichen Logik als viele andere Tätigkeiten, die zum Beispiel durch den Einsatz von Technologie beschleunigt werden können, wodurch sich in weniger Zeit mehr produzieren lässt. In einer neuen und gerechten Zeitkultur müssten diese beiden Logiken gleichberechtigt koexistieren dürfen. Es müsste allgemein anerkannt werden, dass sich bei einer Vielzahl von Bedürfnissen nicht vorhersagen lässt, wie viel Zeit ihre Erfüllung in Anspruch nehmen wird, und dass wir anderen Menschen schaden, wenn Fürsorgeaufgaben gehetzt erledigt werden oder zu wenige Menschen dafür zuständig sind.

Eine neue Zeitkultur für unsere Gesellschaft müsste daher garantieren, dass die professionelle Care-Arbeit ihrer eigenen zeitlichen Logik folgen darf und befreit wird vom Postulat »Zeit ist Geld«. Stattdessen stünde die Würde der zu umsorgenden Menschen und die angemessene Erfüllung ihrer Bedürfnisse im Zentrum. Wie wir Care-Aufgaben gesellschaftlich organisieren, würde sich stark verändern, wenn »die Stimmen aller Beteiligten gehört« würden, wie beispielswiese das Wissenschaftsbündnis Care.Macht.Mehr fordert.[255] Denn bei der Festlegung, wie viel Sorgearbeit kosten darf, übergehen die

Entscheider_innen zu oft diejenigen, deren Wohlergehen davon abhängt. Dieses Prinzip sollte nicht nur für die Altenpflege gelten, sondern zum Beispiel auch für Bildungsinstitutionen. Kita-Gruppen und Schulklassen wären dann deutlich kleiner als heute, denn ein Erwachsener kann nun einmal nicht zehn Kleinkinder ihren Bedürfnissen entsprechend betreuen. Gutes Lernen hängt auch davon ab, ob Lehrkräfte einzelnen Schüler_innen die Zeit widmen können, die diese für ihre individuellen Lernfortschritte brauchen.

_ ALLE MENSCHEN BRAUCHEN CARE

Care-Arbeit wird zum einen deswegen politisch und gesellschaftlich zu wenig beachtet, weil es sich um weiblich konnotierte Zeit handelt. Zum anderen wird der Begriff oft zu eng ausgelegt und mit der Fürsorgearbeit gleichgesetzt, die wir für Menschen übernehmen, die sich nicht allein versorgen können: Babys, Kranke, Menschen mit Behinderung und Hochbetagte. Wird Care auf diese Weise begrenzt, glaubt ein Teil der Erwachsenen, Care spiele in seinem Leben keine Rolle und sei daher kein Thema von allgemeinpolitischem Interesse. Um die Bedeutung, die Zeit für Care für unseren Alltag hat, besser zu verstehen, hilft es, sich zunächst die drei Dimensionen von Care zu vergegenwärtigen: Wir können zum einen Care-Verantwortung für andere übernehmen, zum anderen haben wir aber auch eigene Bedürfnisse – zum Beispiel emotionale –, die nur von anderen Menschen in fürsorglichen Beziehungen erfüllt werden können, und schließlich praktizieren wir darüber hinaus Selbstsorge, kümmern uns also um uns selbst. Lediglich mehr Zeit für Care-Aufgaben zu fordern, die man für andere übernimmt, greift dementsprechend zu kurz.

Die Frage, wie Politik mehr Zeit für Care organisieren kann, ist daher kein Thema der Familien- oder Frauenpolitik, sondern einer umfassenden Gesellschaftspolitik: der Zeitpolitik. Die zaghaften Ansätze der Parteien fokussieren sich jedoch vor allem auf Familien mit jüngeren Kindern. So hat die SPD ein Konzept für die Familienarbeitszeit entwickelt, das 2016 von der damaligen Bundesministerin Manuela Schwesig vorgestellt wurde[256], jedoch nicht einmal in ihrer eigenen Partei Rückhalt fand und seither kaum diskutiert wurde. Das Konzept der Familienarbeitszeit hat zudem eine gravierende Schwachstelle: Es übergeht die Zeitbedarfe für Care in anderen Sorgegemeinschaften. Insbesondere die Care-Beziehungen queerer Menschen, die erst seit wenigen Jahren und auch nur teilweise in gesetzlich anerkannten Familienmodellen miteinander leben können, werden politisch ignoriert, wenn Zeitpolitik zur Unterstützung von Menschen angelegt wird, die miteinander direkt verwandt sind oder gemeinsam in einer Wohnung leben. Care ist mehr, als auf Kinder aufzupassen oder die bettlägerige alte Mutter zu versorgen. Zu Care gehört beispielsweise auch, wie Francis Seeck, Kulturanthropolog_in, in der Studie *Care trans_formieren* ausführlich beschreibt, dass trans und nichtbinäre Menschen füreinander Sorgearbeit leisten, sich einzeln, aber auch gemeinschaftlich über Formen von Community-Care unterstützen.[257] Seeck schreibt: »Ich begleitete Personen zu Operationen und dekorierte Krankenhauszimmer mit Girlanden, ich nahm an Partys teil, bei denen die erste Hormonspritze oder der erste Tag mit einem neuen Namen gefeiert wurde, ich führte zahllose Gespräche über das Sich-weg-Bewegen von dem bei der Geburt zugewiesenen Geschlecht.«[258] Füreinander da zu sein, anderen Menschen zuzuhören, sie in Lebensfragen zu beraten und zu begleiten, gehört zu Care dazu und kann außerdem, anders als das Putzen einer Wohnung, in vielen Fällen nicht als externe Dienstleistung in Anspruch genommen werden.

In Gesellschaften, in denen immer mehr Menschen als Singles leben, sind Care-Aufgaben, die von Freund_innen übernommen werden, von wachsender Relevanz. In Deutschland ist der Single-Haushalt mit 42 Prozent die häufigste Wohnform, rund 18 Millionen Deutsche leben allein.[259] Das Statistische Bundesamt geht davon aus, dass 2040 jede vierte Person in Deutschland allein leben wird.[260] Auch wenn sie räumlich getrennt voneinander wohnen, bilden Freund_innen untereinander vielfach Care-Netze: Sie helfen sich gegenseitig bei Reparaturen, kaufen füreinander ein, wenn jemand krank geworden ist, oder kümmern sich um das emotionale Wohlergehen der anderen. Die Unterstützung durch Wahlfamilien wird im Zuge des demografischen Wandels immer wichtiger werden: Der Bedarf wird steigen, da der Anteil älterer Menschen stetig wächst. Angehörige zu haben, die Pflegeaufgaben übernehmen, ist nicht selbstverständlich, und zudem werden die verwandtschaftlichen Care-Netze dünner, wenn immer mehr Menschen keine eigenen Kinder bekommen.

Auch aus diesem Grund müssen Menschen ohne Kinder oder ohne pflegebedürftige Angehörige in die Care-Debatte mit einbezogen werden, muss sich die gesellschaftliche Solidarität auch auf sie erstrecken. Alleinlebende oder Menschen ohne Kinder finden es zu Recht unfair, wenn sie im Beruf die Aufgaben von Kolleg_innen übernehmen sollen, die plötzlich losmussten zur Kita, oder dass von Singles häufiger erwartet wird als von anderen, an Feiertagen zu arbeiten. Auch diejenigen, die weniger direkte Care-Pflichten haben, können Einzelnen oder der Gemeinschaft nur dann Care-Zeit schenken – zum Beispiel als Patenonkel oder ehrenamtlich Tätige –, wenn sie über genügend freie Zeit verfügen. Dass Eltern und Pflegende dringend entlastet werden müssen, sollte nicht dazu verleiten, im Gegenzug anderen Erwachsenen weniger Zeit für ihre Care-Aufgaben und -Bedürfnisse zuzugestehen. Im Gegenteil: Hier liegt sogar der Schlüssel für eine gerechtere gesellschaftliche Verteilung von Care-Aufgaben. Eine Freundin von mir nutzt ihre 30-Stunden-Woche, um an einem festen Tag in der Woche ihre Nichte aus der Kita abzuholen – sie genießt die Zeit mit dem Kind – und darüber den Eltern des Kindes Zeit zu schenken. Wer für Nachbar_innen einkaufen geht, sich in der Hausaufgabenhilfe engagiert oder Geflüchteten beim Ausfüllen von Formularen hilft, braucht Zeit dafür. Care kann erst dann zu einer Gesellschaftsaufgabe werden, wenn alle sich an ihr beteiligen *können* und dafür von den immensen zeitlichen Anforderungen ihrer Vollzeitjobs entlastet werden.

Der Ansatz, allen Menschen mehr Zeit für Care-Aufgaben zuzugestehen, könnte die Zeitpolitik schneller zu einem relevanten Politikfeld machen, da dieses Thema sehr viele, völlig unterschiedliche Menschen miteinander verbindet und dadurch eine politische Kraft entfesseln könnte, die rein familienpolitische Fragen meist nicht auslösen. Einige zeitpolitische

Modelle, die von Wissenschaftler_innen entwickelt wurden, beinhalten diesen gesamtgesellschaftlichen Ansatz, so etwa das Konzept des *Universal Caregiver* der US-Philosophin Nancy Fraser. Es sieht vor, dass »alle Jobs entwickelt wären für Arbeiter_innen, die auch Caregiver sind« und dass es dafür eine allgemeine Arbeitszeitverkürzung geben müsste.[261] Wäre Frasers Vision schon Realität, würden Menschen also nicht erst dann Zeit für Care fordern, wenn sie besonders viel davon benötigen – zum Beispiel nach der Geburt eines Kindes –, sondern bereits in dem Bewusstsein aufwachsen, dass Care-Aufgaben der beruflichen Arbeit ebenbürtig sind, und sich frühzeitig Gedanken darüber machen, welche Formen von Care sie als Erwachsene übernehmen wollen. Sich in unterschiedlichen Sorgegemeinschaften einzubringen, könnte irgendwann so normal sein, wie einen Beruf zu ergreifen.

Das in Kapitel 2 bereits erwähnte *Optionszeitenmodell*, das von der Familiensoziologin Karin Jurczyk und dem Rechtswissenschaftler Ulrich Mückenberger entwickelt wurde und auch unter dem Stichwort »atmende Lebensläufe« bekannt ist, basiert ebenfalls auf der Annahme, dass alle Menschen Zeit für Care brauchen und haben sollten.[262] Das Modell »bedeutet den Abschied von der Norm der männlichen Normalbiografie«[263], so Jurczyk und Mückenberger, und hat zum Ziel, Geschlechtergerechtigkeit zu fördern, aber auch Bedürfnissen wie Weiterbildung, Ehrenamt oder Selbstsorge ausreichend Zeit zu gewähren und darüber »flexible und selbstbestimmte Berufsbiografien«[264] zu ermöglichen. Rund neun Jahre Zeit, die flexibel über den Lebensverlauf verteilt werden können, sollen »jeder Person, unabhängig von Geschlecht und Erwerbsstatus«

als »ein gleiches, vorherseh- und planbares Zeitkontingent für gesellschaftlich relevante Tätigkeiten zur Verfügung« stehen.[265] Berufliche Unterbrechungen sollen auf diese Weise gesellschaftlich eher akzeptiert werden, aber vor allem sollen sie für jeden Menschen zugänglich sein, indem die Optionszeiten rechtlich abgesichert werden und ein ausreichender finanzieller Ausgleich vorgesehen ist. Das Modell bricht also zumindest teilweise mit der Erwerbsarbeitszentrierung und denkt soziale Gerechtigkeit mit. Die Zeiten sollen jedoch nicht gänzlich frei verfügbar, sondern zu einem größeren Teil zweckgebunden sein und hauptsächlich für Fürsorgeaufgaben verwendet werden. Außerdem sollen Menschen mit steigender Care-Verantwortung, zum Beispiel, wenn sie pflegebedürftige Kinder haben oder alleinerziehend sind, ein größeres Zeitbudget bekommen. Jurczyk und Mückenberger denken Care-Aufgaben für »Zugehörige« wie Freund_innen und Wahlfamilien mit, gestehen ihnen aber nicht zu, gleichwertig zu sein mit der Fürsorge für direkte Verwandte. Über die Optionszeiten können auch Wochenarbeitszeiten verkürzt werden, grundsätzlich sehen die »atmenden Lebensläufe« jedoch auch Phasen regulärer Vollzeitarbeit vor.

Jurczyk und Mückenberger erhoffen sich von ihrem Modell, dass Männer sich gleichberechtigter an Care-Aufgaben beteiligen werden, wenn berufliche Pausen normaler werden und nicht nur Väter, sondern auch Männer ohne Kinder ihre Erwerbstätigkeit häufiger unterbrechen können. Sie schränken ihre Erwartungshaltung gegenüber diesem Effekt aber ein, indem sie festhalten, dass mehr Care-Beteiligung von Männern die Lohngleichheit zwischen den Geschlechtern voraussetzen würde sowie eine »umfassende gesellschaftliche Aufwertung von Sorgearbeit«.[266]

Die wichtigsten Schwachstellen des Optionszeitenmodells liegen aus meiner Sicht darin, dass Care-Aufgaben wiederum vor allem in »gewöhnlichen« Familien verortet werden, statt Care zu queeren, und dass Fürsorge für Verwandte stärker gewichtet wird als beispielsweise zivilgesellschaftliches Engagement. Nicht ausreichend diskutiert wird, ob die Ziele des Modells nicht auch über eine *allgemeine* Arbeitszeitverkürzung erreicht werden könnten. Zwar lässt sich eine Weiterbildung gut während einer temporären beruflichen Auszeit organisieren, und die Möglichkeit von Weiterbildungszeiten[267] sollte tatsächlich geschaffen werden. Ehrenamtliches Engagement und die Pflege sozialer Beziehungen aber brauchen Kontinuität; nur phasenweise mehr Zeit genügt da nicht. Care aufzuwerten, geschlechtergerecht zu gestalten und vielfältige Sorgebeziehungen zu berücksichtigen, gelingt aus meiner Sicht besser, wenn jeden Tag genügend Zeit dafür vorgesehen ist.

_ DIE CARE-REVOLUTION

Als Care-Revolution bezeichnen Wissenschaftler_innen und Aktivist_innen eine Transformationsstrategie[268], die Gesellschaft und Wirtschaft entlang von menschlichen Grundbedürfnissen lokal wie global neu organisiert und das »gute Leben für alle«[269] in den Mittelpunkt stellt. Das Netzwerk Care Revolution, ein interdisziplinärer Zusammenschluss von Expert_innen aus Deutschland, Österreich und der Schweiz, bringt Menschen zusammen, die Lösungsvorschläge für den

Übergang in eine fürsorgliche und nachhaltige Gesellschaft entwickeln. Ausgangspunkt von politischer Veränderung sind in diesen Ansätzen sowohl die unbezahlte Sorgearbeit als auch die beruflichen Sorgetätigkeiten.[270] Die bisherige kapitalistische Wirtschaftsorganisation solle schrittweise in eine Care-Ökonomie überführt werden, da eine profitgetriebene Wirtschaft und die gesellschaftlichen Care-Bedürfnisse nicht zueinander passten. Das Modell einer »Caring Economy« hat die Kulturhistorikerin Riane Eisler zuerst in ihrem 2007 publizierten Buch *The Real Wealth of Nations* (deutsch: *Die verkannten Grundlagen der Ökonomie*, erst 2020 erschienen) entwickelt. Darin fordert sie die Einführung »akkurater Wirtschaftskennzahlen«, in denen zum einen auch Umwelt- und soziale Schäden abgebildet werden sollen, die auf die Wirtschaft zurückgehen. Zum anderen soll der Wert von unbezahlten Arbeiten in volkswirtschaftliche Kennzahlen wie das Bruttosozialprodukt integriert werden. »Ohne diese Veränderungen wird die Öffentlichkeit nicht verstehen können, dass wir alle einen Preis für eine rücksichtslose Politik und Praxis zahlen«, so Eisler.[271] Eine sorgende Wirtschaft soll, als Gegenentwurf zur bisherigen Wirtschaft, allen Menschen ermöglichen, sich gut um sich selbst und andere zu kümmern.

Ein wichtiger Aspekt in den zahlreichen Veröffentlichungen zur Care-Revolution ist, dass die natürlichen Lebensgrundlagen stets mitbedacht werden und der Care-Begriff fürsorgliches Verhalten gegenüber der Umwelt einschließt. Das ist nötig, um die Lebensverhältnisse aller Menschen weltweit zu berücksichtigen und global füreinander Sorge zu tragen. Dieser Paradigmenwechsel, der Solidarität zum zentralen Gestaltungsprinzip[272] von Gesellschaften erhebt, soll unterschiedliche aktuelle Krisen nach und nach auflösen. Dazu zählt zum einen die Care-Krise, die sich in Form von Zeitnot und Überforderung von Care-Personen zeigt, in Vernachlässigung von Care-Bedürftigen, Fachkräftemangel sowie Kürzungen in entsprechenden Politikbereichen wie der Öffentlichen Gesundheitsfürsorge. Aber auch alle anderen Krisen, die Menschen in existenzielle Nöte bringen und ihre Lebensgrundlagen gefährden, werden in den Zielen der Care-Revolution berücksichtigt, wie zum Beispiel die Klimakatastrophe oder Preissteigerungen bei Wohnraum, Lebensmitteln und Energie, die Armut verursachen oder verschärfen. Denn ohne materielle Sicherheit kann verlässliche Sorge füreinander und für uns selbst kaum gelingen. Ebenso dringend brauchen wir dafür ausreichend viel Zeit.

Eine gerechte Gesellschaft muss vom Fundament des menschlichen Zusammenlebens aus gedacht werden: von den Sorgebeziehungen. Unsere Zeit auf der Welt beginnt mit der Geburt und endet, wenn wir sterben. Unsere erste und unsere letzte Lebensphase sind Care-Zeiten, in denen wir von anderen in die Welt gebracht und aus dem Leben hinausbegleitet werden. In den Mittelpunkt unserer Zeitkultur gehören deshalb die Lebensprozesse, ohne die wir nicht *sein* können. Auf Care können wir nicht verzichten. Wir müssen an diesen Ursprung zurück, um all die unterschiedlichen Lebensentwürfe, die uns heute offenstehen, über die Gemeinsamkeit zu verknüpfen, dass wir ein Leben lang aufeinander angewiesen sind.

Die Unterstützung für Familien und andere Care-Gemeinschaften muss gesellschaftlich so organisiert werden, dass stabile Care-Netze entstehen können und niemand, keine Einzelperson und keine Gruppe, auf sich allein gestellt bleibt. Wir müssen endlich das neoliberale Narrativ überwinden, dass die Entscheidung für die Care-Gemeinschaften, in denen wir leben, private Angelegenheiten seien. Wer das behauptet, stellt seine eigene Existenz infrage, löst sich selbst aus der Gesellschaft heraus und vergisst zudem, unter welchen Umständen sich die eigenen Eltern kümmern konnten und man selbst heranwachsen konnte. Für andere zu sorgen, ist keine private Frage. Care ist ein fundamentales Element unserer Zivilisation. Ohne Care wäre niemand von uns hier. Ohne Care würden wir die Welt, in der wir leben, nicht kennen, da wir vorher verkümmert wären.

Die Anerkennung von Care-Arbeit beginnt damit, dass ihr nicht einfach nur Zeit zugestanden wird, sondern viel Zeit, und zwar unabhängig von ökonomischem Kalkül. Alle Menschen sollten das Recht haben, gut umsorgt zu werden. Darüber, wie viel Zeit die Fürsorge braucht, sollen diejenigen entscheiden, die Care geben, gemeinsam mit denjenigen, die auf Care angewiesen sind. Die Neuverteilung und Aufwertung von Care-Arbeit ist eine der drängendsten politischen Machtfragen, da andernfalls diejenigen, die sie übernehmen, weiterhin häufig arm, erschöpft und fremdbestimmt leben müssen. Care-Arbeit zuzuweisen, sollte kein Mittel der Unterdrückung sein. Care-Beziehungen sollten uns alle stärken.

Wenn Menschen sich gegenseitig gut umsorgen können, bauen sie stabile Beziehungen zueinander auf und erleben in sozialen Gruppen Zugehörigkeit und Selbstwirksamkeit. Das Eingebundensein in das »Bezugsgewebe menschlicher Angelegenheiten« (Hannah Arendt)[273] ist die Grundlage dafür, dass

Menschen informiert und selbstbewusst Ja sagen zu dem, was sie brauchen, und Nein zu dem, was ihnen schadet. Die Care-Revolution verleiht ihnen Zeit und Kraft, sich gegen Fremdbestimmung und Unterdrückung zu wehren und gemeinsam und demokratisch eine Welt zu bauen, in der soziale Beziehungen wieder im Mittelpunkt stehen.

Ob und wie Care in eine neue Zeitkultur einbezogen wird, ist entscheidend dafür, inwieweit eine Gesellschaft ihr menschliches Potenzial entwickeln kann. Mitmenschlichkeit und sozialer Zusammenhalt dürfen nicht länger den Profiten von wenigen untergeordnet werden. An der Frage, wie unsere Gesellschaft mit Fürsorgeaufgaben umgeht, zeigt sich, wie sehr wir Menschen sein wollen und wie sehr Maschinen.

4
FREIE ZEITEN

Die Wurzel unserer Sucht nach Arbeit und Hyperkonsum liegt allerdings darin, dass jegliche Vorstellung von einem guten Leben, in dem Freizeit um ihrer selbst willen geschätzt würde, aus der öffentlichen Diskussion verschwunden ist.

_ JUDY WAJCMAN[274]

_ DIE FREIHEIT IN DER ZEIT ENTDECKEN

Was bedeutet es für Sie, Zeit zu haben? Welche Zeiten sind kostbar für Sie? Was würden Sie tun, wenn der Tag ab morgen 25 Stunden hätte? Eine Stunde Überschuss. Eine Stunde unverplante Zeit. Zu welcher Zeit ziehen Ihre Gedanken Sie? »Obwohl wir Zeit mit anderen teilen (oder beklagen, daß andere nicht genügend Zeit für uns oder wir für sie haben), ist der diskursive Austausch über Zeit unterentwickelt«, schreibt die Wissenschaftsforscherin Helga Nowotny in der Einleitung ihres Buches *Eigenzeit*, das sie 1989 veröffentlichte.[275] Daran hat sich bis heute wenig geändert. Wir tauschen uns zwar permanent über unsere Zeit aus – in der Familie, unter Freund_innen und Kolleg_innen, im Selbstgespräch –, doch wir verbleiben dabei meist an der Oberfläche. Wir sprechen über die Zeit, die uns zu wenig erscheint, Zeit, die sich zieht, Zeit, die vor uns liegt, erinnern uns an Vergangenes. Meist gelingt es uns aber nicht, das, was wir mit unseren Zeiten tun, wie wir uns in ihnen bewegen und wie wir sie empfinden, adäquat in Worte zu fassen.

Während der Zeit, in der Sie dieses Buch lesen, vielleicht mit anderen darüber sprechen, möchte ich Sie anregen, darüber zu reflektieren, wie Sie über Ihre eigene Zeit nachdenken, mit welchen Worten Sie über sie sprechen, welche Begriffe sie konkret benutzen, in welche Kategorien Sie Ihre Zeitverwendung einteilen. »Ich habe keine Zeit«, hat nahezu jede_r schon einmal gedacht oder gesagt. Aber wofür genau fehlt Ihnen die Zeit? Was empfinden Sie während der Zeit, in der Sie lieber etwas anderes tun würden?

Wenn wir nicht präzise benennen, welche Zeiten wir kennen, wie sie sich anfühlen, womit wir unsere Zeit verbringen, begrenzen wir über unsere Sprache die Wahrnehmung unserer Zeit. Diese Sprachlosigkeit – ich nenne es ein Hinwegdenken über die Zeit – kann uns daran hindern, zu formulieren, woher die Zeitnot kommt, was uns unzufrieden macht und was wir uns wünschen. Sich der eigenen Zeitnöte, Zeitbedürfnisse, Zeitwünsche bewusst zu werden, über sie zu sprechen und sich mit anderen darüber zu verständigen, wird leichter, wenn wir den unterschiedlichen Zeiten eigene Namen geben. Denn solange wir über unsere eigene Zeit hinwegdenken und die bewusste Auseinandersetzung mit ihr scheuen, wird es uns weiterhin oft so erscheinen, als gehöre sie nicht uns, sondern jemand anderem.

Wenn Sie versuchen, die Verwendung Ihrer eigenen Zeit genauer zu beschreiben, ihre Vielfalt und vielen kleinen Teile zu erkennen, werden Sie besser verstehen, wohin die Zeit davonläuft, vielleicht auch, warum sie manchmal kaum zu vergehen scheint und warum wir freie Zeiten haben, die sich nicht erholsam anfühlen. Wann fühlt sich Zeit für Sie frei an? Was genau verbinden Sie mit dem Begriff *Freizeit*, wenn Sie von Ihrer eigenen freien Zeit sprechen? Als ich Stichworte für dieses Buch sammelte, war mir klar, dass ich über Freizeit schreiben musste, aber beim Nachdenken darüber merkte ich, dass dieser Begriff für mich alles und nichts meint, dass ich ihn achtlos statt bewusst verwende, dass ich ihn im Gespräch mit anderen vielleicht deswegen so selten benutze, weil er diffus ist und weil genau die Zeit, die ich als Freizeit beschreiben würde, in meinem Leben oft fehlt.

Das herkömmliche Verständnis von Freizeit meint die Zeit, die frei ist von Erwerbsarbeit oder Unterricht. Doch da diese Zeit nicht gänzlich frei verwendbar ist – sie ist lediglich frei von Arbeit, aber keineswegs immer frei von anderen Pflichten –, sollten wir vielleicht besser von *Übrigzeit* sprechen. Wenn Menschen heute von ihrer Freizeit erzählen, meinen sie kleine konkrete Zeiteinheiten, die als Termin in den Tag passen. Eine Stunde Krafttraining. Eine Verabredung im Café, bis man weitermuss. Eine neue Folge der Lieblingsserie. Jeden Abend 20 Minuten lang meditieren. Wir nehmen Freizeit als etwas wahr, das sich planen lässt, klar begrenzt ist, mit einer Absicht verbunden oder zu einer Routine geworden. Unsere freie Zeit organisieren wir somit oftmals wie unsere Arbeitszeit. Ideen davon, wann Zeit wirklich frei ist, gehen mehr und mehr verloren, wenn Freizeit nicht mehr als längere Phase erlebt wird und daher auch nicht mehr als emotionaler Zustand. Das Bewusstsein dafür, dass wir sowohl individuell als auch kollektiv genügend freie Zeit brauchen, schwindet dadurch zunehmend.

Wäre freie Zeit üppig, könnte sie ohne Gewissensbisse vergeudet werden. Doch sie gilt als knappes und kostbares Gut. Daher muss sie sinnvoll genutzt werden, sie braucht einen Zweck, der innerhalb der Kultur, in der wir leben, als legitim gilt. Das ist die Ideologie im Umgang mit unserer Lebenszeit: Wir müssen auch unsere freie Zeit sorgsam einsetzen, um etwas zu erreichen, das als geteilter Wert gilt und bei *anderen* Menschen auf Zustimmung trifft. Diese Sichtweise bindet freie Zeit häufig an das Leistungsdiktat des späten Kapitalismus. Wer eine Stunde zusätzliche Zeit auftut, schläft länger, um am nächsten Tag leistungsfähiger zu sein, und nicht, weil es sich gut anfühlt. Business-Magazine preisen die Bedeutung von Hobbys, da diese sich angeblich positiv auf Fähigkeiten auswirken, die man in der Berufswelt braucht.[276] So verfolgen viele unserer Freizeittermine das Ziel, in der Konkurrenz mit anderen künftig besser dazustehen. Diese Art Zeitverwendung als freie Zeit zu bezeichnen, führt uns auf eine falsche Fährte.

Eine Ausnahme von den klar benannten Freizeitterminen ist die sogenannte *Me-Time*. Der Freizeitrest, der nicht geplant werden muss, der keine Absicht braucht. Me-Time ist eine Chiffre für eine geheime Zeit, deren Verwendung man nicht offenlegen muss. Sie wird damit der Bewertung durch andere entzogen und befreit sich von sozialen Normen für eine sinnvolle Freizeitgestaltung. Als Anglizismus tritt sie zudem spielerischer und weniger fordernd auf als der Wunsch nach *Eigen-*

zeit oder *Zeit für mich*. Den Wunsch nach Me-Time spricht man einer anderen Person nicht ab, da er ein kultureller Code ist für das Bedürfnis nach Ruhe, danach, nichts oder nichts Zielgerichtetes tun zu wollen, und manchmal auch für Erschöpfung. Diese Zeit als *Me*-Time zu bezeichnen, beschreibt die übrige Zeit – auch wenn das den meisten nicht bewusst sein dürfte – als die Zeit von *anderen*.

Me-Time ist oft zu kurz, um sich darin erholen zu können. Sie ist das minimale Zugeständnis an Menschen, die sich nach längeren Eigenzeiten sehnen oder sie für ihr Wohlbefinden bräuchten. Wer im Internet nach Me-Time für Eltern oder stressbelastete Menschen sucht, findet vor allem Tipps für fünfminütige Rituale, wie »alleine auf dem Balkon einen schönen Cappuccino trinken, bevor der Rest der Familie wach wird«.[277] Und so schön es sein kann, wenn der erste Kaffee am Morgen nicht kalt wird und man ungestört einen Zeitungsartikel lesen oder einfach die Ruhe genießen kann, sind fünfminütige Pausen keine Lösung für Überlastung und kein Ersatz für fehlende Freizeit. Me-Time-Rituale dieser Art sind symbolische Gesten ohne wirklichen Effekt. Wer Zugriff auf echte und ausreichende Freizeit hat, muss keine Me-Time fordern.

_ DIE ZWEIGETEILTE ZEIT

Um unseren Umgang mit Freizeit besser zu verstehen, müssen wir uns ihren Stellenwert innerhalb unserer Zeitkultur vergegenwärtigen. Denn dort steht die Erwerbsarbeit, die Zeit der Pflichten, im Zentrum; sie gilt als wichtigste und wertvollste Zeit. Der Rest des Lebens ordnet sich um sie herum an. Die

Zeitsoziologin Barbara Adam hat daher freie Zeiten als »produzierte Zeiten« beschrieben, »die der Arbeitszeit abgerungen wurden« und »außerhalb der Ökonomie praktisch gegenstandslos«[278] seien. Kennzeichen der dominanten Zeitkategorie »Arbeitszeit« ist nicht nur, dass sich andere Zeiten von ihr ableiten, sondern auch, dass andere Zeiten benötigt werden, um sie zu stabilisieren. Erst durch Zeit für Care und Zeit für Erholung entsteht Zeit für Erwerbsarbeit. Erst wenn alle versorgt sind, können manche von uns zur Arbeit aufbrechen. Zudem brauchen Konsumgesellschaften die kommerzialisierte Freizeit, in der produzierte Waren und angebotene Dienstleistungen verkauft werden können. Was Menschen in ihrer Freizeit nachfragen, beeinflusst die Arbeitsplätze und Arbeitszeiten derer, die in diesen Sektoren ihr Geld verdienen. Ein Teil unserer Freizeit ist somit direkt wirtschaftlich relevant.

Wir können Freizeit nur als solche benennen, da wir auch unfreie Zeiten kennen. Im täglichen Sprachgebrauch unterteilen wir die Zeit in Arbeit und Freizeit, Unterricht und Spiel, verpflichtende Aufgaben und spontane Möglichkeiten. Die Zweiteilung der Zeit hilft uns, unseren Alltag zu planen, zu wissen, was wann zu tun ist. Sie gibt uns Aufgaben für das Leben. Das bedeutet jedoch nicht, dass durch Arbeit gebundene und freie Zeit in Balance wären. Außerdem wird diese simple Zweiteilung der Komplexität unserer Zeitnutzung nicht gerecht. Denn unsere Alltagszeit besteht aus mehr als zwei Zeiten, die sich zudem nicht immer klar voneinander abgrenzen lassen, die miteinander verwoben sind oder sogar zu neuen Zeiten verschmelzen.

Neben der Erwerbsarbeitszeit und der von ihr abgeleiteten Freizeit existieren viele weitere Zeiten, die eigene Bedeutungen und Wertigkeiten haben und zu einem eigenen Zeiterleben führen: die Zeit von Kleinkindern, die noch zu Hause spielen, die ihrer Bezugspersonen, die sich dort ganztags um sie kümmern, überhaupt die Zeit von Kindern und Jugendlichen, von Menschen mit Behinderungen, die nicht erwerbstätig sind, Menschen, die ungewollt erwerbslos sind oder aufgrund einer Krankheit zu Hause, Menschen, die gepflegt werden, Menschen, die in ihrem Beruf pausieren, weil sie trauern, Rentner_innen, die ihren Beruf nicht mehr ausüben, Menschen auf der Flucht und Asylsuchende, Menschen, die sich einsam fühlen. Was sie erleben, lässt sich mit Freizeit nicht beschreiben.

Solange wir nur zwei Zeiten explizit benennen und uns bewusst machen, verengen wir den Blick auf unser Leben und das von anderen. Die Sprache unserer Zeitkultur bestimmt dann, wessen Zeit zählt und überhaupt Gegenstand von politischer Auseinandersetzung sein kann. Politik für eine gerechte Zeitkultur muss den Blick öffnen für mehr als zwei Zeiten. Denn die Dichotomie der Zeitnutzung verschleiert, wie vielfältig unser Leben ist – und wie Menschen auf vielfältige Weise über die bisherige politische Gewichtung unserer Zeit eingeschränkt und ausgegrenzt werden. Die Wissenschaftler Harald Lesch, Karlheinz Geißler und Jonas Geißler, die sich in ihrem Buch *Alles eine Frage der Zeit* mit dem Zusammenhang von Zeitverständnis und ökosozialen Krisen beschäftigt haben, plädieren ebenfalls für die Wiederentdeckung und Bewahrung von »Zeitvielfalt«, da eine zu starke Orientierung an der standardisierten und geldwerten Zeit eng verbunden sei mit der Ausbeutung von Natur und Mensch. Nachhaltigkeit und Lebensqualität könne nur mit einer vielfältigen Zeitkultur gelingen, so die Autoren.[279] »Zeit existiert nur im Plural, als Formen- und Qualitätsvielfalt«, schreiben sie. Für ein gutes Leben bräuchten Menschen »Beschleunigung und Stillstand, Schnelligkeit und Langsamkeit, Kurzfristigkeit und Langfristigkeit, Mobilität und Sesshaftigkeit, Rhythmus und Takt, rasches Arbeiten und geduldiges Genießen«.[280]

Erst wenn wir all die unterschiedlichen Zeiten sichtbar machen, können wir über gerechte Zeitverteilung sprechen – und darüber, wie diese Verteilung unsere Freiheit berührt. Zu erkennen, dass Zeit etwas ist, über das wir uns politisch auseinandersetzen können und sollten, erfordert, dass wir die individuelle und gesellschaftliche Relevanz ihrer Vielfalt sehen. Dass wir über einen großen Teil unserer Zeit nicht frei verfügen können, ist nicht naturgegeben, sondern veränderbar.

Auszeiten, Nachdenkzeiten, Zeiten für Freund_innen, Care-Zeiten oder Familienzeiten, Zeit, um Gefühle zu spüren und auszuhalten, Zeit für Genesung, Zeit für Kultur, Ehrenämter und politisches Engagement, offene und unverplante Zeiten – all das sind produktive Zeiten, nur nicht im Sinne direkter wirtschaftlicher Wertschöpfung. Sie bringen Dinge hervor. Sie sind der Stoff, aus dem unsere Freiheit besteht. Sie müssen nicht verdient werden, sie stehen uns zu.

_ DIE PRALL GEFÜLLTE ALLTAGSZEIT

Der Begriff *Alltagszeit* beschreibt die Zeit, in der Menschen nicht erwerbsarbeiten oder lernen, besser als der Begriff Freizeit, denn er suggeriert nicht, dass all diese Zeit frei verfügbar wäre. Den Alltag verbinden wir gedanklich mit unterschiedlichen Aufgaben, die täglich oder zumindest ab und an erledigt werden sollten. Lose gebundene Zeiten neben dem Beruf, die zum Beispiel aus Einkaufen, Reparaturarbeiten, Steuererklärung oder Hausarbeit bestehen können, hat der Freizeitforscher Horst W. Opaschowski als *Obligationszeit* bezeichnet.[281] Damit ist gemeint, dass Personen ihre Zeit zweckbestimmt einsetzen müssen oder sich subjektiv zu Aufgaben verpflichtet fühlen: Man kann den Rasen mähen, aber ihn auch wild wachsen lassen. Man kann sich die Haare schneiden lassen oder sie zu einem Zopf binden. Man kann selbst kochen oder eine Pizza bestellen. Obligationszeit ist also nicht gänzlich selbstbestimmt, kann aber freier gestaltet werden als vertraglich vereinbarte Arbeitszeiten.

Sich bewusst zu machen, dass unsere Alltagszeit von Aufgaben durchzogen ist, die wir als Pflichten wahrnehmen, hilft zu verstehen, warum viele Menschen Zeitdruck empfinden, obwohl der durchschnittliche Erwachsene der Zeitbudgetforschung zufolge mehrere Stunden Freizeit pro Tag hat. Zeitdruck – im Unterschied zur akuten Zeitnot – wird dann wahrgenommen, wenn innerhalb der Alltagszeit emotionale Bedürfnisse zu kurz kommen. »Menschen haben das Gefühl, dass sie keine Zeit mehr haben, die Aufgaben und Aktivitäten abzuschließen, die ihnen am wichtigsten sind«, beschreibt die Soziologin Judy Wajcman dieses Empfinden.[282] Zeitdruck entsteht demnach, weil wir ein anderes Leben kennen oder uns dieses andere Leben vorstellen können. Ein Leben, in dem unsere Zeit nicht nur dafür reicht, materielle Sicherheit herzustellen, sondern in dem sie uns auch sozial und emotional nährt. Chronischen Zeitdruck zu empfinden, sollte auch deswegen nicht als normal akzeptiert werden, da er nachweislich das Wohlbefinden und die Lebenszufriedenheit von Menschen reduziert.[283] In Wohlfahrtsstaaten gilt es als Aufgabe der Politik, die Lebensqualität aller Menschen nach und nach zu verbessern, und dazu gehört auch die Minderung von Zeitdruck.

Dass Zeitdruck ein verbreitetes Gefühl ist, erklärt Horst W. Opaschowski damit, dass sich »die Zeit für alltägliche Verpflichtungen und Verbindlichkeiten« im 21. Jahrhundert stark ausgedehnt und vieles zudem einen »Muss-Charakter« angenommen habe.[284] Neben Aufgaben, die tatsächlich erledigt werden müssen, fühlen sich Menschen also immer stärker zu allerlei Dingen verpflichtet, die nur subjektiv notwendig sind. Damit verändert sich die Qualität der Zeit jenseits des Berufs. Wer es als Pflicht empfindet, jeden Tag selbst zu kochen, erlebt die Zeit des Kochens anders als jemand, der nur dann kocht, wenn er Lust dazu hat. Menschen können sich dazu angehalten fühlen, Sport zu machen, um ein Körper- oder Gesundheitsideal zu erreichen, sich aufwendig zu schminken, um einem Schönheitsstandard zu entsprechen, die Nachrichten zu verfolgen, um im Freundeskreis mitreden zu können, die eigenen Kinder regelmäßig bei den Hausaufgaben zu unterstützen, damit ihre schulischen Leistungen gut sind, oder die Schwiegereltern zu besuchen, weil man es bislang jeden Sonntag so gemacht hat.

Je mehr Tätigkeiten im subjektiven Empfinden einen Muss-Charakter haben, desto weniger Zeit bleibt übrig, die sich freizeitlich anfühlt. Menschen, die Schwierigkeiten haben, ihren eigenen Bedürfnissen zu folgen, und die sich stattdessen sozialen Normen, den Erwartungen anderer oder auch starken inneren Idealen beugen, bringen sich auf diese Weise darum, ihre freie Zeit als solche zu empfinden. Wenn sie ihre Alltagszeit nahezu ausschließlich mit Tätigkeiten verbringen, die Pflichten ähneln, werden sie sich in dieser Zeit kaum entspannen können. Aufgaben mit einem Muss-Charakter können wir nicht genießen.

Diese subjektiven und normativen Verpflichtungen zu analysieren, kann helfen, potenziell freie Zeiten sichtbar zu machen und sie zurückzuerobern. Selbstbestimmung wird dann möglich, wenn wir verstehen, warum wir bestimmte Dinge tun, und wie frei wir dabei entscheiden. Wer oder was hat möglicherweise im Hintergrund die Finger mit im Spiel? Wessen Vorgaben erfüllen wir gerade? Die Zeit, die uns auf den ersten Blick als Eigenzeit erscheint, ist in Wirklichkeit oft Fremdzeit.

_ WIE DIE ZEITFORSCHUNG FREIE ZEIT MISST

Zeitbudgeterhebungen kommen zu dem Ergebnis, dass wir heute mit einem Überfluss an freier Zeit leben. Der letzten großen Zeitverwendungsstudie zufolge verfügen Menschen in Deutschland im Durchschnitt über rund sechs Stunden Freizeit pro Tag.[285] Selbst Eltern, die in Paarbeziehungen leben, kommen auf rund fünf, Alleinerziehende auf vier bis fünf Stunden Freizeit. Diese Werte ergeben sich, weil in den großen Studien die Durchschnittswerte einer Woche ermittelt werden, und in die fließt das Wochenende mit ein. In ihrem konkreten Alltag haben viele Menschen an Werktagen jedoch weniger und an Samstagen und Sonntagen mehr als fünf Stunden freie Zeit zur Verfügung. Insbesondere Berufstätige und Menschen, die sich um Kinder und Angehörige kümmern, verfügen an einem Werktag oft nur über eine oder zwei Stunden Zeit, die frei ist von Pflichten[286], und die fallen meistens in die Randzeiten oder verteilen sich als *Zeitkonfetti*[287] bunt über den Tag und stellen damit keine *sozial wertvollen* Zeiten dar.

Gemessen werden diese Zeiten anhand von Tagebüchern, in denen die Studienteilnehmer_innen in Zehn-Minuten-Schritten protokollieren, womit sie ihre Zeit verbracht haben. Für die letzte bundesweite Zeitbudgeterhebung, die 2012/13 vom Statistischen Bundesamt durchgeführt wurde, wurden über 11 000 Personen ab zehn Jahren in circa 5000 Haushalten befragt, um einen möglichst repräsentativen Überblick über die Alltagsstruktur in unterschiedlichen Altersgruppen und Familienkonstellationen zu bekommen und die Unterschiede zwischen Frauen und Männern sichtbar zu machen.[288] Die Bundesregierung führt diese Forschung seit 1990 alle zehn Jahre durch.[289]

Die großen Zeitbudgetstudien erfassen unsere Zeitverwendung etwas genauer, als die alltagssprachliche Zweiteilung in Berufszeit und Freizeit es vermag. Der Achte Familienbericht von 2012 – der umfangreichste zeitpolitische Bericht der Bundesregierung mit politischen Handlungsempfehlungen – nutzt hierfür insgesamt sechs Kategorien: Erwerbsarbeit/Weiterbildung, Hausarbeit, Kinderbetreuung und Pflege, Schlafen, Freizeit und sonstige Eigenzeit. Ein Mann mit minderjährigen Kindern verbringt laut diesen Daten seinen Tag im Schnitt auf folgende Weise: Er schläft 7:56 Stunden, arbeitet 5:17 Stunden, betreut 40 Minuten lang seine Kinder, erledigt 2:18 Stunden Hausarbeit, hat 5:19 Stunden Freizeit und 2:27 Stunden sonstige Eigenzeit.[290]

Die Kategorie »sonstige Eigenzeit« umschreibt hier die Zeit für Körperpflege und Essen, die notwendige Voraussetzung für die Gestaltung der übrigen Zeit ist.[291] In einer Kultur, die hohe Ansprüche an gepflegte Kleidung und gepflegte Körper stellt, müssen Menschen diese »Herstellungszeit« aufwenden, um Anforderungen der Berufswelt oder ihres sozialen Umfeldes zu erfüllen. Nackt und ungekämmt zur Arbeit zu erscheinen, ist keine echte Option. Die Erwartungen an ein gepflegtes Äußeres sind für alle Geschlechter gestiegen, was die Philosophieprofessorin Heather Widdows als *rise of minimal standards* beschrieben hat.[292] Eine britische Studie kam 2016 zu dem Ergebnis, dass die Make-up-Routine von Frauen innerhalb von zehn Jahren von durchschnittlich acht auf 27 einzelne Schritte angewachsen war und statt 17 nun 40 Minuten dauerte.[293] In Deutschland brauchten Erwachsene den Auswertungen des Familienberichts zufolge mindestens zwei Stunden pro Tag, um sich um ihren Körper zu kümmern.[294] Ob und wie sich dieser Zeitaufwand innerhalb des zurückliegenden Jahrzehnts verändert hat, wird aktuell erhoben.[295] Die für Körperpflege und Nahrungsaufnahme nötige Zeit separat zu betrachten, ist zum einen wichtig, da duschen oder zu Abend essen nicht mit Freizeit verwechselt werden sollte. Diese Tätigkeiten können zwar einen entspannenden Effekt haben, es sind aber notwendige Routinen, die man allenfalls hastiger erledigen kann, um mehr Zeit für andere Dinge zu schaffen. Zum anderen sollten wir wissen, wie viel Zeit wir durchschnittlich für notwendige

Selbstsorge brauchen, um nachvollziehen zu können, wohin unsere Alltagszeit fließt. Mit acht Stunden Arbeit, Pendelstrecken und zwei Stunden »sonstiger Eigenzeit« ist ein Tag nämlich schon ziemlich voll.

Allerdings ist es missverständlich, dass im Familienbericht die notwendige Selbstsorge als »Eigenzeit« bezeichnet wird, denn Helga Nowotny, die den Begriff einführte, beschrieb damit die Sehnsucht nach »mehr Zeit für sich selbst«, Zeit, in der Menschen ganz eigenen Bedürfnissen nachgehen können, die nicht notwendig, sondern wirklich frei gewählt sind.[296] Eigenzeit fasst sie als bewusst gestaltete freie Zeit für individuelle Bedürfnisse auf, die nicht jede Person hat und die uns von anderen unterscheidet. In unserer Eigenzeit drücken wir unsere Individualität aus. Wenn ich in diesem Buch von Eigenzeit spreche, folge ich dem Verständnis von Helga Nowotny und meine nicht die Zeit, die Menschen unter der Dusche verbringen. Denn wenn wir Zeit im Bad und vor dem Kleiderschrank benötigen, um gesellschaftlichen Anforderungen an unser Äußeres zu entsprechen, kann sie nicht als selbstbestimmte Zeit gelten, sondern gehört eher zur Erwerbsarbeit und zur *Arbeit an sich selbst*. Auch wenn viele Menschen behaupten, dass sie den Aufwand, den sie für ihre äußere Erscheinung betreiben, für sich tun, ist das doch nur ein Teil der Wahrheit.

Ein weiterer Schwachpunkt der Zeitverwendungsstudien besteht darin, dass bei Erwachsenen nicht klar zwischen individueller Freizeit und mit der Familie verbrachter Freizeit unterschieden wird. Um mehr Wissen darüber zu erlangen, wie viel Eigenzeit wir tatsächlich haben, müsste das aber getan werden, denn die Zeit, die Familien gemeinsam mit Freizeitaktivitäten verbringen – wie zum Beispiel einem Ausflug in den Zoo –, stellt eine Mischform aus freier Zeit und Betreuung von Kindern dar. Eltern erleben sicherlich einen Ausflug mit Kindern als schöne Zeit, aber Familienzeit erfüllt nicht immer das Bedürfnis nach Zeit für sich selbst oder Erholung. Solange Erhebungen nicht unterscheiden, wann Sorgepersonen Freizeit mit Kindern oder Pflegebedürftigen verbringen und wann ohne sie, können sie über das Alltagserleben dieser Menschen nur wenig aussagen. Im Familienbericht kommt dadurch ein kurioses Ergebnis zustande: Er weist für Eltern mehr Freizeit als Kinderbetreuungszeit aus, obwohl Eltern jüngerer Kinder insbesondere am Wochenende fast all ihre Zeit mit den Kindern verbringen. Ein Montag fühlt sich für manche Eltern freizeitlicher an als das Wochenende.

Genau wie wir für unser psychisches Wohlbefinden sozialen Kontakt brauchen, benötigt selbst der geselligste Mensch Zeit für sich allein, denn unser Gehirn kann erst im Ruhezustand Gedanken, Erinnerungen und Gefühle sortieren.[297] »Wir können uns beim Alleinsein besser selbst wahrnehmen und aus unserer Innenwelt Erkenntnisse gewinnen, die im Zusammensein mit anderen nicht möglich sind […]. So können wir im Alleinsein vertieft, fokussiert und auf neuen Wegen nachdenken«, erklärt die Psychologin Ulrike Scheuermann. Zeit für sich selbst stärke nicht nur unsere Kreativität, sondern sei unverzichtbar dafür, mit sich selbst in Kontakt zu sein.[298] Damit wir uns frei entfalten können, brauchen wir nicht nur Eigenzeit, sondern auch Alleinzeit.

Idealerweise sollten Menschen ihre freie Zeit daher für drei unterschiedliche soziale Bedürfnisse nutzen können:

Zeit, in der wir eigene Freizeitwünsche zugunsten von anderen zurückstellen, indem wir beispielsweise Freund_innen helfen oder etwas mit Angehörigen unternehmen. Zeit, in der aktive Tätigkeiten im Vordergrund stehen, die wir mit anderen oder allein erleben. Und schließlich Zeit, die unverplant und offen ist, in der wir Erlebtes reflektieren und verarbeiten können.

Die Alltagszeit neben dem Job, die viele Menschen vereinfacht als ihre Freizeit bezeichnen, enthält also mindestens acht unterschiedliche Zeiten: Obligationszeit, Selbstsorge und das Kümmern um andere, körperliche Erholung und Schlaf, Freizeit, die wir anderen geben, Eigenzeit für individuelle Bedürfnisse sowie Alleinzeit für die psychische Regeneration und Entwicklung. Damit ist die Alltagszeit auch eine fordernde Zeit, denn das individuell passende Gleichgewicht der unterschiedlichen Zeiten in ihr ergibt sich nicht von allein. Wie Menschen ihre Alltagszeit nutzen, müssen sie oft mit anderen abstimmen und verhandeln. Sie müssen sich schützen vor dem Überschwappen von Erwerbsarbeit in die freie Zeit oder vor Apps, »die entwickelt wurden, um uns zu fesseln«, und die unsere freie Zeit besetzen.[299] Die Ansprüche anderer an unsere Eigenzeit – von Familienmitgliedern über Arbeitgeber bis hin zu Unternehmen, die mit unserer Freizeit Geld verdienen – sind groß, und wir geben sie oft bereitwillig her, weil wir den Wert von wirklich freier Zeit zu niedrig einschätzen. Oder weil wir zu wenig darüber wissen, was die Qualität unserer Freizeit mindert und wie wir sie besser nutzen könnten, um unserer Vorstellung von einem guten Leben näherzukommen.

_ ZEITKONFETTI

Die vielen Stunden Freizeit, die Zeitbudgeterhebungen messen, täuschen nicht nur, weil Freizeit in sich selbst so vielschichtig ist und in ihrer Qualität stark variiert, sondern auch, weil die absoluten Summen viele kleine Zeitspannen enthalten, die zusammengerechnet werden: eine Kaffeepause, das Lesen eines Zeitungsartikels, das Überbrücken von Zeit, bis ein Termin beginnt. Ob die freie Zeit stark fragmentiert ist oder mehrere Stunden davon zusammenhängen, lässt sich anhand von Durchschnittsangaben über die tägliche Freizeit nicht sagen. Was im empirischen Ergebnis als eine ganze Stunde freie Zeit ausgewiesen wird, kann sich auch aus sechsmal zehn Minuten zusammensetzen. Dass viele Menschen ihre freie Zeit als zu wenig empfinden, hat unter anderem damit zu tun: Sie liegt in den kurzen Zwischenzeiten, die Pflichten kaum spürbar unterbrechen und die nicht lang genug sind, um sie bewusst als freie Zeit zu *erleben*. Die amerikanische Journalistin und Direktorin des Better Life Lab Brigid Schulte hat diese kurzen Spannen freier Zeit als *Zeitkonfetti* beschrieben, aus denen sich keine sinnvoll nutzbaren Zeiten zusammensetzen lassen.[300] Wir haben zwar Freizeit, aber aufgrund ihrer Fragmentierung kann sie nur eingeschränkt oder gar nicht genutzt werden für Dinge, die wir in freien Zeiten gern tun würden. Freie Zeit muss von längerer Dauer sein, damit wir sie fühlen können.

Freizeit besteht unter anderem dann aus Zeitkonfetti, wenn wir die Alltagszeit mit Menschen verbringen, um die wir uns kümmern oder mit denen wir gemeinsam etwas unternehmen wollen. Eltern, die auf dem Sofa liegen und lesen, werden unterbrochen von Kindern, die etwas brauchen. Die Wartezeit, bis alle Familienmitglieder sich angezogen haben, um gemeinsam das Haus zu verlassen, überbrücken manche, indem sie auf dem Smartphone noch einen Text lesen oder eine Nachricht verschicken. Diese kurze Lektüre oder Kommunikation würde in einer Zeitbudgeterhebung dann als Mediennutzung oder »soziales Leben« – beides Kategorien der Freizeit – in das Zeittagebuch eingetragen. Doch wie *freizeitlich* fühlen sich diese paar Minuten an? Wenn wir warten, füllen wir diese Zeit mit etwas, das wir an dem Ort, an dem wir gerade sind und in der Kürze der Zeit, die wir antizipieren, tun können. Es ist eher unwahrscheinlich, dass ein Vater in das morgendliche Warten auf sein Kind eine Yoga-Übung quetscht oder sich ein Bad einlässt. Er nutzt die Zeit für das, was gerade möglich ist. Seine Wahl ist damit erheblich eingeschränkt, also alles andere als selbstbestimmt. Doch gerade Selbstbestimmung nennen viele Menschen als Kennzeichen idealer Freizeit. Eine Annäherung an die empirische Bestimmung der Qualität von freier Zeit wäre es demnach, auszuweisen, wie stark die Freizeit fragmentiert ist beziehungsweise wie viel davon zum Beispiel in Blöcken von 30 oder 60 Minuten zusammenhängt.

Je größer der Grad der Selbstbestimmung ist, desto eher lassen sich zusammenhängende Zeiten realisieren, sowohl in der Alltagszeit als auch im Beruf. Das trifft beispielsweise auf Menschen in höheren beruflichen Stellungen zu, die selbst zu Terminen einladen können oder die Entscheidungsmacht haben, diese zu verschieben oder abzusagen. Eine Chefin kann sich eher längere unterbrechungsfreie Zeitspannen nehmen als ihr Assistent. Greifen andere Menschen in die eigene Zeitverwendung ein – das können Kinder sein, Familienmitglieder,

Vorgesetzte oder andere Personen mit mehr Macht –, desto mehr wird sie der selbstbestimmten Verwendung entzogen und zerfällt in kleinere Einheiten. Spürbar wird dies beispielsweise auch, wenn Menschen, die in einer Hierarchie über anderen stehen oder aus anderen Gründen nicht rücksichtsvoll mit der Zeit von anderen umgehen, diese warten lassen.

Menschen mit mehr Macht können ihre Eigenzeit anders herstellen und abschirmen als Menschen mit weniger Macht. Menschen mit weniger Mitsprache innerhalb eines sozialen Gefüges sind darauf angewiesen, längere Zeitspannen, die sie selbstbestimmt nutzen können, gewährt zu bekommen, oder müssen sie mit größerer Mühe verteidigen. Einer Studie von Judy Wajcman zufolge wird die freie Zeit von Frauen sehr viel öfter von Care-Aufgaben unterbrochen als die freie Zeit von Männern, die außerdem eher über längere zusammenhängende freie Zeiten verfügen.[301] Dass Männer »in der Summe mehr hochwertige Freizeit als Frauen haben«[302], könnte damit zu tun haben, dass Frauen aufgrund von geschlechtsspezifischer Sozialisation innerhalb ihrer Freizeit eher Verantwortung für Care-Arbeit übernehmen und Männer diese eher von sich weisen. Aber auch Kinder werden häufig in ihren Tätigkeiten unterbrochen, um sich den zeitlichen Regeln von Erwachsenen unterzuordnen. Wenn Eltern noch ihr Telefonat zu Ende führen können, bevor gegessen wird, aber das Kind sein Spiel sofort beenden soll, steht es in der zeitlichen Hierarchie unter den Erwachsenen. Zeitkonfetti entsteht also auch durch ungleich verteilte Macht: Um hier mehr Gerechtigkeit herzustellen, müssen wir berufliche und soziale Beziehungen demokratischer organisieren und die Möglichkeit schaffen, dass alle sich abgeschirmte Eigenzeiten nehmen können. Der Gender-Leisure-Gap und die ungleiche Verteilung von Freizeit in unserer Gesellschaft müssen ein politisches Thema sein, damit freie Zeit kein Privileg von wenigen ist. Alle Menschen brauchen substanzielle, zusammenhängende freie Zeiten, um sich wohlzufühlen, sich individuell zu entfalten und frei zu sein.

Typisches Zeitkonfetti flattert bei mir durch den frühen Abend, wenn mein Partner das Abendessen vorbereitet. Je nachdem, was die Kinder gerade machen, spiele ich mit ihnen oder betreue sie durch meine Präsenz. Währenddessen hänge ich die Wäsche auf und schreibe Dinge auf die Einkaufsliste. Mir fällt ein, dass ich mich noch in die Liste für das Klassenfest eintragen wollte, und ich öffne sie in meinem Handy, während ich ein Auge auf das krabbelnde Baby habe und darauf achte, was es wohl als Nächstes umwerfen wird. Wenn die Kinder mit sich beschäftigt sind, nehme ich manchmal ein Buch zur Hand, um noch einen Moment zu lesen, aber ich lese das Kapitel selten zu Ende. Ich hatte acht Minuten freie Zeit – Zeitkonfetti. Später oder an einem anderen Tag setze ich die Lektüre fort.

Die Soziologin Christiane Müller-Wichmann schreibt über diese Zeitreste: »Es ist Zufall, wenn sie günstig liegen, groß genug sind, Partner zur Verfügung stehen: sie etwas mit ihnen anfangen können.«[303] Menschen, die wenig Einfluss darauf haben, wie sich ihre freien Zeiten über den Tag verteilen, würden »gewissermaßen ganzer Teile ihrer Lebenszeit enteignet«, so Müller-Wichmann.[304] Bei dem von mir gewählten Beispiel der überbrückten Zeit bis zum Abendessen klingt Enteignung zwar übertrieben, dennoch fällt Zeitkonfetti nicht wie ein fröhlicher bunter Regen auf uns nieder, sondern frisst so lange Löcher in unsere Zeit, bis sie als bloßes Gerippe dasteht. Eigenzeit existiert nur als Idee, nicht als lebbarer Alltag, wenn sie vor allem aus Zeitkonfetti besteht.

Einen Teil unserer zerfledderten Freizeit können wir selbst zurückerobern, wenn wir das, was wir gerade tun, nicht ständig selbst unterbrechen, indem wir mehrmals pro Stunde soziale Netzwerke checken. In einer Studie, für die in Deutschland, Frankreich und Großbritannien Daten gesammelt wurden, nahmen die Proband_innen ihr Telefon im Schnitt alle fünf Minuten in die Hand.[305] Ein großer Teil der Interaktionen mit mobilen Geräten dauert weniger als 60 Sekunden, und sie laufen so automatisiert ab, dass Nutzer_innen die Häufigkeit stark unterschätzen.[306] Wir durchlöchern unsere Freizeit auch, wenn wir *noch schnell* eine Mail beantworten. In Deutschland reagieren mittlerweile 60 Prozent der Beschäftigten auch nach Ende der offiziellen Arbeitszeit auf berufliche Mails und Anrufe; über 40 Prozent geben an, dass ihre Arbeitgeber diese ständige Erreichbarkeit erwarten würden.[307] 2021 verbrachten deutsche Nutzer_innen durchschnittlich 3,4 Stunden am Tag mit ihrem Smartphone,[308] bei Jugendlichen waren es sogar über 70 Stunden pro Woche.[309] Natürlich sammelt sich diese Zeit auch in Zwischenzeiten wie dem Warten an der Bushaltestelle, in denen man noch vor 30 Jahren andere Überbrückungstechniken nutzte, dennoch hat die Zeit an den Screens immer größeren Anteil an unserer Lebenszeit. Arbeitgeber_innen, Tech-Konzerne sowie Unternehmen, die in Apps Anzeigen schalten, haben ein Interesse daran, dass wir unser Verhalten nicht ändern, es eher sogar noch verstärken und das Konfetti für freie Zeit halten.

_ DIE QUALITÄT VON FREIZEIT

Die methodischen Feinheiten der Messung von Freizeit und die theoretischen Überlegungen, was freie Zeit überhaupt ist, sind kompliziert und möglicherweise etwas trocken, doch sie sind wichtig: Im zeitpolitischen Ratgeber für die Familienpolitik der Bundesregierung steht, dass eine Mutter vier Stunden und 59 Minuten freie Zeit pro Tag zur Verfügung hat und lediglich eine Stunde und 25 Minuten ihre Kinder betreut. Kein Wunder, dass die Familienpolitik generelle Zeitnot bestreitet. Fünf Stunden freie Zeit pro Tag würde ja ein Zeitparadies bedeuten, das es im tatsächlichen Alltag von Care-Verantwortlichen und vielen Berufstätigen nicht gibt.

Wie viel echte Eigenzeit sich wirklich in der Freizeit versteckt, lässt sich an quantitativen Zeitbudgetstudien kaum ablesen. Eigenzeit ist als eigene separate Kategorie auch kaum zu erheben, weil Menschen völlig unterschiedlich definieren, was »Zeit für sie selbst« bedeutet und wie sie diese füllen möchten. Für die einen kann das Sport sein, für die anderen lesen, länger schlafen, Zeit mit Familie und Freund_innen verbringen, Zeit für Sexualität oder Gebete. Auch Hausarbeiten wie Kochen oder handwerkliche Tätigkeiten können als wohltuende Eigenzeit erlebt werden, wenn man diese Dinge gern und aus eigenem Antrieb tut. Rein quantitative Freizeitforschung stößt hier an Grenzen. Das Fehlen von Eigenzeit lässt sich am ehesten feststellen, wenn Forscher_innen nach dem Empfinden von Zeitdruck fragen oder andere qualitative Einschätzungen erheben, so wie es beim Freizeit-Monitor 2019 getan wurde, einer Studienreihe, die seit 1986 jedes Jahr veröffentlicht wird. Dort stimmten 46 von 100 Befragten hinsichtlich ihrer Freizeit der

Aussage zu »Ich mache nicht das, was ich wirklich will«, 42 Prozent der Befragten gaben an, oftmals ihre freie Zeit zu »vergeuden«, 20 von 100 fanden sich in der Aussage »Ich bin stärker von sozialen Medien abhängig, als ich möchte« wieder.[310] Über Selbsteinschätzungen dazu, wie selbstbestimmt und wie wertvoll Menschen ihre Freizeit erleben oder was sie einschränkt, nähert man sich dem unterschiedlichen Erleben vermeintlich freier Zeit.

Daten zur Freizeitnutzung können auch falsch interpretiert werden, wenn beispielsweise lange Zeitspannen, die man mit bestimmten Tätigkeiten füllt, aufgrund kultureller Normen automatisch als mehr oder weniger wertvolle Zeit gelten. Jugendlichen, die viel Zeit mit Video-Games verbringen, wird dann beispielsweise wenig Interesse an gesellschaftlichen Fragen unterstellt, viel Zeit für Sport wird mit Geselligkeit oder Zufriedenheit gleichgesetzt. In zwei Stunden Sport am Tag kann sich statt Lebensfreude jedoch auch eine Sportsucht verstecken, die ein Symptom einer Essstörung sein kann oder von den Sporttreibenden als Pflicht absolviert wird, um eine Körpernorm zu erreichen. Wer mehrere Stunden fernsieht, kann hervorragend über das Weltgeschehen informiert sein und daraus Antrieb für soziales Engagement schöpfen – oder sich schrecklich langweilen. Und wer weiß schon, ob viel Zeit im Internet bedeutet, dass eine Person gerne Liebesbriefe schreibt, eine Selbsthilfegruppe organisiert oder in sozialen Medien Dutzende Hassnachrichten verfasst.

Selbstbestimmung wird, wie bereits in Kapitel 1 beschrieben, von Zeitforscher_innen als konstitutives Element von *Zeitwohlstand* beschrieben[311] und muss sich daher auch in der Freizeit wiederfinden. Wichtig ist jedoch auch, den Begriff Selbstbestimmung kritisch zu reflektieren. Denn Entscheidungen, die Menschen als selbstbestimmt erleben, werden in der Regel vor dem Hintergrund gesellschaftlicher Werte, Normen und Möglichkeiten getroffen, die unterbewusst wirken und Entscheidungsmöglichkeiten auch einschränken können. Dass Menschen einen »freien Willen« haben, bedeute nicht, dass ihre Entscheidungen absolut frei seien, erklärt Heather Widdows. Sie schreibt: »Individuen treffen Entscheidungen zwischen den Möglichkeiten, die ihnen zur Verfügung stehen. Sie treffen diese Entscheidungen entlang der Informationen, die sie haben, in der Situation, in der sie sich befinden […]. Aber – und das ist wichtig – das bedeutet nicht, dass diese Entscheidungen gänzlich frei sind, ohne Zwang, und dass eine Handlung allein ausreicht, um *Agency*[312] zu beweisen.«[313]

In den »Situationen, in denen wir uns befinden«, müssen wir erkennen, dass wir auf ganz unterschiedliche Weise darin eingeschränkt sind, wirklich frei über unsere Zeit zu verfügen, zu planen, was wir in ihr tun werden, und diese Pläne Wirklichkeit werden zu lassen. Verschiedene innere und äußere Bedingungen beeinflussen, ob wir unsere Vorhaben realisieren können.

Armut gehört zu den äußeren Bedingungen, die Menschen stark darin einschränken, wie und mit wem sie ihre freie Zeit verbringen. Denn außerhalb der eigenen Wohnung sind es häufig Konsumorte, an denen man andere Menschen treffen kann: Kneipen, Restaurants, Kinos. Zeit ist nicht Geld, aber Geld kann die eigene Zeit von Beschränkungen befreien. Wie viel Geld jemand zur Verfügung hat, beeinflusst dementsprechend, wie vielfältig und frei die eigene Zeit genutzt werden kann, ob jemand zu Hause bleibt oder ausgeht. Ob man Anschluss hat und Einladungen annimmt. Arm zu sein, bedeutet oft schon für Kinder, von gemeinsamen freien Zeiten ausgeschlossen zu sein, und es verstärkt auch die soziale Isolation im Alter.

Je nach Tageszeit und Wetter verändern sich die Orte, an denen Menschen sich treffen können. Im Winter, wenn es schon nachmittags dunkel wird, verbringen wir unsere Zeit anders als im Sommer. Gerade Menschen, die sich im Dunkeln nicht sicher fühlen, können die Abende viel weniger frei nutzen als diejenigen, die sich nicht fürchten. Menschen, die Angst haben vor einschüchternden und gewalttätigen Übergriffen – dazu zählen unter anderem rassistische Gewalt, trans- und homofeindliche Angriffe, Behindertenfeindlichkeit, sexuelle Belästigung und Vergewaltigungen –, sind räumlich, aber auch zeitlich eingeschränkt, da sie für ihre Freizeitwünsche Orte und Zeiten wählen müssen, die für sie sicher sind. Der gut gemeinte Ratschlag, doch einfach abends draußen Sport zu machen oder sich zu treffen, ist somit nicht für alle auf gleiche Weise realisierbar. Wer kann sich leicht dafür entscheiden, spätabends im Park zu joggen? Wer macht aus Sicherheitserwägungen Sport daheim? Wer geht in ein Fitnessstudio, das einen Monatsbeitrag kostet? Wer fühlt sich in einem Sportkurs nicht wohl oder erfährt dort Abwertung? Wie viele Menschen werden durch fehlende Barrierefreiheit von Freizeitangeboten ausgeschlossen? Welchen Gruppen stehen mehr, welchen weniger öffentliche Räume offen? Wer gewährt alleinerziehenden Eltern freie Abende? Menschen haben nicht den gleichen Zugriff auf ihre theoretisch freie Zeit.

Niemand kann das Wetter ändern, das die Pläne verregnet, den Ort mit einem Fingerschnipsen wechseln, nur weil man lieber am Meer wäre statt in der Stadt. Der Liebeskummer und die Grippe verfliegen nicht, weil das Wochenende begonnen hat. Wir erleben diese eingeschränkte Kontrolle über die eigene Zeit als etwas Normales, wenn die Einschränkungen der Zeit für Menschen in unserem sozialen Umfeld ähnlich sind (es regnet bei allen), sie temporär sind (das Wetter wird sich verändern), sie uns als veränderbar erscheinen oder wir bereits die Erfahrung gemacht haben, dass sie sich verändern werden (ich werde wieder gesund, Liebeskummer geht vorbei).

Fehlende Eigenzeit wird intensiver empfunden, wenn die eigenen Zeitstrukturen nicht veränderbar erscheinen oder es tatsächlich nicht sind. Zudem beurteilen wir die Menge unserer Freizeit und die damit verbundenen Möglichkeiten anders, wenn diese Einschränkungen andere Menschen weniger treffen als uns selbst und sie vielleicht nicht nur mehr frei verfügbare Zeit haben, sondern wir glauben, dass ihre Freizeit eine andere Qualität habe, weil die Rahmenbedingungen ihrer Zeit bessere seien als die unserer Eigenzeit. Andere Menschen besitzen einen Garten, mehr Geld, mehr Freund_innen, eine Familie oder keine. Auch soziale Vergleiche spielen für unser Freizeiterleben eine nicht unerhebliche Rolle.

_ DIE ZEIT DER MÜDIGKEIT

Unter der Woche fallen die meisten zusammenhängenden freien Stunden bei Erwachsenen, die tagsüber in Berufen oder ihren Familien arbeiten, in die Abendstunden. Die freie Zeit beginnt, wenn die Kinder schlafen und die Küche aufgeräumt ist, wenn das letzte Meeting zu Ende ist und die Ladentür verschlossen. Doch nur auf dem Papier ist eine Stunde freie Zeit wirklich frei. Wie selbstbestimmt eine Person die eigene Zeit nutzen kann, hängt unter anderem von ihrer körperlichen und mentalen Verfassung zum Zeitpunkt ihrer Eigenzeit ab. Nicht alle Zeit ist gleich.

Nach einem ausgefüllten Tag sind Menschen häufig müde, unkonzentriert und vielleicht antriebsloser als am Morgen. Auf Menschen, deren Erwerbsarbeit besonders anstrengend ist oder die einen langen Heimweg haben, wartet nach Feierabend eine andere Zeit als auf diejenigen, die von ihrer Arbeit nicht erschöpft sind oder die schneller in ihre Alltagszeit wechseln können.

Die Intensivpflegerin Nele Schönfelder erzählt in einer Dokumentation über ihren Alltag in der Coronakrise, der Stress bei ihrer Arbeit im Krankenhaus führe dazu, dass ihr Tag »nach der Arbeit auch zu Ende« sei: »Dann bin ich zu nichts mehr in der Lage.«[314] Wegen ihrer körperlichen und mentalen Erschöpfung ist all ihre übrige Zeit von dem durchdrungen, was sie bei ihrer Erwerbsarbeit erlebt hat. Die Zeit nach Ende ihrer Schicht, die im herkömmlichen Verständnis als Freizeit gilt, kann sie nicht so verbringen, dass sie sie als Eigenzeit empfindet. Ihre Erfahrung zeigt, dass freie Zeit keine Zeitkapsel ist, die Menschen betreten, wenn ihr Arbeitstag vorbei ist. Wenn Menschen ihre freien Zeiten als solche erleben können sollen, ist es nicht egal, was in ihren anderen Zeiten geschieht.

Im Pandemie-Alltag schickten meine Freund_innen und ich uns Sprachnachrichten hin und her, die wir zeitversetzt abhörten. An Tagen, an denen Kinderbetreuung und Arbeit parallel liefen und nahezu alle Zeit einnahmen, war es sogar schwierig geworden, miteinander zu telefonieren. Eine Freundin schrieb diese Nachricht kurz vor Mitternacht: »Ich schaffe es gerade nicht einmal mehr, ein Buch zu lesen. Wenn die Kleine irgendwann eingeschlafen ist, schau ich Netflix-Serien, die ich mit 16 gemocht hätte. Mein 36-jähriges Gehirn schafft gerade nur das.«

Diese Stunde Berieselung mit einer Teenie-Serie, die meine Freundin brauchte, um nach einem langen Tag abzuschalten, würde die Zeitbudgetforschung als »Freizeit« messen. Ein Zeitverwendungstagebuch zeichnet in der Regel nicht auf, ob die Probandin denkt: Hätte ich noch Energie, ich würde gern etwas anderes tun. Ich wäre gern woanders. In einer Bar mit Freund_innen. Ich würde gern im Gras liegen, wenn die Sonne jetzt noch scheinen würde. Ich würde gern schwimmen, wenn es nicht schon 22 Uhr wäre. Das Tagebuch hält lediglich fest, dass die Person eine Stunde ihrer freien Zeit genutzt hat, um fernzusehen.

In industrialisierten Ländern überall auf der Welt ist Medienkonsum die beliebteste Freizeitbeschäftigung: Die Nutzung des Internets mittels Laptop und Smartphone, Fernsehen, Musik und Radio nehmen große Teile der Freizeit ein. 213 Minuten pro Tag saßen die Deutschen 2021 vor ihren Fernsehern und schauten Filme, Nachrichten, Sport, Dokumentationen oder Reality-Soaps.[315] Aber tun sie das, weil es sie zufrieden macht? Wäre das Fernsehen ihre erste Wahl, wenn ihre freie

Zeit schon früher am Tag beginnen würde, wenn die Sonne schiene und andere Menschen, mit denen sie gern Zeit verbringen, nur fünf Minuten entfernt lebten? Medienkonsum ist beliebt, weil er einfach zugänglich ist: zu Hause, mit wenig Planung und für wenig Geld. Kein Wunder, dass die sozialen Netzwerke voll sind von Interieur-Accounts und die Menschen während der Covid-19-Pandemie Baumärkte und schwedische Möbelhäuser stürmten, um ihr Zuhause zu verschönern. Die Möglichkeiten unserer Zeit laufen oft nicht auf Gemeinschaft zu, sondern auf mediales Verharren. In einer Kultur des Zeitmangels und der Müdigkeit ist die Wohnung unser Lebensmittelpunkt, nicht die Welt.

Ausgedehnte Medienzeiten werden im öffentlichen Diskurs häufig mit klassistischen Vorurteilen abschätzig kommentiert und mit einem Mangel an formaler Bildung gleichgesetzt. Dabei wird jedoch übersehen, dass Verhalten immer auch Möglichkeiten widerspiegelt. Wo Eltern viel oder in unregelmäßigen Schichten arbeiten müssen, lesen sie ihren Kindern vielleicht weniger vor, da ihnen die Zeit dafür fehlt oder sie nicht zeitgleich mit ihren Kindern zu Hause sind. Ärmere Menschen schauen mehr fern als Menschen mit höherem Einkommen, weil ein Abend vor dem Fernseher deutlich günstiger ist als ein Abend im Restaurant, billiger als Klavierstunden für die Kinder und erschwinglicher als Urlaube.

Aber auch Menschen mit einem höheren sozioökonomischen Status verbringen viel Zeit mit Medien. Der Freizeit-Monitor stellt immer wieder fest, dass mediale Tätigkeiten die Freizeitgestaltung in Deutschland zunehmend dominieren, während immer weniger Zeit mit anderen erholsamen Tätigkeiten und Außer-Haus-Aktivitäten verbracht wird. Diese Ergebnisse lassen jedoch nicht unbedingt Rückschlüsse auf das zu, was Menschen in ihrer Freizeit am liebsten tun würden, wenn sie sich frei entscheiden könnten. Fragt man sie, welche Dinge sie gern häufiger tun würden, liegen die aktiven, sozialen und regenerativen Tätigkeiten vorn und nicht die medialen. Am häufigsten gaben die Befragten in der Studie von 2020 an, ihnen fehle Zeit, um »spontan das [zu] tun, wozu man gerade Lust hat« (77 Prozent), sich »in der Natur aufzuhalten« (75 Prozent), »etwas für die eigene Gesundheit zu tun« (73 Prozent), einen »Tagesausflug zu machen« (72 Prozent), etwas mit Freund_innen zu unternehmen (71 Prozent) und häufiger auszuschlafen (71 Prozent).[316] Menschen sehnen sich nach aktiven Freizeitbeschäftigungen, da diese, wie eine Metastudie von 2017 bestätigt, das Wohlbefinden stärker verbessern als passive Beschäftigungen.[317]

Etwas andere Antworten erhielten die Wissenschaftlerinnen Stefanie Gerold und Sonja Geiger von der TU Berlin im Februar 2020, also noch vor Beginn des ersten pandemiebedingten Shutdowns, als sie Menschen die Frage stellten, was sie machen würden, »wenn sie eine Stunde Zeit geschenkt« bekämen. Besonders häufig sagten die Befragten, sie wollten die geschenkte Stunde zum Schlafen und Ausruhen nutzen, aber auch für die Familie. Hier werde »das Bild einer müden Gesellschaft deutlich, die ein großes Bedürfnis nach Erholung und Zeit für sich und die Familie« habe, kommentierten die Forscherinnen ihre Ergebnisse.[318]

Dass die Antworten in dieser Studie von den genannten Wünschen im Freizeit-Monitor abweichen, lässt sich auf die präzise Fragestellung nach der Verwendung exakt einer Stunde geschenkter Zeit zurückführen, während im Freizeit-Monitor breit und ohne zeitliche Begrenzung danach gefragt wurde, was Menschen gern häufiger tun würden. Diese offene Fragestellung ermöglichte es ihnen, sehnsüchtiger und mit größeren Zeitwünschen über die eigene Freizeit nachzudenken, während Stefanie Gerold und Sonja Geiger mit der vorgegebenen kurzen Zeitspanne den Puls der akuten Zeitwünsche gemessen haben. Kurz gesagt: Einen unmittelbaren Nutzen versprechen sich die meisten Menschen von mehr Erholung. Und so folgen wir häufiger unserer Müdigkeit, statt der Erinnerung an die guten Gefühle, die aktives Tun und gemeinsam verbrachte Zeit bewirken.

_ FREIZEIT MIT FREUND_INNEN

Läge der Politik am Herzen, dass möglichst viele Menschen ein langes, gesundes Leben haben und die meiste Zeit zufrieden und psychisch gesund sind, müsste sie zwei soziale Aspekte diskutieren, die wir als politische Themen bislang kaum kennen: Freund_innenschaft und Verbundenheit. Für Gesundheit und Lebensqualität ist kaum etwas so wichtig wie diese beiden Faktoren, das hat mittlerweile sogar eine Metastudie der amerikanischen Psychologieprofessorin Julianne Holt-Lunstad und ihrem Team belegt.[319] Alle Arten von guten sozialen Beziehungen erzeugen »ein Kraftfeld gegen Krankheit und Tod«[320], so formuliert es die deutsche Psychologin Ulrike Scheuermann, die ein ganzes Buch über die unterschätzte gesundheitliche Bedeutung von Freund_innenschaften geschrieben hat. Sich als Teil einer Gemeinschaft zu erleben oder mehrere enge Kontakte zu haben, auf deren Unterstützung man sich verlassen kann, setzt das Sterberisiko stärker herab als Dinge, die wir gemeinhin mit einem gesunden Lebensstil verbinden, wie nicht zu rauchen, sich ausreichend zu bewegen, keinen Alkohol zu trinken oder in einem reichen Land zu leben.[321, 322] Mittlerweile gibt es zwar erste politische Initiativen, die sich mit dem Thema Einsamkeit befassen, doch noch liegt der Fokus auf Senior_innen, obwohl Menschen aller Altersgruppen betroffen sind und der Anteil besonders jüngerer Menschen steigt. »Junge Städter in modernen Jobs sind Hochrisikogruppe für Einsamkeit«[323], sagt die CDU-Politikerin Diana Kinnert, die sich für politische Strategien gegen Einsamkeit einsetzt und 2021 ein Buch dazu veröffentlicht hat.[324] Doch über die Bedeutung von sozialen Beziehungen vor allem unter dem Oberbegriff Einsamkeit zu sprechen, könnte den Diskurs eher hemmen. Denn Einsamkeit ist ein negatives Gefühl, mit dem man sich lieber nicht identifizieren will. Es beschreibt einen Mangel in uns selbst, nicht nur im Äußeren: Einsamkeit entsteht, wenn man sich emotional nicht mehr mit anderen Menschen verbunden fühlt. Sich selbst oder anderen einzugestehen, dass man einsam ist, gestaltet sich vor allem dann schwierig, wenn man sich innerhalb von Beziehungen, Familien oder Gruppen einsam fühlt. Ungewöhnlich ist das nicht. In konfliktreichen Beziehungen kann man sich sehr allein fühlen; und wenn man sich auf Partner_innen oder Angehörige fokussiert, kann das den Kontakt zu anderen ebenfalls reduzieren. »Als Alleinerziehende bin ich nie allein, denn da sind immer meine Kinder. Und ich bin immer allein, denn ich habe weder Zeit noch Kapazitäten, um Freundschaften und Beziehungen aufzubauen und zu pflegen«, schreibt Annette Loers, alleinerziehende Mutter von zwei Kindern, über die Einsamkeit von Alleinerziehenden, die als gesellschaftliches Problem kaum bekannt ist.[325]

Wichtig ist zudem die Erkenntnis, dass Einsamkeit schleichend beginnt. Zu wenige soziale oder vor allem oberflächliche und unverbindliche Kontakte statt echter Nähe mindern das Wohlbefinden von Menschen bereits, bevor sie sich gänzlich verlassen fühlen. »Zeit für Beziehungen« wäre daher aus meiner Sicht ein besseres Stichwort für den gesellschaftlichen und politischen Diskurs. Damit würde Menschen vermittelt, worum es bei Einsamkeit geht und dass wir zur Prävention auch Zeitarmut adressieren müssen. Zwar sind Einsamkeit und soziale Isolation nicht deckungsgleich, doch wissenschaftlich untermauert ist: Damit aus Bekanntschaften enge Freund_innenschaften werden, müssen Menschen viel Zeit miteinander verbringen.[326] Und sie müssen sich regelmäßig persönlich sehen, damit die emotionale Nähe erhalten bleibt.[327] Über soziale Medien können wir heute zwar mehr aus dem Leben von anderen mitbekommen, doch diese Form des Kontakts kann Freund_innenschaften nur bedingt aufrechterhalten.[328] In Phasen, in denen wir wenig Zeit für andere haben, können Freund_innenschaften tatsächlich ihre Vertrautheit verlieren oder auseinandergehen.

Einsamkeit hat zwar verschiedene Ursachen und muss nicht zwingend in längeren Phasen mit wenig sozialen Kontakten auftreten, doch zu wenig Zeit in wertschätzenden Beziehungen zu verbringen, ist ein Risikofaktor. Um starke und vertrauensvolle Verbindungen zu anderen Menschen aufzubauen, brauchen wir Zwiegespräche und entspanntes Beisammensein. Das soziale Bedürfnis nach Verbundenheit wird über das bloße Unter-Menschen-Sein nicht ausreichend gestillt, daher ist es wichtig, zwischen Zeit für Beziehungen und Zeit für soziale Kontakte zu unterscheiden.

Aus den Top Ten des Freizeit-Monitors fiel der Wunsch »mit Freunden etwas machen« Anfang der 2000er-Jahre heraus und wird seitdem offenbar immer unwichtiger.[329] Nur 18 Prozent der Deutschen schafften es 2019 wenigstens einmal in der Woche, ihre Freund_innen zu treffen – und das war *vor* den Kontaktbeschränkungen während der Coronapandemie.[330] Mich hat diese Zahl einerseits betrübt, da sie auf zunehmende Einsamkeit und Vereinzelung hindeutet, andererseits hat sie mich auch beruhigt, da ich mich nicht mehr allein damit fühlte, meine Freund_innen zu selten sehen zu können. Seitdem ich Mutter geworden bin, bestehen die meisten meiner Tage aus Care-Arbeit, Erwerbsarbeit, Care-Arbeit und zu wenig Schlaf. Ich fühle mich abends oft zu müde, um noch jemanden zu treffen oder anzurufen. Besonders als ich alleinerziehend war, verbrachte ich fast alle Abende allein, da mir das Geld für eine Babysitterin fehlte. Wie viele andere Eltern hatte ich während der ersten Jahre keine Verwandten in der Nähe, die sich gemeinsam mit mir um mein Kind hätten kümmern können. Selbst wenn Eltern von anderen Erwachsenen unterstützt werden, garantiert das noch nicht, dass sie Zeit mit Freund_innen verbringen können, abgesehen vielleicht von Spielplatztreffen. Denn ihre freien Zeiten müssen zu den freien Zeiten ihrer Freund_innen passen. Nicht nur innerhalb der eigenen Familie, auch außerhalb müssen wir uns wieder und wieder zeitlich synchronisieren. Regelmäßig platzen Verabredungen, weil bei einer anderen Person die Betreuung der Kinder ausgefallen ist oder sie an dem Abend doch eher Ruhe in den eigenen vier Wänden will – ein Wunsch, den ich nur zu gut verstehe. Im ersten Jahr nach der Geburt meines zweiten Kindes war ich am Abend sogar zu müde, um noch Serien zu schauen. Ich scrollte auf meinem Smartphone durchs Web und las Überschriften von Artikeln, die ich manchmal anklickte und selten zu Ende las, da ich mich kaum konzentrieren konnte. Mein Partner, der in Elternzeit war und sich tagsüber um das Baby kümmerte, schlief meistens schon, sodass uns die Zeit zum Reden fehlte. Die sozialen Kontakte wurden innerhalb und außerhalb unserer Familie weniger. Die freien, wachen Stunden am Abend bestanden aus merkwürdigen Zeitfetzen, die zu nichts zu gebrauchen waren. Tatsächlich ist es so, dass die Größe unserer Freundschaftsnetzwerke ab dem jungen Erwachsenenalter immer weiter abnimmt – möglicherweise, weil Menschen durch ihre Berufstätigkeit weniger Freizeit haben als zuvor oder auch weil »der Übergang zur Elternschaft von Beziehungsverlusten« zu Freund_innen begleitet wird.[331]

Ähnlich wie Eltern können pflegende Angehörige nur eingeschränkt über ihre Alltagszeit verfügen. Etwa 4,8 Millionen Menschen – 70 Prozent davon Frauen – kümmerten sich Ende 2019 um eine pflegebedürftige Person.[332] Da pflegende Angehörige oft mit den pflegebedürftigen Personen in einem Haushalt leben, diese nicht allein lassen können oder für sie ansprechbar sein wollen, sind viele von ihnen von der Freizeit außer Haus abgeschnitten. Heribert Engstler und Clemens

Tesch-Römer vom Deutschen Zentrum für Altersfragen (DZA) stellten in ihrer Auswertung der Zeitverwendung von pflegenden Angehörigen etwas Auffälliges fest: Menschen, die sich im Schnitt 34,6 Stunden pro Woche um ein anderes Haushaltsmitglied kümmerten, unterschieden sich hinsichtlich des Umfangs ihrer freien Zeit nur geringfügig von Menschen mit geringeren Pflegeaufgaben oder solchen, die gar nicht pflegten.[333] Vielpflegende Angehörige verbringen jedoch deutlich mehr freie Zeit mit ihren Partner_innen – was sich über das gemeinsame Zuhausebleiben ergibt – und treffen selten Bekannte und Freund_innen. Vielpflegende können ihre Freizeit also deutlich weniger selbstbestimmt nutzen als diejenigen, die wenig oder gar nicht pflegen, und nehmen diesen Unterschied auch als Mangel wahr. Über die Hälfte von ihnen gab in der Untersuchung an, dass sie zu wenig Zeit für persönliche Interessen und zum Ausruhen hätten. Auch die Zeit für Partner_innen und Kinder wurde von vielen als zu wenig beschrieben, am häufigsten fehlte jedoch die Zeit für Menschen außerhalb der Familie.[334] Obwohl Zeitbudgetstudien pflegenden Angehörigen also keinen quantitativen Freizeitmangel bescheinigen, empfinden diese ihre freie Zeit aufgrund ihrer Lebenssituation stärker als andere als eingeschränkte Zeit. Ist dann auch noch die Paarbeziehung belastet oder die Pflegenden sind alleinstehend, ist ihr Einsamkeitsrisiko hoch.

Schnell vergeht eine Woche, oder auch mehrere, in denen Menschen keine Freund_innen treffen, obwohl sie diese Kontakte vermissen und obwohl sich in ihren fiktiven Zeittagebüchern inzwischen mehrere Tage Freizeit angesammelt haben. Die Zeitforschung sagt dann: »Aber da ist doch freie

Zeit. Sogar viel!« Aber die Zeit ist nicht frei, wenn man sie für Filme, Podcasts und endloses Scrolling durch schlechte Nachrichten, aber nicht für eine Umarmung und ein Gespräch nutzen kann, bei dem man nebeneinandersitzt. Die müden Stunden am Abend, in denen Menschen auf ihre Wohnungen festgelegt sind, weil ihnen der Antrieb fehlt oder Kinder und Angehörige dort schlafen, sind *begrenzte Zeit*, aus der sie das Mögliche herausholen. Diese Art von Freizeit kann jedoch Gefühle von Einsamkeit noch verstärken, statt ein Ausgleich für den anstrengenden Alltag zu sein.

Die Soziologin Julia Hahmann, die zu Freund_innenschaften forscht, sieht als Grund für seltener werdende soziale Kontakte gerade in der *Rushhour des Lebens* eher Zeitmangel als veränderte Bedürfnisse.[335] Obwohl Menschen in Deutschland nichts für so wichtig halten wie gute Freund_innen – der repräsentativen Allensbach-Umfrage AWA 2020 zufolge rangieren sogar Familie, eine glückliche Partnerschaft und Erfolg im Beruf dahinter[336] –, handeln sie im Widerspruch zu diesen Werten: Sie verbringen deutlich mehr Zeit mit ihren Partner_innen, machen Überstunden und nehmen immer öfter berufliche Aufgaben mit in den Feierabend. Dass im Erwachsenenalter vielen Menschen nur noch wenig Zeit für Freund_innen bleibt oder es ihnen nicht gelingt, die Zeit dafür zu organisieren, wird häufig als normale Erfahrung bagatellisiert. Aber ist es die Normalität, die wir wollen, dass so viele Menschen ihre engsten Freund_innen maximal einmal im Monat sehen? Oder andersherum gefragt: Was spricht dagegen, sich mindestens einmal die Woche zu treffen? In ihrem Buch *The Power of Fun* hat die Wissenschaftsjournalistin Catherine Price herausgearbeitet, dass die Momente, in denen Menschen wirkliche Freude empfinden, überwiegend in der Gegenwart anderer stattfinden und dass das sogar für introvertierte Menschen gilt.[337] Mit dem Wissen, dass Verbundenheit und fröhlich verbrachte Abende mehr zu Gesundheit, Zufriedenheit und mentaler Stabilität beitragen als Sport oder Erfolg, sowie die meisten Paarbeziehungen endlich sind, sollten wir viel Zeit mit Freund_innen weder individuell noch aus politischer Sicht für verzichtbar halten, denn überspitzt formuliert ist sie überlebenswichtig.

Die im Freizeit-Monitor genannten Aktivitäten, denen Menschen gern häufiger nachgehen würden, sind sicher auch durch soziale Erwünschtheit beeinflusst, doch die Sehnsucht nach Spontaneität, nach Ausschlafen, Natur und sozialem Kontakt – alles Dinge, die in starkem Kontrast stehen zu Internetnutzung und Medienkonsum – legt nahe, dass wir unsere freie Zeit durchaus anders gestalten würden, wenn wir könnten. Damit Freizeit mehr ist als Übrigzeit, müssen wir in ihr Zeitsouveränität erleben, sie also auf unterschiedliche Art und Weise nutzen und so oft wie möglich unsere persönlichen Wünsche darin zum Ausdruck bringen können. Dass Menschen spontane Entscheidungen vermissen, zeigt, dass sie es als Einschränkung erleben, freie Zeiten oft als Termine planen zu müssen. Wir haben Sehnsucht nach Ungeplantem. »Wechselfälle« nennt die Publizistin und Autorin Barbara Sichtermann das »Zufällige und Unverhoffte«. Wechselfälle, »die, ob erwünscht oder nicht, dem Leben jene (Ereignis-)Dimension wiedergeben, die es dann gestattete, seine Diskontinuitäten, seine Falten, Bögen und Risse wahr- und anzunehmen«[338]. Uns fehlt etwas, wenn unser Alltag gleichförmig ist und zu wenig kleine Abenteuer bereithält, die zum Nachdenken anregen, durch die wir Neues oder neue Menschen kennenlernen, die kreative Lösungen oder Kooperation erfordern. Unterbewusst ist vielen offenbar klar, dass es freie Zeit in anderen Qualitäten gibt, mit mehr Freude, mehr Verbindung und mit Momenten, an die wir uns später erinnern. Eine Form von Freizeit, die wir im Wissen um die Möglichkeit, sie erleben zu können, vermissen.

_ WARUM ERWACHSENE SPIELEN MÜSSEN

Wann haben Sie das letzte Mal die Zeit vergessen? Und was bedeutet es, wenn das passiert? Wenn uns die Uhrzeit präsent ist, wir die Dauer von etwas abschätzen können, erleben wir das, was wir tun, anders, als wenn Zeit keine Rolle spielt. Das Bewusstsein der Endlichkeit einer Situation setzt dem inneren Erleben eine Grenze. Bei unangenehmen Ereignissen ist dieser Effekt nützlich, da der Ausblick auf das Ende beruhigt und Erleichterung verspricht. Die feinen Stiche einer Tätowiernadel lassen sich aushalten, weil wir wissen, dass der Schmerz abebben wird, sobald das Muster in die Haut gestochen ist. Bei Berührungen, die sich gut anfühlen, wünschen wir uns, dass sie länger dauern, und denken bereits mit Wehmut daran, dass sie gleich vorbei sein werden. Um die Zeit vergessen zu können, muss das, was wir erleben, länger andauern als nur ein paar Minuten.

Wenn wir die Zeit vergessen, fühlen wir uns leicht, frei und entfesselt. Der Fokus liegt dann auf dem Erleben selbst, seine begrenzte Dauer wird unwichtig. Oft sehnen wir uns nach mehr Zeit, aber erst wenn wir ihr Verstreichen nicht bemerken, erfahren wir sie als üppig und offen. Ein ungezwungenes Verhältnis zu unserer Zeit entsteht dann, wenn wir sie vergessen können, weil die Situation es erlaubt. Wenn die Grenzen der von uns erschaffenen artifiziellen Uhrenzeit gerade nicht spürbar sind. Diesen Zustand beschreiben wir auch als Versunkensein, wir wenden uns dem inneren Erleben zu, unseren Emotionen. Wir blenden das Äußere, das Rationale, die vielen Gedanken ein Stück weit aus. Wir spielen.

Wenn Kinder eine Beschäftigung aufnehmen, um dafür von ihren Eltern Anerkennung zu bekommen, entfernen sie sich vom puren Spiel. Das ursprüngliche freie Spiel ist intrinsisch motiviert. Kinder beginnen es aus sich selbst heraus, aus der Freude am Entdecken und an Interaktion. Wir alle können spielen, in jedem Alter, wenn wir aufhören, die eigene Zeit ausschließlich instrumentell zu nutzen. Die Spielzeit stellt sich gegen das Gebot der herrschenden Kultur, Zeit effizient zu nutzen und mit jeder Tätigkeit bereits etwas zu verfolgen, das noch in der Zukunft liegt. Spielen braucht keinen anderen Zweck als das Spiel selbst. Spielen zu können und die Zeit zu vergessen, heißt frei zu sein.

Der deutsch-amerikanische Psychologe John Neulinger hat diesen Zustand als »pure leisure« bezeichnet und die pure Muße als Gemütsverfassung definiert, als »eine Art zu sein, mit sich selbst und mit dem, was man tut, im Frieden zu sein«[339]. Freizeit lässt sich also nicht daran erkennen, was eine Person tut, sondern wie sie sich dabei fühlt. Neulinger zufolge ist es der Grad der »wahrgenommenen Freiheit«, der die unterschiedlichen Dimensionen des Zeiterlebens voneinander unterscheidet.[340] Pure Freizeit sei frei von Erwartungen anderer, frei von Zwängen, wie zum Beispiel sozialen Normen oder Zielen, die man mit einer Tätigkeit erreichen will.[341] Pure Freizeit entstehe dann, wenn man sich innerlich völlig freimachen könne von dem, was andere möglicherweise über den eigenen Zeitvertreib denken, und wenn man selbst dabei keinerlei andere Zwecke verfolge als schlicht das, was man gerade tue, bewusst zu erleben.

Nach dieser Definition handelt es sich bereits dann nicht mehr um pure Freizeit, wenn die Zufriedenheit nicht unmittelbar durch die Beschäftigung selbst entsteht, sondern durch deren Ergebnis. Als Beispiel nennt Neulinger Sport, den wir treiben, um etwas für unsere Gesundheit zu tun oder uns *danach* gut zu fühlen. Einen noch niedrigeren Grad an Freiheit hat diese Aktivität, wenn zunächst innere Widerstände überwunden werden müssen und man sich quasi dazu zwingt, Sport zu treiben. Würde man hingegen wirklich frei wählen, wäre es egal, welche Effekte durch den Sport zu erwarten sind, und man würde sich vor allem aus Freude daran bewegen. Die sozialen Normen, die zu sportlichen Aktivitäten auffordern, kommen einer Fremdbestimmung gleich. Andere Beispiele für unfreie Freizeit könnten sein, wenn man zu einem Treffen mit Freund_innen nur geht, weil man befürchtet, beim nächsten Mal nicht mehr eingeladen zu werden. Oder man bepflanzt den Balkon, um mit dem Blumenaufgebot der Nachbar_innen mithalten zu können. Neulinger schreibt, dass eine Aktivität, wenn die Belohnung vorrangig extrinsisch erlebt wird, einem »Job« gleiche und somit ihren Freizeitcharakter verliere.

Im Deutschen gibt es die Wendung, etwas »aus Lust an der Freude« zu tun, die vielleicht nachvollziehbarer macht, was John Neulinger mit »pure leisure« meint. In diesem Gemütszustand tue ich etwas allein aus dem Grund, weil es mir Spaß bereitet, ich es genießen kann, weil ich dabei alles um mich herum vergesse. Diese Tätigkeit ist wertvoll aus sich selbst heraus. Ich muss niemandem davon erzählen, sie wirkt auf nichts hin, ich brauche sie nicht als Ausgleich und nicht für meine Zukunft. So gesehen ist das, was man in Zeiten purer Muße tut, etwas Zeitloses.

Könnten Sie auf Anhieb sagen, was für Sie diese zeitlosen Beschäftigungen sind? Schaffen Sie es, gleich an etwas zu denken, das mit keinem anderen Zweck als dem puren Vergnügen verbunden ist? Ich selbst musste länger überlegen, um die Freizeitaktivitäten zu entdecken, mit denen ich keinerlei Ziel verfolge. Tatsächlich war ich überrascht festzustellen, wie viele Dinge, die ich sogar genieße, ich nicht allein um ihrer selbst willen tue. Ich gehe gern laufen, aber das ist nicht der einzige Grund, warum ich meinen Körper in Bewegung setze. Ich lese gern, aber mit manchen Büchern beschäftige ich mich auch nur, weil ich mitreden oder klüger werden möchte. Vielleicht sehne ich mich deshalb so oft nach dem Meer. Am Strand zu sitzen und auf die Wellen zu schauen, Steine ins Wasser zu werfen und Muscheln zu sammeln, ist kostbar und magisch, weil ich in dieser Zeit tatsächlich einfach nur sein kann.

Als ich mit Mitte 30 las, wie stark der gesellschaftliche und familiäre Einfluss darauf ist, ob Frauen sich Freizeit zugestehen, dämmerte mir, woher meine eigenen Prägungen stammen und welche Verantwortung ich als Mutter nun habe, damit meine Tochter einen freien Zugang zu ihrer Zeit finden kann. Im Heranwachsen, das für die meisten Kinder noch immer bedeutet, geschlechtsspezifisch sozialisiert zu werden, verinnerlichen als Mädchen erzogene Kinder Selbstausbeutung und Zeitstress als »Pflichtnorm«, so die Soziologin Jenny Shaw.[342] Das bedeutet, dass sie permanent für andere verfügbar zu sein als Teil der weiblichen Rolle sehen und um das »Frausein« möglichst gut zu erfüllen, sich keine Zeit für eigene Bedürfnisse zugestehen. Die Freizeitwissenschaftlerinnen Charlene S. Shannon und Susan M. Shaw, die in einer Studie gezeigt haben, dass Töchter ihr Freizeitverhalten vor allem von ihren Müttern lernen, vermuten daher: »Den Kreislauf von Müttern zu durchbrechen, die sich keine Zeit für persönliche Freizeit nehmen, könnte herausfordernd werden.«[343] Mädchen sollten frühzeitig lernen, dass ihnen genauso viel freie Zeit zusteht wie anderen Menschen. Sich möglichst gut um Kinder zu kümmern, heißt daher besonders für Mütter, sie regelmäßig in der Obhut anderer Menschen zu lassen, pure Freizeit zu verbringen und ihnen später zu erzählen, was sie getan haben, um Freude zu empfinden und sich frei zu fühlen. Die Autorin Alexandra Zykunov hat beispielsweise mit ihrem Partner die Absprache getroffen, sich gegenseitig Wochenenden ohne Familie zu ermöglichen.[344] So bekommen beide regelmäßig zwei Tage ganz für sich. Sollten wir nicht Wege finden, diese kleinen Freizeiten auch Alleinerziehenden zu ermöglichen?

Aus eigener Erfahrung weiß ich, dass man zunächst einmal überfordert sein kann, wenn man nach einer langen Phase mit wenig Eigenzeit plötzlich viel davon hat. Als erwachsener Mensch nicht auf Anhieb zu wissen, bei welchen Tätigkeiten man pure Muße empfindet, ist völlig normal, wenn dafür im Alltag lange Zeit kein Platz war. Wenn man freie Zeit mit Erholung von der Arbeit verwechselt oder vielleicht dazu neigt, sich eher mit materiellen Dingen zu belohnen – Stichwort Frustshoppen. Catherine Price gibt in *The Power of Fun* einige Anregungen, wie man die eigenen Freizeitvorlieben wieder- oder neu entdecken kann. Dafür sollte man zunächst Zeitspannen für »Stille und Offenheit« in den Alltag integrieren, um Dinge ausprobieren zu können und dabei festzustellen, bei welchen Tätigkeiten man »Verspieltheit, Verbindung und Flow« erlebt.[345] Diese drei Aspekte müssen laut Price zusammenkommen, damit Menschen »wahre Freude« empfinden, die auch langfristig ihr Wohlbefinden verbessert.[346] Um mental für neue Erfahrungen Platz zu schaffen, planen die Wissenschaftsjournalistin und ihre Familie mittlerweile feste Zeiten ein, die sie ohne ihre Smartphones verbringen. So vereinbaren ihr Mann und sie ab und an einen »digitalen Sabbat«, verzichten also von Freitag- bis Samstagabend auf ihre digitalen Geräte.[347] Das nervöse Verlangen danach höre meist etwa Samstagmittag auf und verwandle sich in eine Art Erleichterung, die beinahe körperlich spürbar werde, so Price: »Am Nachmittag stellen wir oft fest, dass wir unsere Freiheit so sehr genießen, dass wir die Bildschirme gar nicht mehr anschalten wollen.«

John Neulinger hat darauf hingewiesen, dass Freizeitaktivitäten einem Job ähneln können, wenn die dadurch erlangte Zufriedenheit sich über ein Ziel ergibt, das man mit ihnen verfolgt.[348] Sogar Tätigkeiten, die man auf den ersten Blick mit Erholung und Unterhaltung verbindet, wie Serien zu schauen, können einen solchen Jobcharakter annehmen. Insbesondere

Menschen mit höherer formaler Bildung nutzen diese Verschiebung hin zur Nützlichkeit sogar dazu, den eigenen Medienkonsum zu rechtfertigen. Die Kenntnis neuer Serien oder der weltweiten Nachrichtenlage wird von ihnen als kulturelle oder politische Weiterbildung betrachtet und ist dann ein Must-have, um in ihren Peergroups oder beruflichen Kontexten mitreden zu können. Man hört einen Podcast also nicht, weil man sich wirklich für ein Thema interessiert, sondern aus dem Gefühl heraus, ohne das darin vermittelte Wissen nicht mehr mithalten zu können. So arbeiten wir teilweise in unserer Freizeit an unserer sozialen Position. Seichtere Unterhaltung wird dann als *guilty pleasure* entschuldigt, statt sie einfach zu genießen. Wie selbstbestimmt ist also Mediennutzung, wenn man dabei sozialen Normen folgt oder an den Job denkt? Wie freizeitlich fühlt sie sich an, wenn sie einer To-do-Liste gleicht?

Wie manche Menschen ihren Medienkonsum begreifen, zeigt, dass Zeit von uns als Ressource betrachtet wird, »die ausschließlich instrumentell als Mittel zum Erreichen von Zwecken« dient.[349] Auch während der Freizeit müssen wir Ziele erreichen, die in unserer Kultur als erstrebenswert gelten. Auf diese Weise nimmt Arbeit (an uns selbst) immer größere Teile unserer Zeit ein. Es ist gar nicht notwendig, nach Feierabend noch berufliche E-Mails zu bearbeiten oder für den Job zu netzwerken: *Entgrenzte Arbeit* bedeutet, dass wir kontinuierlich an uns selbst arbeiten, zum Nachteil unserer souveränen Eigenzeiten. Die Autorin Anne Helen Petersen bezeichnet Freizeitgestaltung, die der Selbstoptimierung dient, als weitere Form der »unbezahlten Arbeit« und schreibt, diese Funktionsumkehr erkläre, warum sich Freizeit für manche »so erschöpfend, so unbefriedigend, so frustrierend unerholsam« anfühle.³⁵⁰

Dass berufliche Arbeitszeit und Freizeit verschwimmen, wird heute als Work-Life-Blending bezeichnet und vor allem auf die Digitalisierung zurückgeführt: konkret auf die Möglichkeit, mobil und flexibel, das heißt fern der Arbeitsstätte und zu selbst gewählten Zeiten, noch weiterzuarbeiten. Doch die Notwendigkeit, sich von Erwerbsarbeit zu erholen und sich in der Freizeit für sie wiederherzustellen, hat all unsere Zeiten schon immer eng miteinander verbunden. Die Arbeitszeit wirkt über ihre Inhalte, ihre Intensität und die Art, wie wir in ihr Zugehörigkeit, Anerkennung und Selbstbestimmung erleben, in der restlichen Zeit nach.

In seinem Buch *Sie nannten es Arbeit* teilt der Anthropologe James Suzman die Beobachtung, dass viele heutige Freizeitbeschäftigungen, wie beispielsweise Gartenarbeit oder Fischen, »Spielarten von Arbeit [sind], wie wir sie in der Vergangenheit möglicherweise gegen Bezahlung gemacht haben oder die andere Menschen noch heute gegen Bezahlung tun«. Diese Freizeitarbeiten würden manuelle und geistige Fertigkeiten schulen, die Menschen im Verlauf ihrer Evolutionsgeschichte benötigt hätten, die aber in der modernen Arbeitswelt überflüssig geworden seien.³⁵¹ Suzman sieht in diesen Hobbys die Sehnsucht nach »selbstbestimmter Arbeit«³⁵², die sogar das Bedürfnis verdränge, sich nach der eigentlichen Erwerbsarbeit auszuruhen.

Trifft die These von Suzman zu, dass vielen Menschen in ihren Berufen selbstbestimmtes und sinnstiftendes Handeln so sehr fehlt, dass sie es in ihrer Freizeit nachholen, zeigt sich hierin eine weitere Verflechtung von Erwerbsarbeit und eigentlich freier Zeit. Ansprüche an das eigene Tun, die im Beruf nicht erfüllt werden können, werden dann in die private Zeit verlagert. Wenn Erwerbsarbeit unbefriedigend ist oder als sinnfrei erlebt wird, arbeiten wir in unserer freien Zeit weiter. Offenbar wollen wir keine »Bullshit-Jobs« ausüben, wie der mittlerweile verstorbene Anthropologie-Professor David Graeber in seinem gleichnamigen Buch diejenige Arbeit nennt, »von der man insgeheim glaubt, dass sie nicht verrichtet werden muss – dass sie einfach nur Zeit- und Geldverschwendung ist oder die Welt sogar schlechter macht«.[353] Was Menschen in ihrer freien Zeit tun, verrät also vielleicht etwas darüber, wie sie gern arbeiten würden, wenn sie mehr Einfluss auf die Inhalte und die Ausgestaltung ihrer Erwerbsarbeit hätten. Mehr Selbstbestimmung in der Arbeit könnte somit auch unsere freie Zeit freier machen.

_ DIE BEDEUTUNG FREIER ZEIT

Freie Zeit und Zeit für Erholung zu haben, ist ein Menschenrecht, das in Artikel 24 der Allgemeinen Erklärung der Menschenrechte explizit aufgeführt wird. Doch viele Menschen, die in Strukturen wie Erwerbsarbeit oder Ausbildung eingebunden sind und außerdem mit anderen zusammenleben und sich um sie kümmern, haben an den meisten Tagen kaum freie Zeit. Der Großteil dessen, was in der Zeitforschung als freie Zeit quantifiziert wird, ist häufig keineswegs frei verfügbare Zeit und wird darüber hinaus auch nicht als solche empfunden. Dabei ist das ein zentrales Merkmal echter Freizeit: dass wir sie als freie Zeit spüren können. Wir sind nur zu dem Grad frei, zu dem wir mit unserer Zeit etwas anfangen können, das für uns selbst von Bedeutung ist.

Wer behauptet, der weithin empfundene Zeitdruck ergebe sich vorrangig aus zu hohen Erwartungen und schlechtem Zeitmanagement, spricht Menschen ihre Selbstwahrnehmung ab und schürt Selbstzweifel. Erschöpfung und Zeitnot sind kein individuelles Versagen, das sich beheben lässt, wenn man nur die richtigen Instrumente kennt. Eine Balance von Erwerbsarbeit, notwendigen Tätigkeiten und selbst gestalteter Zeit ist gegenwärtig für die meisten Erwachsenen unerreichbar. Wirksame Instrumente gegen Zeitnot sind weder früheres Aufstehen noch mehr Selfcare oder Genügsamkeit, sondern umfassende politische und gesellschaftliche Veränderungen, die Zeitnot nicht kosmetisch behandeln, sondern sie an ihrer Wurzel packen. Dafür ist es notwendig, ein Recht auf genügend souverän gestaltbare Freizeit als politisches Anliegen zu identifizieren.

Um verstehen zu können, warum so viele Menschen sich gehetzt fühlen, sollte die Zeitforschung über die rein quantitativen Erhebungen hinaus messen, wie viel *sozial wertvolle Zeit* und wie viel *pure Freizeit* Menschen pro Tag erleben. Bilden die Zeiten für Beziehungen und für Selbstentfaltung ein echtes Gegengewicht zu unseren Pflichten? Im wissenschaftlichen Diskurs über die Verteilung von Zeit gibt es das in Kapitel 1 erwähnte Konzept des *Zeitwohlstandes*. Nach der Definition von Jürgen P. Rinderspacher setzt er sich, wie bereits beschrieben, aus vier Komponenten zusammensetzt: genügend Zeit für eigene Bedürfnisse zu haben, gemeinsam Zeit mit anderen verbringen zu können, was über kollektive freie Zeiten wie dem

Wochenende sichergestellt wird, einen möglichst hohen Grad der Selbstbestimmung über die eigene Zeit und eine möglichst entdichtete Zeit zu haben, was sich insbesondere auf Arbeitstätigkeiten bezieht und meint, sich nicht hetzen zu müssen, um sie zu schaffen.[354] Eine andere Überlegung ist die Verständigung auf ein *zeitliches Existenzminimum*, angelehnt an finanzielle Mindestbedarfe, um menschenwürdig leben zu können. Der Rechts- und Politikwissenschaftler Ulrich Mückenberger schreibt zu dieser Idee: »Wenn es uns gelingt nachzuweisen, was ein zeitliches Existenzminimum ist und wie es zu bemessen ist, dann sind wir der Realisierung des ›Rechts auf eigene Zeit‹ weniger fern als heute noch.«[355] Wenn das Minimum an freier Zeit, das wir für ein gutes Leben brauchen, bemessen werden könnte, dann könnte auch Zeitarmut genauer definiert werden, so Mückenberger. Was wiederum hilfreich wäre, um politische Konzepte zu deren Reduzierung zu entwickeln.

Ein zeitliches Existenzminimum zu bestimmen, ist allerdings deutlich komplexer, als ein finanzielles Existenzminimum zu berechnen. Zum einen lassen sich materielle Bedürfnisse wie Nahrung, Kleidung oder Wohnung leichter beziffern (bei gesellschaftlicher Teilhabe wird es schon schwieriger, aber das ist ein anderes Thema). Zum anderen lässt sich deren Lebensnotwendigkeit nicht bestreiten, da Menschen andernfalls verhungern oder erfrieren würden. Zeitliche Mindestbedürfnisse hingegen sind weniger greifbar und erscheinen zunächst auch weniger essenziell. Zwar gehören dazu auch überlebensnotwendige Bedürfnisse wie das Schlafen oder die Fürsorge für Menschen, die sich nicht selbst versorgen können. Aber vielfach handelt es sich um soziale Bedürfnisse, auf die man nach landläufiger Meinung eher verzichten kann als auf Nahrung: das Bedürfnis nach Gesprächen, nach Spaziergängen, nach Spielen oder nach Sexualität. Da Freizeit zudem nicht nur in ihrer Dauer gemessen werden kann, sondern mindestens ebenso sehr eine qualitative Erfahrung ist, kann ein zeitliches Existenzminimum, das in Minuten dargestellt wird, lediglich eine hinreichende Bedingung für Zeitgerechtigkeit sein.

Der große Unterschied zwischen Zeit und Geld ist, dass Geld sich zusätzlich verteilen lässt und dass beispielsweise über die Erhöhung von Mindestlöhnen, die Einführung eines Grundeinkommens oder veränderte Steuersätze finanzielle Ungleichheiten abgebaut werden können. Der Staat kann jedoch aus seinem eigenen Budget Menschen keine zusätzliche Zeit geben und auch keine Schulden aufnehmen, um ihre Zeitarmut zu reduzieren. Die gesellschaftlichen Veränderungen, die sich daraus ergeben würden, dass Menschen mehr Zeit zur eigenen Verfügung hätten, würden im Alltag für alle deutlich schneller und stärker spürbar als finanzielle Hilfen für Arme. Die Zeitarmut einer alleinerziehenden Mutter kann nur durch Zeit, in der andere ihre Pflichten übernehmen, gelindert werden. Den Gender-Leisure-Gap zu schließen, wird für Männer nicht bequem. Das erklärt auch, warum die Förderung von Zeitwohlstand bislang kein staatliches Ziel ist und eine wachstumsorientierte Politik nur wenig Interesse daran haben kann, dass mehr Menschen ein Recht auf mehr Freizeit für eine wichtige politische Forderung halten. Zeit, die frei wird für selbstbestimmtes Tun, muss direkt aus anderen Bereichen kommen. Zeitgerechtigkeit herzustellen bedeutet radikale Umverteilungspolitik.

Materiellen Wohlstand verbinden Menschen damit, sich nicht um ihr Überleben sorgen zu müssen. Geld steht dementsprechend an erster Stelle für Sicherheit. Darüber hinaus nutzen wir Konsum aber auch, um anderen zu zeigen, wer wir sind. Analog dazu möchte ich den Begriff Zeitwohlstand weiter fassen als gängige Definitionen und die Bedeutung von Zeit für die Entfaltung unserer Identität einbeziehen. Wenn Zeitwohlstand sich vor allem durch größere Selbstbestimmung in unterschiedlichen Lebensbereichen sowie Zeit für eigene Bedürfnisse auszeichnet, wird die Forderung nach mehr frei verfügbarer Zeit politisch wenig Zugkraft entwickeln. Denn selbstbestimmtes Handeln gilt zwar gemeinhin als besser, jedoch nicht als unerlässlich. Was als legitime Bedürfnisse eines Menschen gilt, ist unzureichend bestimmt und daher leicht angreifbar. Auch, dass mehr freie Zeit Menschen zufriedener macht, ist in Ländern mit hohem Lebensstandard kein wirklich aufrüttelndes Argument. Zufriedenheit beschreibt ein breites Gefühlsspektrum, das von »ganz okay« bis »richtig gut« reicht. Sich fortwährend glücklich zu fühlen, kann kein Ziel sein, da wir all unsere Emotionen brauchen und die israelische Soziologin Eva Illouz zu Recht das »Glücksdiktat«[356] als weitere Form des Leistungsdrucks im Kapitalismus beschrieben hat. In der englischen Sprache gibt es das Verb *to thrive*, das mit »gedeihen«, »prosperieren« oder »aufblühen« übersetzt werden kann. Die Ökonomin Kate Raworth schlägt vor, das Gedeihen von Menschen als erste Aufgabe einer modernen Wirtschaftsform zu verstehen: »Unsere Wirtschaftssysteme heute müssen wachsen, egal, ob wir als Menschen darin gedeihen, aber was wir brauchen, ganz besonders in den reichsten Ländern, sind Wirtschaftssysteme, in denen wir gedeihen, egal, ob die Wirtschaft wächst oder nicht.«[357]

»Gedeihen« könnte man etwas technisch durch die Idee der persönlichen Entfaltung ersetzen, doch eben diese verorten wir mittlerweile vornehmlich in der Berufswelt. Dass eigene Interessen, Wertschätzung, soziale Einbindung und bezahlte Arbeit zusammenfallen, ist jedoch ein Privileg von sehr wenigen Menschen. Eine ähnliche Freiheit für alle, sich individuell zu entfalten und Teil einer Gemeinschaft zu sein, liegt daher in der Freizeit.

Die wesentliche Bedeutung von Zeit ist, dass wir uns durch ihren freien Gebrauch entwickeln können. Nur mit genügend souveräner Eigenzeit können Menschen zeigen – aber auch verstehen –, dass sie mehr als Arbeiter_innen und Sorgepersonen sind. Zu gedeihen oder aufzublühen heißt dann, dass wir mehr vom Leben kosten, unsere Zeit auf der Welt in ihrer ganzen Vielfalt und Fülle erleben können. Zeit kann uns ermöglichen, Teile unserer Persönlichkeit kennenzulernen, die der bisherige Zeitmangel verdeckt. Zeit baut eine »Welt, in der wir leben, lieben und sterben können als ganze Menschen«.[358] Ohne genügend frei verfügbare Zeit können wir nicht annähernd wissen, wer wir und wer die anderen sind.

5
ZEIT UND MACHT MIT KINDERN TEILEN

Die Gesellschaft zu erforschen, ohne die gesellschaftliche Gruppe der Kinder einzubeziehen, hieße, einen Teil der sozialen Wirklichkeit auszublenden.

_ LAURA WEHR[359]

_ DER PASSENDE ZEITPUNKT FÜR EIN KIND

Erwachsene setzen Kinder, schon bevor sie geboren werden, in eine zeitliche Beziehung zu sich selbst, und zwar, wenn sie darüber nachdenken, ob und wann sie Eltern werden möchten. Die Frage, wann der richtige Zeitpunkt für ein Kind sein könnte oder ob es womöglich schon zu spät ist, sich auf eine solche Sorgebeziehung einzulassen, treibt viele Menschen um. Wenn wir über Kinder nachdenken, spielt oft eine Rolle, wie das Zusammenleben mit ihnen unsere bisherige Zeitverwendung voraussichtlich beeinflussen wird.

Für viele Menschen mit Kinderwunsch scheint es nach wie vor die einfachste Lösung zu sein, selbst Kinder zu bekommen, statt sich mit um solche zu kümmern, die von anderen Eltern geboren wurden. Insbesondere gebärfähige Menschen müssen sich daher schon früh und umfassend mit Zeitfragen auseinandersetzen, denn die Möglichkeit, mit eigenen Eizellen schwanger zu werden, ist endlich. Die Grenzen des eigenen Körpers, aber auch kulturelle Normen für den idealen Zeitpunkt von Elternschaft beeinflussen die Entscheidung für oder gegen Kinder und können Druck ausüben.

Interessanterweise zieht nahezu jeder Zeitpunkt Fragen von anderen nach sich, warum es denn ausgerechnet jetzt so weit sein soll: Warum so kurz vor Ausbildungsbeginn oder vor Studienabschluss? Warum so kurz nach der Beförderung? Warum nach fünf Jahren Ehe immer noch nicht? Warum erst sieben Jahre nach dem ersten Kind? Warum mitten in der Klimakrise? Vielleicht gibt es gar keinen wirklich idealen Zeitpunkt für Kinder, weil ein Menschenleben zu groß und unvorhersehbar ist, um sich elegant und leise einzupassen.

Das durchschnittliche Alter, in dem Eltern das erste Kind willkommen heißen, steigt überall in der Welt kontinuierlich an. Wir lassen uns selbst und einander mehr Zeit für die Entscheidung, brauchen länger, bevor wir uns sicher sind, oder glauben, vorher mehr erledigen und erleben zu müssen als frühere Generationen. Ein Aspekt immer späterer Elternschaft ist auch, dass sich dann nicht mehr alle Kinderwünsche erfüllen, da die Fruchtbarkeit – nicht nur bei cis Frauen – mit dem Älterwerden abnimmt oder die idealen Partner_innen, auf die man wartet, nie gefunden werden. Manche Menschen bekommen weniger Kinder, als sie sich gewünscht haben, weil die Beziehung nach dem ersten Kind in die Brüche geht, sich danach keine Gelegenheit mehr ergibt oder die veränderte Lebenssituation gegen weitere Kinder spricht. Für Deutschland ist empirisch belegt, dass sich Frauen – auch internationaler Herkunft, beispielsweise aus der Türkei oder Polen[360] – durchschnittlich mehr Kinder wünschen, als sie schließlich bekommen,[361] und dass Frauen sich im Durchschnitt mehr Kinder wünschen als Männer.[362]

Die Reproduktionsmedizin hat den zeitlichen Rahmen für Elternschaft für all jene, die das bezahlen können, mit neuen Techniken wie der Kryokonservierung eigener Eizellen oder der Fremdeizellspende – die in Deutschland nicht erlaubt ist – noch einmal ausgedehnt, kann jedoch nach wie vor kein Kind garantieren. Über die Hälfte der in Deutschland lebenden Paare, die sich aufgrund unterschiedlicher Probleme medizinisch beim Schwangerwerden helfen lassen, hofft vergeblich.[363] Ab dem 35. Lebensjahr der Frau geht die Wahrscheinlichkeit, ein Kind zu bekommen, stark zurück.[364] Das gilt auch für Menschen, die ihre Eizellen einfrieren lassen: Erste Studien haben gezeigt, dass sie seltener aus Karrieregründen darauf zurückgreifen, sondern weil ihnen die passenden Partner_innen fehlen. Finden sie diese nicht, werden die Eizellen so gut wie nie genutzt.[365] Der richtige Zeitpunkt für ein Kind ergibt sich für manche Menschen also über die Beziehung zu einer anderen Person. Viele Männer fühlen sich zudem – anders als Frauen – erst für Kinder bereit, wenn sie mit ihrem Gehalt eine Familie versorgen können.[366]

Eine kleine, aber wachsende Gruppe von Menschen macht hingegen ihren Kinderwunsch entweder von vornherein nicht von einer Partner_innenschaft abhängig, oder die Betreffenden entschließen sich irgendwann, nicht länger auf eine andere Person zu warten, sondern als »Single Parent by Choice« ein

Kind zu gebären, in Pflege zu nehmen oder zu adoptieren.[367] Der Entschluss, sich allein um ein Kind zu kümmern, gibt ihnen die Kontrolle über ihr Leben und den Zeitpunkt der Elternschaft zurück – oder verleiht ihnen überhaupt erst die Möglichkeit, selbst ein Kind zu bekommen. Aktuell sind es überwiegend Frauen, die sich bewusst auf eine Solo-Elternschaft einlassen. Indem sie sich Mutterschaft allein zutrauen, lösen sie die temporalen Fesseln des Patriarchats, das den richtigen Zeitpunkt für ein Kind für heterosexuelle Frauen vom Vorhandensein eines Mannes und seiner Bereitschaft für eine Familie abhängig macht.

An die Entscheidung über den richtigen Zeitpunkt für Kinder kann man auch anders herangehen als zu überlegen, ob man für sie bereit ist. Der Autor Tom Scocca hat als »wahre biologische Uhr«[368] die Anzahl der Jahre beschrieben, die Menschen, nachdem sie Eltern geworden sind, theoretisch noch gemeinsam mit ihren Kindern erleben werden. Um den passenden Zeitpunkt herauszufinden, regt Scocca an, dass wir uns eine schwierige Frage stellen: »Wann werden unsere Kinder alt genug sein, um sterbende Eltern zu haben?«[369] Wann wir voraussichtlich aus dem Leben unserer Kinder scheiden werden, welche Phase ihres Lebens wir nicht mehr mitbekommen, ist durchaus eine Überlegung wert. Denn damit stoßen wir eine Reflexion über familiäre sowie gesellschaftliche Werte an: Über welche Faktoren setzen wir uns in Beziehung zu Kindern? Über die elterliche Rolle, ihnen materiell etwas zu bieten, weshalb wir besser warten, bis wir ausreichend Geld verdienen? Oder ist mir wichtig, viel Zeit für meine Kinder zu haben, und in welcher Lebensphase habe ich diese Zeit? Kann ich meinen

Kindern, falls sie Eltern werden, später als Großelternteil zur Seite stehen? Oder werde ich schon auf ihre pflegerische Unterstützung angewiesen sein, wenn sie noch studieren?

Tom Scocca geht davon aus, dass viele gemeinsame Jahre als Familie einen höheren Wert haben als eine lange Lebenserfahrung ohne Kinder. Mit Kindern zu leben, so schreibt er, stelle das Zeitempfinden von Erwachsenen auf den Kopf, da über deren Heranwachsen begreifbar werde, wie schnell die Zeit vergeht und wie viel sich verändert. Die Zeit ohne Sorgeverantwortung wird von Menschen vor der Familiengründung oder ohne Kinderwunsch oft als persönliche Freiheit beschrieben, die sie (noch) nicht aufgeben wollen. Eine Beschreibung, die sich durchaus hinterfragen oder zumindest daraufhin untersuchen ließe, warum wir Freiheit und die Sorge für andere bislang nicht zusammendenken können. Denn wie frei sind wir als Menschheit, wenn wir die volle Freiheit nur ohne Kinder denken können?

Wie stark sich die Lebensspannen der Generationen innerhalb von Familien überschneiden, ist zudem für das wechselseitige Verständnis relevant. Denn es sind oft Verwandte, die uns mit dem Alltagserleben anderer Altersgruppen verbinden und über die wir Empathie entwickeln. Der generationenübergreifende Kontakt in der Berufswelt ist begrenzt, denn dort fehlen hochaltrige sowie sehr junge Menschen. Sterben die eigenen Großeltern und Eltern früh, kann der Kontakt zu älteren Menschen fehlen, sodass man deren Sorgen, Nöte und Wünsche nur wenig kennt. Ähnlich intensiviert sich die Verbindung zu Kindern, wenn man sie selbst großzieht, mit ihnen arbeitet oder sie als Bezugsperson häufig sieht.

Regelmäßige Begegnungen zwischen Generationen ließen sich gesellschaftlich auch anders organisieren, aber momentan sind vor allem Verwandte unsere Fenster in andere Zeiten. In Familien wird sichtbar, dass Menschen durchaus ein großes Interesse an anderen Generationen haben und es etwas bedeutet, Ausschnitte des eigenen Lebens mit ihnen zu teilen. Über ältere Menschen, die schon länger auf dieser Welt sind als wir, verbinden wir uns anders mit der Vergangenheit als über abstraktes Wissen. Wissen über eine andere Zeit sitzt uns dann gegenüber. Das Kind, das wir herumtragen, weil es selbst noch nicht laufen kann, ragt hinein in eine Zukunft, die wir nicht erleben werden. Wer mit Kindern Zeit verbringt und sich für sie interessiert, kann die Zukunft und eine Mitverantwortung für sie kaum ausblenden.

Dass Menschen zukünftigen Generationen Zeit schenken, indem sie eigene Kinder bekommen, ist heute weniger selbstverständlich als früher. Deutschland hat weltweit einen der höchsten Anteile von Bürger_innen ohne eigene Kinder. Wie viel diese sehr heterogene Gruppe von den jüngsten Mitgliedern der Gesellschaft mitbekommt und wie wichtig sie die Interessen von Kindern und Jugendlichen nimmt, lässt sich jedoch nur schwer sagen. Auch Elternschaft oder die Arbeit mit Kindern bedeuten nicht automatisch, dass wir Kinder als gleichwertige Menschen sehen und die Welt entlang ihrer Bedürfnisse gestalten.

Ich selbst war mir lange Zeit sicher, keine Kinder zu wollen. Dahinter steckten die Ablehnung von traditionellen Geschlechterrollen und die Annahme, nichts mit kleinen Kindern anfangen zu können, außerdem wollte ich mich voll und ganz auf einen Beruf oder eine Leidenschaft konzentrieren. Eine Entscheidung für eigene Kinder, so glaubte ich, bedeutet für eine Frau, den Großteil ihrer Zeit für ihre Familie opfern zu müssen und darüber Freiheit zu verlieren.

Vielleicht ist die Beobachtung, dass es nicht einfach ist, mehrere Lebensziele gleichberechtigt zu verfolgen, der Aspekt, der am schwersten wiegt, wenn man mit einem Kinderwunsch hadert: Ein Kind oder mehrere werden einen Teil der eigenen Zeit fremdbestimmen, und es kann sein, dass dann nicht genügend Zeit für andere Interessen übrig bleibt. Die Verantwortung für das Aufwachsen von Kindern zu übernehmen, bedeutet in unserem Gesellschaftsmodell konkret, eine immens große Menge der eigenen Lebenszeit anderen unentgeltlich zu widmen – und all das, ohne zu wissen, was man dafür zurückbekommt. Wie ein fünfjähriges Studium das eigene Leben langfristig prägen wird, ist viel leichter vorstellbar. Mit einer Ausbildung verbinden wir finanzielle Sicherheit und gesellschaftliche Anerkennung. Sich für Elternschaft zu entscheiden, setzt hingegen die Bereitschaft voraus, sich auf eine kaum planbare Zukunft einzulassen. Wir können nicht wissen, wie sich unser Leben durch Kinder verändern wird. Somit widerspricht die Entscheidung für Kinder dem, was wir über kluge Zeitverwendung gelernt haben. Wir wollen unsere Zeit bewusst einsetzen, für etwas von Wert. Wir wollen, dass unser Zeiteinsatz sich lohnt. Für diese Rechnung sind Kinder keine geeignete Währung.

Elternschaft ist zum einen eine individuelle Entscheidung. Politisch und gesellschaftlich wird die Frage, wie viele junge Menschen in einem Land leben, dann relevant, wenn soziale Sicherungssysteme, die Wirtschaft oder Care-Berufe wie Altenpflege darauf angewiesen sind, dass nachfolgende Generationen nicht zu stark schrumpfen. Im deutschen Grundgesetz wird die Familie als konstitutives Element der Gesellschaft beschrieben, und ihr wird ein besonderer Schutz zugestanden. Ebenso findet sich in der Charta der Grundrechte der Europäischen Union das »Recht, eine Familie zu gründen«. Dementsprechend müsste es eine politische Aufgabe sein, die Hindernisse zu identifizieren und abzubauen, die Menschen gegen ihren Willen davon abhalten, in Familien zu leben.

Es ist nicht ganz einfach, solche Fragen zu diskutieren, ohne die Erinnerung an nationalsozialistische Bevölkerungspolitik wachzurufen oder sich dem Vorwurf auszusetzen, mit der Ermutigung zum Kinderkriegen ein antifeministisches Ziel zu verfolgen, das zurück zum Alleinernährer-Hausfrau-Modell mit klaren Geschlechterrollen und vielen Kindern will. Dass es sich hier um ein sensibles und komplexes Thema handelt, sollte jedoch genauso wenig dazu führen, die Entscheidung für Kinder zu einer »Privatsache« zu erklären und sie zu entpolitisieren. Eine Gesellschaftspolitik, die unterschiedliche Lebensmodelle gleichwertig anerkennt, schließt das Recht auf Verhütung und Abtreibungen ein, beinhaltet aber auch die Unterstützung beim Entschluss für ein Kind. Die seit Jahrzehnten niedrige Geburtenziffer vor allem als Ausdruck von Selbstbestimmung zu deuten und damit positiv aufzufassen, ist einseitig, da hier all jene unter den Tisch fallen, die sich nicht frei darin gefühlt haben, mit Kindern zu leben, zum Beispiel, weil das Geld nicht reichte, aus Zeitnot oder weil sie als queere oder behinderte Person diskriminiert wurden – oder die rückblickend gern mehr oder überhaupt Kinder gehabt hätten.

Die deutsche Familienpolitik sowie der Diskurs darüber haben sich in einen Widerspruch verstrickt. Auf der einen Seite sollen Maßnahmen und Appelle für »Vereinbarkeit« dazu ermutigen, Kinder zu bekommen. Auf der anderen Seite steht eine Arbeitswelt, die mit befristeten Verträgen, einem immer größeren Niedriglohnsektor und zu hohen Arbeitsbelastungen das genaue Gegenteil erreicht. Moderne Gesellschaften haben uns sowohl die Freiheit geschenkt, uns bewusst gegen Kinder zu entscheiden, als auch die Freiheit genommen, uns Elternschaft vorstellen zu können. Wie wir Familie leben, wie wir arbeiten (wollen) und was wir daneben außerdem vom Leben erwarten, passt noch nicht zusammen.

_ KINDER ALS TEIL DER ARBEITSWELT

Dem zeitpolitischen Familienbericht der Bundesregierung zufolge empfinden zwei Drittel der Väter und ein Drittel der Mütter die Zeit, die sie für ihre Kinder haben, als zu wenig. »Kinder nehmen diesen Mangel meist genauso wahr wie ihre Eltern«, schreiben die Autor_innen der Sachverständigenkommission.[370] Dennoch war die Frage, wie wir Kindern mehr Zeit mit ihren Familien verschaffen könnten, politisch zuletzt wenig relevant. Es ging eher darum, die Betreuungszeiten auszudehnen – also die Zeiten, die Kinder außerhalb ihrer Familien verbringen. In den Schwerpunkten der deutschen Familienpolitik spiegelt sich die Erwerbsarbeitszentrierung unserer Gesellschaft wider. Zentrales Thema scheint vor allem die Vereinbarkeit von Familie und Beruf zu sein und damit verbunden bessere Chancen von Müttern in der Arbeitswelt. Familienpolitik richtet sich zuallererst an den Bedürfnissen von Erwachsenen aus, Kinder müssen sich in die Alltagsstrukturen ihrer Eltern einordnen. Politik, die Kindern und Jugendlichen eine eigenständige Position in der Gesellschaft zugesteht und ihre Bedürfnisse und Wünsche wirklich gleichberechtigt mit einbezieht, kennt man kaum.

Ein schönes Beispiel dafür, wie die herrschende Zeitkultur auf die Jüngsten wirkt, ist in dem Kinderbuch *Nina. Ein grandioses letztes Jahr im Kindergarten* beschrieben: »In den Sommerferien ist alles anders. Mama und Papa haben es nicht mehr eilig, irgendwohin zu fahren, und wenn Nina so lange schlafen darf, bis sie von selbst aufwacht, ist sie morgens auch nicht wütend.«[371] Als ich diese Passage das erste Mal mit meiner Tochter las, mussten wir beide lachen, weil uns die Situation bekannt vorkam. Was die schwedische Autorin Emi Guner hier so beiläufig formuliert, nämlich dass für viele Kinder der Tag mit schlechter Laune oder sogar Wut beginnt und ihre Übermüdung schon um sieben Uhr morgens zu Stress und Streit in Familien führt, ist im Grunde eine schonungslose Diagnose unseres seltsamen Umgangs mit Zeit und insbesondere der Zeit von Kindern.

Bei Schulkindern mag es uns leichter fallen, sie morgens zu wecken, da aus Sicht der Erwachsenen nun langsam der Ernst des Lebens beginnt und Unmut dazugehören darf; aber wenn ich meine Kinder als Babys aus tiefem Schlaf wecken musste, um sie zur Kita zu bringen, konnte ich das nur gegen einen großen inneren Widerstand tun. Es gibt kaum einen friedlicheren Anblick als ein schlummerndes, regelmäßig atmendes Baby. Man will es beschützen, nicht wecken. Genug zu schlafen, ist ein Grundbedürfnis, das Menschen einander sehr leicht gewähren könnten und das für sich genommen nichts kostet – und doch scheint es innerhalb unserer Zeitkultur kaum möglich zu sein.

Dabei ist Schlaf kein Luxus, auf den wir mühelos verzichten könnten. In seinem Buch *Why we sleep* erklärt der Neurowissenschaftler Matthew Walker, dass frühes Aufstehen am Morgen beispielsweise für Teenager einem Aufwachen mitten in der Nacht gleichkomme, da ihr Tag-Nacht-Rhythmus um eine bis drei Stunden von dem der Erwachsenen abweiche.[372] Ein Alltagsrhythmus, der ihre Schlafbedürfnisse berücksichtige, würde sich Walker zufolge nicht nur positiv auf die Lernerfolge von Teenagern auswirken, sondern zudem ihre mentale Gesundheit stabilisieren, da zu kurze REM-Schlafphasen psychische Störungen begünstigen. Walker räumt zwar ein, dass der frühe Unterrichtsbeginn pragmatische Gründe habe, doch er hält dagegen: »Ich denke nicht, dass dies eine ausreichende Entschuldigung dafür ist, an einem antiquierten und schädlichen Modell festzuhalten, obwohl die Daten so klar dessen Nachteile belegen.«[373] Dass wir das Wissen über den Zusammenhang von ausreichend Schlaf, Gesundheit und Leistungsfähigkeit auch in Deutschland nicht dazu nutzen, Rücksicht auf die junge Generation zu nehmen, zeigt, dass es uns nicht in erster Linie um deren Wohl geht, sondern um möglichst wenig Veränderung für die Erwachsenen.

Tatsächlich sollte es aber unser Ziel sein, eine neue Zeitkultur zu entwickeln, in der die unterschiedlichen Bedürfnisse und Lebenssituationen aller Teile der Gesellschaft mitgedacht werden, besonders jener Menschen, die Schutz brauchen und ihre Interessen entweder nicht oder weniger wirkungsvoll selbst vertreten können. Kindern muss ein Recht auf genügend Zeit mit ihren Eltern und Bezugspersonen zugestanden werden, ein Recht auf Zeit mit anderen Kindern, mit ihren Geschwistern und Freund_innen, ein Recht auf freie Zeit, über die sie selbst entscheiden können. Die Frage, die wir politisch diskutieren müssen, ist also, ob die Zeitbedürfnisse von Kindern und Jugendlichen in unserem jetzigen Gesellschaftsentwurf so berücksichtigt werden, dass sie sich gut entwickeln können.

_ FÜR EINE KINDGERECHTE ZEITKULTUR

Wie Zeit unsere Gesellschaft strukturiert und wie sich Macht über die Zuteilung von Zeit ausdrückt, wird nicht zuletzt an den zeitlichen Beziehungen zwischen Erwachsenen und Kindern deutlich sowie daran, wie wir Zeit und Lebensalter nutzen, um eine soziale Ordnung zu schaffen. Ob und wie Erwachsene mit Kindern zusammenleben, die gesellschaftliche Bewertung der Relevanz von Kindheit sowie der politische Umgang mit zukünftigen Zeiten sind drei zentrale Aspekte unserer Zeitkultur. Wir schaffen eine zeitkulturelle Distanz zu anderen Generationen, um zu legitimieren, dass politisch sowie gesellschaftlich vor allem die Interessen von Menschen in der mittleren Lebensspanne berücksichtigt werden, während der Alltag von Kindern und Hochaltrigen in die private Sphäre verschoben wird. Die künstlichen zeitlichen Grenzen zwischen den Generationen führen zu einem Gesellschaftsentwurf, in dem insbesondere Kinder kaum aktiv an der politischen Gestaltung ihrer Lebensbedingungen beteiligt sind. Das Desinteresse an ihrem

Einbezug übersetzt sich letztlich in zu wenig substanzielle Politik für sie, was sich für Kinder unter anderem daran zeigt, dass die Kinderarmut in Deutschland in den vergangenen Jahren trotz einer guten wirtschaftlichen Entwicklung gestiegen ist.[374] Die Zeit der Kindheit spielt sich vermehrt in den prekär lebenden Gruppen der Gesellschaft ab. Selbst daran können Kinder nichts verändern.

Wenn wir Kindern besonderen Schutz und besondere Fürsorge garantieren wollen, müssen wir im Hinblick auf ihre Alltagszeiten zunächst fragen, welche Art von Betreuung und Zeitvertreib in ihrem besten Interesse ist. Eines der wichtigsten Ziele muss daher sein, die familiären Sorgepersonen so zu unterstützen, dass sie sich angemessen um ihre Kinder kümmern können und dass dies in allen Familien ähnlich gut gelingt. Wie es Familien finanziell geht, macht hierbei einen großen Unterschied. Da Armut bei Erwachsenen oft zu chronischem Stress führt[375] und »der zeitliche und soziale Aufwand, den diese Eltern betreiben müssen, um ihre Familie zu versorgen«, groß ist, berichten Kinder aus armen Familien deutlich häufiger als Kinder aus wohlhabenden Familien darüber, dass ihre Eltern zu wenig Zeit für sie haben.[376] Arme Kinder haben zudem durchschnittlich weniger Freund_innen als Kinder aus besser gestellten Familien und beschreiben »das Ausgeschlossensein und die Langeweile an freien Nachmittagen und in den Ferienzeiten, wenn alle anderen Kinder etwas unternehmen«, als den Aspekt, unter dem sie besonders leiden.[377] Abwechslungsreiche Aktivitäten – eine sozial reiche Zeit – sind für Kinder jedoch besonders wichtig, da sie auf diese Weise mehr lernen und sich entwickeln.

Öffentliche Betreuungsangebote wirken sich positiv auf die Entwicklung von Kindern aus und vermitteln ihnen vielfach Fähigkeiten, die sie zu Hause nicht erlernen. Professionelle pädagogische Arbeit kann aber nicht die gesellschaftlichen Strukturen ersetzen, die Familien ausreichend finanzielle und zeitliche Ressourcen zur Verfügung stellen, damit sie die grundlegenden Bedürfnisse ihrer Kinder befriedigen können. Eltern von Kindern mit Behinderungen oder Eltern mit eigenen Behinderungen brauchen zum Beispiel mehr unbürokratische und verlässliche Unterstützung, um ihr Familienleben zu gestalten. Auch dass in Deutschland jedes fünfte Kind in Armut aufwächst, kann kein politisch akzeptabler Zustand sein. Alle Kinder brauchen Orte, an denen sie sich sicher und angenommen fühlen, die ihre Entwicklung und Kompetenzen fördern, an denen sie Teilhabe und Mitbestimmung erlernen und erleben.

Das kindliche Recht auf Zeit betrifft ganz zentral auch die pädagogische Qualität in den Betreuungs- und Bildungseinrichtungen, denn erst genügend Zeit kann das kindliche Bedürfnis nach Sicherheit und guter Versorgung erfüllen. Für Erwerbstätige gibt es das Arbeitsschutzgesetz, das gute Arbeitsbedingungen garantieren soll und mit dem sich Beschäftigte rechtlich wehren können. Doch haben Sie schon mal von einem Kleinkind gehört, das klagt, weil zu wenige Erzieher_innen zu viele Kinder betreuen? In vielen Regionen Deutschlands ist der Mangel an Kitaplätzen so akut, dass Eltern jeden Platz nehmen müssen, den sie kriegen können, statt nach pädagogischen Präferenzen auszuwählen. Die Einrichtung zu wechseln, wenn die Betreuungsqualität nicht stimmt, ist so gut wie unmöglich.

In Deutschland werden die Mindestvorgaben der EU beim Betreuungsschlüssel für Kinder im Kita-Alter in drei Viertel der Einrichtungen nicht eingehalten.[378] Die Gruppen sind größer, als seitens der Wissenschaft für die frühkindliche Bildung empfohlen wird. 1,7 Millionen Kinder werden in deutschen Kindergärten nicht kindgerecht betreut. Die Personaldecken sind so dünn, dass nahezu alle Kitas regelmäßig nicht einmal die Aufsichtspflicht gewährleisten können, heißt es in einer Studie des Deutschen Kitaleitungskongresses von 2020.[379] »An eine individuelle Förderung der Kinder (ist) überhaupt nicht zu denken«, so die Autor_innen. Vor allem die westdeutschen Bundesländer verfehlen die Vorgaben. Manche Expert_innen beschreiben die Situation in den Betreuungseinrichtungen aufgrund des Personalmangels als »nahe an der Kindeswohlgefährdung«.[380] In deutschen Kitas sind Betreuungs- und Arbeitsbedingungen so schlecht, da mehr Kitaplätze nachgefragt werden, als kindgerecht bereitgestellt werden können. Das Angebot – das aktuell nicht einmal reicht – orientiert sich an den Bedürfnissen der Wirtschaft nach Arbeitskräften und denen der Eltern, die Geld verdienen müssen und wollen. Im Kinderbetreuungsreport des Deutschen Jugendinstituts von 2020 nennen Eltern als wichtigste Gründe für eine Ganztagsbetreuung ihrer Kinder denn auch eine »verlässliche Betreuung« sowie »Aufnahme oder Ausweitung« ihrer beruflichen Tätigkeit. Erst danach folgen qualitative Argumente wie zusätzliche Unterstützung beim Lernen, mehr soziale Kontakte für die Kinder oder der eigenständige Wunsch des Kindes, ein Nachmittagsangebot wahrzunehmen.[381]

Würden Eltern sich lauter für bessere Fachkraft-Kind-

Schlüssel einsetzen, würden sie an dem Ast sägen, der ihnen ihre Erwerbstätigkeit ermöglicht. Manche Eltern treffen ihre Entscheidungen leise. Die Autorin Caroline Rosales, die in Berlin lebt, hat beschrieben, wie die schlechten Erfahrungen ihrer Kinder in der Betreuung sie schließlich dazu bewegten, ihr drittes Kind nicht in eine Kita zu geben. »Zu groß die Gefahr, dass er nicht richtig beaufsichtigt ist, zu wahrscheinlich das alltägliche Szenario, dass die Erzieherinnen ihn nur verwahren und nicht betreuen können. Zu sicher, dass mein jüngerer Sohn genauso wenig von seiner Kitazeit in den ersten drei Lebensjahren profitieren wird wie seine zwei Geschwister«, schreibt Rosales, wobei sie sich bewusst ist, dass sie diese Entscheidung nur treffen kann, weil ihre Familie die Betreuung auch anders hinbekommt.[382] Dass über zwei Drittel der Mütter mit Kindern unter drei Jahren nicht erwerbstätig sind,[383] sollte auch im Zusammenhang mit der wahrgenommenen Betreuungsqualität gesehen werden. Manche Menschen entscheiden sich auch deswegen für eine mehrjährige Elternzeit, weil sie sich mehr Zuwendung für ihr Kind wünschen, als viele Kitas aktuell geben können. Als völlig frei kann man die Entscheidung für oder gegen frühkindliche Betreuung in einer Kita nicht bezeichnen.

Ganz ähnlich sieht es bei Ganztagsschulen und Horten aus. Schulleitungen, die zur Situation der Ganztagsschulen in Deutschland 2018 befragt wurden[384], nannten als ihr wichtigstes Ziel, eine verlässliche Betreuung anzubieten, und nicht, die Schüler_innen beim Lernen zu unterstützen oder ihnen abwechslungsreiche Nachmittagsangebote zu machen. Über die Hälfte der Primar- und weiterführenden Schulen verfolgten mit ihren Ganztagsangeboten »keine Ziele der Kompetenzorientierung«, zudem sei die Zahl der Gymnasien, die eine »erweiterte Lernkultur« anstrebten, rückläufig. Die Schulen »leisten viel für die verlässliche Betreuung der Schulkinder und somit für die Vereinbarkeit von Familie und Beruf«, schreiben die Autor_innen der Studie, merken jedoch kritisch an, dass die pädagogischen Möglichkeiten von Ganztagsschulen derzeit nicht ausreichend weiterentwickelt würden. Dass sie die Bildungsqualität und damit die Bildungsgerechtigkeit befördern, bleibt also eine Zukunftsvision.

Um gute Orte für Kinder zu sein, müssten Ganztagsschulen an erster Stelle fragen, was die Schüler_innen von ihnen brauchen. Die 2018 veröffentlichte 4. World-Vision-Kinderstudie, für die Kinder zwischen sechs und elf Jahren zu ihrer Lebenssituation befragt wurden, kam zu dem Ergebnis, »dass die Ganztagsschule nur dann als ein Beitrag zum Wohlbefinden von Kindern betrachtet werden kann, wenn sie mehr darstellt als eine Ausdehnung von Unterrichtszeit« und das Angebot von den Schüler_innen mitbestimmt werden könne.[385] Denn so wie Erwachsene es als positive Veränderung erleben, wenn sie in Job und Alltag über mehr Zeitsouveränität verfügen, wollen sich auch Kinder nicht überwiegend den Vorgaben anderer unterordnen. Sie möchten mitentscheiden und haben insbesondere in ihren Familien heute ja auch mehr Mitsprachemöglichkeiten als frühere Generationen, da Eltern-Kind-Beziehungen heute vielfach partnerschaftlich gelebt werden. Umso irritierender ist es, wenn die »Mitbestimmungsmöglichkeiten in der Schule am geringsten ausgeprägt« sind, wie die World-Vision-Kinderstudie 2018 konstatiert. Gerade an den Orten, an denen Kinder viel Zeit verbringen, sollten sie sich respektiert fühlen und Einfluss auf ihren Alltag nehmen können. Eine Forschungsgruppe am Deutschen Jugendinstitut sieht in Ganztagsschulen zudem eine Institution, in der junge Menschen demokratisch gebildet werden. Sie seien Orte »der Vermittlung von Werten und Prozessen, die für die individuelle Biografie der Kinder und eine zukunftsfähige demokratische Gesellschaft wesentlich sind«.[386] Umso wichtiger, dass die Schüler_innen dort nicht nur als Lernende gesehen, sondern mit ihren vielfältigen Kompetenzen und Bedürfnissen ernst genommen werden.

Zu einer kindgerechten Zeitkultur gehört auch, dass Kinder und Jugendliche nicht den ganzen Tag in der Schule sein müssen. Wie würde sich eine verpflichtende Ganztagsschule auf ruhige oder neurodiverse Kinder[387] auswirken, die Zeit alleine brauchen und sich über den Rückzug in der Wohnung erholen, die sich nachmittags um ein Haustier kümmern möchten, regelmäßig die Großeltern besuchen, jüngere Geschwister betreuen, Freund_innen außerhalb der Schule haben oder jobben? Ähnlich wie bei erwerbstätigen Erwachsenen konzentriert sich die freie Zeit von Kindern und Jugendlichen, die jeden Tag bis spätnachmittags in der Schule sind, an den Wochenenden und wird von ihnen möglicherweise als zu kurz empfunden, um all das zu tun, wofür unter der Woche keine Zeit blieb. Die UN-Kinderrechtskonvention sieht ein Recht von Kindern auf »Ruhe und Freizeit, auf Spiel und altersgemäße aktive Erholung sowie auf freie Teilnahme am kulturellen und künstlerischen Leben« vor. Politisch muss deshalb dafür gesorgt werden, dass alle Kinder diese Erfahrungen sowohl innerhalb ihrer Familien als auch in Betreuungseinrichtungen machen können.

Wir brauchen eine Zeitkultur, die nicht mehr allein auf das Lebensmodell vollzeiterwerbstätiger Erwachsener ausgerichtet ist und die ermöglicht, dass alle Kinder genug Zuwendung von unterschiedlichen Bezugspersonen bekommen. Dass Zeitbedürfnisse von Kindern erfüllt werden können, erreichen wir dabei nicht nur über kürzere Arbeitszeiten ihrer Eltern, sondern auch durch Sorgegemeinschaften aus vielen Erwachsenen, wie Alleinerziehenden-WGs oder freiwillig Care-Verantwortung übernehmenden Erwachsenen, sowie Erzieher_innen und Lehrer_innen mit mehr Zeit pro Kind.

Familien und andere Sorgegemeinschaften haben verbindende und vernetzende gesellschaftliche Funktionen, für die sie ebenfalls Zeit brauchen. Jüngere Kinder sind beispielsweise auf Erwachsene angewiesen, um untereinander oder zu Verwandten Kontakt zu halten, gerade dann, wenn diese Hunderte Kilometer entfernt leben. Viele Freizeitbeschäftigungen, bei denen sich Kinder oder auch unterschiedliche Altersgruppen treffen, sind nur möglich, weil Erwachsene die Zeit dafür privat oder ehrenamtlich aufbringen. Wenn jedoch immer mehr Erwachsene Vollzeit arbeiten und Kinder bis zum Abend in den Betreuungseinrichtungen und Schulen bleiben, haben alle weniger Zeit, sich über Kleinfamilie, Schule und Beruf hinaus mit anderen Menschen zu vernetzen. So verlieren wir die soziale Einbindung und überfordern das Setting der Kleinfamilie, die ja niemals alle Bedürfnisse ihrer Mitglieder erfüllen kann. Gesellschaftlicher Zusammenhalt basiert nicht nur auf den engen Beziehungen zu den Menschen, die wir täglich sehen, sondern ebenso auf punktuellen, aber interessierten und zugewandten Begegnungen und den Verbindungen, die sich daraus ergeben.

Wenn die Zeit schrumpft, die Erwachsene, Kinder und Alte gemeinsam in Nachbarschaften, Vereinen und an öffentlichen Orten verbringen können, nimmt die gesellschaftliche Desintegration der Altersgruppen zu, und darunter leidet der generationenübergreifende Zusammenhalt. Der öffentliche und politische Diskurs ist unvollständig und verzerrt, wenn wir uns nicht mehr regelmäßig vielfältig und altersgemischt begegnen. Unsere Gesellschaft braucht mehr öffentliche Orte, an denen Kinder und Jugendliche sichtbar sind und erwünscht, damit wir sie als schrumpfende Bevölkerungsgruppe nicht aus dem Blick verlieren. Sie braucht mehr Orte und Zeiten, an denen wir gruppen- und generationenübergreifend zusammen sein können, um einander zu verstehen und zu schätzen – und wir brauchen Zeit dafür, diese Orte zu schaffen.

_ EIN GLEICHES RECHT AUF ZUKUNFT

Die generationale Ordnung unserer Gesellschaft ist gekennzeichnet von dem Widerspruch, dass Kinder auf der einen Seite als Zukunft gelten, auf der anderen jedoch kaum Einfluss auf diese Zukunft nehmen können, weil sie keine politische Macht haben. Die Glorifizierung der jungen Generation als Gestalterin der kommenden Zeit ist eher eine rhetorische Selbstberuhigung, da sie nicht mit politischem Handeln verknüpft wird. Unsere Gesellschaft hat bisher nicht ausbuchstabiert, was dieses Mantra wirklich bedeuten soll: »Kinder sind die Zukunft.« Was zieht es konkret nach sich? Meint es alle Kinder, ausgewählte, die eigenen? Wie sieht die Zukunft dieser Kinder aus? Die Erwachsenen einer Gesellschaft müssen sich entscheiden, ob sie die Verantwortung annehmen wollen, an der Zukunft von Kindern beteiligt zu sein, also an einer Zeit, die sich über das eigene Leben hinaus erstreckt. Tun Menschen das, übernehmen sie *temporale Verantwortung*.

Als eigene Zukunft begreifen wir das Leben, auf das wir selbst Einfluss nehmen können. Zukunft wird für uns vorstellbar und erstrebenswert darüber, dass wir sie mitgestalten können, dass wir dem Verlauf des Lebens nicht ausgeliefert sind. Das Gegenteil von Zukunft ist Machtlosigkeit. Angewendet auf Zukunft, bedeutet Zeitgerechtigkeit, dass wir politisch allen Kindern eine Zukunft eröffnen. Ein geflüchtetes Kind, ein Kind mit einer Behinderung, ein Kind in einem vertrockneten Land, eines, das in Armut aufwächst, sie alle müssen die Zeit, die vor ihnen liegt, tatsächlich als Zukunft erkennen können.

Obwohl die UN-Kinderrechtskonvention vor dem Krieg geflohenen Kindern die gleichen Rechte garantiert wie allen Kindern, die bereits im Aufnahmeland leben, wird das Recht der Kinder auf Bildung immer wieder verletzt oder der Beginn ihres Schulbesuches bürokratisch lange hinausgezögert. Als ein ZDF-Team das Flüchtlingscamp Ritsona in der Nähe von Athen besucht, ist die 14-jährige Sarah aus Syrien bereits seit über zwei Jahren nicht mehr zur Schule gegangen. Ihr Erfahrungsraum ist das Camp. Es liegt so weit von der nächsten Bushaltestelle und Stadt entfernt, dass die Kinder es praktisch nicht verlassen und keine Kontakte mit griechischen Kindern knüpfen können. Im Gespräch mit dem Journalisten Sherif Rizkallah äußert sich Sarah resigniert: »Ich habe keine Träume. Als ich klein war, habe ich gesagt, ich will mal Ärztin werden.

Aber dazu wird es sowieso nie kommen.«[388] Die zwei Jahre des Wartens auf Unterricht und das Leben an einem gesellschaftlich abgeschnittenen Ort haben sie nicht nur beim Lernen zurückgeworfen, sondern auch ihren Blick auf ihre Möglichkeiten verändert. Sie traut ihrer Zukunft weniger zu, als sie sich einmal von ihr versprochen hatte. Die Politik, die geflüchteten Kindern so lange ihre Rechte vorenthält, lässt eine zerstörerische Macht von Zeit gewähren. Schätzungen des UN-Flüchtlingshilfswerkes (UNHCR) zufolge waren 2021 über 84 Millionen Menschen von Vertreibung und Flucht betroffen; über 42 Prozent der Geflüchteten weltweit sind Kinder und Jugendliche unter 18.[389] Erstaufnahmeunterkünfte oder Lager sind häufig nicht nur ein Übergang, sondern für viele Menschen Geburtsort, ein Wohnort für mehrere Jahre, manchmal sogar Jahrzehnte.

Zukünfte sind kein Schicksal, sondern eine Verteilungsfrage. In den Zukünften, die sich Menschen vorstellen können, spiegelt sich die gegenwärtige Verteilung von Macht. Damit Kinder sich selbst in der Zukunft sehen können, müssen sie ein Mitspracherecht erhalten und Zugehörigkeit erfahren. Erwachsene müssen die Macht mit ihnen teilen.

Die in unserer Gesellschaft gängigen Bilder von Zukunft orientieren sich überwiegend an den Vorstellungen von Erwachsenen, nicht an den Ideen und Träumen junger Menschen. Die Perspektiven marginalisierter Gruppen, ganz besonders die von Kindern, kommen dabei oft zu kurz. Viele von uns verlieren mit der Zeit die Offenheit für eine kindliche Sicht auf die Welt – durch das eigene Älterwerden oder auch den fehlenden Kontakt zu jungen Menschen. Die Abwertung des

Wesens junger Menschen ist weitverbreitet. »Du verhältst dich wie ein Kind«, sagen wir zu anderen Erwachsenen, wenn uns ihr Verhalten missfällt, nicht aber, wenn sie sich positive Eigenschaften wie Neugierde oder Begeisterungsfähigkeit, die eher Kindern zugeschrieben werden, erhalten haben. Auch deswegen gelingt es in gesellschaftlichen Diskursen bislang nicht, konsequent die Positionen von Kindern mitzudenken und ihnen den gleichen Wert beizumessen wie den Interessen älterer Menschen. Wir haben Fortschritte dabei gemacht, die Vielfalt Erwachsener politisch zu berücksichtigen und die unterschiedlichen Gruppen für sich selbst sprechen zu lassen, aber wir tun uns schwer damit, Kinder und Jugendliche als Expert_innen ihrer Lebenslagen in politische Entscheidungen miteinzubeziehen. Über 13 Millionen Kinder und Jugendliche unter 18 Jahren leben derzeit in Deutschland. Sie können gut darüber Auskunft geben, was sie und ihre Familien brauchen. Sie nehmen Ungerechtigkeit wahr und wehren sich dagegen. Politik, die auf die Bedürfnisse von jungen Menschen eingehen will, muss ihnen nicht nur zuhören, sondern ihre Forderungen auch respektieren und umsetzen.

Junge Menschen werden auch deswegen übergangen, weil ihr Anteil an der Gesamtbevölkerung sinkt. Zum internationalen Tag der Jugend 2021 teilte das Statistische Bundesamt mit, dass es noch nie so wenige Menschen in der Altersgruppe von 15 bis 24 Jahren gegeben habe wie in jenem Jahr. Der Anteil der sogenannten Generation Z – also der ab Mitte der 1990er-Jahre Geborenen – sank auf einen historischen Tiefststand von 10,1 Prozent. In den 1980er-Jahren lag der Anteil der Jungen an der Bevölkerung in Deutschland noch bei 16,7 Prozent.[390] Politisch relevant sind diese Veränderungen der demografischen Zusammensetzung unserer Gesellschaft auch bei Wahlen. Denn ältere Generationen stellen mittlerweile einen viel größeren Anteil der Wahlberechtigten, sodass jüngere Menschen mit ihren spezifischen Interessen immer dann unterliegen, wenn ein politisches Thema oder ein Lösungsweg von den Generationen stark unterschiedlich beurteilt wird. Kurz vor der Bundestagswahl 2021 gaben weniger als 30 Prozent der Menschen über 65 Jahren an, »die Klima- und Naturschutzinteressen junger Generationen bei ihrer Wahlentscheidung zu berücksichtigen«.[391] Je höher das Alter der Befragten, desto seltener wollten sie die Interessen der Jungen in ihre Entscheidung einbeziehen. Die Hoffnung, dass ältere Menschen überwiegend verantwortungsvoll im Sinne der nachfolgenden Generationen entscheiden, ist leider nicht berechtigt.

Bei den Bundestagswahlen 2021 waren nur 14,4 Prozent der Wahlberechtigten zwischen 18 und 29 Jahre alt, 21,3 Prozent hingegen bereits über 70 Jahre. Und auch wenn man die Altersgruppen weiter fasst, sind die Unterschiede noch signifikant: Die Gruppe der 18- bis 49-Jährigen machte 2021 einen Anteil von 42,2 Prozent aus, die der Wahlberechtigten ab 50 Jahren einen Anteil von 57,8 Prozent.[392] Bei den nächsten Wahlen 2025 wird sich dieses Verhältnis noch weiter zugunsten der älteren Menschen verschoben haben, sodass die Interessen junger Generationen über direkte Wahlen immer weniger repräsentiert werden können.

Die Politikwissenschaftlerin Elizabeth F. Cohen kritisiert, dass der Ausschluss von jüngeren Menschen von politischer Mitbestimmung problematisch ist, weil einziges Kriterium das

Alter ist: »Kinder bekommen nie das Recht zu wählen und sich politisch zu beteiligen, bevor sie 18 sind, auch dann nicht, wenn sie große rationale Kompetenzen zeigen.«[393] Eine Absenkung des Wahlalters auf 16, wie es die derzeitige Ampelkoalition für die Bundesebene plant und das es mittlerweile in fünf der 16 Bundesländer gibt, würde das politische Ungleichgewicht der Generationen kaum ausgleichen. Ein echtes politisches Gegengewicht könnten junge Wähler_innen erst dann entwickeln, wenn das Wahlalter auf null gesenkt würde und auch alle Menschen ohne deutsche Staatsbürgerschaft wählen dürften.[394]

Für eine generationengerechte Politik ist es also unerlässlich, dass wir auf anderen Wegen politische Mitbestimmung für junge Menschen schaffen. Die UN-Kinderrechtskonvention, die von Deutschland schon 1992 ratifiziert wurde, sieht für Kinder und Jugendliche ein »Recht auf Beteiligung« bei allen politischen Entscheidungen vor, die sie betreffen.[395] Ein wichtiger Schritt hin zur Umsetzung der Konvention wäre es, die Kinderrechte endlich ins Grundgesetz aufzunehmen. In der vergangenen Legislaturperiode scheiterte dieses Vorhaben jedoch, weil die Große Koalition sich nicht über die Formulierung einigen konnte.[396] Die UN-Kinderrechtskonvention verlangt, die Interessen von Kindern »vorrangig« zu berücksichtigen, der Gesetzesvorschlag der Koalitionsparteien hatte dies jedoch zu »angemessen« abgeschwächt. Entgegen der Vorgabe der UN-Konvention sollten die Interessen von Kindern demnach weiterhin denen von Erwachsenen untergeordnet werden können. Dieser fehlende politische Mut zeigt, wie radikal sich der gesellschaftliche Blick auf die Rechte von Kindern noch ändern muss, damit wir irgendwann wirklich gleichberechtigt mit ihnen leben, anstatt über sie zu herrschen.

Dass Kinderrechte bei politischen Entscheidungen zu berücksichtigen sind und sich junge Menschen bei den Entscheidungsfindungen selbst äußern können sollten, muss unbedingt gesetzlich festgeschrieben werden. Denn viele Erwachsene glauben, die Interessen von Kindern einzubeziehen, sei überflüssig, da diese noch gar nicht wissen könnten, was sie brauchen. Der Fachbegriff für diese Diskriminierungsform lautet *Adultismus* – und die Erfahrung, allein aufgrund des jungen Lebensalters herabgesetzt zu werden, dürfte den allermeisten Menschen aus ihrer eigenen Kindheit oder Jugend bekannt sein. Die Altersdiskriminierung, auch genannt Ageismus, ist das Gegenstück im letzten Lebensabschnitt. Dennoch ist das Bewusstsein dafür, dass die Kategorie Lebensalter in Gerechtigkeitsdiskursen eine Rolle spielen muss, noch dramatisch unterentwickelt. Politik, die lediglich mehr Gerechtigkeit für Erwachsene schafft, kann nicht gerecht sein. Eine kritische Auseinandersetzung mit dem Thema Adultismus ist in einer demokratischen Gesellschaft zudem deshalb relevant, weil Kinder und Jugendliche über ihre eigene Diskriminierung sonst lernen, »dass die Abwertung und Unterdrückung anderer in Ordnung ist«.[397] Der Weg in eine gerechtere Gesellschaft beginnt beim Umgang mit ihren jüngsten Mitgliedern.

Zeitpolitik kann nur dann einen intersektionalen Anspruch erfüllen und mehr Zeitgerechtigkeit für alle Menschen herbeiführen, wenn sie die Interessen von Kindern miteinbezieht. Die beliebte Aussage »Deine Zeit kommt noch« ist im politischen Sinne nicht korrekt. Denn wir leben nicht in separaten

Zeiten, und all das, was wir heute politisch entscheiden, wirkt nicht nur zeitlich begrenzt, sondern beeinflusst den Lauf der Dinge unwiderruflich. Unsere politische Verantwortung gegenüber Kindern ist so enorm, weil sie sich auf zwei Zeiten erstreckt: Wir teilen mit ihnen die Gegenwart und müssen über unser Handeln zusätzlich Verantwortung für ihre Zukunft übernehmen, die wir nicht mehr erleben werden.

Eine wirklich generationengerechte Politik berücksichtigt daher die gegenwärtigen und zukünftigen Interessen von jungen Menschen mindestens genauso wie die Interessen von Erwachsenen. Die Übernahme temporaler Verantwortung hat auch das Bundesverfassungsgericht 2021 in einem Urteil[398] zum Klimaschutzgesetz der Bundesregierung angemahnt. Aus Sicht der Verfassungsrichter_innen werden die derzeitigen Pläne zur CO_2-Einsparung bis 2030 zu »schwerwiegenden Freiheitseinbußen« für nachfolgende Generationen führen, da sie nicht ausreichen und die Emissionseinsparungen danach dann umso drastischer ausfallen müssten. Ins deutsche Grundgesetz wurde Artikel 20a, der eine nachhaltige Politik verlangt und auf den sich das Urteil stützt, bereits 1994 aufgenommen: »Der Staat schützt auch in Verantwortung für die künftigen Generationen die natürlichen Lebensgrundlagen.« Im Grundgesetz ist damit das Recht eines jeden Menschen verankert, eine Zukunft zu haben – sowie unsere kollektive Verantwortung dafür. Denn die Zukunft einer jüngeren Generation beginnt nicht erst, wenn diese an der Macht ist. Das Thema Klimaschutz führt uns zudem vor Augen, dass die Verantwortung für die Zukunft anderer Menschen sich nicht nur auf die Kinder in unserem eigenen Land bezieht, sondern global ist.

Klimagerechtigkeit nur für einzelne Länder wird es nicht geben.

An der Aufgabe, die Klimakatastrophe abzuwenden, wird der Unterschied zwischen *angemessener* und *vorrangiger* Berücksichtigung von Kinderrechten noch einmal sehr deutlich. Hier wird sichtbar, wie radikal die Forderung der UN-Kinderrechtskonvention an dieser Stelle ist und wie sehr sie unsere aktuelle Lebensweise infrage stellt. Auf Kosten zukünftiger Generationen zu wirtschaften – damit wäre es dann vorbei. So unbequem das für viele von uns auch sein mag: Der Emanzipationsgrad einer Gesellschaft zeigt sich daran, ob sie bereit ist, ihre unmittelbaren Interessen zurückzustellen, damit andere zu einem späteren Zeitpunkt frei leben und überleben können.

_ KINDER IN IHRER ZEIT SEHEN

Bislang ist es uns nicht gelungen, die Kindheit im Lebensverlauf als eine Phase gleicher Rechte zu integrieren. Kinder werden nach wie vor in erster Linie als zukünftige, noch unfertige Erwachsene gesehen, dabei hat ihr Leben mit der Geburt bereits vollumfänglich begonnen. »Erwachsene werden anhand ihrer gegenwärtigen Handlungen und Erfahrungen in der Welt verstanden; Kinder werden eher anhand ihres Werdens verstanden, als Erwachsene-im-Werden«, so beschreibt die Soziologin Barrie Thorne die unterschiedliche soziale Wahrnehmung von Kindern und Erwachsenen.[399] In der UN-Kinderrechtskonvention werden Kinder ebenfalls als zukünftige Erwachsene gesehen, denn dort heißt es, sie sollten »umfassend auf ein individuelles Leben in der Gesellschaft vorbereitet« werden; davon, dass jedes Kind bereits ein individuelles Leben in der Gesellschaft lebt, ist nicht die Rede. Der Blick auf Kinder als etwas Unfertiges sowie auf die Kindheit als etwas zu Überwindendes verwehrt der jungen Generation einen festen Platz in unserer Zeitordnung. Zum Bewusstseinswandel, den eine generationengerechte Gesellschaft braucht, gehört es, Kinder als gleichberechtigten Teil unserer unmittelbaren gesellschaftlichen Gegenwart anzuerkennen.

Solange wir Erwachsenen unsere Rolle vornehmlich darin sehen, Kinder vorzubereiten auf eine spätere Zeit, verschieben wir die politische Verantwortung für sie ins Ungewisse. Denn viele gesellschaftliche Fragen betreffen die unmittelbare Gegenwart von Kindern, und es reicht nicht, dass sie sich später als Erwachsene selbst für Veränderung werden einsetzen können. Ökonomische Sicherheit im Erwachsenenalter beispielsweise macht eine Armutserfahrung in der Kindheit nicht ungeschehen, sondern ermöglicht nur dem jetzigen Erwachsenen, nicht aber rückwirkend dem damaligen Kind eigene Handlungsmacht. Indem wir auf eine Zukunft verweisen, in der Erwachsene sich selbst helfen können, wehren wir die gesellschaftliche Verantwortung für Kinder ab und ignorieren, dass ein Leben ein zeitliches Kontinuum ist, das sich nur theoretisch aufspalten lässt in eine Kindheit und eine Zeit danach. Unsere Kindheit ist Teil von uns und unserem späteren Leben.

In einem zeitgerechten Gesellschaftsentwurf dürfen Kinder da sein, ohne stets daran gemessen zu werden, welche Bedeutung das, was sie gerade tun, für ihre Zukunft hat. Was braucht ein Kind, damit es ihm heute gut geht? Wer ist das Kind in diesem Moment? Kindheiten finden im Jetzt statt, deshalb sollten wir Kinder immer in ihrer eigenen Zeit betrachten und nicht vor allem als werdende Berufstätige sehen. Eine Politik für junge Menschen muss weit über das Thema Lernen hinausgehen, sie muss auch die Freiheit von Kindern und Jugendlichen stärken. Wenn Kinder fortwährend auf ihre Zukunft einzahlen sollen, dann ist das, was sie sich für ihre Gegenwart wünschen, kaum relevant. Dann wird dem Leben im Augenblick seine Bedeutung abgesprochen; es wird degradiert zu einem Mittel, um den Wert der eigenen Zukunft zu steigern. Doch die Zukunft ist für uns alle immer zu großen Teilen ungewiss. Daher wäre es vernünftig, eine Balance zwischen dem Leben in der Gegenwart und dem Handeln für die Zukunft herzustellen. Nicht alle Zeit in unserem Leben *jetzt* lässt sich aufsparen oder in Geld übersetzen für *später*.

Die Fridays-for-Future-Aktivist_innen wenden ein solches Verständnis von Zeit bereits an, wenn sie sagen: »Wofür sollen wir lernen, wenn es für uns gar keine Zukunft gibt?«[400] Für das Leben insgesamt lässt sich diese Haltung abwandeln in: »Wofür sollen wir ausschließlich lernen, arbeiten, unsere Zeit in die Zukunft investieren, wenn die Zukunft nicht vorhersehbar ist?« Sich Zeit für das Leben in der Gegenwart zu nehmen, bewusst in dieser Gegenwart zu leben, in ihr präsent zu sein, ist eine notwendige politische Strategie, um sich der allgegenwärtigen Losung *Zeit ist Geld* zu widersetzen. Das gilt für Kinder und Erwachsene gleichermaßen.

Wenn das Zusammenleben mit Kindern seine Selbstverständlichkeit verliert, weil der Anteil der jungen Generation an der Bevölkerung eines Landes abnimmt, dann sehen viele Menschen Kinder nicht mehr als notwendigen Bestandteil von Zukunft. Die Entsolidarisierung mit jüngeren Menschen geht heute so weit, dass die Geburt oder die Annahme eines Kindes bisweilen als egoistisches Projekt seiner Eltern verstanden wird. Kinder gelten als private Lebensentscheidung und vor allem: als verzichtbar. Kinder sind jedoch keine Lebensentscheidung, Kinder sind Menschen. Eine Gesellschaft, die Kinder für verzichtbar hält, ist dabei, die Zukunft aufzugeben.

Kinder nerven nicht, weil sie Kinder sind, sondern weil sie in einer zeitknappen Welt diejenigen sind, die den sogenannten reibungslosen Ablauf am meisten stören. Ihre Bedürfnisse sind unberechenbar, zeitintensiv, sie können nicht warten. Als Erwachsene haben wir jedoch die Möglichkeit, Zeit- und Sorgestrukturen zu schaffen, in denen Kinder kein Zeitproblem mehr darstellen. Wir sind nicht machtlos. Doch absurderweise sehen wir das Problem meist in den Kindern, und manche Menschen bereuen sogar, Eltern geworden zu sein. Dabei sollten wir eigentlich bereuen, dass wir bisher an unserer jetzigen Zeitkultur zu wenig gerüttelt haben. Vielleicht nerven uns gar nicht der Schlafmangel und das Geschrei, sondern dass wir uns ohnmächtig fühlen, die politischen Rahmenbedingungen so zu verändern, dass es keine Überforderung mehr bedeutet, mit Kindern und Pflegebedürftigen zu leben. Wer oder was hindert uns daran, diese Zeitkultur und neue Care-Strukturen zu schaffen?

Zeit ist kein Luxusgut, im Gegenteil: Viele unserer Grundbedürfnisse lassen sich nur mit ausreichend Zeit befriedigen. Kinder haben ein eigenes Lebenstempo und brauchen viel Zeit, um die »Vielfalt an Wahrnehmungen aufzunehmen und einzuordnen« und sie schließlich mit »ihren bisherigen Erfahrungen zu vernetzen«, schreibt der Pädagoge Armin Krenz über die Bedeutung von Zeit für die Entwicklung von Kindern.[401] Das Umdrehen jedes Steins am Wegesrand ist keine nervige Angewohnheit, denn Kinder bauen über die ausgiebige Wahrnehmung ihrer Umgebung nach und nach das Wissen auf, das sie benötigen, um die Welt zu verstehen. Um lernen zu können, brauchen sie einen Alltag, der ihnen viel Zeit für das langsame Begreifen gibt. Eine kindgerechte Zeitkultur steht damit im Kontrast zu dem temporeichen Entwurf unseres Alltags, in dem keine Zeit vorgesehen ist, um spontane Pausen zu machen, Umwege zu laufen und langsam zu sein. Wir müssen das kindliche Recht auf Zeit in unseren Gesellschaftsentwurf integrieren. Denn wenn Kindern besonderer Schutz gebührt, dann sollten sich Erwachsene an den Zeitbedürfnissen von Kindern orientieren, und nicht umgekehrt, so wie bisher meist. Kindheit kann kein geschützter Raum sein, wenn sie das ist, was an den Rändern des Erwachsenenalltags übrig bleibt.

Es ist ein Missverständnis, kinderfrei leben zu können. Denn wir alle leben mit Kindern, sie sind Teil der Gesellschaft. Daher sollten wir alle uns für Kinder und ihre Interessen mit verantwortlich fühlen, ganz unabhängig davon, ob wir selbst Eltern werden (wollen) oder nicht. In demokratischen Gesellschaften müssen wir Kinder als Menschen mit vollen Rechten in unser politisches Denken und Handeln einschließen. Erst dann, wenn wir der Gegenwart und Zukunft von Kindern den gleichen Wert beimessen wie der Gegenwart und Zukunft von Erwachsenen, entsteht Zeitgerechtigkeit.

6
ZEIT FÜR POLITIK

Wir wünschen uns, mit anderen zusammen Politik zu machen, weil wir wahrnehmen, dass es von uns abhängt, ob das, woran wir uns orientieren, in der Welt Resonanz bekommt und sichtbar wird.

_ CHIARA ZAMBONI[402]

_ EIN FETZEN GEMEINSCHAFT

Zeit steht am Anfang jeder Beziehung: der Wunsch, viel Zeit miteinander zu verbringen, die Bereitschaft, Zeit zu geben, das Versprechen, eine bestimmte oder auch unbestimmte Zeit lang zu bleiben. Interesse und Zuneigung können andere Personen erst erreichen, wenn wir unsere Empfindungen ihnen gegenüber in gemeinsame Zeit übersetzen, einander geteilte Zeiten ermöglichen. Zeit entscheidet auch über unser Verhältnis zur Welt. Unser Interesse drücken wir darüber aus, ob und wofür wir Zeit aufwenden, um uns in eine politische Beziehung zu unserer Umwelt zu setzen. Die »Wachheit und Weltoffenheit«[403] einer Epoche hängt auch von der Verfügbarkeit frei nutzbarer Zeit ab, denn Menschen müssen die Möglichkeit haben, sich umzuschauen, sich zu informieren, sich auszutauschen, sich zusammenzuschließen und Neues auszuprobieren. Zeitarmut hindert Menschen daran, sich politisch einzubringen. Der Zugriff auf die eigene Zeit ist daher eine Gerechtigkeitsfrage, die Ungleichverteilung von Zeit in unserer Gesellschaft ein demokratisches Problem.

Diejenigen, die ein Interesse daran haben, die bestehenden Machtstrukturen beizubehalten, sperren sich oftmals gegen Vorschläge, freie Zeit fairer zu verteilen und dadurch mehr Zeit für gesellschaftliches Engagement zu schaffen. Denn Zeit zu haben fordert letztlich die Machtverhältnisse heraus. Wenn gesellschaftliche Strukturen unsere Möglichkeiten kleinhalten, die eigene Zeit souverän zu nutzen, so wie es unsere gegenwärtige Zeitkultur vielfach tut, dann werden wir dadurch daran gehindert, über unsere Lebensbedingungen mitzuentscheiden und sie zu verändern, sofern uns dies notwendig erscheint.

Eine wache und weltoffene Gesellschaft braucht Zeit für Gemeinschaft: wechselseitige Zeit. Anliegen, Bedürfnisse und Interessen können erst dann von anderen gehört und verstanden werden, wenn Sprechende und Zuhörende in einer miteinander geteilten Zeit zusammenkommen. Nachts für sich allein über den Schutz der Meere nachzudenken, resultiert weder in der Erfahrung von Selbstwirksamkeit noch in politischem Einfluss.

Zeitkonfetti, wie die Journalistin Brigid Schulte die Fragmentierung von individuellen Eigenzeiten nennt, gibt es in ähnlicher Form auch bei gesellschaftlichem Engagement. Wenn Menschen zwar Zeit finden, ihren politischen Interessen nachzugehen und sie auszudrücken, dies aber für sich allein tun, indem sie ein Buch lesen, einen Beitrag in einem digitalen Netzwerk liken oder Mails an Politiker_innen schreiben, dann zerfällt das zivile Engagement in kaum miteinander verbundene Schnipsel: Wir simulieren Gemeinschaft. Wir simulieren, politisch dabei zu sein. Zeitsouveränität für alle zu ermöglichen und das Konfetti unserer Zeit wieder zusammenzusetzen zu gemeinsamem Engagement, ist daher eine Strategie, mit der wir die Gesellschaft, in der wir leben, gerechter machen können.

Viele von uns suchen es sich nicht aus, ohne Austausch und ohne Macht zu sein. »Stetig verblasst die Erfahrung, mit anderen in Gemeinschaft zu leben, mehr, franst das Recht auf Gemeinschaft aus und wird fragiler. Beständig wächst weltweit die Zahl derer, denen es vorenthalten ist, sind allzu viele verwiesen auf ein Leben auf der Flucht oder in Haft, relegiert in ein Dasein an den Rändern, in einen Körper, der nicht ihrer ist«, so beschreibt Sabine Hark, Soziolog_in, wie die Dominanzkultur es immer mehr Menschen erschwert, sich überhaupt *irgendwo* zugehörig zu fühlen.[404] Ausgrenzung, Isolation und zu wenig Zeit mit Freund_innen und Menschen außerhalb der engen alltäglichen Bezüge sind ein Problem, da dadurch die Möglichkeit gehemmt wird, sich mit anderen zusammenzutun. Vereinzelung und Zeitarmut beschränken die politische Wehrhaftigkeit oder, wie die Publizistin Hannah Arendt es ausdrückte, das »politische Niveau« einer Epoche.[405]

Politische Anliegen müssen gebündelt werden, um wahrgenommen zu werden. Sie können gleichzeitig geäußert werden, indem Menschen für eine Demonstration zusammenkommen, an einem festgelegten Tag wählen gehen, während eines kurzen Zeitraums in digitalen Netzwerken über das gleiche Thema diskutieren oder sich mit anderen treffen, um ihre Ideen und Vorhaben zu besprechen. Das Aufeinandertreffen von Anliegen und Gemeinschaft kann auch zeitverzögert geschehen, beispielsweise dann, wenn jemand einen Text verfasst hat und eine andere Person ihn später liest. Wenn ein Theaterstück geschrieben, geprobt und schließlich immer wieder vor Publikum aufgeführt wird. Wir sind nicht grundsätzlich allein, wenn wir nicht unmittelbar miteinander interagieren. Doch erst dann, wenn Artikulationsformen des politischen Interesses zeitlich so koordiniert werden, dass sie immer wieder neue Menschen erreichen, wenn sie nicht nur punktuell aufblitzen, sondern sich über Wiederholung und Austausch festigen, entsteht im *Berührungszeitraum* von politischem Interesse und Gemeinschaft die Basis für wirkmächtiges Handeln. Die Politikwissenschaftlerin Linda Zerilli bezeichnet die öffentliche Artikulation gemeinschaftlicher Angelegenheiten als »weltbildende Praxis«.[406]

Politik findet nicht nur in Parlamenten und Parteien statt, sondern auch in unserem Alltagshandeln. Wir praktizieren Formen von Politik oft bereits dann, wenn wir unsere Aktivitäten noch nicht als solche bezeichnen würden. »Wenn man sich ein Problem zu Herzen nimmt, wenn man den Impuls verspürt, aus dem Privatinteresse herauszutreten und sich mit anderen zusammenzutun, und wenn dies Leidenschaft und Reaktionen weckt, dann findet Politik statt«, schreiben Luisa Muraro und Chiara Zamboni, die zum italienischen Philosophinnen-Kollektiv Diotima gehören und zur Unterscheidung von Macht und Politik sowie den unterschiedlichen Ausdrucksformen politischen Handelns publiziert haben.[407] Die Politik, für die sie plädieren, stützt sich »auf die Ausübung von Gemeinschaftlichkeit und nicht auf die Ausübung von Macht«.[408] Politik der Gemeinschaftlichkeit ist darauf angewiesen, dass Menschen genügend Zeit haben, sich dauerhaft zu engagieren oder ihr Wissen weiterzugeben an andere, die auf sie folgen.

Innerhalb einer neuen Zeitkultur, die das engagierte Leben einschließt, besteht der erste politische Akt darin, jedem Menschen eigene Zeiten zu ermöglichen für einen politischen Bezug zur Welt. Das beginnt damit, dass Kinder so früh wie möglich Mitbestimmung erleben und auch im Erwachsenenalter nie das Selbstverständnis verlieren, dass sie sich politisch einbringen können. Über den gesamten Lebensverlauf brauchen Menschen im Alltag ausreichend freie Zeit dafür, sich ehrenamtlich und demokratisch zu engagieren. Damit das gelingt, müssen Menschen, die diese Zeit bislang nicht haben, von anderen Aufgaben entlastet werden. Eine lebendige Zivilgesellschaft darf Mitgestaltung nicht dem Zufall überlassen, sondern löst die Strukturen auf, über die bestimmten Menschen die Zeit vorenthalten wird, die sie benötigen, um sich eigenständig politisch einzubringen. Zu wirklich gemeinschaftlich orientiertem Engagement kann also beispielsweise auch gehören, auf die Kinder einer Person aufzupassen, die bislang vom politischen Leben ausgeschlossen war, und die Unterstützung von Care-Verantwortlichen immer mitzudenken. Oder Wissen darüber, wie man sich engagiert, ehrenamtlich weiterzugeben und Menschen, die bislang seltener engagiert sind, dazuzuholen. Caring und politische Teilhabe sind eng miteinander verflochten: Wenn Inga, Britta und Lisa – drei von Astrid Lindgren erfundene Kinderbuch-Figuren – dem erblindeten Großvater aus der Zeitung vorlesen, sorgen sie dafür, dass seine Welt größer bleibt als sein Alltag im Schaukelstuhl. Die Politik der Gemeinschaftlichkeit fordert uns auf, Menschen zuzuhören, von anderen lernen zu wollen und auch einmal eigene Ideen zurückzustellen, um anderen die Gelegenheit für Engagement zu geben.

_ POLITIK ALS ARBEITSTEILUNG

Die eigene Zeit für eine Politik der Gemeinschaftlichkeit zu nutzen – sich also über die Grenzen des eigenen Umfelds hinaus zu engagieren –, ist bislang kein selbstverständlicher Bestandteil unserer Zeitkultur. Das hat verschiedene Gründe. In repräsentativen Demokratien hat sich die Auffassung durchgesetzt, dass Politik die besten Ergebnisse hervorbringt, wenn sie arbeitsteilig organisiert ist und in den Händen von vergleichsweise wenigen Menschen liegt, die als besonders qualifiziert für diese Aufgabe gelten und Politik wie eine Erwerbsarbeit ausüben: in Vollzeit und bezahlt. Aber was politische Eignung genau ausmacht, bleibt diffus. Einen typischen Werdegang oder gar eine Ausbildung gibt es nicht. Unsere Gesellschaft hat zudem bislang keine geteilte Vorstellung davon, welche Vielfalt und Kompetenzen ein Parlament abbilden sollte. Diese fehlende Orientierungsmöglichkeit – nicht zu wissen, wie man Politiker_in werden kann und wer überhaupt erwünscht ist – führt bei vielen Menschen zu der Annahme, sie seien nicht geeignet, wodurch die Zahl derer, die über ein politisches Amt nachdenken, stark begrenzt wird.

Ein hoher Bildungsgrad und finanzielle Sicherheit erleichtern den Einstieg in die Politik enorm, denn politisches Engagement setzt in unserem System nicht nur Wissen, einen bestimmten Habitus und Netzwerke voraus, sondern auch ein erhebliches Maß an frei verfügbarer Zeit. Einen Wahlkampf für ein Bundestagsmandat zu bestreiten, kostet nicht nur viel Geld – von bis zu 70 000 Euro berichtet die *Süddeutsche Zeitung*[409] –, sondern verlangt in der Regel auch, dass die Kandidat_innen über mehrere Wochen ihren Erwerbsjob ruhen lassen, Stunden reduzieren[410] und währenddessen auf Gehalt verzichten. Ohne eine stabile materielle Basis lassen sich diese Anforderungen kaum erfüllen, wodurch der potenzielle Personenkreis immens zusammenschrumpft.

Das politische Milieu reproduziert sich weitgehend selbst. Parteien haben derzeit keine ausreichenden Strategien, um zu leicht zugänglichen und inklusiven Organisationen zu werden, die eine bessere Repräsentation aller in unserem Land lebenden Menschen ermöglichen. »Manchmal schaffen die Mächtigen strukturelle Barrieren, indem sie formell Integration gewähren, die aber faktisch auf Ausschluss hinausläuft«, schreibt die amerikanische Politikwissenschaftlerin Joan Tronto über die verdeckten Mechanismen, die auch in demokratischen Gesellschaften Teilhabe und Inklusion erschweren.[411] In Parteien fehlen so unter anderem Alleinerziehende und andere Care-Verantwortliche, die oft nur schwer an Treffen spät am Abend teilnehmen können. Menschen mit Migrationshintergrund, die einer repräsentativen Umfrage aus dem Jahr 2021 zufolge sogar ein überdurchschnittlich hohes Interesse an politischem Engagement haben, beenden dies häufig wieder, weil sie dabei Diskriminierung erfahren.[412]

Die momentane Zusammensetzung des Deutschen Bundestages zeigt unmissverständlich, dass sich der Zugang zur aktiven politischen Teilhabe in unserer Gesellschaft verändern muss. Unsere derzeitige Demokratie kann mit Fug und Recht als elitär bezeichnet werden. Im Parlament sind nicht nur weiße cis Männer deutlich überrepräsentiert, sondern auch Menschen mit Hochschulabschluss und Doktortitel; während lediglich 18,5 Prozent der in Deutschland lebenden Bürger_innen einen akademischen Abschluss haben, waren es unter den Abgeordneten in den zurückliegenden Legislaturperioden über 80 Prozent. Viel zu wenige Menschen mit Behinderung, mit Hauptschulabschluss, mit Migrationshintergrund, zu wenige aus Dörfern und sogar zu wenige Alleinstehende entscheiden in Deutschland über Gesetze und die Verteilung von materiellen Ressourcen, die alle betreffen.[413] Die Menschen in Deutschland werden 2022 von 736 Abgeordneten im Bundestag repräsentiert. 2021 wurden mit Tessa Ganserer und Nyke Slawik zum ersten Mal zwei trans Frauen, beide Politikerinnen bei den Grünen, in den Bundestag gewählt[414] sowie mit Awet Tesfaiesus die erste Schwarze Frau. Gemessen an über einer Million Menschen afrikanischer Herkunft, die laut Schätzungen in Deutschland leben,[415] sind drei Schwarze SPD-Abgeordnete – Karamba Diaby sitzt bereits seit 2013 im Bundestag, Armand Zorn seit 2021 – zu wenig, um Schwarze Menschen angemessen repräsentieren zu können. Über das 2021 in den Bundestag eingebrachte und abgelehnte Selbstbestimmungsgesetz, das das Transsexuellengesetz ersetzen sollte, dessen Regelungen von trans und inter Personen seit vielen Jahren als entwürdigend und stigmatisierend kritisiert werden, konnte keine unmittelbar betroffene Person mitdebattieren und abstimmen. Ein Beispiel von vielen, das deutlich macht, wie mehr Vielfalt in politischen Institutionen dabei helfen könnte, Ungerechtigkeiten zu begegnen, denen unterrepräsentierte Gruppen oft sogar durch Gesetze ausgesetzt sind. Würde der Mindestlohn endlich vor Armut schützen, wenn mehr Menschen mit geringem Einkommen im Bundestag säßen? Was würde sich in der Altenpflege ändern, wenn mehr hochaltrige Menschen über die Gesundheitspolitik entscheiden könnten? Wie sähe Familienpolitik aus, wenn mehr Alleinerziehende in den Fraktionen vertreten wären? Welche Asylpolitik würde sich durchsetzen, wenn sich die Einwanderungsgesellschaft in den Parlamenten widerspiegeln würde? Es reicht nicht aus, dass politische Themen im Bundestag erörtert werden. Die Menschen, auf die sich die Entscheidungen unmittelbar auswirken, weil sie ihre Lebenswirklichkeit betreffen, müssen die Themen selbst, in ihrer eigenen Zeit, bearbeiten dürfen.

Wenn Politik als Beruf betrachtet wird, der nur wenigen offensteht, und nicht als kollektive, leicht zugängliche Praxis, kommt es zu einer Entfremdung: Menschen ohne offizielle politische Aufgaben oder ohne Berührungspunkte mit zivilgesellschaftlichem Engagement entpolitisieren das eigene Handeln und verstehen sich innerhalb unserer demokratischen Kultur lediglich als Zuschauende. Vielleicht verfolgen sie das politische Geschehen interessiert und beteiligen sich über Wahlen oder das Unterzeichnen von Online-Petitionen, im

Kern aber sehen sie sich selbst als außerhalb der Politik stehend. Diese Form der Abgrenzung kann auch als Form des *Othering* beschrieben werden, bei dem Menschen als »andere« von einem »Wir« unterschieden werden und dabei häufig abgewertet oder mit Vorurteilen belegt werden.[416]

Dieser Prozess kann auch in die andere Richtung verlaufen: Dann ignorieren diejenigen mit offiziellen politischen Aufgaben die politische Dimension des Alltäglichen und verkürzen Politik auf parlamentarische Prozesse, zu denen nur sie selbst als Expert_innen in der Lage seien. Menschen außerhalb der eng gefassten politischen Strukturen betrachten sie als Laien, auf deren Erfahrungswissen sie weitgehend verzichten können. Die Politikforscherin Marion Reiser beschreibt in ihrer Untersuchung zur Verhaltensänderung neu gewählter Landtagsabgeordneter, dass über ein Drittel von ihnen schon nach wenigen Monaten »eine gewisse Abgehobenheit« gegenüber Menschen außerhalb der Politik zeigte; sie glaubten, komplexe Zusammenhänge besser zu durchschauen, und seien daher auch weniger offen für Kritik. Gleichzeitig gingen die Menschen aus den Wahlkreisen der Abgeordneten mit der Zeit auf Distanz zu den von ihnen Gewählten, was dazu führe, dass sich die beiden Gruppen voneinander entkoppelten.[417] Viele Politiker_innen werden zudem aus ihren vormaligen sozialen Bezügen herausgelöst. Eine Studie zu Abgeordneten aus unterrepräsentierten Gruppen im Deutschen Bundestag konnte zeigen, dass Politiker_innen mit Migrationshintergrund oder aus ökonomisch benachteiligten Schichten sich zu Beginn ihrer Karriere für Themen ihrer jeweiligen Gruppen einsetzten, dieses Engagement mit der Zeit aber stark abnahm und sie sich anderen Themen zuwandten, die in der Bundespolitik als prestigeträchtiger gelten.[418]

Die Etablierung von Politik als Beruf, wie sie sich innerhalb der kapitalistischen Logik vollzogen hat, hat Politik und Gesellschaft auch darüber voneinander entfremdet, dass Politik kommodifiziert wurde. In dieser Zuspitzung sehen Politiker_innen ihre Arbeit als Dienstleistung für Bürger_innen, die für das, was sie brauchen, keine Expert_innen sind. Auf der anderen Seite konsumieren manche Menschen Politik als Service, an den sie als Konsument_in Erwartungen haben, an dessen Design sie aber nicht beteiligt sind. Wird Politik als Dienstleistung gesehen, ist sie zudem verzichtbar, wenn man von Gesetzen und Rahmenbedingungen nicht betroffen ist. Manche Menschen befriedigen ihre Bedürfnisse mithilfe anderer Produkte als Politik, wenn sie zum Beispiel eine Putzkraft beschäftigen, statt geringere Arbeitszeiten zu fordern. Manche begreifen Politik gar als käufliche Ware.

Diese Betrachtung ist natürlich eine grobe Vereinfachung und bildet politische Arbeit, wie sie auf den unterschiedlichsten Ebenen geleistet wird – im kommunalen Bereich oft ehrenamtlich –, nur unzureichend ab. Worauf ich hinauswill, ist jedoch, dass sich sehr viele Menschen außerhalb der Politik verorten, da sie glauben, es sei nicht ihre Aufgabe oder nicht ihr Recht, sich in die Gestaltung der kollektiven Lebensbedingungen einzubringen. Dieses Verständnis von Politik als etwas, das man vom eigenen Leben abtrennen kann und das andere besser verstehen als man selbst, verhindert, dass mehr und vor allem mehr Menschen aus unterschiedlichen Bevölkerungsgruppen politisch aktiv werden.

Die momentane gesellschaftliche Arbeitsteilung sieht so aus, dass wir gewählten Politiker_innen und weiteren staatlichen Institutionen Zeit gewähren, damit sie die Gesellschaft friedlich und gerecht ordnen, sie weiterentwickeln und Zusammenhalt schaffen, während andere Menschen sich auf Aufgaben außerhalb der institutionalisierten Politik konzentrieren. Innerhalb unserer gegenwärtigen Zeitkultur sollten wir uns daher weitgehend darauf verlassen können, dass wir Produkte kaufen können, die umweltfreundlich sind, dass Erwerbsarbeit so reglementiert ist, dass Menschen nicht ausgebeutet werden, dass Kinder in Schulen und Kitas so betreut und unterrichtet werden, dass sie sich sicher fühlen und gut entwickeln können, und dass politische Maßnahmen Diskriminierung und Ausgrenzung beenden. Die groben Linien für gute Politik geben das Grundgesetz und unterschiedliche Menschenrechtsabkommen vor. Doch für viele politische Fragen lässt sich feststellen, dass sie unzureichend gelöst und bearbeitet werden – wie etwa Rassismus, geschlechtsspezifische Gewalt oder Klimaschutz – und Druck aus der Zivilgesellschaft notwendig ist, um Regierungen zu Maßnahmen zu bewegen.

Geltende Gesetze können zwar innerhalb einer Legislaturperiode von Menschen aus der Wirtschaft, der Forschung, aus Kultur oder Zivilgesellschaft kommentiert, beeinflusst und auf diesem Weg verändert werden, zum Beispiel durch die Anhörung von Sachverständigen, doch diese Möglichkeiten sind vergleichsweise rar und exklusiv und werden überwiegend von Expert_innen im Rahmen ihrer Erwerbsarbeit wahrgenommen. Auch ein lebhafter öffentlicher Diskurs ist rechtlich über die Meinungs-, Presse- und Versammlungsfreiheit abgesichert und zählt zum demokratischen Grundverständnis, die Beteiligung daran setzt jedoch auch Ressourcen voraus, eine der wichtigsten dafür ist Zeit. Dass Machtverhältnisse verschoben werden, wenn man sich Zeit für Engagement nimmt, haben die Schüler_innen, die sich über Fridays for Futures organisiert haben, eindrucksvoll gezeigt. Das Mehr an Freizeit, über das junge Menschen verfügen, ist für politische Bewegungen ein Vorteil. Zudem hätten ihre Proteste für mehr Klimaschutz sehr wahrscheinlich weniger Aufmerksamkeit erregt, hätten die Jugendlichen dafür nicht einen Schultag bestreikt und sich stattdessen am Wochenende getroffen. Auf diese Weise forderten sie die Zeitordnung heraus und provozierten damit viele Erwachsene, die der Auffassung waren, Lernzeit sei wichtiger als Zukunftsengagement.

Die Philosophin Cristina Lafont ist der Auffassung, dass die Bereitschaft zur politischen Auseinandersetzung, in der man selbst Argumente formuliert und für die von anderen offen ist, wichtig sei, um sich zur Gesellschaft zugehörig zu fühlen. Sie schreibt: »Nur wenn sich Bürgerinnen und Bürger wirklich verpflichtet fühlen, einander zu überzeugen, können sie sich mit den Institutionen, Gesetzen und Regelungen, denen sie unterworfen sind, auch weiterhin *identifizieren* und sie ohne Entfremdung *als ihre eigenen begreifen*.«[419] Die Passivität, die bei vielen durch ein arbeitsteiliges Verständnis von Politik entsteht, ist dieser Sichtweise zufolge demokratieschädigend. Bürger_innen fühlen sich nicht mehr unmittelbar beteiligt und an politische Regeln teils auch nicht mehr gebunden, wenn sie eigenes Engagement verzichtbar finden. Aus diesem Grund sollte jede demokratische Gesellschaft aktiv darauf hinwirken, dass alle Menschen die Möglichkeit bekommen, zur Willensbildung beizutragen oder als Korrektiv zu wirken.

_ ZIVILGESELLSCHAFTLICHES ENGAGEMENT

In Deutschland betätigen sich rund 40 Prozent aller Jugendlichen und Erwachsenen in der freiwilligen Arbeit – rund zehn Prozent mehr als vor 20 Jahren.[420] Der Anstieg, den das Freiwilligensurvey 2019 gemessen hat, wird von den Autor_innen mit gesellschaftlichen Veränderungen erklärt, wie besseren Bildungschancen, einer stärkeren öffentlichen Aufmerksamkeit für Engagement, einer höheren Erwerbsbeteiligung von Frauen und auch einer besseren Gesundheit im Rentenalter.[421] Auf den ersten Blick vermittelt die hohe Quote das Bild eines Landes, in dem Menschen sich breit und vielfältig in die Gestaltung der Gesellschaft einbringen. Doch um die politische Qualität und das Potenzial des freiwilligen Engagements genauer beurteilen zu können, ist die reine Quote nicht geeignet. Denn darüber erschließt sich nicht, wer sich beteiligen kann und wer nicht, für welche Themen sich Menschen engagieren und wie viel Zeit sie für ihre Tätigkeit aufwenden.

Tatsächlich wirken im freiwilligen Engagement ähnliche Exklusionsmechanismen wie in der Politik: Menschen mit einer hohen formalen Bildung, aus höheren Einkommensgruppen und ohne Migrationsgeschichte sind überrepräsentiert.[422] »Menschen mit Behinderung, Erwerbslose, sozial Benachteiligte und Zugewanderte [...] werden von der Gesellschaft, aber auch von vielen Engagierten und ihren Organisationen allenfalls als Objekte von Wohltätigkeit, nicht aber als (potenziell)

Engagierte eigenen Rechts mit eigenen Stärken, Ideen und Gestaltungsabsichten wahrgenommen«, heißt es in einem Expertise-Papier der Friedrich-Ebert-Stiftung.[423]

Die Beteiligungsquote von Frauen hat zwar mittlerweile zu der der Männer aufgeschlossen, allerdings engagieren sich vor allem diejenigen, die in Teilzeit arbeiten oder sich die Betreuung eigener Kinder mit anderen Erwachsenen teilen können. Für Alleinerziehende ist es deutlich schwieriger, sich politisch zu organisieren und einzubringen.[424] Während berufstätige Frauen, die viel arbeiten, sich seltener engagieren, steigt die Quote bei Männern mit ihrer Arbeitszeit.[425] Das Eingebundensein im Beruf scheint sie eher zu bestärken, sich zusätzlich nach Feierabend ehrenamtlich zu betätigen. Die Daten zum Engagement von Eltern zeigen zudem, dass Männer mit Kindern sich häufiger engagieren als Frauen mit Kindern – der Gender-Care-Gap scheint sich auch hier wieder auszuwirken. Die Wissenschaftlerinnen Christina Klenner und Svenja Pfahl formulieren den Befund, dass Männer mehr Zeit für Ehrenämter haben, indem sie sich zu Hause weniger beteiligen, mit leichtem Sarkasmus: »Aufgrund der geschlechtsspezifischen Arbeitsteilung entlasten sich Männer, die in Partnerschaft leben, weitgehend von sonstigen unbezahlten Tätigkeiten im Reproduktionsbereich über die Partnerin.«[426] Daraus entsteht ein Teufelskreis: Denn wenn Frauen mehr Care-Aufgaben zu Hause übernehmen müssen, weil ihre Partner aufgrund ihrer Ehrenämter oft abwesend sind, fehlt Frauen erst recht Zeit für eigenes Engagement.

Wer sich mit Diskriminierung befasst, wird von fehlender Diversität im freiwilligen Engagement nicht überrascht sein.

Warum sollten sich die Möglichkeiten im Ehrenamt auch von denen in der Berufswelt und in der Politik unterscheiden? Damit können wir aber nicht zufrieden sein, denn zivilgesellschaftliches Engagement trägt zur politischen Willensbildung bei und hat Einfluss darauf, welche Themen gesellschaftlich Beachtung finden. Die ausgrenzenden Strukturen führen dazu, dass Ungerechtigkeiten aufrechterhalten oder sogar verstärkt werden. Wenn zivilgesellschaftliches Engagement die Rolle haben soll, politische Debatten breiter und inklusiver zu machen und den gesellschaftlichen Zusammenhalt zu stärken, dann müssen zivilgesellschaftliche Organisationen eine Debatte darüber in Gang setzen und Konzepte vorlegen, wie das bürgerschaftliche Engagement vielfältiger werden kann.

Zeitarmut ist – neben den genannten Exklusionsfaktoren – eine der größten Hürden, sich langfristig und intensiv in der freiwilligen Arbeit zu engagieren. In Befragungen nennen Menschen besonders oft die Länge ihrer Arbeitstage oder auch Schichtarbeit als Hinderungsgründe. Von denjenigen, die sich noch nie in einem Verein oder einem anderen Ehrenamt eingebracht haben, gaben drei Viertel an, dass sie dies bislang aus zeitlichen Gründen nicht getan hätten.[427] Auch bei der Beendigung oder Unterbrechung eines freiwilligen Engagements wird Zeitmangel als häufigster Grund genannt: Entweder wird das Ehrenamt als zu zeitaufwendig oder anstrengend beschrieben, oder berufliche und familiäre Verpflichtungen brauchen die Zeit, die zuvor für das Engagement aufgebracht wurde.[428]

Der langfristige Trend, den das jüngste Freiwilligensurvey zeigt, ist zudem, insgesamt weniger Zeit auf Ehrenämter zu verwenden. Seit gut 20 Jahren sinkt der Anteil der Engagierten, die wöchentlich mehr als sechs Stunden für ihre freiwillige Tätigkeit aufbringen.[429] 1999 lag ihr Anteil noch bei 23 Prozent, mittlerweile liegt er bei 17 Prozent. Die frei werdende Zeit nutzen Menschen für mehr Erwerbsarbeit, mehr Care-Arbeit, aber auch für mehr Freizeit. In der Gruppe derer, die sich mehr als sechs Stunden pro Woche engagieren, sind Männer überrepräsentiert – und Menschen über 65 Jahren, denn in diesem Alter sind viele schon in Rente und kümmern sich auch nur noch selten zeitintensiv um Kinder. Besonders wenig Zeit hat die Altersgruppe zwischen 30 und 49 – die Lebensspanne, in der Eltern viel Zeit für Care-Aufgaben aufwenden, die Anforderungen im Beruf oft besonders hoch sind und freie Zeit, sofern vorhanden, vielleicht eher für Erholung als für eine dritte Form von Arbeit genutzt wird.

Die große Engagement-Quote in Deutschland, auf die Politiker_innen gern verweisen, setzt sich überwiegend aus kleinen Zeitspenden von einer bis zwei Stunden pro Woche zusammen: Der Anteil der geringfügig Engagierten ist seit 1999 von 50 auf 60 Prozent gestiegen.[430] In der Summe kommt dadurch eine beeindruckende Quote zustande, doch wie viel Kraft entfaltet das Engagement im Einzelnen? Reichen eine bis zwei Stunden pro Woche aus, um Ideen zu entwickeln, Strategien zu planen und diese umzusetzen? Wie wirkungsvoll kann ein solches Zeitkonfetti sein?

Über die bisherige Auswertung des freiwilligen Engagements in Deutschland lassen sich zudem nur begrenzt Rückschlüsse auf dessen Qualität und gesellschaftliche Relevanz ziehen. Denn das Freiwilligensurvey, die größte repräsentative Befragung zu dem Thema in Deutschland, fasst alle Arten von

Engagement zusammen, ohne zu prüfen, ob die jeweiligen Initiativen und Themenfelder tatsächlich den gesellschaftlichen Zusammenhalt stärken, politische Interessen bündeln und artikulieren oder sich darum bemühen, demokratiegefährdenden Tendenzen entgegenzuwirken. Damit tauchen in den Statistiken zum freiwilligen Engagement möglicherweise sogar Vereine auf, die antidemokratisch agieren, die nicht gemeinwohlorientiert wirken, in denen Menschen unter sich bleiben und ihre eigenen Privilegien abschirmen und ausbauen. Den größten Anteil am freiwilligen Engagement hatte im Freiwilligensurvey von 2019 der Bereich »Sport und Bewegung«; 13,5 Prozent der Befragten waren dort aktiv. Im Bereich »Politik und politische Interessenvertretung« waren es nur rund drei Prozent, im Bereich »Umwelt, Naturschutz oder Tierschutz« vier Prozent.[431] Viele Eltern, insbesondere Mütter, engagieren sich auch in den Kindergärten und Schulen ihrer Kinder, was nur bedingt ein freiwilliges Engagement ist, sondern auch als Erweiterung der familiären Care-Arbeit und zusätzliche zeitliche Belastung gesehen werden kann; Rollenerwartungen an Mütter sowie die Notwendigkeit, in Betreuungseinrichtungen mitzuhelfen, schränken die freie Wahl ihres Engagements ein. Die politische Welt von Eltern wird kleiner, als sie es sein müsste, wenn sie auch die Zeit, die sie für zivilgesellschaftliches Engagement aufbringen können, auf ihre Kinder konzentrieren müssen, statt auf Themen, die sie politisch interessieren.

Ich selbst bin seit vielen Jahren in losen feministischen Gruppen engagiert, die immer wieder punktuell zusammenkommen für Austausch, gegenseitige Unterstützung und konkrete Aktionen wie die Organisation des Aufrufes #ausnahmslos, der sich nach Übergriffen in der Silvesternacht 2016 in Köln gegen die rassistische Instrumentalisierung von sexualisierter Gewalt wendete und sich für eine Reform des Sexualstrafrechts im Sinne eines Nein-heißt-Nein starkmachte.[432] Dieses Engagement langfristig zu organisieren, erwies sich jedoch als unmöglich, da wir weder einzeln genug Zeit neben unserer bezahlten Arbeit oder Familien übrig hatten, noch die wenige freie Zeit sich so koordinieren ließ, dass wir langfristig zusammen an etwas arbeiten konnten. Und dann kam auch noch die Coronapandemie, die persönliche Treffen erschwerte, die zuvor für neue Ideen und Motivation viel besser funktioniert hatten als virtuelle Gespräche. Wie wichtig und überlegen das gemeinsame Denken bei realen Begegnungen ist, wurde mir in dieser Zeit noch einmal mehr klar. Ich träume schon lange davon, dass die Woche einen achten Tag dazubekommt, den ich allein meinem freiwilligen Engagement widmen kann. Eine Vier-Tage-Woche täte es auch. Momentan gibt es eine Lücke zwischen dem, was wir über die Dinge wissen, die wir politisch bewegen wollen oder sogar müssten, und ob wir es schaffen, diesen Interessen Ausdruck zu verleihen. Denn erst, indem wir unser immenses Wissen mit Absichten und Gemeinschaft verknüpfen, geben wir ihm eine kollektive Bedeutung, aus der Veränderung erwachsen kann.

Viele Menschen haben ein Bedürfnis danach, mit über ihre Lebensbedingungen zu entscheiden und sie gemeinsam mit anderen zu gestalten, um besser im Einklang mit dem zu leben, was sie als sinnvolles und wertstiftendes Leben empfinden. Und sie engagieren sich hier und da, aber seltener langfristig, verbindlich und mit viel Zeit, da es nicht zu einem durchgetakteten Alltag passt. Im Juni 2022 stieß der deutsche Bundespräsident Frank-Walter Steinmeier eine neue Debatte über eine sogenannte »Pflichtzeit« an und stellte in einem Interview die Frage in den Raum, »ob es unserem Land nicht guttun würde, wenn sich Frauen und Männer für einen gewissen Zeitraum in den Dienst der Gesellschaft stellen«.[433] Eine längere Zeit, in der man sich für die Gemeinschaft engagiere, könne Vorurteile abbauen, den Gemeinsinn sowie das Verständnis für andere Lebensentwürfe und Meinungen stärken, so Steinmeier. Ob er bei einer solchen Pflichtzeit nur an Schulabgänger_innen dachte oder an Menschen aller Altersgruppen, ließ Steinmeier offen. Doch so begann in sozialen Netzwerken und Medien vor allem eine Debatte darüber, ob junge Menschen sich verpflichtend ein Jahr lang sozial engagieren sollten. Diese Debatte war auch deshalb fehl am Platz, da die Engagementquote junger Menschen die älterer Gruppen übersteigt. Ein viel größeres Potenzial, gesellschaftlichen Zusammenhalt zu stärken und die Demokratie zu beleben, würde aus meiner Sicht darin stecken, allen Menschen – unabhängig vom Alter –, die sich gern für eine Sache engagieren würden, dies zu ermöglichen, indem sie im Alltag oder mitten im Lebensverlauf Zeit dafür bekommen. Viele Menschen, die sich beruflich oder persönlich neu orientieren wollen, tun dies im Rahmen einer Elternzeit oder dann, wenn sie nach einer Kündigung einige Monate beruflich aussetzen. Dass die wenigsten Menschen mit 30, 40 oder 50 in ihrem Job mehrere Monate pausieren, um ein Ehrenamt zu übernehmen, sich in der Klimabewegung oder Flüchtlingshilfe zu engagieren, dürfte vor allem daran liegen, dass sie auf ihr Gehalt nicht verzichten können und Erwerbsunterbrechungen für Engagement kaum verbreitet sind. Daher würde ich mir eine Debatte über zivilgesellschaftliche Sabbaticals wünschen, die jede_r mehrere Male in seinem Leben nehmen kann, um auf diesem Weg Zeit für die eigenen gesellschaftlichen Ideen und Interessen zu bekommen, die in unserer erwerbsarbeitszentrierten Kultur viel zu wenig Platz hat. Wir sollten Engagement für die Gesellschaft als etwas Positives deuten, das in uns neue Energie, Ideen, Perspektiven freisetzen kann, und diese Zeit daher als geschenkte Zeit betrachten und nicht als Pflicht. Zivilgesellschaftliche Sabbaticals könnten als Teil der Biografie auch politisch anerkannt und ähnlich wie Elternzeiten oder Phasen der Arbeitslosigkeit mit einer Lohnersatzleistung oder einem Grundeinkommen in einer Höhe vergütet werden, die sie für jede_n finanziell möglich macht.[434] Denn wenn unsere Gesellschaft offen sein und vielfältige Lebensentwürfe anerkennen will, reicht es nicht aus, dass Eltern- oder Pflegezeiten staatlich anerkannt werden, weil sie als gesellschaftlicher Beitrag gelten.

Erwerbsunterbrechungen tauchten in den Wahlprogrammen zur Bundestagswahl 2021 bei fast allen Parteien auf, jedoch als Weiterbildungszeiten allein auf den Arbeitsmarkt gerichtet. Lediglich die Linke formulierte die Idee einer Bildungsfreistellung für »kulturelle, politische und berufliche Weiterbildung«[435] und fasste den Bildungsbegriff sowie den Möglichkeitsraum einer beruflichen Pause damit weiter. Das Programm der Linken sah außerdem die Einführung eines Rechtsanspruches auf ein Sabbatical vor: zweimal für je ein Jahr im Laufe der Erwerbsbiografie.[436]

Als kollektive Intervention für mehrere Menschen, die sich für gemeinsames Nachdenken und Handeln zusammenfinden wollen, werden Sabbaticals bislang nicht diskutiert, oft sind sie eine individuelle Lösung für Erschöpfung, persönliche Krisen oder Neuorientierung. Sie wären jedoch eine Möglichkeit, außerhalb der Erwerbsarbeit kollektive Handlungsfähigkeit zu erfahren und gemeinsam wieder zu Kräften und zu neuen Ideen zu kommen. Zivilgesellschaftliche Sabbaticals könnten ein Jahr dauern, zwei Monate oder der fünfte Tag einer Arbeitswoche sein. Schon ein Engagement-Nachmittag für jede Person würde die Zeit, die unsere Gesellschaft für das Gemeinwohl aufbringt, um ein Vielfaches steigern, denn aktuell sind die meisten, wie gesagt, nur eine bis zwei Stunden engagiert und etwa 60 Prozent der Menschen ab 14 noch gar nicht.[437] Es spricht viel dafür, die Zeit, um Demokratie mit Leben zu füllen, als selbstverständlichen, aber auch unerlässlichen Teil von ihr anzuerkennen. Daher sollte gesellschaftliches Engagement nicht einmal im Leben über ein Pflichtjahr verordnet, sondern allen Menschen dauerhaft ermöglicht werden.

_ ZEIT DES WELTINTERESSES

Eine Gesellschaft, die sich ein starkes und vielfältiges Engagement wünscht, stellt sich die Frage, wie sie Zeitgerechtigkeit herstellen kann und wie viel Zeit politischer Partizipation in unserem Alltag eingeräumt werden sollte. Denn zivilgesellschaftliches Engagement muss in zeitpolitische Konzepte miteinbezogen werden.

Ich nenne die Zeit für ein politisches Leben, welches momentan nicht allen Menschen zugänglich ist, die *Zeit des Weltinteresses*. Sie entsteht nicht allein dadurch, dass ein Teil unserer Alltagszeit für politisches Engagement frei wird. Ob wir diese Zeit tatsächlich für die Gestaltung unserer sozialen Bezüge nutzen können, hängt ebenso von dem Bewusstsein ab, dass sie uns zusteht, und von der Erkenntnis, was wir durch sie gewinnen. Es ist eine Frage des Selbstverständnisses, der Emanzipation, unseres Freiheitsbegriffs und ob wir mit anderen in Beziehung sein wollen und können. Damit uns die Zeit des Weltinteresses als Raum für eine Politik der Gemeinschaftlichkeit offensteht, sind vier Voraussetzungen nötig.

Wenn Menschen sich **als handlungsfähig erleben** und sowohl anderen als auch sich selbst vertrauen, können sie ihre Zeit dem Weltinteresse widmen: Sie müssen erfahren haben oder es für möglich erachten, dass sie mit ihrem Denken und Tun etwas bewirken können. »Im Wissen um das Risiko zu scheitern finden sich gegenwärtig die meisten mit den gesellschaftlichen Verhältnissen ab und erhalten damit diejenigen Lebensbedingungen aufrecht, unter denen sie leiden«, schreibt die Sozialwissenschaftlerin Gabriele Winker.[438] Auch aus diesem Grund ist es so wichtig, dass wir beim Nachdenken über Politik Kinder als Beteiligte nicht ausklammern. In einer politisch wachen Gesellschaft sollten sie sich von klein auf als handlungsfähig und mitspracheberechtigt erleben und sich dieses Selbstverständnis nicht erst als Erwachsene aneignen. Um über Engagement einen Beitrag zur Gesellschaft zur leisten, muss allen Bürger_innen eine politische Kompetenz zugestanden werden. Joan Tronto hat kritisiert, dass große Klassenunterschiede, in denen ein Teil der Menschen den anderen als Dienstbot_innen unterstellt ist, dazu führten, dass ökonomisch Benachteiligte nicht »als Gleiche« gesehen werden, mit dem »gleichen Recht, zum demokratischen Leben beizutragen«.[439] Eine inklusive Demokratie darf daher keinerlei strukturelle Ausgrenzung und keine Gewalt akzeptieren, die Ohnmacht, Apathie und Misstrauen erzeugen. Die Zeit von Menschen, die sich permanent gegen Angriffe wehren müssen, die damit beschäftigt sind, zu überleben, oder an Orte verbannt sind, an denen man kaum von Leben sprechen kann, wie beispielsweise in Flüchtlingscamps, im Krieg oder Gefangenschaft, ist nicht frei, sondern fremdbestimmt durch die Macht, die andere über sie ausüben. Ihre Zeit löst sich nahezu auf. Das berühmte Zitat der Schriftstellerin Toni Morrison aus einer Rede von 1975 beschreibt anschaulich, wie Rassismus Schwarzen Menschen die Zeit raubt, ihre Zeit einnimmt wie besetztes Land und das, was dort hätte wachsen können, unter sich begräbt: »Daher ist es wichtig, zu wissen, wer der wahre Feind ist, und die sehr schwerwiegende Funktion von Rassismus zu kennen, und das ist Ablenkung. Er hält dich davon ab, deine Arbeit zu tun. Er zwingt dich wieder und wieder, deine Daseinsberechtigung zu erklären.«[440]

Ausgrenzung zu erleben, kann Menschen also zum einen davon abhalten, überhaupt ins Handeln zu kommen, zum anderen aber auch das Spektrum der Themen begrenzen, mit denen sie sich beschäftigen können. Die Autorin Kübra Gümüşay hat diesen Effekt beschrieben, nachdem sie erkannt hatte, dass ihre Erfahrungen mit Diskriminierung sie in ihrem Denken einschränkten. Gümüşay erlebte rassistische, antimuslimische und sexistische Angriffe in Form von Hassmails, Morddrohungen, Beschimpfungen auf der Straße bis hin zu körperlichen Angriffen. Sie war daher lange Zeit gedanklich vor allem damit beschäftigt, auf das zu reagieren, was von außen kam, von Menschen, die ihr nicht wohlgesonnen waren und die sie auf etwas festlegen wollten. »Ich habe mich irgendwann gefragt: Worüber würde ich schreiben, worüber würde ich nachdenken, was würde ich sagen, was würde ich tun, wenn es in dieser Gesellschaft keinen Rassismus gäbe, keinen Sexismus gäbe, wenn es keinen Hass gäbe? Und im ersten Moment hatte ich keine Antwort auf diese Frage und habe aber dann monatelang daran gearbeitet, Antworten zu finden, die mich bewegen, wo ich auch einen Handlungsansatz sehe«, erzählte Kübra Gümüşay in einem Interview.[441] Die Erkenntnis, dass der Hass, der ihr entgegenschlägt, sie davon abhält, selbst auszuwählen, was ihre Themen sind, wuchs also erst mit der Zeit. Anschließend benötigte sie mehrere Monate, um sich klar darüber zu werden, womit sie sich beschäftigen wollte. Um Zugang zur Zeit des Weltinteresses zu erlangen, müssen Menschen aber möglichst frei identifizieren können, **welche Themen und Vorhaben** es sind, die für sie eine Bedeutung haben und über die sie sich mit ihrer erweiterten Umwelt auseinandersetzen wollen.

Um die eigene Zeit für ein Weltinteresse nutzen zu können, brauchen wir außerdem **Gelegenheiten:** freie Zeit zum Nachdenken, Zugang zu Bildung und Wissen, die Möglichkeit, auf andere Menschen zu treffen und uns mit ihnen auszutauschen, oder diejenigen ausfindig zu machen, die unsere Interessen teilen. Um uns für die Gestaltung der eigenen Lebensbedingungen engagieren zu können, sind wir auf günstige Rahmenbedingungen angewiesen, die wir gemeinsam mit anderen Menschen herstellen müssen. Für ein politisches Verständnis von Zeit ist das die wichtigste Erkenntnis: Zeit dehnt sich aus, wenn wir uns auf andere einlassen. Eine Gesellschaft, die uns in die Vereinzelung treibt, schränkt die Macht ein, die in unserer Zeit steckt. Macht »entsteht zwischen Menschen, wenn sie zusammen handeln, und sie verschwindet, sobald sie sich wieder zerstreuen«, schreibt Hannah Arendt. »Wer, aus welchen Gründen immer, die Isolierung sucht und an diesem Zusammen nicht teilhat, muß zumindest wissen, daß er auf Macht verzichtet und die Ohnmacht gewählt hat, ungeachtet dessen, wie groß seine individuelle Stärke und wie gut seine Gründe sein mögen.«[442] Zu oft glauben wir, keine Zeit zu haben, um beisammen zu sein, aber wir müssen genau das tun: so viel Zeit miteinander verbringen, wie wir brauchen, um wieder gemeinsam handlungsfähig zu sein. Diese Zeit müssen wir verteidigen, für uns selbst und andere. Politisch zu leben, erfordert von uns, einander nah sein zu wollen und die Umstände, die uns von anderen fernhalten, zu überwinden. Politisch zu leben, erfordert von uns, immer wieder eine Offenheit für die uns umgebende Welt in uns herzustellen, und auch dafür brauchen wir Zeit.

Damit uns die Zeit des Weltinteresses kollektiv zugänglich wird, müssen wir uns viertens bewusst werden, dass politisches Engagement eine Form **notwendiger gesellschaftlicher Sorgearbeit** ist. Wir schöpfen unseren vollen Handlungsspielraum – unsere Freiheit – darüber aus, dass die Welt uns etwas angeht und wir uns einbringen. Dieses Bewusstsein, dass wir nicht nur in einer Gesellschaft leben, sondern dass diese Gesellschaft sich zusammensetzt aus jedem einzelnen Menschen und seinem Tun, das Bewusstsein, dass jede_r sich engagieren können sollte und dass etwas fehlt, wenn einige Menschen diese Möglichkeit nicht haben, geht über das Empfinden individueller Handlungsfähigkeit hinaus und erweitert sie zu gemeinschaftlicher und politisch wirksamer Handlungsfähigkeit. Politisches Engagement als unverzichtbare gesellschaftliche Sorgearbeit aufzufassen, ohne die wir so wenig leben können wie ohne unsere ersten Care-Beziehungen, ermöglicht es uns, die Zeit dafür als unser Recht zu erkennen und uns dafür einzusetzen, dass alle dieses Recht bekommen.

Politik als Form von Care zu begreifen, ist vielleicht die einfachste Art, um demokratische Politik knapp zu definieren: Politik heißt, sich um das Wohlergehen aller zu kümmern. Obwohl dieses Politikverständnis logisch klingt, wird fürsorgliches Handeln jedoch zum jetzigen Zeitpunkt eher als etwas Persönliches und Privates gesehen und nicht als öffentliche Praxis und inhärenter Bestandteil von Politik. »Wie kann etwas so Transversales, etwas so Grenzenloses, etwas so Umgebendes wie Sorgebeziehungen nicht Grundlage von Demokratie sein?«, mit dieser Frage bringt auch die Politikwissenschaftlerin Isabell Lorey in ihrem 2020 erschienenen Buch *Demokratie im Präsens* ihr Unverständnis darüber zum Ausdruck, dass Care das aktuelle Demokratieverständnis bislang so wenig prägt.[443] Ihre Frage muss man einen Augenblick wirken und das Unwohlsein zulassen, das die Erkenntnis hervorruft, dass Demokratien weltweit gerade nicht als ihre erste Aufgabe begreifen, dass alle Menschen so gut wie möglich in der Welt leben können. Wie unter anderem an der herrschenden Zeitkultur sichtbar wird, kann die politische Ordnung einer Gesellschaft ihren Bürger_innen sehr erschweren, sich gut umeinander, sich selbst und ihre Umwelt zu kümmern. Stattdessen führt sie zu ungleichen Chancen, Erschöpfung, Armut und einem Kollaps der Ökologie. Demokratien produzieren nach wie vor Ausschlüsse, lösen Ungleichbehandlung trotz besserem Wissen nicht auf und nehmen außerdem für nationale Eigeninteressen in Kauf, dass Menschen an anderen Orten der gemeinsamen Welt nur mit Mühe überleben.

Joan Tronto hat das Konzept der *fürsorglichen Demokratie* entwickelt, in der ein Staat die Aufgabe übernimmt, das gesellschaftliche Leben so zu ordnen sowie die Welt so zu erhalten, dass alle Menschen »so gut wie möglich in ihr leben können«.[444] Die Idee orientiert sich maßgeblich an der Definition von Caring, die Tronto zuvor gemeinsam mit der Bürgerrechtlerin Bernice Fisher entwickelt hatte, in der Caring »alles umfaßt, was wir tun, um unsere ›Welt‹ so zu erhalten, fortdauern zu lassen und wiederherzustellen, daß wir so gut wie möglich in ihr leben können. Diese Welt umfaßt unseren Leib, unser Selbst und unsere Umwelt, die wir in einem komplexen, lebenserhaltenden Netz miteinander verflechten.«[445]

Neben der *Caring Democracy* gibt es zudem die Idee der *Caring Economy,* in der die Wirtschaft »all das ist, was es uns ermöglicht, uns umeinander zu kümmern«.[446] Damit Menschen gut für sich und andere sorgen können, reicht ein existenzsicherndes Einkommen allein nicht aus. Daher ermöglicht die Idee der fürsorglichen Demokratie den Perspektivwechsel hin zu einem umfassenden Verständnis von Lebensqualität und löst sich davon, ein gutes Leben mit finanzieller Sicherheit zu verwechseln.

Care schließt außerdem das Kümmern um die menschlichen Lebensgrundlagen ein, sodass Politik, die Fürsorge zu ihrem Leitprinzip macht, nur eine global-orientierte Politik sein kann. Care als *welterhaltende Tätigkeiten* zu begreifen, rückt das Thema nicht nur in die Öffentlichkeit und stärkt damit seine politische Relevanz. Es zeigt auch, dass eine Gesellschaftsform, die gesellschaftliche Sorgearbeit zu ihrer Grundlage macht und infolgedessen schonender mit den Kräften der Menschen und den natürlichen Ressourcen sowie Regenerationszeiten der Umwelt umgeht, keine ferne Utopie ist: Sich im weitesten Sinne um die Gemeinschaft zu kümmern, macht den allergrößten Teil des menschlichen Handelns aus. Ein neoliberales Gesellschaftsbild, das uns nur noch zur Selbstsorge anhält und darin den Inbegriff der Freiheit sieht, verkennt die Organisation unseres Zusammenlebens.

»Eine wirklich freie Gesellschaft gibt Menschen die Freiheit, sich zu kümmern. Eine wirklich freie Gesellschaft gibt Menschen die gleichen Chancen, dass sie gut umsorgt werden und fürsorgliche Beziehungen eingehen können«, schreibt Joan Tronto.[447] Eine solidarische Care-Ökonomie, wie sie Gabriele Winker in ihrem gleichnamigen Buch[448] beschrieben hat, ist genau deshalb eine motivierende Utopie, weil sie kein radikaler Bruch mit dem bisherigen Leben sein würde, sondern das ins Zentrum einer neuen Gesellschaftsordnung stellen würde, was uns viel direkter verbindet als die kapitalistische Wertschöpfung: Sorge-Beziehungen. Wenn wir es als Recht verstehen, uns um andere, die Umwelt, Demokratie und Zukunft zu kümmern, können wir ebenso das Recht auf die notwendige Zeit dafür einfordern, denn fürsorgliches Handeln und eine lebendige Demokratie, in die sich viele Menschen einbringen, sind untrennbar verbunden mit ausreichend und großzügig bemessener Zeit.

_ VIELFÄLTIGES TUN

Die Soziologin Frigga Haug hat mit ihrer *Vier-in-einem-Perspektive* (siehe Kapitel 2) die Frage aufgeworfen, ob die arbeitsteilige Gesellschaft überhaupt unseren Wünschen und Fähigkeiten entspricht und ob diese Arbeitsteilung sinnvoll und gerecht ist. Begrenzen wir am Ende nicht das eigene sowie das gesellschaftliche Potenzial, wenn sich die meisten Menschen beruflich spezialisieren, die unbezahlte Care-Arbeit vorwiegend weiblich konnotiert ist, Politik einer kleinen Gruppe von Personen vorbehalten bleibt und nur wenige Menschen ausgiebig erkunden, wie viele Talente sie noch besitzen? Wenn alle Menschen Zeit bekämen für unterschiedliche Tätigkeiten und sie sich für mehrere Lebensbereiche verantwortlich fühlten – das schließt politisches Engagement ein –, könnte Haug zufolge auch eine durchlässigere, gleichberechtigtere Gesellschaft entstehen. Sie sagt: »Unser Politikanspruch läuft darauf hinaus, dass die Gesellschaft zu gestalten keine arbeitsteilige Spezialität sein soll, wo die einen die Politik machen, während die anderen, und das ist die übergroße Mehrzahlt, deren Folgen ausbaden.«[449]

Die Idee, dass wir unsere Zeit gleichmäßiger auf unterschiedliche Lebensbereiche verteilen, wird von Forschungen zum Lebenssinn gestützt, die die Wirkung sogenannter »Lebensbedeutungen« in den Fokus nehmen, also welche Aspekte des eigenen Lebens Menschen als sinnstiftend empfinden. 26 unterschiedliche Lebensbedeutungen hat die Psychologieprofessorin Tatjana Schnell in ihrer Forschung identifiziert, dazu zählen unter anderem Religiosität, Generativität, Wissen, Tradition oder auch Liebe.[450] »Je mehr Lebensbedeutungen verwirklicht werden (= Breite), desto höher ist das Sinnerleben; der Schwellenwert liegt bei mindestens *vier* Lebensbedeutungen«, so Schnell.[451] Sie hat herausgefunden, dass nicht nur die Anzahl der Lebensbedeutungen darüber entscheidet, ob Menschen ihr Leben als sinnvoll empfinden, sondern auch, dass die Sinnquellen aus unterschiedlichen Lebensbereichen stammen. Die einzelnen Bereiche müssten sich ausbalancieren können, damit »sich eine Person in verschiedener Hinsicht als lebendig, beteiligt und involviert erlebt«.[452] Für eine Balance müssten die Bedeutungen aus mindestens drei der fünf unterschiedlichen Dimensionen stammen, auf die sich die Lebensbedeutungen verteilen, die Schnell unterteilt hat in Selbstverwirklichung, vertikale sowie horizontale Selbsttranszendenz, Ordnung sowie das Wir- und Wohlgefühl.

Das Empfinden, dass das eigene Leben sinnvoll ist, festigt sich, wenn Menschen aus unterschiedlichen Aufgaben und Tätigkeiten Sinn schöpfen. So kann ein Beruf zwar mehrere Lebensbedeutungen wie Herausforderung, Kreativität, Leistung oder Macht abdecken, sie entstammen jedoch alle der Sinndimension »Selbstverwirklichung«. Laut Tatjana Schnell treten Krisen beim Rentenbeginn oder beim Auszug der Kinder aus dem Elternhaus dann auf, wenn die bislang zentrale

Sinnquelle in nur einem Bereich lag und andere Lebensbedeutungen nicht ausreichend gepflegt wurden. Der Wegfall der bisherigen zentralen Lebensbedeutung könne dann nicht kompensiert werden.[453] Das Leben erscheint sinnlos, bis neue Lebensbedeutungen identifiziert und in den Alltag integriert werden können. Für die seelische Gesundheit und das Wohlbefinden ist es diesen Forschungsergebnissen zufolge empfehlenswert, das eigene Leben nicht auf einen Lebensbereich zu verengen. Die Sinnforscherin Schnell merkt an, dass Erwerbsarbeit jedoch dazu tendiere, »unsere Ressourcen so zu vereinnahmen, dass andere Lebensbereiche, vor allem die Domäne des Wir- und Wohlgefühls, zu kurz kommen«.[454] Zur Dimension des Wir- und Wohlgefühls zählen Gemeinschaft, Spaß, Liebe, Wellness, Fürsorge, bewusstes Erleben und Harmonie.[455]

Die Idee der *Vier-in-einem-Perspektive* von Frigga Haug, in der die Zeiten für Erwerbsarbeit, für Sorgearbeit, für Selbstfürsorge und für gesellschaftspolitisches Engagement jeweils vier Stunden pro Tag zugeteilt bekommen, wird manchen vielleicht als Überforderung, anderen als Gängelung vorkommen. Denn die Konkurrenzideologie hat uns lange Zeit dazu angehalten, in *einer* Sache möglichst gut zu sein: Sie stellt Exzellenz vor Balance. Ein Glaubenssatz wie »Mein Job ist mein Leben« gibt Menschen daher auch Sicherheit. Eine andere Sichtweise wäre es jedoch, das Zutrauen zu haben, dass alle Menschen über eine Vielzahl an Kompetenzen verfügen und an mehr als einem Ort gebraucht werden. Eine inklusive Arbeitswelt könnte entstehen, in der diejenigen, die bislang herausgedrängt werden, wieder einen Platz finden. Das Stereotyp, dass bestimmte Menschen für Sorgetätigkeiten besser geeignet seien als andere, würde sich langfristig auflösen, da es normal wäre, dass jede_r etwas für die Gemeinschaft tut.

Haugs Modell traut allen Menschen »schöpferische und künstlerische Fähigkeiten«[456] zu: Wir hätten Zeit zum Spielen und Träumen. Und es will zu gesellschaftlichem Engagement ermutigen. Menschen Zeit für ganz unterschiedliche Aufgaben einzuräumen, signalisiert ihnen: Du kannst das, und du bist erwünscht. Eine solche Zeitkultur, in der Erwerbsarbeit nicht mehr das Wichtigste ist, würde all jenen Selbstbewusstsein und ein Gefühl von Zugehörigkeit schenken, die das eine herausstechende Talent an sich noch nicht gefunden haben. Wir könnten in dieser Zeitkultur unsere Kraft einander schenken, statt sie im Wettbewerb miteinander zu verbrauchen.

Zeit für vieles gewährt zu bekommen, ermöglicht es uns, Tätigkeiten auszuprobieren, langsam in sie hineinzuwachsen, ohne Angst haben zu müssen, dass wir Zeit verlieren, weil wir uns falsch entschieden haben, oder Druck zu empfinden, dass wir schnell besser werden müssen. Sicherlich müssten wir lernen, neue Konflikte auszuhalten, wenn wir die Zeit neu sortieren würden, aber wir gewännen so viel mehr Freiheit. Wir würden neu beschreiben können, was als gelungenes Leben gilt, und es selbst neu erfahren. Eine solche Zeitordnung gesteht uns Komplexität zu. Wir müssen unser Leben nicht um eine Sache zentrieren. Wir dürfen aus uns heraus vielfältig sein. Wir dürfen die Reichhaltigkeit des Lebens zu unserem Thema machen. Wir dürfen ein Leben lang lernen und suchen.

In politischer Hinsicht wird das kontinuierliche Lernen für die großen gesellschaftlichen Herausforderungen auch notwendig sein, denn mit dem Klimawandel und weiteren Krisen leben zu lernen – dazu gehört bereits, die bevorstehenden Veränderungen wirklich zu begreifen und sich vorstellen zu können –, wird mehr Zeit und andere Formen des gesellschaftlichen Austauschs notwendig machen, als unsere bisherige Zeitkultur dafür vorsieht. Um mit gesellschaftlichem Wandel umgehen zu können, müssen Menschen sich über ihn informieren und austauschen können. Wie viel Zeit das braucht, konnten all jene erleben, die versucht haben, den Krieg in der Ukraine, die Inflation und die drohende Energiekrise, die Klimapolitik, den Verlauf der Coronapandemie oder Streiks im Gesundheitswesen gleichzeitig zu verstehen – und das macht nur einen Bruchteil der relevanten internationalen und lokalen Geschehnisse aus. Aber nicht nur das intellektuelle Begreifen, auch eine politische Haltung wie Solidarität setzt Zeit voraus. Die Sozialwissenschaftlerin Gabriele Winker stellt für die Transformation unserer kapitalistischen Gesellschaft in eine solidarische und weltbewahrende sowie global orientierte Gesellschaft fest: »Ebenfalls viel Zeit benötigt es zu lernen, bei der Befriedigung eigener Bedürfnisse zugleich die Bedürfnisse weit entfernt lebender Menschen und auch die Bedürfnisse zukünftiger Generationen ernst zu nehmen, soweit mit dem eigenen Handeln auch deren Lebensbedingungen beeinträchtigt werden.«[457]

Vielleicht ist es politisch gewollt, dass der Alltag vieler Menschen die Auseinandersetzung mit Themen wie diesen nicht zulässt. Aber wäre es nicht viel klüger, die Zeit, die wir brauchen, um uns auf große Veränderungen einzustellen und dabei niemanden zu vergessen, stets mitzudenken? Und es damit allen Bürger_innen zu ermöglichen, sich aktiv daran zu beteiligen, sodass sie sich weiterhin als handlungsfähig und einbezogen und nicht als ohnmächtig und ausgeliefert begreifen? Wenn wir uns für Solidarität und eine Zukunftsorientierung entscheiden, die alle einschließt, brauchen wir die dafür notwendige Zeit.

_ GROSSE ABENTEUER WAGEN

In der individualistischen Gesellschaft, in der wir leben und die sich von Konkurrenz ernährt, lernen wir, die Frage nach Lebenszielen und Sinn maßgeblich auf uns selbst als einzelne Person zu beziehen. Wir machen Pläne, um aus dem eigenen Leben das meiste herauszuholen. Wir suchen Themen und Tätigkeiten, die uns nach vorn bringen – wo auch immer vorn ist. Die Anforderungen an die eigene Biografie und das Leben in einer kleinen Bezugsgruppe können uns so stark beanspruchen, dass für den Blick um uns herum die Zeit oder die Kraft, die Aufmerksamkeit oder das Verantwortungsempfinden nicht mehr reicht. Gehen uns die Leben der anderen etwas an? Was ist so wichtig, dass es uns alle verbindet? Haben wir Bilder davon, was wir *gemeinsam* aus unserer Welt machen wollen? Können wir Schmetterlingswiese sein statt Kokon?

Indem sich viele von uns vor allem für ihre eigene Zukunft verantwortlich fühlen statt für eine gemeinsame, globale Zukunft, übersehen wir, dass wir eigene und fremde Zukünfte nicht voneinander trennen können und dass wir, wenn wir es doch versuchen, Schaden anrichten. Was ist, wenn es so etwas wie eine individuelle Zukunft gar nicht gibt?

Wonach Menschen streben und wie sie ihr gemeinschaftliches Leben entwerfen, ist auch immer Produkt einer bestimmten Zeitkultur. Welche Themen, Werte und Formen des Zusammenlebens sich in einer Gesellschaft langfristig herausbilden, wenn ihre Mitglieder deutlich mehr freie Zeit zur Verfügung haben als bislang, können wir nicht wissen. Jedoch legen Forschungsarbeiten zur Zeitverwendung nahe, dass erst das Vorhandensein von frei nutzbarer Zeit den Raum für ein Nachdenken darüber schafft, wie man die eigene Zeit in Zukunft verwenden möchte. So führe beispielsweise eine reduzierte Wochenarbeitszeit in einem »iterativen Prozess« dazu, freie Zeit mehr und mehr schätzen zu lernen und schließlich anderen Tätigkeiten als der Erwerbsarbeit einen höheren Wert zuschreiben zu können.[458] Weniger zu arbeiten, müsste daher nicht unbedingt in eine Zeitkultur münden, in der eigene Bedürfnisse grundsätzlich wichtiger wären als die von anderen, es gemütlich zuginge und bis mittags geschlafen würde. Teilzeit für alle könnte auch der Anfang sein, die Welt neu zu denken.

Gesellschaftlicher Zusammenhalt braucht Orte, an denen Menschen sich sozial und altersübergreifend begegnen und miteinander ins Gespräch kommen können über das, was sie gerade bewegt, und das, was sie brauchen. Das gelingt in einer Gesellschaft, die sich in die Arbeitswelt und ins Private zurückzieht, zu wenig. Denn in Erwerbsarbeitskontexten verbleiben Menschen häufig innerhalb relativ homogener Gruppen mit ähnlichen Bedürfnissen und Interessen. Begegnungen im »sozialen Nahraum« wie Nachbarschaften haben zum Beispiel für Einwander_innen als »zentraler Kontakt- und Berührungspunkt mit der Aufnahmegesellschaft eine wichtige Integrationsfunktion«.⁴⁵⁹ Gegenseitiges Verständnis und gemeinsame Erfahrungen, die Stereotype überwinden und die mindestens zu Akzeptanz und Interesse führen, vielleicht sogar zu Unterstützung oder Freund_innenschaften werden können, setzen gemeinsame Zeit voraus. Um unterschiedliche Menschen zu kennen und sie schätzen zu können, reicht es nicht aus, übereinander zu lesen oder sich auf der Straße zu grüßen, wir müssen auch miteinander *leben* können. Teilzeit für alle gibt Menschen die Chance, bewusst neue Begegnungen zu suchen, sich zu besuchen, zu helfen, sich wirklich kennenzulernen und ein viel tieferes Verständnis von anderen Menschen, von ihrem Kiez, von der Vielfalt der Gesellschaft aufzubauen. Mit der entsprechenden Zeit dafür – und ohne Geldsorgen – könnten wir neue Formen des Beisammenseins und der Zusammenarbeit ausprobieren, die bislang ungestillte Bedürfnisse befriedigen und neue Antworten hervorbringen würden auf kleine und große Fragen. Zeiten der Gemeinschaftlichkeit, die uns politisch nähren, ermächtigen und die Entfremdung von uns selbst und der Welt überwinden könnten. Auch wenn anfänglich nur ein Teil der Menschen diese Gelegenheit ergreift, trägt diese anders genutzte Zeit zu einer offeneren Gesellschaft bei.

Wir werden die Themen, Aufgaben und Bedürfnisse eines gemeinschaftlichen Lebens neu entdecken und Zeiten zum Nachdenken, für Diskussion und Veränderung finden müssen, die jetzt noch von anderen Dingen belegt sind. Eine eindrucksvolle Forderung nach Zeit für etwas, das bislang irgendwie in den Alltag eingepasst werden musste und keine öffentliche Bedeutung hatte, etwas, dem bislang keine Eigen_Zeit zugeteilt wurde, findet sich in einem 1972 veröffentlichten Text der feministisch-marxistischen Aktivistin Mariarosa Dalla Costa. Wir können daraus etwas über unser politisches Begehren lernen.

Mariarosa Dalla Costa schreibt: »Wenn die Frauen in einer Fabrikversammlung die Abschaffung der Nachtschicht fordern, weil man nachts außer schlafen auch lieben will […], so heißt das, daß sie ihr eigenes, autonomes, subjektives Fraueninteresse gegen die Organisation der Arbeit setzen und sich weigern, die unbefriedigten Mütter für ihre Männer und Kinder zu sein.«[460] Die Arbeiterinnen der Fabrik fordern nicht mehr Lohn, sondern mehr Leben: Sex, Nähe, Leidenschaft. Sie identifizieren und artikulieren ein Bedürfnis, das sie als so relevant empfinden, dass es wert ist, darum zu kämpfen. Sie verwandeln ein subjektives Interesse in ein kollektives Anliegen und geben dem Verlangen nach Zeit für Sex eine politische Bedeutung. Geld kann dieses Interesse nicht befriedigen. Die Zeit für das Lieben hat keinen ökonomischen Wert.

Die Sehnsucht nach einem Leben, das viele Facetten haben kann, das engagiert sein darf und in dem die Zeit nicht mehr rast, sondern atmet, kann ein weiteres subjektives Interesse sein, das wir gegen die Organisation der Arbeit setzen. Eine erwerbsarbeitszentrierte Zeitkultur abzulehnen, bedeutet nicht, nichts zu tun, sondern sich für etwas Neues und Freies zu entscheiden. Wir alle dürfen Politik machen und tun dies bereits, denn die Politik der Gemeinschaftlichkeit beginnt im Alltag, lange vor der institutionalisierten Politik. Niemand muss sich als außerhalb der Politik stehend verorten, denn wir sind schon allein dadurch in sie involviert, weil wir existieren und mit anderen Menschen sowie unserer Umwelt in Beziehung stehen. Die Soziologin Franziska Schutzbach ist der Auffassung, dass »Beziehungshandeln« – damit meint sie, soziale Verbindungen zu vertiefen und sich Zeit dafür zu nehmen – »das Gegenmodell zur Erschöpfung« sei.[461] Aber nicht nur das. Sich in der Zeit des Weltinteresses miteinander zu verbinden, aus der Passivität herauszutreten und dadurch Kraft zu schöpfen, ist der erste Schritt auf dem Weg zu einer gemeinsamen und gerechteren Zukunft.

Die Politik der Gemeinschaftlichkeit, die unsere Zeitkultur verändern wird, beginnt mit den Fragen: Gibt es ein *gemeinsames* Thema unserer Gesellschaft? Was wollen wir in die Mitte unseres kollektiven Lebens stellen? Was ist die Aufgabe von Politik?

Dass Politiker_innen sich auf Regeln für das Zusammenleben verständigen, reicht als Beschreibung von guter Politik nicht aus. Diese Definition lässt die Frage offen, an welchen Bildern und Werten sie sich orientiert. Um Politik auf eine Weise zu erklären, die alle Menschen auf ihre eigene politische Stärke aufmerksam macht, muss man herkömmliche Definitionen von Politik erweitern, sie zugänglich und lebendig beschreiben.

Die Philosophin Luisa Muraro definiert ihr Politikverständnis auf diese Weise: »Politik heißt, die Hindernisse zu benennen, angehen und wenn möglich beseitigen zu können, die einem menschlichen Zusammenleben entgegenstehen. […] Vor allem heißt Politik aber, aus all diesen Engpässen heraus ein menschliches Zusammenleben hervorzubringen, das diejenigen, die größere und freiere Abenteuer wagen wollen, bei diesem Wagnis unterstützt, so daß dadurch auch die Grenzen politischer Vermittlung erweitert werden«.[462] Ich finde diese

Beschreibung deswegen so wertvoll, da in ihrem Politikverständnis Freiheit etwas ist, das wachsen kann, dessen volle Größe noch unentdeckt ist, das wir in seiner Fülle womöglich noch gar nicht kennen.

Freiheit als Praxis und Weg, der für jeden Menschen, je nach Lebenssituation und Bedürfnissen unterschiedlich ausgestaltet sein kann, statt Freiheit als Besitz mit klaren Konturen, der verteidigt werden kann. Das ist eine Einladung, sich selbst und die Welt fortwährend zu entdecken, dabei kreativ zu sein, aber vor allem all diejenigen, die anders leben möchten als nach vorgezeichneten Mustern – und vielleicht nur auf diese, ihre Weise gut leben können –, zu unterstützen und ihre Interessen als gleichwertig einzubeziehen. Was für eine schöne Definition das ist: Politik öffnet deine Welt für größere Abenteuer und begleitet dich auf deinem Weg.

(K)EINE UTOPIE

Solidarität bedeutet nicht, dass du jeden Menschen mögen musst, an dessen Seite du kämpfst. Aber in diesen Momenten, in denen man Schulter an Schulter steht, liebt man die anderen.

_ SARAH JAFFE[463]

_ SICH DIE ZUKUNFT VORSTELLEN

»Ich bin froh, am Leben zu sein. Es gibt jetzt zwei Versionen von mir: eine vor und eine nach dem Krieg. Ich fühle mich nicht mehr wie ich selbst. Es ist, als wäre ich jetzt eine andere Person. Ich war Journalistin. Ich war stolz auf mich, es war glamourös. Jetzt bin ich ein Flüchtling«, das erzählt eine junge Frau aus Kiew in einem Video-Interview wenige Tage nach Kriegsbeginn, kurz hinter der ukrainischen Grenze in einer Auffangstation in Polen. Sie kann nur mühsam die Tränen zurückhalten, als sie sich selbst als Geflüchtete bezeichnet. Eine andere Frau sagt: »Ich bin eigentlich studierte Ökonomin. Aber jetzt weiß ich nicht mehr, wer ich bin, was ich tun soll, wie ich leben soll.«[464]

Wenn Menschen flüchten müssen, verändern sich ihre Biografien schlagartig. Krieg wirft Menschen unvermittelt in eine

Zukunft, die sie nicht gewählt haben. In und nach Kriegen spricht ein Teil von ihnen nicht vom Weiter_leben, sondern vom Über_leben: Mit der Flucht beginnt eine andere Zeit, die sich vom Davor abkoppelt und wie eine unwirkliche Schicht auf das Erleben legt. Mit dem Überleben beginnt auch die Suche nach einer Identität, die eine zeitliche Dimension hat. »Wir führen ein Raum und Zeit übergreifendes Dasein«, so hat es Barbara Adam beschrieben. »Wir transzendieren nicht nur unsere unmittelbare Gegenwart, sondern auch unseren historischen, soziokulturellen und geographischen Ort.«[465] Um zu wissen, wer man ist, muss man die eigene Vergangenheit, die Gegenwart sowie die Zukunft, die man sich wünscht, miteinander in Beziehung setzen und sich in der Zeit verorten.

Für Geflüchtete kann das schwierig sein, da es Traumata gibt, die Gegenwart unsicher ist und es schwer ist, sich selbst in der Zukunft zu sehen. Ihr Leben ist in der Regel von langen Wartezeiten durchzogen, in denen sie wenig mehr tun können als auszuharren. Asylverfahren, die manchmal Jahre dauern, und die Undurchsichtigkeit dieses Prozesses können dazu führen, dass die psychischen Belastungen, die sie ohnehin verarbeiten müssen, nicht heilen oder sogar schlimmer werden. Die in Deutschland gegründete Menschenrechtsorganisation *Pro Asyl* kritisiert, dass solche Menschen »von der über Jahre andauernden Unsicherheit, ob sie bleiben können oder nicht, zermürbt« würden und es für sie extrem schwer sei, ein Gefühl der Stabilität zurückzugewinnen.[466]

»Es fühlt sich an, wie im Gefängnis zu sein. Gefangen in einem sehr großen Gefängnis. Aber du bist kein Gefangener, du bist frei. Aber du kannst nichts machen«, das erzählt der

Syrer Nizar, ein Mann Anfang 20, einem norwegischen Forschungsteam über sein Leben in einer temporären Unterkunft.[467] Nizar hat Zeit, doch er kann sie nicht nutzen, um sich ein neues Leben aufzubauen und Pläne zu machen, denn er kann über seine Zeit nicht selbstbestimmt verfügen. Der 18-jährige Adnan, der zum Zeitpunkt des Interviews bereits seit 14 Monaten in einem Aufnahmezentrum ist, erwähnt die zeitliche Dimension des Wartens explizit: »Bevor ich hier angekommen bin, habe ich gedacht, mein Leben wird sich sehr verändern. Aber dann wirst du davon überrascht, dass es das Gegenteil davon ist, dass man weiterhin Zeit verliert. Und dass Zeit wertvoll ist, dass sie ein Teil des Lebens ist.«

Migration ist motiviert von dem Wunsch, für sich selbst und andere etwas zum Besseren zu verändern. Aufnahmegesellschaften profitieren genau aus diesem Grund von Zuwanderung. Wenn Migrant_innen und Geflüchtete sich jedoch über Monate oder Jahre nicht als handlungsfähig erleben, trauen sie sich selbst nur noch wenig zu. Sie verlieren so die Freiheit, auf den weiteren Verlauf ihrer Biografien Einfluss zu nehmen. Um sich eine Zukunft vorstellen und etwas für sie tun zu können, ist es jedoch wichtig, in der Gegenwart Sicherheit, Zugehörigkeit und Selbstbestimmung zu spüren. Wenn Menschen aber daran zweifeln, auf ihr eigenes Leben Einfluss nehmen zu können, weil andere über seine Bedingungen bestimmen, glauben sie nicht mehr an eine Zukunft. Sie werden passiv und ziehen sich aus Gemeinschaften und demokratischem Engagement zurück.

Doch jede Gesellschaft kann sich immer nur in dem Maß entwickeln, wie jede einzelne Person es kann, und in dem Maß, wie Bürger_innen politisch beteiligt sind. Lebendige Gesellschaften, die neue Lösungen für ihre Herausforderungen finden wollen, müssen es daher allen Menschen ermöglichen, sich eine Zukunft vorstellen zu können: eine Zukunft, an der sie auf positive Weise beteiligt sind. Die bewusste Aneignung der eigenen Zeit beeinflusst also, wie sehr wir uns selbst als freie und handlungsfähige Menschen wahrnehmen können und ob wir in der Lage sind, den nächsten Schritt zu tun.

_ POLITIK FÜR VIELE

Sich freier in der eigenen Zeit zu fühlen, ist ein politisches Anliegen, das viele Menschen hinter sich versammeln kann. Nicht nur diejenigen, die sehr viel arbeiten müssen, um zu überleben oder ihre Familien zu versorgen, haben kaum freie Zeit und warten ungeduldig auf das Wochenende oder die Rente; sondern auch Menschen, die auf andere Weise in der freien Nutzung ihrer Zeit eingeschränkt sind – und das sind immens viele. Obwohl sie alle unterschiedlich von Politik oder von Diskriminierung wie Rassismus, Armut oder Care-Feindlichkeit betroffen sind, haben sie gemeinsame zeitliche Interessen.

Am offensichtlichsten zeigt sich das in der Klimakrise, deren Eindämmung ein Anliegen aller Kinder, ein akutes Anliegen von Menschen im globalen Süden und mehr und mehr von Menschen überall auf der Welt ist. Ein weiteres zeitpolitisches Interesse ist es, die ungerechte Verteilung von Sorgearbeit zu beenden. Auch hierfür müssen sich unterschiedlich mächtige Menschen verbünden. Denn solange sich reiche und politisch einflussreiche Frauen nicht gemeinsam mit Care-Arbeiter_innen und Sorgenden aller Schichten für finanzielle Absicherung und Fairness engagieren, wird sich die Zuweisung von Sorgearbeiten weiterhin gegen die Freiheit von Frauen weltweit richten. Wie unterschiedliche Menschen über Care verbunden sind, hat die Autorin Angela Garbes in ihrem Buch *Essential Labor* am Beispiel der Coronapandemie erklärt: »Keine Frau, ungeachtet von Race und Klasse, ist davor sicher, dass von ihr reproduktive Arbeit erwartet wird. Sogar die reichste weiße Frau, die alle Arbeit outsourcen kann, ist plötzlich für alles verantwortlich, wenn das Unterstützungssystem, das sie organisiert und angestellt hat, sich inmitten einer jahrelangen globalen Gesundheitskrise in Luft auflöst.«[468] Das bedeutet für alle, die Care-Aufgaben aktuell billig dazukaufen, ihre Lebensweise zu reflektieren und zu verändern. Denn, so schreibt Garbes: »Aufrichtige Solidarität verlangt, ein wenig Bequemlichkeit aufzugeben – materielle Ressourcen und Macht – und sie mit anderen zu teilen.«[469]

Eine gerechte Zeitkultur, die alle einschließt, ist nur möglich, wenn wir die Ausbeutung von anderen aufgeben. Dafür ist es notwendig, unsere politischen und gesellschaftlichen Praktiken und Übereinkünfte radikal zu verändern. Um jungen Menschen und nachfolgenden Generationen ein Recht auf Zukunft zu gewähren, müssen insbesondere die Erwachsenen, die Verantwortung tragen, den Egoismus der Gegenwart beenden und eine Politik entwickeln, die dafür sorgt, dass Wirtschaft, Arbeit und Alltag weniger Ressourcen verschlingen. Das heißt auch, dass wir insgesamt anders und weniger erwerbsarbeiten und konsumieren werden.

_ LEBEN OHNE DREHBUCH

Heutzutage haben soziale Normen großen Einfluss auf unsere Verhaltensweisen. In einer neuen Zeitkultur, die allen Menschen größere Freiheit schenkt, werden wir unsere Biografie stärker nach eigenen Vorstellungen gestalten können. Dass so etwas möglich ist, hat der Queer-Theoretiker Jack Halberstam am Beispiel queerer Menschen beschrieben, die ihr Leben mit »alternativen Zeitlichkeiten«[470] entwerfen, und dafür den Begriff *Queer Time* erfunden. Queere Subkulturen ermöglichen es, sich »Zukünfte nach Logiken vorzustellen, die außerhalb der beispielhaften Wendepunkte für Lebenserfahrungen liegen« oder konventionelle Vorstellungen von Jugend, Erwachsenenalter und Reife aufbrechen. *Queer Time* handele daher auch vom »Potenzial eines Lebens ohne Drehbuch«,[471] so Jack Halberstam.

Politische Regelungen, die eine größere Zeitsouveränität ermöglichen würden, wären beispielsweise der Verzicht auf Altersgrenzen beim BAföG, angemessen bezahlte Weiterbildungszeiten und Freiwilligendienste oder ein bedingungsloses Grundeinkommen. Im Optionszeitmodell, das einen Wechsel zwischen Erwerbsarbeit, Care-Aufgaben, Weiterbildung, Ehrenamt und Selbstsorge ermöglichen soll, fließen diese Aspekte als atmender Lebenslauf zusammen.

Besonders im sozialen Miteinander brauchen vielfältige Lebensentwürfe, in denen Menschen nicht die heteronormativen Lebensstationen abhaken, Akzeptanz und Unterstützung. Wir können andere Ereignisse als den Studienabschluss, eine Hochzeit, Nachwuchs oder eine Beförderung feiern oder für uns selbst als Meilensteine bewerten. Wir können die Vorstellung davon ausweiten, welche Verhaltensweisen altersangemessen sind, und mit 70 noch in Clubs gehen oder Röhrenrutschen lieben. Wir können sogar auf das Bild verzichten, im *Leben etwas zu erreichen*, weil die Zeit, die wir auf dieser Welt haben, keine Leistung ist. Denn wir werden uns nicht als Gleiche begegnen, solange produktiv zu sein, berufliche, materielle, familiäre Erfolge für das Bild des gelungenen Lebens unverzichtbar sind. Diese Ideologie grenzt enorm viele Menschen in jeder Gesellschaft aus und hindert sie an einem freien Leben.

Wenn wir auf vorgezeichneten Wegen bleiben, sie zu wenig hinterfragen oder sie nicht variieren können, obwohl wir gern würden, verpassen wir – mit Jack Halberstam gesprochen – das *Potenzial des Lebens ohne Drehbuch*. Und wir verpassen das Potenzial von Gemeinschaft, wenn wir einander nach engen Kriterien beurteilen und fortwährend in Konkurrenz zueinander stehen. Sich in vielfältigen Kontexten kennenzulernen, mehr füreinander da zu sein, großzügiger miteinander und mehr bei uns selbst sein zu dürfen – das *Potenzial des Lebens ohne Drehbuch* ist ein Stück mehr Freiheit, für das es sich einzutreten lohnt.

_ ZEITGERECHTIGKEIT ALS GESELLSCHAFTSAUFGABE

Die gegenwärtige Zeitkultur orientiert sich nicht an der Idee eines guten Lebens für alle, sondern vor allem an den Anforderungen der kapitalistischen Lebensweise. Diese hat uns mehr und mehr dazu gebracht, Zeit mit Geld gleichzusetzen und die ökonomisch nicht fassbaren Wertigkeiten von Zeit aus unserem Bewusstsein zu verdrängen. Auf diese Weise ist uns auch die Erkenntnis abhandengekommen, dass Zeit politisch und der Kampf gegen die Zeitnot nur gesellschaftlich zu lösen ist. Mittlerweile wird zwar öffentlich wieder mehr über kürzere Arbeitszeiten diskutiert, dennoch sind es nur einzelne Unternehmen, die damit experimentieren, oder einzelne Beschäftigte, die ihre Wochenarbeitszeit reduzieren oder schon in Einstellungsgesprächen eine Vier-Tage-Woche verhandeln. Immerhin öffnet sich so für manche ein Gelegenheitsfenster, um die konkrete gesellschaftliche Auseinandersetzung zu suchen und in Lösungen für viele zu übersetzen. Modellversuche[472] und Forschung zu Arbeitszeiten und Produktivität legen nahe, dass die Umstellung auf eine Vier-Tage-Woche für viele Unternehmen gut durchführbar wäre.[473]

Es erstaunt mich nicht, dass sowohl Millennials als auch die Generation Z weniger arbeiten und seltener Führungskraft werden wollen.[474] »Wir haben gesehen, wohin es führt, wenn sich unsere Eltern kaputt arbeiten: Burn-out und sehnsüchtiges Warten auf die Rente«,[475] schreibt etwa die 1995 geborene Journalistin Lea Schönborn. Man sollte ernst nehmen, dass jüngere Menschen – wie durch unterschiedliche Studien belegt ist – neben ihrem Beruf viel freie Zeit haben wollen. Sie sind nicht naiv oder vermessen. Was mich an den Gesprächen mit Menschen überrascht, die freiwillig auf eine Vier-Tage-Woche umgestiegen sind, ist allerdings, dass sie einen reduzierten Erwerbsumfang meist als individuelle Präferenz oder Privileg auffassen und nicht einmal erwähnen, dass ihr Modell mit dem entsprechenden politischen Engagement Realität für die gesamte Gesellschaft werden könnte. Das fehlende politische Bewusstsein für Zeit zeigt sich hier ganz besonders: Dem Diskurs über Arbeitszeitwünsche fehlt die kollektive und solidarische Dimension. Wenn jedoch Zeitwohlstand verstärkt über die eigenmächtige Arbeitszeitreduzierung *für sich* realisiert wird, wird unsere Gesellschaft nicht zeitgerechter. Dann wird die Menge frei verfügbarer und selbstbestimmt nutzbarer Zeit noch stärker ein Klassenmerkmal, als sie es jetzt schon ist. Das ist auch ein demokratisches Problem, da Menschen mit hohen Einkommen, die im zivilen Engagement schon jetzt überrepräsentiert sind, noch einmal mehr Zeit dazu bekommen, sich für ihre politischen Interessen einzusetzen.

Der Anstoß, eine neue Zeitkultur zu einem politischen Projekt zu machen, muss nicht von den jüngeren Generationen ausgehen. Alle Altersgruppen profitieren von ihr und sind auf diesen gesellschaftlichen Wandel existenziell angewiesen. Auch deswegen sollten die Bündnisse für Zeitgerechtigkeit generationenübergreifend entstehen, zumal demokratische Mehrheiten nur über Altersdiversität erreicht werden können.

_ DRUCK AUF EIN BRÜCHIGES SYSTEM

Viele der großen Krisen, die wir gerade erleben, sind Care-Krisen. Sie zeigen sich an den Erschöpfungszuständen von Care-Verantwortlichen, die bislang ein Public-Health-Thema ohne politische Antwort sind. Sie zeigen sich an der Weigerung der Beschäftigten in vielen Branchen, in Vollzeit zu arbeiten, was den Fachkräftemangel verschärft. Denn Teilzeitarbeit ist, obwohl sie finanzielle Nachteile mit sich bringt, immer öfter

Ausdruck von politischem Widerstand und verweist auf ein brüchiges System.

Zeitpolitischer Druck entsteht auch durch Bedürfnisse der großen Gruppe der älteren Menschen. Dazu gehört der Wunsch, freiwillig über die Rente hinaus arbeiten, in den Vorruhestand gehen zu wollen oder vorzeitig aus dem Job ausscheiden zu müssen. Fast drei Viertel der Erwerbstätigen glauben, aus gesundheitlichen Gründen nicht bis zum gesetzlichen Renteneintrittsalter von 67 Jahren arbeiten zu können. Damit äußern sie implizit, wie der politisch normierte Lebensverlauf ihre Grenzen verletzt.[476] Das einheitliche Rentenalter passt nicht zur Realität vieler Jobs. Für viele Berufe müsste es aufgrund der hohen körperlichen und/oder seelischen Belastungen deutlich herabgesetzt werden. Die Not, im Alter arm zu sein, hat zudem in großen Teilen mit der entwerteten Care-Zeit von Sorgeverantwortlichen und zu gering bezahlter Arbeitszeit zu tun. Da es bis heute vielen Eltern und Pflegenden unmöglich ist, in Vollzeit zu arbeiten, wächst sich die Altersarmut nicht aus. Ein sozialer Missstand, der auf fehlende Zeitpolitik zurückgeht.

Hinweise, dass mehr Menschen die vielfältigen Bedeutungen von Zeit wiederentdecken, zeigen Umfragedaten des Demographie Netzwerks e. V. (ddn) zur gewünschten Lebensarbeitszeit, die 2021 veröffentlicht wurden. Ihnen zufolge möchte über die Hälfte der Erwerbstätigen in Deutschland das Berufsleben vor Erreichen des 63. Lebensjahrs beenden.[477] Die jüngeren Befragten haben sogar noch ein größeres Interesse an mehr arbeitsfreier Zeit: 60 Prozent der 18- bis 29-Jährigen geben an, dass sie gern mit 61 oder noch früher aufhören möchten zu arbeiten. Dass junge Menschen freier Zeit einen hohen Wert zusprechen, deckt sich mit den Ergebnissen von Jugendstudien. Hier ist etwas im Umbruch. Offenbar spüren viele Menschen eine Sehnsucht nach einem anderen Umgang mit ihrer Lebenszeit. Die Akzeptanz der bisherigen zeitkulturellen Normen wird rissig, und das verlangt zumindest eine politische Auseinandersetzung mit der Kritik, die aus den frühen Rentenwünschen spricht.

Ein gerechtes Rentenalter, ein gesundes Arbeitspensum, Konzepte für die faire Verteilung von Sorgearbeit, genügend freie Zeit für sich selbst, Zeit für Beziehungen und politisches Engagement als Recht sind Diskussionspunkte, die zeigen, wie groß die Ungerechtigkeiten sind, die zeitpolitische Analysen aufdecken, und wie unbequem Zeitpolitik ist. Zeitpolitik muss infrage stellen, wie wir Gesellschaft bislang verstehen und organisieren.

_ MEHR ARBEIT LÖST UNSERE PROBLEME NICHT

Es ist leicht, gerechte Zeitpolitik aufgrund der radikalen Lösungen, die sie zur Folge hat, als unrealistisch abzuwehren und ihre Dringlichkeit zu bestreiten. Sie mag manchen vielleicht sogar als Widerspruch zu den großen Herausforderungen erscheinen, die die Menschen in Deutschland gerade beschäftigen. Die steigenden Preise für Lebensmittel, die immensen Kosten für Strom und Heizen, der Fachkräftemangel, der in einigen Branchen spürbar ist, und dann auch noch die Tatsache, dass die Boomer-Generation bald in Rente geht – all das spricht auf den ersten Blick dafür, dass alle Menschen in naher Zukunft mehr erwerbsarbeiten sollten, um weiterhin die wichtigsten Dinge finanzieren zu können.

Im Juni 2022 schlug Michael Hüther, Direktor des arbeitgebernahen Instituts der deutschen Wirtschaft (IW), daher vor, die Wochenarbeitszeit in Vollzeitjobs auf 42 Stunden anzuheben.[478] Um die 42-Stunden-Woche auf fünf Tage verteilen zu können, schwebte ihm vor, das Arbeitsschutzgesetz aufzuweichen, damit generell länger als acht Stunden täglich gearbeitet werden könne und die bislang vorgeschriebenen Ruhezeiten kürzer werden könnten. Das Arbeitsschutzgesetz ist jedoch keine willkürliche Zeitregelung, sondern dient dem Gesundheitsschutz. Längere Arbeitstage, die Beschäftigte noch stärker überlasten als jetzt schon, könnten zum einen konterkarieren, was Hüther sich mit seinem Vorschlag verspricht. Zum anderen beantworten sie diese Fragen nicht: Wer macht das Abendbrot, wenn die Eltern bis 20 Uhr auf der Arbeit sind? Wer springt ein, wenn Oma und Opa noch nicht im Ruhestand sind? Wer übernimmt die Ehrenämter, auf deren Schultern unsere Gesellschaft steht? Wer bekommt in einer Wirtschaftskrise die 42-Stunden-Jobs, wer nur einen Minijob oder keinen?

Man könnte über die Kurzsichtigkeit von Hüther die Augen rollen und ihm sagen, wie wenig Ahnung er vom Alltag vieler Erwerbstätiger hat, von Kindern und Pflegebedürftigen, davon, wie Gleichberechtigung gelingt, oder schlicht von Lebensqualität, doch als Direktor des IW steht er für eine wirtschaftliche Sicht auf die Funktion und Rechte von Menschen, die verbreitet ist. Kurze Zeit später sagte auch der Chef des Bundesverbands der deutschen Industrie (BDI), eine 42-Stunden-Woche sei »sicherlich leichter umzusetzen als eine allgemeine Einführung der Rente mit 70«.[479] Und Bundesfinanzminister Christian Lindner (FDP) meinte, »mehr Überstunden, um unseren Wohlstand zu sichern«, seien unausweichlich.[480]

Wem dient eine Wirtschaft, die versucht, immer mehr und immer dichter die Zeit von abhängig Beschäftigten einzunehmen, und darüber Lebensqualität, Gesundheit, Fürsorge, Beziehungen und ökologisches Gleichgewicht frisst? Inwiefern ist diese Entwicklung kompatibel mit demokratischen Werten? »Der Kapitalismus hat eine antidemokratische Tendenz, und die Demokratie hat eine antikapitalistische Tendenz«, schreibt der Anthropologe Jason Hickel.[481] In der Arbeitswelt wird seine These durch den Umstand gestützt, dass Beschäftigte in Branchen, in denen der gewerkschaftliche Organisationsgrad hoch ist, ein größeres Stück der Unternehmensgewinne abbekommen, zum Beispiel auch über kürzere Arbeitszeiten. Daher versuchen Konzerne immer wieder, die Gründung von Betriebsräten zu verhindern.

Die derzeitige Erwerbsarbeitszentrierung bringt, wie ich in vorausgehenden Kapiteln gezeigt habe, eine Klassengesellschaft hervor, in der die exzessive Erwerbsarbeit abhängig ist von der Dienstleistung schlechter bezahlter Arbeiter_innen und in der ein Anspruch auf Dienstbot_innen normalisiert wird. »Eine der größten Ironien rund um Care ist es, dass es tatsächlich die Reichen sind, die am stärksten von denen abhängig sind, die sie dafür bezahlen, ihnen auf unzählige Weise zu dienen«,[482] schreiben die Verfasser_innen des *Care Manifesto*. Diese ungerechte Arbeitsteilung kann nur fortbestehen, wenn Menschen dauerhaft in gering entlohnten und niedrigqualifizierten Service-Jobs gehalten werden. Für einen kontinuierlichen Zustrom von Menschen, die in reichen Ländern solche Jobs annehmen, muss die Welt an anderen Orten im Dauerkrisenmodus oder zumindest deutlich ärmer sein. Die imperiale Lebensweise hat kein Interesse daran, dass Menschen überall in der Welt gut leben, sich bilden, ihre Erwerbsarbeit wählen und deren Bedingungen gestalten können. Von globaler sozialer Gerechtigkeit und Frieden profitiert der gewohnte Lebensstandard in reichen Ländern nicht.

Ähnlich ist es mit Gerechtigkeit auf nationaler Ebene: Eine gerechte Zeitkultur können wir entwickeln, indem wir neue Modelle des Zusammenlebens praktizieren und dafür auch eigene Gewohnheiten verändern oder aufgeben. Wenn wir wollen, dass Beschäftigte in Kitas, der sozialen Arbeit oder der Pflege besser bezahlt werden, müssen öffentliche Budgets umgeschichtet oder erhöht werden, zum Beispiel über Steuern. In Sorgegemeinschaften und der Gesellschaft als Ganzes lassen sich Care, freie Zeit und berufliche Chancen nur dann fair organisieren, wenn diejenigen, die sich der unbezahlten Sorgearbeit bisher entzogen haben, mehr von ihr übernehmen und jede_r fürsorgliches Handeln als Teil seines Lebens sieht. Erst wenn wir verstehen, wie ökonomische Gefälle dazu führen, dass Menschen unterdrückt werden und auf welche Weise wir an der Ausbeutung anderer beteiligt sind, gelingt Gleichberechtigung – egal, ob global oder in engeren Beziehungen.

Die Überlegung, Arbeitsstunden aufzustocken oder mit einem Nebenjob die Haushaltskasse aufzufüllen, ist berechtigt, wenn alles teurer wird. Ich selbst frage mich regelmäßig, ob ich noch einen Auftrag mehr annehmen soll, um Geld für die Heizkostenabrechnung zurücklegen zu können. Gleichzeitig ahne ich, wie viele Kita- und Schultage pandemiebedingt wieder ausfallen werden und dass wenig Zeit für konzentrierte Arbeit bleiben wird. Es sind überwiegend Frauen, die seit Beginn der Pandemie ihre Arbeitszeiten reduziert haben, weil es Zeitpolitik für dieses Problem nicht gibt.[483] Je länger der Ausnahmezustand dauert, desto größer sind die Rückschritte für Gleichberechtigung. Eine Wirtschaftskrise könnte diesen Effekt zudem noch verstärken, da es aufgrund des Gender-Pay-Gaps und traditioneller Rollenmodelle eher Männer sein werden, die mehr erwerbsarbeiten werden, während Frauen noch zusätzlich Aufgaben zu Hause übernehmen. Ein weiterer Effekt von Krisen, das hat die Coronapandemie erneut belegt, ist, dass sie ökonomische Ungleichheit gesamtgesellschaftlich verstärken und noch mehr Menschen in Armut drängen.

Überlange Vollzeitarbeit oder die Anhebung der Regelaltersgrenze auf 70 sind daher keine Lösung. Stattdessen müssen wir Zeit für Erwerbsarbeit und Zeit für Care gerechter verteilen. Darüber hinaus dürfen wir das Bekenntnis zu gleichen Rechten für alle auch in Krisen nicht leichtfertig über Bord werfen. Auch der strukturellen Entwertung von Arbeitszeit bestimmter Gruppen – u. a. der Zeit von Frauen, Migrant_innen und behinderten Menschen – muss endlich etwas entgegengesetzt werden.

Eine Politik für Zeitgerechtigkeit wird Arbeit als Beitrag für eine gute Zukunft konzipieren, statt die Lebensgrundlagen und die Zukunft von anderen Menschen über rücksichtsloses Wachstum zu zerstören. Wir brauchen eine Zeitkultur, in der

Kinder und Care-Verantwortung willkommen sind und das Leben positiv erweitern können. Das schaffen wir, indem sich Menschen in Zukunft in größeren Sorgegemeinschaften zusammenschließen[484] und Care als gesellschaftliche Aufgaben organisieren, an denen sich alle Menschen fair beteiligen.

_ DEMOKRATIE BRAUCHT ZEITGERECHTIGKEIT

Zeit ist eine der wichtigsten politischen Ressourcen. Alle Menschen brauchen Zeit, um sich neben ihren alltäglichen Pflichten auch mit den Dingen beschäftigen zu können, die ihnen am Herzen liegen. Wer keine Zeit zum Nachdenken hat, dem fehlt erst recht die Macht, etwas zu verändern. Die momentan herrschende Zeitordnung steht im Widerspruch zur Idee der lebendigen Demokratie. Die Frage von Zeitgerechtigkeit aufzuschieben wäre politisch fahrlässig.

Ein zu großer Teil unserer Zeit wird in der kapitalistischen Ordnung fremdbestimmt, entwertet und ausgebeutet. Dagegen hat sich Widerstand in unterschiedlichen Formen breitgemacht, was beweist, dass bereits heute viele Menschen den demokratischen Anspruch auf eine Welt sehen, in der sie und andere so gut wie möglich leben können. Dieses Engagement wird stärker, wenn wir das Recht auf Zeit für politische Teilhabe anerkennen.

Gewerkschaften haben für mehr Gerechtigkeit am Arbeitsplatz gesorgt und die allgemeine Lebensqualität verbessert. Aber gleichzeitig wird über sie auch sichtbar, welchen gesellschaftlichen Stellenwert wir der Erwerbsarbeit beimessen: Hier können sich nämlich Menschen zusammenschließen, um mitzubestimmen. Care-Verantwortliche, Erwerbslose, Kinder, Pflegebedürftige und Hochaltrige hingegen haben diese Macht nicht. Es gab zwar 1979 den Versuch, eine Hausfrauengewerkschaft zu etablieren,[485] doch der von Gerhild Heuer gegründete Verein hatte ein zentrales Problem: Mit welchem Tarifpartner verhandeln Menschen über Geld und Zeit, die offiziell in keinem Arbeitsverhältnis stehen?

Stellen wir uns einen Moment lang vor, es gäbe eine Instanz, mit der Care-Verantwortliche darüber verhandeln könnten, wie viel Arbeit pro Tag genug ist, wie viele Erwachsene für eine intakte Sorgegemeinschaft nötig sind, wie viel Urlaub ihnen zusteht und welcher gerechte Lohn. Welche Kompromisse würden am Ende dabei herauskommen? Welche Forderungen würden Kinder vortragen über die Zeit mit ihren Familien und ihre langfristigen Zukunftsinteressen? Wenn zu Arbeitskämpfen auch das Ringen um selbstbestimmte und sozial wertvolle Zeit gehört, dann wird klar, dass Erwerbslose, Armutsbetroffene oder Geflüchtete ohne Arbeitserlaubnis in diesen Kämpfen einen Platz haben müssen. Solange aber Zeit als politisches Gut nicht umfassend anerkannt ist, wird über sie so verfügt, dass Ungerechtigkeiten entstehen.

Eine Politik für Zeitgerechtigkeit wird versuchen, die unterschiedlichen Bedürfnisse von Menschen aller Altersgruppen und Lebenssituationen auszugleichen, Menschen mehr Freiräume zu schaffen und die Gesellschaft so zu gestalten, dass die Menschen den Lebensentwürfen näherkommen, nach denen sie sich sehnen. Wir müssen in gesellschaftlichen Debatten immer wieder herausarbeiten, warum wir uns für demokratische Politik entschieden haben und was wir mit ihr erreichen wollen. Die Philosophin Corine Pelluchon hat recht, wenn sie schreibt, »dass die Liebe zum Leben die Liebe zu dem ist, was im Leben auf seine Großzügigkeit, auf seinen Überschuss verweist [...], und grundlegendes Prinzip der Ethik und Politik sein muss«.[486] Es ist die Würde des Menschen, die das Grundgesetz als unantastbar festlegt. Dass pflegebedürftige Menschen gut umsorgt werden, ist unverhandelbar, wie wir Wirtschaft, Erwerbsarbeit und Fürsorge organisieren, hingegen nicht. Wir können jederzeit darüber verhandeln, was in unserem Leben einen Platz haben und Zeit bekommen soll.

_ FREIHEIT VORLEBEN

Feminismus ist eine politische Bewegung, die etwas Neues, Freies und Offenes in die Welt bringen will. Und nur indem feministische Interventionen eigene Themen in die öffentliche Diskussion bringen, können sie patriarchalen Strukturen etwas entgegensetzen. Zeit ist ein Thema, das alte Macht aufbrechen kann und ein Anliegen feministischer Bewegungen erfüllt: nämlich möglichst vielen Menschen mehr Handlungsoptionen zu bieten und damit neue Freiheitsgrade eines selbstbestimmten Lebens.

Für mich bedeutet das feministische Erbe mehr als berufliche Gleichberechtigung. Es bedeutet die Freiheit, die mir geschenkt worden ist, mit Leben zu füllen, sie neu zu interpretieren und auszudehnen. Das heißt, immer wieder zu fragen, wie frei wir tatsächlich sind, wer von dieser Freiheit ausgeschlossen ist, und dann Lösungen zu entwickeln und ihre Umsetzung anzugehen. Es ist immens wichtig, sich um konkrete Verbesserungen *jetzt* zu bemühen und nicht nur langfristige Strategien zu verfolgen, denn auch unmittelbare Bedürfnisse zu adressieren, ist die Basis dafür, politische Bewegungen zu stärken.

Individuelle Handlungsmacht haben wir dann, wenn wir den eigenen Lebensentwurf und Alltag als stimmig und wertvoll erleben und er sich in seiner einzigartigen Form in das gesellschaftliche Mosaik einfügen kann, ohne dafür stark geschliffen werden zu müssen. Zur Freiheit aller trägt unser Lebensentwurf bei, wenn wir damit anderen nicht ihren Platz in der Welt nehmen. Denn erst wenn selbstbestimmte Lebensmodelle für alle zugänglich sind, erreichen wir soziale Gerechtigkeit.

Frei fühle ich mich dann, wenn ich mit anderen über meine Ideen sprechen, streiten und gemeinsam nachdenken kann, wenn ich etwas aus ihrem Leben erfahre, zuhören, trösten oder Mut zusprechen kann, wenn wir gemeinsam lachen oder uns freuen. Die emotionale Energie, die ich daraus ziehe, lädt mich auf, hält mich wach und ist unersetzlich. Ich bin freier, weil es andere gibt.

All das, was wir für ein freies Leben brauchen, stellen wir gemeinschaftlich her. Erst auf den Schultern dieser kollektiv geschaffenen Freiheit erfahren wir individuelle Freiheitsmomente. Wenn primäre Erziehungs- und Bildungsziele für junge Menschen in einer Kultur frühe Selbstständigkeit und finanzielle Unabhängigkeit sind, das Angewiesensein auf andere aber kein inhärenter Bestandteil des Lebens ist, dann gilt als Freiheit, das Leben allein meistern zu können. Viele Menschen haben sich – das ist nur logisch – so sehr an einen individualistischen Freiheitsbegriff gewöhnt, dass es sich befremdlich anfühlen muss, die Perspektive zu wagen, dass ein freieres

Leben über mehr Abhängigkeit von anderen sowie mehr Verantwortung für andere möglich wird.

Es ist nicht das Kind oder der alte Mensch oder der Job, der uns die Zeit raubt, sondern der Umstand, dass wir einander bei großer Verantwortung oder vielen Aufgaben zu wenig unterstützen. Das Leben war nie dazu gedacht, es allein zu meistern. Und auch nicht zu zweit. Diesen Designfehler in unseren Verantwortlichkeiten können wir jederzeit beheben. Mehr Zeit für die Dinge, nach denen wir uns sehnen, schaffen wir füreinander, wenn wir uns zusammenschließen. Das Kümmern umeinander neu zu organisieren ist ohne Zweifel lebendiger, liebevoller und zukunftsträchtiger, als auf Kinder und Verantwortung für andere zu verzichten.

Es ist eine lösbare Aufgabe, Erwerbsarbeit so zu verändern, dass ihre guten Seiten allen zugänglich sind, unangenehme Arbeiten fairer verteilt werden und schlechte Arbeit gar nicht erst entsteht. Keine erschöpfte Arbeiterin kann allein die Bedingungen ihres Jobs verbessern, indem sie sich zu Hause Selfcare gönnt – es gelingt dann, wenn sie sich mit anderen für gute Arbeitsbedingungen organisiert. Emilia Roig, Gründerin des *Center for Intersectional Justice*, plädiert dafür, wieder mehr Zeit für Community-Care aufzubringen: »Wir müssen unseren Bewegungen mehr Liebe und Fürsorge entgegenbringen, wenn wir wollen, dass sie Widerstand leisten und alternative Formen der Macht schaffen.«[487]

Für neue Formen der Macht müssen wir mehr politische Zeit miteinander verbringen. In einer sorgenden, gerechten und freien Gesellschaft, die durch Zusammenarbeit entsteht, wird es nebensächlich, sich allein versorgen zu können. Politisches Engagement für eine fürsorgliche Welt ist dann auch Sorge für sich selbst. Die Zeit, in der wir zuvor allein die Erschöpfung bekämpft haben, wird uns durch Gemeinschaft zurückgeschenkt, sodass wir sie fortan freier verwenden können.

_ UTOPISCH DENKEN UND FÜHLEN

Wenn Ideen für gesellschaftliche Veränderungen als Utopie bezeichnet werden, ist das ein Versuch, ihnen das Politische zu entreißen und diejenigen, die sie formulieren, als Träumer_innen zu delegitimieren. Indem Utopien als etwas Unerreichbares, zu Großes und weit in der Zukunft Liegendes interpretiert werden, gefährden sie die Machtverhältnisse nicht.

Eine andere und gerechte Zeitkultur ist nicht utopisch, sie ist erreichbar. Ideen für mehr Gerechtigkeit fordern uns zwar heraus, sie jedoch vorschnell als Utopie zu bezeichnen, verkennt ihr Wesen. Denn eine gesellschaftliche Veränderung, die alle miteinbezieht, darf nicht als etwas Fixes gedeutet werden, Gerechtigkeit ist ein fortwährender Prozess. Auf dem Weg zu ihr werden wir unsere Ideen weiter anpassen und korrigieren, weil wir mehr darüber lernen werden, was fair gegenüber anderen ist. Starre Gesellschaftssysteme hingegen führen immer zu Ausgrenzung und Unterdrückung, selbst wenn sie auf Gleichberechtigung ausgerichtet sind. Eine gerechte Zeitkultur wird anders sein als unsere Zeitkultur jetzt.

Die Philosophin Ruth Levitas hat Utopien nicht als Ziel, sondern als Methode beschrieben, bei der »provisorische Versionen einer besseren Zukunft« gemeinschaftlich verhandelt werden müssten und Scheitern dazugehöre.[488] Groß denken,

Aufgaben teilen, offen sein, die Zwischenstufen wertschätzen, ohne sich zu sehr auf ihnen auszuruhen – Utopien können uns leiten, den Weg dorthin müssen wir gemeinschaftlich organisieren. Warum es sich für eine neue Zeitkultur lohnt, utopisch zu denken, wurde mir nach diesem Zitat von Ruth Levitas besonders klar: »Die utopische Herangehensweise ermöglicht es uns nicht nur, uns vorzustellen, wie eine andere Gesellschaft aussehen könnte, sondern befähigt uns dazu, uns vorzustellen, wie es sich anfühlen würde, sie zu bewohnen.«[489]

Sich Zeitgerechtigkeit zu nähern, wird ein zäher politischer Kampf. Wenn wir uns über die eigene Vorstellungskraft in sie einfühlen, eignen wir sie uns bereits ein Stück an. Zeit als etwas zu sehen, das in erster Linie unser Wohlbefinden, unsere Selbstbestimmung, unsere Beziehungen zueinander stärkt, ist eine radikale Umdeutung der gegenwärtigen Erfahrung von Zeitstress, Zeitarmut und Isolation. Zeit rennt uns nicht davon, sie trägt uns durchs Leben. Schon dieser Perspektivwechsel ist politischer Widerstand. Sich in der Zeit frei zu fühlen ist ein starkes, ermächtigendes Gefühl.

»Wäre es zu extrem, Zeit als Feindin zu bezeichnen?«, hat die Autorin Frieda Johles Forman in einem über 30 Jahre alten Text über die weibliche Zeiterfahrung gefragt und diese Frage rhetorisch gemeint. »Zeit ist keine Freiheit für Frauen (obwohl einige von uns hin und wieder ein bißchen freie Zeit haben mögen)«, schrieb Forman.[490] Ich möchte ihr widersprechen und in eine neue Perspektive wechseln. Zeit kann Freundin und Vertraute sein, wenn wir verstehen, dass sie zu uns gehört. Wenn wir uns bewusst machen, dass unsere Zeit, wie Selma James es formulierte, »zufälligerweise unser Leben ist«.[491] Deshalb ist Zeit durch und durch politisch, und deshalb lohnt es sich, für Zeitgerechtigkeit zu kämpfen.

Wenn wir unsere Bedürfnisse in die Zukunft verschieben oder sie uns erst als Lohn für eine »Lebensleistung« zugestehen, trennen wir uns vom Leben in der Gegenwart ab. Zeit entsteht zwischen uns, wenn wir sie miteinander verbringen, und sie verläuft weiter, wenn wir allein sind. Unsere Zeit und wie wir sie empfinden, ist immer jetzt. Die Dinge, mit denen wir die meiste Zeit verbringen, das ist unser Leben. Um wirklich frei zu sein, müssen wir uns daher auch die meiste Zeit frei fühlen können. Freiheit ist kein Lebensabschnittskonzept.

Die Erzählung, dass Zeit Geld sei, müssen wir um viele neue Erzählungen erweitern, die ebenso gültig sind und nicht länger Fantasien. Zeit, wenn sie gerecht verteilt ist, wird zu Handlungsfähigkeit, Lebensfreude, Zusammenhalt. Zeit, wenn sie uns freier macht, liegt am Morgen vor uns wie ein Berg bunter Bauklötze, aus denen sich jeden Tag das eigene Leben als etwas Vertrautes, Neues, Eigenes und immer wieder auch Unerwartetes und Gemeinschaftliches zusammensetzen lässt.

DANK

Der größte Teil dessen, was wir über die Welt wissen, baut auf der Zeit von anderen auf, beginnend mit den Menschen, die uns in den ersten Lebensjahren begleiten. Der Zeit von Freund_innen, die uns herausfordern, der Zeit von Menschen, die Erfahrungen teilen, die man selbst nicht erlebt. Als Autor_in ist man nicht nur auf Interesse, sondern vor allem auf die Zeit von Leser_innen angewiesen, daher gilt mein Dank den Menschen, die meine Texte lesen, seitdem ich schreibe, die mit mir über sie diskutieren, mir Fragen stellen, von ihrem Alltag und ihren Wünschen erzählen, mir widersprechen und mit mir zusammen weiterdenken. Der Austausch im Netz erweitert mein Wissen und meine Perspektiven jeden Tag und verdient als Ort der Teilhabe und Vielstimmigkeit viel mehr Wertschätzung.

Einer der schönsten Aspekte des Schreibens war für mich, selbst noch mehr lesen und lernen zu dürfen. Die Zeit all der Autor_innen, Wissenschaftler_innen, Philosoph_innen, Aktivist_innen, auf deren Forschungsergebnisse, Vorarbeit und Gedanken ich mich beziehen konnte, ist unverzichtbar gewesen für dieses Buch.

Die Idee für »Alle_Zeit« ist über mehrere Jahre gewachsen. Den Weg zum Buch haben vor allem Kübra Gümüşay, Achim Cremer und Barbara Wenner geebnet, die mich darin bestärkt haben, das Thema anzupacken, mir die richtigen Fragen gestellt haben und in den vergangenen zweieinhalb Jahren immer für mich da waren, wenn ich Rat brauchte. So viel Rückhalt zu bekommen, ist ein großes Geschenk.

Ein großer Dank gilt meiner Lektorin Bettina Eltner, deren Begeisterung von Anfang an mich freier beim Denken und Schreiben gemacht hat, während sie mir zeitgleich die Struktur und Unterstützung gegeben hat, die ich brauchte. Darüber hinaus möchte ich auch Claudia Schlottmann danken, die sie dabei im Hintergrund großartig unterstützt hat. Karsten Kredel danke ich für sein Vertrauen in den Text, als es erst Umrisse davon gab. Und allen Mitarbeiter_innen des Ullstein Verlags, die mit ihrer Arbeit zur Entstehung des Buches beigetragen haben.

Ich danke Eva Horn, die in der Zeit des Schreibens meine wichtigste Gesprächspartnerin war, deren Humor mich seit Beginn der Pandemie immer wieder gerettet hat und mit der ich später einmal eine Oma gegen Rechts werden will. Laura Dornheim, deren Freundinnenschaft mich stark macht und die mein Vorbild ist. Daniel Hischer, der genau zur richtigen Zeit in mein Leben trat. I love you.

Lara Fritzsche, Isa Sonnenfeld, Asal Dardan, Friederike Schilbach, Jan Jasper Kosok, Aurelia Moniak, Silvia Follmann, Helen Hahne, Lisa Seelig, Margarete Stokowski, Hatice Akyün, Vera Schroeder, Ariane Barth, Bernd Ulrich – eure Zugewandtheit, die Gespräche und Zusammenarbeit mit euch haben zu ganz unterschiedlichen Zeitpunkten in den vergangenen Jahren für dieses Buch etwas bewegt. Es bedeutet mir viel, Zeit mit euch zu verbringen.

Jette, Nadine, Felix, Achim und Brüne gilt mein größter Dank: Ich bin so gern mit euch und für unsere Kinder eine Familie. Danke, dass ihr eine Care-Revolution im Kleinen seid: Danke Achim für Großzügigkeit, Liebe und Zukunftsideen.

M. und W., ihr macht meine Welt größer, jede wache Minute mit euch ist Abenteuer und Glück.

ANMERKUNGEN

1 Adam, Barbara: Das Diktat der Uhr. Zeitformen, Zeitkonflikte, Zeitperspektiven. Dt. von Frank Jakubzik, Frankfurt am Main 2005, S. 196.

2 Herrmann, Steffen: »Den Unterstrich zu verwenden bedeutet, sich politisch zu positionieren« (08.08.2018), in: Bundeszentrale für politische Bildung https://www.bpb.de/themen/gender-diversitaet/geschlechtliche-vielfalt-trans/269889/steffen-herrmann-den-unterstrich-zu-verwenden-bedeutet-sich-politisch-zu-positionieren/ (abgerufen am 17.07.2022).

3 Crary, Jonathan: *24/7. Gesellschaft ohne Schlaf*, Berlin 2014, S. 15.

4 Shaw, Jenny: »Geschlechterverhältnis und die Beschleunigung des Lebens«, in: Adam, Barbara / Geißler, Karlheinz A./ Held, Martin (Hrsg.): *Die Nonstop-Gesellschaft und ihr Preis*, Stuttgart/Leipzig 1998, S. 63–83.

5 Vgl. Westlund, Ingrid: »Kinderzeiten. Zeitdisziplin und Nonstop-Gesellschaft aus Sicht der Kinder«, in: Adam, Barbara / Geißler, Karlheinz A./ Held, Martin (Hrsg.): *Die Nonstop-Gesellschaft und ihr Preis*, Stuttgart/Leipzig 1998, S. 93–106.

6 Ebd. S. 102.

7 Ebd.

8 Geyer, Christian / Luhmann, Niklas: *Die Knappheit der Zeit und die Vordringlichkeit des Befristeten*, Berlin 2013, S. 29–30.

9 Vgl. Schneider, Michael: »Der Kampf um die Arbeitszeitverkürzung von der Industrialisierung bis zur Gegenwart*«, in: *Gewerkschaftliche Monatshefte*, Vol. 35, 1984, S. 77–89 http://library.fes.de/gmh/main/pdf-files/gmh/1984/1984-02-a-077.pdf (abgerufen am 27. 06. 2022).

10 Vgl. Bundeszentrale für politische Bildung: Soziale Situation in Deutschland. Lebenserwartung (10. 08. 2020) https://www.bpb.de/kurz-knapp/zahlen-und-fakten/soziale-situation-in-deutschland/61547/lebenserwartung/ (abgerufen am 28. 06. 2022).

11 Vgl. Statista Research Department: »Entwicklung der Lebenserwartung bei Geburt in Deutschland nach Geschlecht in den Jahren von 1950 bis 2060«, (24. 01. 2022) https://de.statista.com/statistik/daten/studie/273406/umfrage/entwicklung-der-lebenserwartung-bei-geburt-in-deutschland-nach-geschlecht/ (abgerufen am 28. 06. 2022).

12 Die durchschnittliche Lebenserwartung ist in der Bevölkerung allerdings sehr unterschiedlich. Ärmere Menschen und Menschen mit niedrigeren Bildungsabschlüssen leben in Deutschland laut Berechnungen des Robert Koch-Instituts mehrere Jahre weniger als Menschen mit höherem Einkommen. Diese Unterschiede haben sich laut Mitteilung des Instituts in den letzten 25 Jahren nicht verringert. Vgl. *Ärzteblatt*: »Lebenserwartung von ärmeren Menschen in Deutschland weiterhin niedriger« (14. 03. 2019) https://www.aerzteblatt.de/nachrichten/101652/Lebenserwartung-von-aermeren-Menschen-in-Deutschland-weiterhin-niedriger (abgerufen am 28. 06. 2022).
Daten aus anderen Ländern, in denen Gesundheitsdaten mit weiteren soziodemografischen Daten verknüpft werden, verweisen auf

weitere Ungleichheiten in der Lebensspanne. So sterben beispielsweise in den USA Schwarze Männer und Frauen früher als weiße Männer und Frauen. Vgl. World Economic Form: »This is the toll that everyday racism takes on black men in America« (02. 07. 2020) https://www.weforum.org/agenda/2020/07/george-floyd-racism-opportunities-life-expectancy/ (abgerufen am 28. 06. 2022).

13 Der englische Begriff »bucket list« geht auf die Redewendung »to kick the bucket« zurück, was im Deutschen etwa so viel bedeutet wie »den Löffel abgeben«. Auf der Bucket List finden sich dementsprechend all die Dinge, die jemand vor dem Tod noch erleben oder erreichen möchte.

14 Wehr, Laura: *Alltagszeiten der Kinder. Die Zeitpraxis von Kindern im Kontext generationaler Ordnungen*, Weinheim/München 2009, S. 131.

15 Vgl. Wajcman, Judy: *Pressed for time. The acceleration of life in digital capitalism*, Chicago und London 2015, S. 5.

16 Ebd. S. 65.

17 Bundesministerium für Familie, Senioren, Frauen und Jugend: *Zeit für Familie. Familienzeitpolitik als Chance einer nachhaltigen Familienpolitik. Achter Familienbericht*, Berlin 2012, S. XIII.

18 Ebd. S. 5.

19 Vgl. Institut für Arbeitsmarkt- und Berufsforschung der Bundesagentur für Arbeit: *IAB-Arbeitszeitrechnung. Daten zur Entwicklung der Arbeitszeit und ihrer Komponenten. Die lange Zeitreihe mit den Quartals- und Jahreszahlen ab 1991. Durchschnittliche Arbeitszeit und ihre Komponenten*, Stand: 07. 06. 2022, https://www.iab.de/de/daten/iab-arbeitszeitrechnung.aspx (abgerufen am 28. 06. 2022).

20 Vgl. *Haufe Online* »Urlaubstage in Deutschland ungleich verteilt« (28. 07. 2020) https://www.haufe.de/personal/hr-management/

urlaubsanspruch-wer-hat-die-meisten-urlaubstage-in-deutschland_80_368876.html (abgerufen am 28. 06. 2022).

21 Vgl. Kultusministerkonferenz: »Ferienregelung« https://www.kmk.org/service/ferien.html (abgerufen am 27. 06. 2022).

22 Vgl. Deutsche Rentenversicherung: *Rentenversicherung in Zahlen 2021*, Berlin 2021, S. 65 https://www.deutsche-rentenversicherung.de/SharedDocs/Downloads/DE/Statistiken-und-Berichte/statistikpublikationen/rv_in_zahlen_2021.pdf?__blob=publicationFile&v=1 (abgerufen am 27. 06. 2022).

23 Allerdings arbeiten Beschäftigte auch länger: Die reguläre Altersrente begannen deutsche Bürger_innen 2020 im Durchschnitt mit etwas über 64 Jahren, zwei Jahre später als noch zwanzig Jahre zuvor. Die aktuelle gesetzliche Regelung sieht vor, dass nach 1964 geborene Menschen – also alle, die 2022 jünger als 58 Jahre alt sind – erst mit 67 Jahren abschlagsfrei in Rente gehen können.

24 Vgl. Statista Research Department: »Anzahl der Personen in Deutschland, die das Gefühl haben in einer gehetzten Zeit zu leben, von 2017 bis 2021« (20. 08. 2021) https://de.statista.com/statistik/daten/studie/171247/umfrage/gefuehl-von-zeitnot/ (abgerufen am 27. 06. 2022).

25 Vgl. Rinderspacher, Jürgen P.: »Zeitwohlstand – Kriterien für einen anderen Maßstab von Lebensqualität«, in: *WISO – Wirtschafts- und Sozialpolitische Zeitschrift des ISW*, 01/2012, S. 11–26, https://www.isw-linz.at/index.php?eID=dumpFile&t=f&f=493&token=ea21c3684060d2915833a8b237bca77f628a0195 (abgerufen am 27. 06. 2022).

26 Vgl. *Der Spiegel*: »In Deutschland gibt es immer mehr Pendler« (06. 02. 2020), https://www.spiegel.de/karriere/pendeln-in-deutschland-nehmen-immer-mehr-menschen-lange-wege-zum-arbeits

platz-in-kauf-a-085c2c3a-36ef-4aeb-b807-6fbc70e5d95d (abgerufen am 10.07.2022).

27 Vgl. Katz-Gerro, Tally / Sullivan, Oriel: »Voracious Cultural Consumption The intertwining of gender and social status«, in: *Time & Society*, 2010, 19(2), S. 193–219. doi:10.1177/0961463X09354422.

28 Vgl. Stiftung für Zukunftsfragen: »Freizeit-Monitor 2015: Die beliebtesten Freizeitbeschäftigungen der Deutschen«, in: *Forschung aktuell*, 264, 36. Jg., 27.08.2015 https://www.stiftungfuerzukunftsfragen.de/en/newsletter-forschung-aktuell/264/ (abgerufen am 27.06.2022).

29 Vgl. Katz-Gerro, Tally / Sullivan, Oriel: »Voracious Cultural Consumption The intertwining of gender and social status«, in: *Time & Society*, 2010, 19(2), S. 193–219. doi:10.1177/0961463X09354422.

30 Vgl. Wajcman, Judy: *Pressed for time. The acceleration of life in digital capitalism*, Chicago und London 2015, S. 73.

31 Vgl. Schwarz, Franziska: »Überstunden: Deutsche schenken Unternehmen dreieinhalb Jahre Arbeitszeit« (17.09.2021), in: *Merkur*, https://www.merkur.de/wirtschaft/ueberstunden-arbeitnehmer-deutschland-durchschnitt-studie-erhebung-arbeitszeitmonitor-2021-90985750.html (abgerufen am 27.06.2022).

32 Vgl. Levine, Robert: *Eine Landkarte der Zeit. Wie Kulturen mit Zeit umgehen*, München 1998, S. 212.

33 Bunting, Madeleine: *Willing Slaves. How the overwork culture is ruling our lives*, London 2004, S. 155 (Dt. von T.B.).

34 2021/22 gaben rund 50 Prozent der Deutschen an, Instagram zu nutzen, der Höchstwert lag in der Altersgruppe der 20- bis 29-Jährigen bei 78 Prozent. Vgl. Statista Research Department: »Anteil der befragten Internetnutzer, die Instagram nutzen, nach Altersgruppen

in Deutschland in den Jahren 2015 bis 2021/22« (16. 06. 2022) https://de.statista.com/statistik/daten/studie/691584/umfrage/anteil-der-nutzer-von-instagram-nach-alter-in-deutschland/ (abgerufen am 27. 06. 2022).

35 Vgl. Jacobs, Luisa: »Der Job kann morgen weg sein und was bleibt dann von mir?« (17. 08. 2020), in: *Zeit Online*, https://www.zeit.de/arbeit/2020-08/tijen-onaran-migrationshintergrund-marketing-branding-digitalisierung-sichtbarkeit/komplettansicht (abgerufen am 27. 06. 2022).

36 Vgl. Gershuny, Jonathan: »Busyness as the Badge of Honor for the New Superordinate Working Class«, in: *Social Research*, Vol. 72, Nr. 2, 2005, S. 287–314 http://www.jstor.org/stable/40971766 (abgerufen am 28. 06. 2022).

37 Petersen, Anne Helen: *Can't Even: How Millennials Became the Burnout Generation*, Boston/New York, 2020, S. 189.

38 Price, Devon: *Laziness Does Not Exist*, New York 2021, Kindle-Version, S. 206.

39 Die US-Amerikanerin Anne-Marie Slaughter stieß 2012 mit ihrem Essay *Why women still can't have it all* eine Debatte über die Vereinbarkeit von Familie und Karriere an: https://www.theatlantic.com/magazine/archive/2012/07/why-women-still-cant-have-it-all/309020/ (28. 06. 2022)

40 Nowotny, Helga: »Eigenzeit Revisited«, in: Scherer, Bernd (Hg.): Die Zeit der Algorithmen, Berlin 2016, S. 32–68.

41 Otto, Jeannette / Scholz, Anna-Lena: »Was waren Sie für ein Kind, Claus Kleber? ›Ein Klugscheißer. Immer mit der Schnauze vorne‹« (06. 01. 2021), in: *Die Zeit*, https://www.zeit.de/2021/02/claus-kleber-journalist-heute-journal-gendern-lernen/komplettansicht (abgerufen am 28. 06. 2022).

42 Storz, Wolfgang: »Frigga Haug: ›Wir brauchen Zeit, um mehr Freundlichkeit in diese Welt zu bringen‹« (12.09.2013), in: *WOZ. Die Wochenzeitung*, https://www.woz.ch/-4488 (abgerufen am 14.08.2021).

43 Mayr, Anna: *Die Elenden. Warum unsere Gesellschaft Arbeitslose verachtet und sie dennoch braucht*, München 2020, S. 69.

44 Bunting, Madeleine: *Willing Slaves. How the Overwork Culture is Ruling Our Lives*, London 2004, S. 157.

45 Bock, Gisela / Duden, Barbara: »Arbeit aus Liebe – Liebe als Arbeit: Zur Entstehung der Hausarbeit im Kapitalismus«, in: *Frauen und Wissenschaft: Beiträge zur Berliner Sommeruniversität für Frauen, Juli 1976*, Berlin 1977, S. 118–199.

46 Jaffe, Sarah: *Work won't love you back. How Devotion to Our Jobs Keeps Us Exploited, Exhausted, and Alone*, New York 2021, S. 335 (Dt. von T.B.).

47 Vgl. *Allgemeine Erklärung der Menschenrechte*, Resolution 217 A (III) der Generalversammlung der Vereinten Nationen vom 10. Dezember 1948, Artikel 24: »Jeder hat das Recht auf Erholung und Freizeit und insbesondere auf eine vernünftige Begrenzung der Arbeitszeit und regelmäßigen bezahlten Urlaub.« https://www.ohchr.org/sites/default/files/UDHR/Documents/UDHR_Translations/ger.pdf (abgerufen am 22.03.2022).

48 Vgl. World Inequality Lab: *World Inequality Report 2022. Executive summary* (2021), https://wir2022.wid.world/executive-summary/ (abgerufen am 22.03.2022).

49 Vgl. Statistisches Bundesamt: »3,1 Millionen Erwerbstätige waren 2019 hierzulande von Armut bedroht« (28.01.2021), https://www.destatis.de/DE/Presse/Pressemitteilungen/2021/01/PD21_N008_634.html (abgerufen am 22.03.2020).

50 Vgl. Spannagel, Dorothee / Seikel, Daniel / Schulze Buschoff, Karin / Baumann, Helge: »Aktivierungspolitik und Erwerbsarmut in Europa und Deutschland«, WSI-Report Nr. 36, Juli 2017, https://www.boeckler.de/de/pressemitteilungen-2675-arm-trotz-arbeit-in-deutschland-hat-sich-erwerbsarmut-seit-2004-verdoppelt-staerkster-3237.htm (abgerufen am 22.12.2021).

51 Vgl. Giesecke, Johannes / Kroh, Martin / Tucci, Ingrid / Baumann, Anne-Luise / El-Kayed, Nihad: »Armutsgefährdung bei Personen mit Migrationshintergrund. Vertiefende Analysen auf Basis von SOEP und Mikrozensus. Endbericht«, S. 13. Studie im Auftrag der Beauftragten der Bundesregierung für Migration, Flüchtlinge und Integration, Staatsministerin Aydan Özoğuz, erstellt durch die Abteilung Arbeitsmarkt, Migration und Integration des Berliner Instituts für empirische Integrations- und Migrationsforschung (BIM) an der Humboldt-Universität zu Berlin, Berlin 2017, https://www.diw.de/documents/publikationen/73/diw_01.c.557426.de/diw_sp0907.pdf (abgerufen am 22.12.2021).

52 Vgl. Schneider, Michael: »Der Kampf um die Arbeitszeitverkürzung von der Industrialisierung bis zur Gegenwart«, S. 88, in: *Gewerkschaftliche Monatshefte*, Jg. 35, 1984, 2, S. 77–89, https://library.fes.de/gmh/main/pdf-files/gmh/1984/1984-02-a-077.pdf (abgerufen am 22.12.2020).

53 IG Metall: »Wie Metaller die 35-Stunden-Woche erkämpften« (01.10.2020), https://www.igmetall.de/tarif/wie-metaller-die-35-stunden-woche-erkaempften (abgerufen am 19.12.2020).

54 IG Metall: »Durchbruch bei der Angleichung Ost« (12.05.2021), https://www.igmetall.de/tarif/tarifrunden/metall-und-elektro/durchbruch-bei-der-angleichung-ost (abgerufen am 10.07.2022).

55 Vgl. Scharf, Günter: »Wiederaneignung von Arbeitszeit als Lebens-

zeit«, S. 522, in: Zoll, Rainer (Hrsg.), *Zerstörung und Wiederaneignung von Zeit*, Frankfurt am Main 1988, S. 509–530.

56 ver.di – Vereinte Dienstleistungsgewerkschaft: *Mehr Zeit für mich. Impulse für eine neue arbeitszeitpolitische Debatte*, Berlin 2015, S. 33.

57 Vgl. Jürgens, Kerstin / Hoffmann, Reiner / Schildmann, Christina: *Arbeit transformieren! Denkanstöße der Kommission »Arbeit der Zukunft«*, S. 139, Forschung aus der Hans-Böckler-Stiftung, Bielefeld 2017.

58 Website der Forschungsstelle Arbeit der Zukunft. Statements der Kommissionsmitglieder. https://www.arbeit-der-zukunft.de/reiner-hoffmann-13684.htm (abgerufen am 19. 03. 2022).

59 Gützkow, Frauke: »Kurze Vollzeit für alle« (08. 03. 2017), in: Gewerkschaft Erziehung und Wissenschaft, https://www.gew.de/aktuelles/detailseite/neuigkeiten/kurze-vollzeit-fuer-alle/ (abgerufen am 13. 08. 2021).

60 Vgl. GEW-Diskussionspapier »Feministische Zeitpolitik«: »Zeit zu leben, Zeit zu arbeiten – Zeit, die unbezahlte und die bezahlte Sorgearbeit in den Blick zu nehmen«, Beschluss des GEW-Hauptvorstands am 7./8. Mai 2021, https://www.gew.de/fileadmin/media/publikationen/hv/Gleichstellung/20210518-Diskussionspapier-Feministische-Zeitpolitik.pdf (abgerufen am 14. 03. 2022).

61 Sandberg, Vera: »Wie wichtig ist Gendern in der Medizin?« (07. 03. 2022), in: *Esanum*, https://www.esanum.de/today/posts/wie-wichtig-ist-gendern-in-der-medizin (abgerufen am 14. 03. 2022).

62 Bundesministerium für Familie, Senioren, Frauen und Jugend: *Zeit für Familie. Familienzeitpolitik als Chance einer nachhaltigen Familienpolitik. Achter Familienbericht*, Berlin 2012, S. 5.

63 Vgl. Institut für Arbeitsmarkt- und Berufsforschung: *IAB-Arbeitszeitrechnung*, 1991–2019, https://www.iab.de/de/daten/iab-arbeitszeitrechnung.aspx (abgerufen am 20. 08. 2020).

64 Bundesministerium für Familie, Senioren, Frauen und Jugend: *Zeit für Familie. Familienzeitpolitik als Chance einer nachhaltigen Familienpolitik. Achter Familienbericht*, Berlin 2012, S. XIII.

65 Das Arbeitsvolumen ist zwischen 1999 und 2019 von 58 Milliarden Stunden auf 62 Milliarden Stunden gewachsen, die Zahl der Beschäftigten von 39,1 auf 44,7 Millionen Menschen (IAB-Arbeitszeitrechnung).

66 Vgl. Institut für Arbeitsmarkt- und Berufsforschung: *IAB-Arbeitszeitrechnung*, 1991–2019, https://www.iab.de/de/daten/iab-arbeitszeitrechnung.aspx (abgerufen am 20. 08. 2020).

67 Institut Arbeit und Qualifikation der Universität Duisburg-Essen: »Beschäftigte in Minijobs 2003–2020«, in: *Sozialpolitik aktuell*, http://www.sozialpolitik-aktuell.de/tl_files/sozialpolitik-aktuell/_Politikfelder/Arbeitsmarkt/Datensammlung/PDF-Dateien/abbIV91.pdf (abgerufen am 25. 08. 2020).

68 Kittelmann, Marlies / Adolph, Lars / Michel, Alexandra / Packroff, Rolf / Schütte, Martin / Sommer, Sabine (Hrsg.): *Handbuch Gefährdungsbeurteilung*. Dortmund: Bundesanstalt für Arbeitsschutz und Arbeitsmedizin 2021, https://www.baua.de/DE/Themen/Arbeitsgestaltung-im-Betrieb/Gefaehrdungsbeurteilung/Expertenwissen/Arbeitszeitgestaltung/Lange-Arbeitszeiten/Lange-Arbeitszeiten_node.html (abgerufen am 01. 09. 2021).

69 Sell, Stefan: »Es werden mehr und mehr: Über 3,5 Millionen Mehrfachbeschäftigte. Zwischen gerne mehr bei einigen und mehr müssen bei vielen« (21. 01. 2020), in: *Sozialpolitik aktuell*, https://

aktuelle-sozialpolitik.de/2020/01/21/es-werden-mehr-und-mehr/ (abgerufen am 16.08.2021).

70 Einfachbeschäftigte arbeiten durchschnittlich 37,8 Stunden in der Woche. Mehrfachbeschäftigte kommen auf 41,5 Stunden. Bei Hybridbeschäftigten sind es sogar 44,6 Stunden. Quelle: Monsef, Roschan / Schäfer, Holger / Schmidt, Jörg: *Der Trend zur Zweitbeschäftigung – Nur eine Frage des Geldes?*, S. 53, in: IW-Trends – Vierteljahresschrift zur empirischen Wirtschaftsforschung aus dem Institut der deutschen Wirtschaft Köln e.V., 48. Jahrgang, Heft 2/2021, https://www.iwkoeln.de/fileadmin/user_upload/Studien/IW-Trends/PDF/2021/IW-Trends_2021-02-03_Monsef_Sch%C3%A4fer_Schmidt.pdf (abgerufen am 12.08.2021).

71 Vgl. Graf, Sebastian / Höhne, Jutta / Mauss, Alexander / Schulze Buschoff, Karin: »Mehrfachbeschäftigungen in Deutschland: Struktur, Arbeitsbedingungen und Motive«, S. 9, in: *WSI-Report 48/2019*, https://www.boeckler.de/pdf/p_wsi_report_48_2019.pdf (abgerufen am 12.08.2021).

72 Hochschild, Arlie Russell: *Keine Zeit. Wenn die Firma zum Zuhause wird und zu Hause nur Arbeit wartet.* Dt. von Hella Beister, Opladen 2002, S. 56.

73 Schüller, Anne M.: »Feel Good und Touch Point Manager. Berufsbilder für die neue Arbeitswelt der Zukunft« (24.06.2015), in: *Best of HR – Berufebilder.de®*, https://berufebilder.de/feelgood-touchpointmanager-arbeitswelt-zukunft/ (abgerufen am 14.08.2021).

74 Vgl. ADP: *The Workforce View in Europe 2019*, S. 14, https://de.adp.com/ressourcen/hr-themen-wissenswertes/artikel/w/workforce-view-2019.aspx (abgerufen am 17.08.2021).

75 Vgl. Blömer, Maximilian / Garnitz, Johanna / Gärtner, Laura / Peichl, Andreas / Strandt, Helene: *Zwischen Wunsch und Wirklichkeit.*

Unter- und Überbeschäftigung auf dem deutschen Arbeitsmarkt, S. 19–20, Studie im Auftrag der Bertelsmann-Stiftung, Gütersloh 2021, https://doi.org/10.11586/2021019.

76   Kurz-Scherf, Ingrid: »Vom guten Leben – Feministische Perspektiven jenseits der Arbeitsgesellschaft«, S. 80, in: Ulla Knapp (Hrsg.): *Beschäftigungspolitik für Frauen in der Region*, Opladen 1998, S. 79–98.

77   Vgl. Kittelmann, Marlies / Adolph, Lars / Michel, Alexandra / Packroff, Rolf / Schütte, Martin / Sommer, Sabine (Hrsg.): *Handbuch Gefährdungsbeurteilung*. Dortmund: Bundesanstalt für Arbeitsschutz und Arbeitsmedizin 2021, https://www.baua.de/DE/Themen/Arbeitsgestaltung-im-Betrieb/Gefaehrdungsbeurteilung/Expertenwissen/Arbeitszeitgestaltung/Lange-Arbeitszeiten/Lange-Arbeitszeiten_node.html (abgerufen am 14. 08. 2021).

78   Vgl. Schwarz, Franziska: »Überstunden: Deutsche schenken Unternehmen dreieinhalb Jahre Arbeitszeit« (17. 09. 2021), in: *Merkur*, https://www.merkur.de/wirtschaft/ueberstunden-arbeitnehmer-deutschland-durchschnitt-studie-erhebung-arbeitszeitmonitor-2021-90985750.html (abgerufen am 02. 07. 2022).

79   Vgl. Institut DGB-Index Gute Arbeit (Hrsg.): *DGB-Index Gute Arbeit. Report 2019: Arbeiten am Limit. Themenschwerpunkt Arbeitsintensität*, Berlin 2019, https://index-gute-arbeit.dgb.de/++co++caa1 9028-1511-11ea-81ba-52540088cada (abgerufen am 16. 08. 2021).

80   Vgl. Garsoffky, Susanne / Sembach, Britta: *Der tiefe Riss. Wie Politik und Wirtschaft Eltern und Kinderlose gegeneinander ausspielen*, München 2017, S. 73.

81   Gemeinsame Pressemitteilung der Weltgesundheitsorganisation (WHO) und der Internationalen Arbeitsorganisation (ILO): »Long working hours increasing deaths from heart disease and stroke: WHO, ILO« (17. 05. 2021), https://www.who.int/news/item/17-05-

2021-long-working-hours-increasing-deaths-from-heart-disease-and-stroke-who-ilo (abgerufen am 22. 08. 2021).

82 Gewerkschaft Erziehung und Wissenschaft: »Viele Lehrkräfte arbeiten mehr als 48 Stunden« (29. 01. 2018), https://www.gew.de/aktuelles/detailseite/neuigkeiten/viele-lehrkraefte-arbeiten-mehr-als-48-stunden/ (abgerufen am 17. 08. 2021).

83 Szymanowski, Grzegorz: »Wie polnische Paketboten in Deutschland um ihre Rechte kämpfen« (29. 05. 2021), in: *Deutsche Welle*, https://www.dw.com/de/wie-polnische-paketboten-in-deutschland-um-ihre-rechte-k%C3%A4mpfen/a-57711873 (abgerufen am 02. 09. 2021).

84 Internationale Arbeitsorganisation (ILO): »Longest, most unpredictable hours – the plight of the domestic worker« (09. 01. 2013), https://www.ilo.org/global/about-the-ilo/newsroom/news/WCMS_200944/lang--en/index.htm (abgerufen am 27. 08. 2021).

85 Vgl. Wöhrmann, A. M. / Gerstenberg, S. / Hünefeld, L. / Pundt, F. / Reeske-Behrens, A. / Brenscheidt, F. / Beermann, B.: *Arbeitszeitreport Deutschland 2016*. Dortmund: Bundesanstalt für Arbeitsschutz und Arbeitsmedizin 2016, S. 41 ff., https://www.baua.de/DE/Angebote/Publikationen/Berichte/F2398.html (abgerufen am 14. 08. 2021).

86 *tagesschau.de*: »Jeder Vierte arbeitet am Wochenende« (15. 11. 2018), https://www.tagesschau.de/inland/atypische-arbeitszeiten-101.html, (abgerufen am 16. 08. 2021).

87 Zobeley, Christel: »Eine Stunde Schichtarbeit ist 1,5 Stunden Normalarbeit«, in: Kurz-Scherf, Ingrid / Breil, Gisela (Hrsg.): *Wem gehört die Zeit. Ein LESEBUCH zum 6-Stunden-Tag*, Hamburg 1987, S. 101.

88 *Der Spiegel*: »Das Familienleben ist doch kaputt«, Nr. 47/1980,

https://www.spiegel.de/politik/spiegel-titel-das-familienleben-ist-doch-kaputt-a-f2e34bea-0002-0001-0000-000014328160 (abgerufen am 14. 04. 2022).

89 Vgl. Institut DGB-Index Gute Arbeit (Hrsg.): *DGB-Index Gute Arbeit 2012–2017. Sonderauswertung, Arbeitsbedingungen in der Alten- und Krankenpflege*, S. 22, Berlin 2018, https://index-gute-arbeit.dgb.de/++co++fecfee2c-a482-11e8-85a5-52540088cada (abgerufen am 16. 08. 2020).

90 Vgl. Woratschka, Rainer: »Umfrage unter Teilzeit-Pflegekräften. Vollzeitjob kommt für die meisten nicht in Frage« (13. 10. 2019), in: *tagesspiegel.de*, https://www.tagesspiegel.de/politik/umfrage-unter-teilzeit-pflegekraeften-vollzeitjob-kommt-fuer-die-meisten-nicht-in-frage/25107774.html (abgerufen am 15. 08. 2021).

91 *Deutschlandfunk Kultur*: »An den Patienten wird bis zum letzten Atemzug Geld verdient« (16. 07. 2021), https://www.deutschlandfunkkultur.de/intensivkrankenpfleger-ricardo-lange-an-den-patienten-wird-100.html, 2021 (abgerufen am 28. 08. 2021).

92 Vgl. Institut DGB-Index Gute Arbeit (Hrsg.): *Jahresbericht 2020. Ergebnisse der Beschäftigtenbefragung zum DGB-Index Gute Arbeit 2020. Schwerpunktthema Mobile Arbeit*, S. 26–31, Berlin 2020, https://index-gute-arbeit.dgb.de/++co++b8f3f396-0c7f-11eb-91bf-001a4a160127 (abgerufen am 24. 08. 2021).

93 Lott, Yvonne: »Weniger Arbeit, mehr Freizeit? Wofür Mütter und Väter flexible Arbeitsarrangements nutzen«, *WSI-Report 47/2019*, S. 2, https://www.boeckler.de/pdf/p_wsi_report_47_2019.pdf (abgerufen am 26. 08. 2021).

94 Ebd., S. 5.

95 Vgl. Schulz, Anika D.: »Erholung von der Arbeit«, S. 6, in: *baua: Ak-*

tuell, Ausgabe 4/2020, https://www.baua.de/DE/Angebote/Publikatio nen/Aktuell/4-2020.pdf?__blob=publicationFile&v=4 (abgerufen am 24. 08. 2021).

96 Vgl. Schulz, Anika D. / Wendsche, Johannes / Lohmann-Haislah, Andrea / Schöllgen, Ina: »Erholungsbeeinträchtigungen bei Beschäftigten. Ergebnisse einer Repräsentativbefragung in Deutschland«, In: *Zentralblatt für Arbeitsmedizin, Arbeitsschutz und Ergonomie*, Volume 70, 2020, S. 57–65, https://doi.org/10.1007/s406 64-019-00373-7 (abgerufen am 15. 08. 2021).

97 Vgl. Wolf, Christof: »Psychosozialer Stress und Gesundheit: Belastungen durch Erwerbsarbeit, Hausarbeit und soziale Beziehungen«, S. 170, in: *Kölner Zeitschrift für Soziologie und Sozialpsychologie*, Sonderheft 46, 2006, S. 158–176.

98 Zitiert aus persönlichem E-Mail-Austausch mit Daniela Brodesser, 10. 05. 2022.

99 Siegrist, Johannes / Dragano, Nico: »Berufliche Belastungen und Gesundheit«, Kölner Zeitschrift für Soziologie und Sozialpsychologie, Sonderheft 46/2006, S. 109–124.

100 Vgl. Krug, Susanne / Jordan, Susanne / Mensink, Gert / Müters, Stephan / Finger, Jonas / Lampert, Thomas: »Körperliche Aktivität. Ergebnisse der Studie zur Gesundheit Erwachsener in Deutschland (DEGS1)«, in: *Bundesgesundheitsblatt*, Volume 56, 2013, S. 765–771, https://doi.org/10.1007/s00103-012-1661-6.

101 Vgl. Techniker Krankenkasse: *Beweg Dich, Deutschland! – TK-Bewegungsstudie 2016*, Hamburg 2016, https://www.tk.de/presse/ themen/praevention/gesundheitsstudien/tk-bewegungsstudie-2016-2042014 (abgerufen am 16. 08. 2021).

102 Vgl. Finger, Jonas D. / Mensink, Gert / Lange, Cornelia / Manz, Kristin: »Arbeitsbezogene körperliche Aktivität bei Erwachsenen in

Deutschland«, S. 32, in: *Journal of Health Monitoring*, Volume 2, 2017, https://doi.org/10.17886/RKI-GBE-2017-026.

103 Vgl. Robert Koch-Institut (Hrsg.): *Gesundheitliche Lage der Frauen in Deutschland. Gesundheitsberichterstattung des Bundes*, Berlin 2020, S. 94, http://dx.doi.org/10.25646/6585.

104 Vgl. Wolf, Christof: »Psychosozialer Stress und Gesundheit: Belastungen durch Erwerbsarbeit, Hausarbeit und soziale Beziehungen«, S. 167, in: *Kölner Zeitschrift für Soziologie und Sozialpsychologie*, Sonderheft 46, 2006, S. 158–176.

105 Robert Koch-Institut (Hrsg.): *Gesundheitliche Lage der Männer in Deutschland. Beiträge zur Gesundheitsberichterstattung des Bundes.* Berlin 2014, S. 98, https://edoc.rki.de/handle/176904/3246

106 Ebd.

107 Vgl. Metzger, Reiner: »Da ist noch Luft drin« (22. 8. 2003), in: *taz. die tageszeitung*, https://taz.de/Da-ist-noch-Luft-drin/!721175/ (abgerufen am 23. 08. 2021).

108 Vgl. Bundesministerium der Finanzen: *Bundeshaushalt 2021, Einzelpläne, Sollwerte des Haushaltsjahres 2021 inkl. 1. Nachtragshaushalts*, https://www.bundeshaushalt.de/#/2021/soll/ausgaben/einzelplan.html (abgerufen am 24. 08. 2021).

109 Vgl. Statista Research Department: »Wachstum des Bruttoinlandsprodukts (BIP) in EU und Euro-Zone bis 2020« (21. 01. 2022), https://de.statista.com/statistik/daten/studie/156282/umfrage/entwicklung-des-bruttoinlandsprodukts-bip-in-der-eu-und-der-eurozone/ (abgerufen am 14. 03. 2022).

110 Vgl. Statista Research Department: »Was halten Sie persönlich im Leben für besonders wichtig und erstrebenswert?« (18. 08. 2021), Umfrage in Deutschland zu wichtigen Lebensaspekten, Zielen und Werten bis 2020, AWA 2020, Basis deutschsprachige Bevölkerung

ab 14 Jahren (70,64 Mio.), https://de.statista.com/statistik/daten/studie/170820/umfrage/als-besonders-wichtig-erachtete-aspekte-im-leben/ (abgerufen am 14.09.2021).

111 »Jeder Fünfte stirbt vor 69. Lebensjahr« (07.05.2021), in: *Tagesschau*, https://www.tagesschau.de/inland/rentenalter-die-linke-anfrage-fraktion-101.html (abgerufen am 24.08.2021).

112 Berlin-Institut für Bevölkerung und Entwicklung: *Hohes Alter, aber nicht für alle. Wie sich die soziale Spaltung auf die Lebenserwartung auswirkt*, Berlin 2017, https://www.berlin-institut.org/studien-analysen/detail/hohes-alter-aber-nicht-fuer-alle (abgerufen am 15.08.2021).

113 Lampert, Thomas / Kroll, Lars Eric: *Armut und Gesundheit*, Hrsg. Robert Koch-Institut Berlin, *GBE kompakt* 5/2010, S. 2, https://www.rki.de/DE/Content/Gesundheitsmonitoring/Gesundheitsberichterstattung/GBEDownloadsK/2010_5_Armut.pdf?__blob=publicationFile (abgerufen am 14.09.2021).

114 Vgl. Heintze, Cornelia: *Auf der Highroad – der skandinavische Weg zu einem zeitgemäßen Pflegesystem. Ein Vergleich zwischen fünf nordischen Ländern und Deutschland*, Expertise im Auftrag der Abteilung Wirtschafts- und Sozialpolitik der Friedrich-Ebert-Stiftung, Bonn 2015, S. 11–13.

115 Federici, Silvia: *Aufstand in der Küche. Reproduktionsarbeit im globalen Kapitalismus und die unvollendete feministische Revolution*, Berlin 2012, S. 82.

116 Abbe, Ernst: *Gesammelte Abhandlungen III. Vorträge, Reden und Schriften sozialpolitischen und verwandten Inhalts*, Nachdruck der Ausgabe Jena 1906, Hildesheim/Zürich/New York 1989, E-Book: https://www.gutenberg.org/ebooks/19755 (abgerufen am 15.03.2022).

117 Negt, Oskar: »Der Kampf um die Arbeitszeit ist ein Kampf um die Lebenszeit«, S. 532, in: Zoll, Rainer (Hrsg.), *Zerstörung und Wiederaneignung von Zeit*, Frankfurt am Main 1988, S. 531–543.

118 Vgl. Klünder, Nina: *Differenzierte Ermittlung des Gender Care Gap auf Basis der repräsentativen Zeitverwendungsdaten 2012/13*, S. 28, Berlin: Institut für Sozialarbeit und Sozialpädagogik e. V., Geschäftsstelle Zweiter Gleichstellungsbericht der Bundesregierung, 2017, http://dx.doi.org/10.25595/1368.

119 Friedrichs, Julia: *Working Class. Warum wir Arbeit brauchen, von der wir leben können*, Berlin/München 2021.

120 Penny, Laurie: *Fleischmarkt. Weibliche Körper im Kapitalismus* [E-Book], Hamburg 2012, S. 105.

121 Vgl. Enste, Dominik: *Haushaltshilfe – Keine Entlastung in Sicht*, IW-Kurzbericht 42/2019, Institut der deutschen Wirtschaft (IW), https://www.iwkoeln.de/studien/iw-kurzberichte/beitrag/dominik-h-enste-keine-entlastung-in-sicht-435331.html (abgerufen am 22. 08. 2021).

122 Vgl. Enste, Dominik: *Engpass Haushaltshilfe: Vergebliche Suche und weitverbreitete Schwarzarbeit*, IW-Kurzbericht 54/2018, Institut der deutschen Wirtschaft (IW), https://www.iwkoeln.de/studien/dominik-h-enste-vergebliche-suche-und-weitverbreitete-schwarzarbeit-401001.html (abgerufen am 22. 08. 2021).

123 Vgl. Werler, Eva: »Pflegenotstand. Mangelware Haushaltshilfe« (05. 06. 2019), in: *Deutschlandfunk*, https://www.deutschlandfunk.de/pflegenotstand-mangelware-haushaltshilfe-100.html (abgerufen am 22. 08. 2021).

124 Meier-Gräwe, Uta: »Der Weg zu einem attraktiven Dienstleistungsberuf«, in: Bundesanstalt für Landwirtschaft und Ernährung (BLE): *B&B Agrar*, Heft 4/2018, S. 20–22, https://www.bildungsserveragrar.

de/fileadmin/Redaktion/Fachzeitschrift/2018-4/BB_Agrar_04_2018_Der_Weg_zu_einem_attraktiven_Dienstleistungsberuf.pdf (abgerufen am 21.08.2021).

125 Deutscher Gewerkschaftsbund (DGB): »Förderung haushaltsnaher Dienstleistungen – dringende gesellschaftspolitische Aufgabe«, (07.12.2020) in: *arbeitsmarkt aktuell* 08/2020, https://www.dgb.de/downloadcenter/++co++bd18c2be-387e-11eb-8cc7-001a4a160123 (abgerufen am 22.08.2021).

126 Vgl. hooks, bell: »Re-Thinking the Nature of Work«, in: *Feminist theory from margin to center*, Boston 1984, S. 95–102.

127 Ebd., S. 98.

128 hooks, bell: »Women at Work«, S. 49, in: *Feminism is for Everybody*, Cambridge 2000, S. 48–54 (Dt. von T.B.).

129 Vgl. hooks, bell: »Revolutionary Parenting«, S. 134, in: hooks, bell: *Feminist theory from margin to center,* Boston 1984, S. 133–146.

130 Vgl. hooks, bell: »Re-Thinking the Nature of Work«, S. 101, in: *Feminist theory from margin to center*, Boston 1984, S. 95–102.

131 Vgl. hooks, bell: »Women at Work«, S. 54, in: *Feminism is for Everybody*, Cambridge 2000, S. 48–54.

132 Sachverständigenkommission zum Zweiten Gleichstellungsbericht der Bundesregierung: *Erwerbs- und Sorgearbeit gemeinsam neu gestalten. Gutachten für den Zweiten Gleichstellungsbericht der Bundesregierung*, Berlin 2017, S. 45 (abgerufen am 15.08.2021). https://www.gleichstellungsbericht.de/gutachten2gleichstellungsbericht.pdf.

133 Vgl. Deutscher Juristinnenbund e.V.: *Konzeption eines Wahlarbeitszeitgesetzes*, https://www.djb.de/netzwerke-und-projekte/konzeption-eines-wahlarbeitszeitgesetzes (abgerufen am 15.09.2021).

134 Deutsches Jugendinstitut: *Die zentralen Ideen und Ziele des Optionszeitenmodells* (2020), https://www.dji.de/themen/familie/optionszeiten.html (abgerufen am 19. 09. 2021).

135 Vgl. Bonin, Holger / Krause-Pilatus, Annabelle / Rinne, Ulf / Gehlen, Annica / Molitor, Pia: *Selbstständige Erwerbstätigkeit in Deutschland* (Aktualisierung 2020), S. 32–36, IZA Institute of Labor Economics, Research Report No. 93, Kurzexpertise im Auftrag des Bundesministeriums für Arbeit und Soziales, Bonn 2020, https://www.iza.org/en/publications/r/210/selbststandige-erwerbstatigkeit-in-deutschland-aktualisierung-2020 (abgerufen am 15. 03. 2022).

136 Vgl. Bücker, Teresa: »Ist es radikal, bis 80 zu arbeiten?« (22. 01. 2020), in: *Süddeutsche Zeitung Magazin Online*, https://sz-magazin.sueddeutsche.de/freie-radikale-die-ideenkolumne/rente-arbeit-alter-88283 (abgerufen am 19. 08. 2021).

137 Vgl. *Süddeutsche Zeitung*: »Arbeitsminister Heil offen für Vier-Tage-Woche« (19.08.20202), https://www.sueddeutsche.de/politik/hubertus-heil-4-tage-woche-1.5003356 (abgerufen am 19. 09. 2021).

138 Die durchschnittliche jährliche Arbeitszeit lag 2019 bei 1638 Stunden.

139 Vgl. Kompetenzzentrum Fachkräftesicherung (KOFA): Fachkräftereport März 2022 (16. 05. 2022), https://www.kofa.de/daten-und-fakten/studien/fachkraeftereport-maerz-2022/ (abgerufen am 14. 07. 2022).

140 Vgl. Frey, Philipp: *The Ecological Limits of Work: on carbon emissions, carbon budgets and working time*, Hampshire 2019, S. 6, http://autonomy.work/wp-content/uploads/2019/05/The-Ecological-Limits-of-Work-final.pdf (abgerufen am 15. 09. 2021).

141 Vgl. Winker, Gabriele: *Solidarische Care-Ökonomie. Revolutionäre Realpolitik für Care und Klima*, Bielefeld 2021, S. 145.

142 Ebd., S. 143.

143 Vgl. Hickel, Jason: *Weniger ist mehr. Warum der Kapitalismus den Planeten zerstört und wir ohne Wachstum glücklicher sind.* Dt. von Eva Leipprand, München 2022, S. 255 f.

144 Vgl. Suzman, James: *Sie nannten es Arbeit. Eine andere Geschichte der Menschheit.* Dt. von Karl Heinz Siber, München 2021, S. 320 ff.

145 Vgl. Economic Policy Institute: »The Productivity-Pay Gap«, August 2021, https://www.epi.org/productivity-pay-gap/ (abgerufen am 19. 03. 2022).

146 Vgl. Ständer, Philipp: »Wage-Productivity Gap – Four Tales from the Eurozone« (02. 07. 2018), Jacques Delors Centre – Policy Brief, https://www.delorscentre.eu/en/publications/detail/publication/wage-productivity-gap-four-tales-from-the-eurozone (abgerufen am 20. 03. 2022).

147 Vgl. Herzog-Stein, Alexander / Stein, Ulrike / Zwiener, Rudolf Zwiener: »Arbeits- und Lohnstückkostenentwicklung 2018 im europäischen Vergleich«, IMK Report 149/2019, Institut für Makroökonomie und Konjunkturforschung, Düsseldorf, S. 19–21, https://www.imk-boeckler.de/data/p_imk_report_149_2019.pdf (abgerufen am 24. 03. 2022).

148 Vgl. Rauch, Erik: »Productivity and the Workweek« (2000), https://groups.csail.mit.edu/mac/users/rauch/worktime (abgerufen am 20. 03. 2022).

149 Vgl. IG Metall: »Erste Umfrageergebnisse zur Umsetzung des Tarifabschlusses in der Metall- und Elektroindustrie« (12. 11. 2018), https://www.igmetall.de/presse/pressemitteilungen/erste-umfrageergebnisse-zur-umsetzung-des-tarifabschlusses (abgerufen am 20. 03. 2022).

150 Vgl. Statistisches Bundesamt: »35 % mehr Zeit für unbezahlte Arbeit als für Erwerbsarbeit« (19. 04. 2016), https://www.destatis.de/

DE/Presse/Pressemitteilungen/2016/04/PD16_137_812. html;jsessionid=CA530867A867CB38E1BBC604 (abgerufen am 20.03.2022).

151 Vgl. Haug, Frigga: *Die Vier-in-einem-Perspektive. Politik von Frauen für eine neue Linke*, Hamburg 2008.

152 Ebd., S. 20 f.

153 Haug, Frigga: »Vier-in-einem-Perspektive – Kompass für die politische Praxis« (November 2011), https://www.zeitschrift-luxemburg.de/vier-in-einem-perspektive-kompass-fur-die-politische-praxis/ (abgerufen am 20.03.2022).

154 Storz, Wolfgang: »Frigga Haug: ›Wir brauchen Zeit, um mehr Freundlichkeit in diese Welt zu bringen‹« (12.09.2013), in: *WOZ. Die Wochenzeitung*, https://www.woz.ch/-4488 (abgerufen am 14.08.2021).

155 Haug, Frigga: »Vier-in-einem-Perspektive – Kompass für die politische Praxis« (November 2011), https://www.zeitschrift-luxemburg.de/vier-in-einem-perspektive-kompass-fur-die-politische-praxis/ (abgerufen am 20.03.2022).

156 Weeks, Kathi: *The Problem with Work. Feminism, Marxism, Antiwork Politics, and Postwork Imaginaries*, London 2011, S. 174.

157 Tronto, Joan: »Demokratie als fürsorgliche Praxis«, S. 39, in: Feministische Studien extra/2000, S. 25–42, https://doi.org/10.1515/fs-2000-s104.

158 Vgl. Klenner, Christina / Pfahl, Svenja: »Jenseits von Zeitnot und Karriereverzicht – Wege aus dem Arbeitszeitdilemma«, WSI-Diskussionspapier Nr. 158, Düsseldorf 2008.

159 Ebd., S. 26.

160 Vgl. Robert Koch-Institut (Hrsg.): *Gesundheitliche Lage der Frauen in Deutschland. Gesundheitsberichterstattung des Bundes*, Berlin 2020, S. 32, http://dx.doi.org/10.25646/6585.

161 Vgl. Siemens-Betriebskrankenkasse SBK: »Macht Pflege krank?« (09.05.2018) https://www.sbk.org/uploads/media/pm-sbk-pflegende-angehoerige-fakten-und-hintergruende-180509.pdf (abgerufen am 20.03.2022).

162 Vgl. Heintze, Cornelia: *Auf der Highroad – der skandinavische Weg zu einem zeitgemäßen Pflegesystem. Ein Vergleich zwischen fünf nordischen Ländern und Deutschland*, Expertise im Auftrag der Abteilung Wirtschafts- und Sozialpolitik der Friedrich-Ebert-Stiftung, Bonn 2015, S. 11–13.

163 Vgl. Elly Heuss-Knapp-Stiftung, Deutsches Müttergenesungswerk: *Jahresbericht 2020*, S. 10, https://www.muettergenesungswerk.de/fileadmin/user_upload/MGW-Jahresbericht_2020.pdf (abgerufen am 20.03.2022).

164 Bäurle, Anne: »Wenn Familienarbeit krank macht« (15.06.2016), in: *Ärztezeitung*, https://www.aerztezeitung.de/Politik/Wenn-Familienarbeit-krank-macht-305489.html (abgerufen am 20.08.2021).

165 Sommer, Jörn / Braun, Bernhard / Meyer, Stefan: *Studie zur Untersuchung der Bedarfe von Müttern/Vätern und pflegenden Frauen und Männern (mit und ohne Kinder im Haushalt) in Vorsorge- und Reha-Maßnahmen in Einrichtungen des Müttergenesungswerkes*, Auftraggeber: Bundesministerium für Familie, Senioren, Frauen und Jugend. Hrsg.: InterVal GmbH, Berlin/Bremer Institut für Arbeitsschutz und Gesundheitsförderung (BIAG) GmbH, Berlin/Bremen 2021, S. 129, https://www.interval-berlin.de/wp-content/uploads/MGW_Abschlussbericht_InterVal_BIAG.pdf (abgerufen am 22.03.2022).

166 Ebd.

167 Höyng, Stephan: »Mehr Care, mehr Share, weniger Masculinity?«, in: Martin Dingens (Hrsg.), *Männlichkeiten und Care. Selbstsorge, Familiensorge, Gesellschaftssorge*, Weinheim/Basel 2020, S. 68–85.

168 Vgl. Kochskämper, Susanna / Neumeister, Silvia / Stockhausen, Maximilian: »Wer pflegt wann und wie viel? Eine Bestandsaufnahme zur häuslichen Pflege in Deutschland«, S. 72, in: *IW-Trends – Vierteljahresschrift zur empirischen Wirtschaftsforschung aus dem Institut der deutschen Wirtschaft Köln e. V.,* 47. Jahrgang, Heft 4/2020, https://www.iwkoeln.de/fileadmin/user_upload/Studien/IW-Trends/PDF/2020/IW-Trends_2020-04-04_Kochsk%C3%A4mper-Neumeister-Stockhausen.pdf (abgerufen am 24. 03. 2022).

169 Vgl. Statistisches Bundesamt: »66 % der erwerbstätigen Mütter arbeiten Teilzeit, aber nur 7 % der Väter« (07. 03. 2022), https://www.destatis.de/DE/Presse/Pressemitteilungen/2022/03/PD22_N012_12.html (abgerufen am 22. 03. 2022).

170 Ebd.

171 Vgl. Wanger, Susanne: »Entwicklung von Erwerbstätigkeit, Arbeitszeit und Arbeitsvolumen nach Geschlecht. Ergebnisse der IAB-Arbeitszeitrechnung nach Alter und Geschlecht (AZR AG) für die Jahre 1991–2019«, IAB-Forschungsbericht 16/2020, Nürnberg, S. 63–65, https://doku.iab.de/forschungsbericht/2020/fb1620.pdf (abgerufen am 22. 03. 2022).

172 Ebd., S. 30.

173 Vgl. Balderson, Ursula / Burchell, Brendan / Kamerāde, Daiga / Wang, Senhu / Coutts, Adam: »An exploration of the multiple motivations for spending less time at work« (08. 09. 2020), in: *Time & Society,* https://doi.org/10.1177%2F0961463X20953945 (abgerufen am 20. 04. 2022).

174 Vgl. »Männer und Frauen verlieren Lust auf Führungsaufgaben«, Umfrage der *Initiative Chefsache* (2019), https://initiative-chefsache.de/umfrage-maenner-und-frauen-verlieren-lust-auf-fuehrungsaufgaben/ (abgerufen am 22. 09. 2021).

175 Vgl. Steffan, Sabrina / Vesper, Arne / Steinwedel, Alexander / Dannenfeld, Sophie: »New Work: Die Änderungen der Arbeitswelt und die Erwartungen junger Talente an ihren Arbeitgeber«, in: Knieps, Franz / Pfaff, Holger (Hrsg.): *BKK Gesundheitsreport 2019. Psychische Gesundheit und Arbeit*, Berlin 2019, S. 445–450.

176 SINUS-Jugendstudie 2020 – Wie ticken Jugendliche? »Kernthesen und typische Aussagen der Jugendlichen«, https://www.bpb.de/medien/313133/Typische%20Aussagen%20der%20Jugendlichen_final.pdf (abgerufen am 22.09.2021).

177 Vgl. Stupin, Madlen: »Mental-First-Aid – Der Erste-Hilfe-Kurs für die Seele an der Technischen Hochschule Ostwestfalen-Lippe«, S. 431, in: Knieps, Franz / Pfaff, Holger (Hrsg.): *BKK Gesundheitsreport 2019. Psychische Gesundheit und Arbeit*, Berlin 2019, S. 431–435.

178 Vgl. Bundesministerium für Familie, Senioren, Frauen und Jugend: *(Existenzsichernde) Erwerbstätigkeit von Müttern*, Berlin 2020, S. 25–26. https://www.bmfsfj.de/resource/blob/158624/75d57f3a0039c50782e191460dc71d7b/mff-existenzsichernde-erwerbstaetigkeit-von-muettern-data.pdf (abgerufen am 22.03.2022).

179 Ebd., S. 27.

180 Vgl. Röttger, Christof / Weber, Brigitte / Weber, Enzo: »Qualifikationsspezifische Arbeitslosenquoten«, (3.9.2020), Institut für Arbeitsmarkt- und Berufsforschung der Bundesagentur für Arbeit, https://doku.iab.de/arbeitsmarktdaten/Qualo_2020.pdf (abgerufen am 22.09.2021).

181 Vgl. Harnisch, Michelle / Müller, Kai-Uwe / Neumann, Michael: »Teilzeitbeschäftigte würden gerne mehr Stunden arbeiten, Vollzeitbeschäftigte lieber reduzieren«, DIW Wochenbericht 38/2018,

https://www.diw.de/documents/publikationen/73/diw_01.c.5984 69.de/18-38-3.pdf (abgerufen am 22. 09. 2021).

182 Klenner, Christina / Pfahl, Svenja: »Jenseits von Zeitnot und Karriereverzicht – Wege aus dem Arbeitszeitdilemma«, WSI-Diskussionspapier Nr. 158, Düsseldorf 2008, S. 19.

183 Vgl. Allmendinger, Jutta: »Auf dem Rücken der Frauen« (01. 03. 2022), in: *Zeit Online,* https://www.zeit.de/gesellscahft/2022-02/corona-gleichstellung-studien-frauen-geschlechterrollen (abgerufen am 26. 03. 2022).

184 Odell, Jenny: *How to Do Nothing: Resisting the Attention Economy*, New York/London 2019, S. 25.

185 Vgl. Kunkelmann, Julia: »Wahnsinn! So viel müssten Mütter eigentlich verdienen« (14. 05. 2019), in: *InStyle,* https://www.instyle.de/lifestyle/muetter-eigentlich-verdienen (abgerufen am 16. 08. 2021).

186 Vgl. Szymanowski, Grzegorz: »Urteil: Mindestlohn gilt auch für ›24-Stunden-Pflege‹« (24. 06. 2021), in: *Deutsche Welle,* https://www.dw.com/de/urteil-mindestlohn-gilt-auch-f%C3%BCr-24-stunden-pflege/a-58037935 (abgerufen am 16. 08. 2021).

187 Vgl. *tagesschau.de*: »24-Stunden-Pflege vor dem Aus?« (25. 06. 2021), https://www.tagesschau.de/inland/innenpolitik/pflegekraefte-mindestlohn-101.html (abgerufen am 16. 08. 2021).

188 Vgl. Samtleben, Claire: »Auch an erwerbsfreien Tagen erledigen Frauen einen Großteil der Hausarbeit und Kinderbetreuung«, DIW Wochenbericht 10/2019, S. 139–144, https://www.diw.de/de/diw_01.c.616037.de/publikationen/wochenberichte/2019_10_3/auch_an_erwerbsfreien_tagen_erledigen_frauen_einen_grossteil_der_hausarbeit_und_kinderbetreuung.html (abgerufen am 16. 08. 2021).

189 Vgl. Netzwerk Care Revolution: *Resolution der Aktionskonferenz*

Care Revolution, 2014, https://care-revolution.org/veroeffentlichungen/ (abgerufen am 17. 08. 2021).

190 Zwei Drittel der Analphabet_innen weltweit sind laut Angaben der UN weiblich. Quelle: Bundeszentrale für politische Bildung: *Weltalphabetisierungstag* (07. 09. 2018), https://www.bpb.de/kurzknapp/hintergrund-aktuell/255710/weltalphabetisierungstag/ (abgerufen am 17. 08. 2021).

191 Vgl. hooks, bell: »Re-Thinking the Nature of Work«, S. 105, in: *Feminist theory from margin to center*, Boston 1984, S. 96–107.

192 Netzwerk Care Revolution: *Resolution der Aktionskonferenz Care Revolution*, 2014, https://care-revolution.org/veroeffentlichungen/ (abgerufen am 17. 08. 2021).

193 Vgl. Funk, Lore / Schwarze, Barbara: *(Digital) arbeiten 2020: Chancengerecht für alle? Analyse einer Erwerbstätigenbefragung unter Genderaspekten*, Kompetenzzentrum-Technik-Diversity-Chancengleichheit e. V., Bielefeld 2021, S. 20, https://www.kompetenzz.de/content/download/1860/file/kompetenzz-Studie_Arbeiten_2020_PartnerschaftlicheArbeitsteilung.pdf (abgerufen am 17. 08. 2021).

194 Vgl. Bundesministerium für Familie, Senioren, Frauen und Jugend: *Väterreport. Update 2021*, S. 15–16, Berlin 2021, https://www.bmfsfj.de/resource/blob/186176/81ff4612aee448c7529f775e60a66023/vaeterreport-update-2021-data.pdf (abgerufen am 17. 03. 2021).

195 Vgl. Statistisches Bundesamt: Statistik zum Elterngeld. Beendete Leistungsbezüge für im Jahr 2018 geborene Kinder (29. Juni 2021), https://www.destatis.de/DE/Themen/Gesellschaft-Umwelt/Soziales/Elterngeld/Publikationen/Downloads-Elterngeld/elterngeld-geburten-j-5229201189004.pdf?__blob=publicationFile (abgerufen am 10. 05. 2022).

196 Vgl. Pfahl, Svenja / Reuyß, Stefan / Hobler, Dietmar / Weeber, Sonja: *Nachhaltige Effekte der Elterngeldnutzung durch Väter*, Berlin 2014, https://www.sowitra.de/wp-content/uploads/2016/01/projektbericht-elterngeldv%C3%A4ter_2014-12-04_END.pdf (abgerufen am 26.03.2022).

197 Bundesministerium für Familie, Senioren, Frauen und Jugend: *Zeit für Familie. Familienzeitpolitik als Chance einer nachhaltigen Familienpolitik. Achter Familienbericht*, Berlin 2012, S. 61.

198 Sellach, Brigitte / Libuda-Köster, Astrid (2017): *Gleichstellungspolitik im Spiegel der Zeitverwendungserhebung. Ein Vergleich der Ergebnisse der Zeitverwendungserhebungen von 2001/2002 und 2012/2013*. In: Statistisches Bundesamt: *Wie die Zeit vergeht. Analysen zur Zeitverwendung in Deutschland*. Beiträge zur Ergebniskonferenz der Zeitverwendungserhebung 2012/13 am 5./6. Oktober 2016 in Wiesbaden, S. 25–44.

199 Ebd., S. 43.

200 Vgl. AOK-Bundesverband: *AOK-Familienstudie 2018. Studienzusammenfassung*, Berlin 2018, S. 10, https://www.aok.de/pk/fileadmin/user_upload/Universell/05-Content-PDF/aok-familienstudie-2018.pdf (abgerufen am 28.08.2021).

201 Vgl. Bundesministerium für Familie, Senioren, Frauen und Jugend: *Zeit für Familie. Familienzeitpolitik als Chance einer nachhaltigen Familienpolitik. Achter Familienbericht*, Berlin 2012, S. 27 f.

202 Vgl. Pupeter, Monika / Schneekloth, Ulrich: »Familie: Vielfältige Hintergründe und unterschiedliche Lebenslagen«, S. 72, in: World-Vision Deutschland (Hrsg.): *Kinder in Deutschland 2018. 4. World-Vision Kinderstudie*, Weinheim/Basel 2018, S. 54–75.

203 Ebd., S. 71.

204 Panova, Ralina / Sulak, Harun / Bujard, Martin / Wolf, Lisa: »Die

Rushhour des Lebens im Familienzyklus: Zeitverwendung von Männern und Frauen«, S. 51, in: Statistisches Bundesamt: *Wie die Zeit vergeht. Analysen zur Zeitverwendung in Deutschland.* Beiträge zur Ergebniskonferenz der Zeitverwendungserhebung 2012/13 am 5./6. Oktober 2016 in Wiesbaden, 2017, S. 48–63, https://www.destatis.de/DE/Themen/Gesellschaft-Umwelt/Einkommen-Konsum-Lebensbedingungen/Zeitverwendung/Publikationen/Downloads-Zeitverwendung/tagungsband-wie-die-zeit-vergeht-5639103169004.pdf?__blob=publicationFile (abgerufen am 25. 11. 2021).

205 Vgl. Statista Research Department: »Anzahl der Alleinerziehenden in Deutschland nach Geschlecht von 2000 bis 2020« (19. 10. 2021), https://de.statista.com/statistik/daten/studie/318160/umfrage/alleinerziehende-in-deutschland-nach-geschlecht/ (abgerufen am 28. 03. 2022).

206 Vgl. Bundesministerium für Familie, Senioren, Frauen und Jugend: »Allein- und Getrennterziehende fördern und unterstützen« (28. 12. 2021), https://www.bmfsfj.de/bmfsfj/themen/familie/chancen-und-teilhabe-fuer-familien/alleinerziehende (abgerufen am 28. 03. 2022).

207 Die Erwerbstätigenquote von Frauen lag in Westdeutschland 1991 bei 55 Prozent, in Ostdeutschland bei 67 Prozent. Bis 2018 stieg sie in Westdeutschland auf 72 Prozent, in Ostdeutschland auf 74 Prozent. Quelle: Hobler, Dietmar / Pfahl, Svenja / Zucco, Aline: »30 Jahre deutsche Einheit – Gleichstellung von Frauen und Männern auf den Arbeitsmärkten in West- und Ostdeutschland?«, in: WSI Report Nr. 60/2020, https://www.boeckler.de/de/boeckler-impuls-erwerbstatigkeit-von-frauen-starker-fordern-27102.htm (abgerufen am 20. 12. 2020).

208 Bundesministerium für Familie, Senioren, Frauen und Jugend: *Zeit für Familie. Familienzeitpolitik als Chance einer nachhaltigen Familienpolitik. Achter Familienbericht*, Berlin 2012, S. 7.

209 Müller-Wichmann, Christiane: »Zeitnot«, S. 19, in: Kurz-Scherf, Ingrid / Brei, Gisela: *Wem gehört die Zeit. Ein Lesebuch zum 6-Stunden-Tag*, Hamburg 1987, S. 17–23.

210 Vgl. International Labour Office: *Care work and care jobs for the future of decent work*, Genf 2018, S. xxix-xxx, https://www.ilo.org/wcmsp5/groups/public/---dgreports/---dcomm/---publ/documents/publication/wcms_633135.pdf (abgerufen am 20. 08. 2021).

211 Vgl. Bundesministerium für Familie, Senioren, Frauen und Jugend: »Gender Care Gap – ein Indikator für die Gleichstellung« (27. 08. 2019), https://www.bmfsfj.de/bmfsfj/themen/gleichstellung/gender-care-gap/indikator-fuer-die-gleichstellung/gender-care-gap-ein-indikator-fuer-die-gleichstellung-137294 (abgerufen am 20. 08. 2021).

212 Vgl. Keynes, John Maynard: »Economic Possibilities for our Grandchildren« (1930), in: *Essays in Persuasion*, New York 1932, S. 358–373. http://www.econ.yale.edu/smith/econ116a/keynes1.pdf (abgerufen am 20. 03. 2022).

213 Schoener, Johanna: »In der Nebenrolle« (09. 06. 2020), in: *Die Zeit* Nr. 25/2020, https://www.zeit.de/2020/25/franziska-giffey-corona-krise-familienministerin-kritik (abgerufen am 20. 08. 2021).

214 Im April 2020 reduzierten 24 Prozent der Mütter und 16 Prozent der Väter ihre Erwerbsarbeitszeiten. Im Januar 2022 waren es noch 19 Prozent der Mütter und nur noch 6 Prozent der Väter. Quelle: »Jede fünfte Mutter reduziert ihre Arbeitszeit«, *Böckler Impuls* 4/2022, https://www.boeckler.de/data/Impuls_2022_04_S3.pdf (abgerufen am 29. 03. 2022).

215 Interview mit Yvonne Bovermann, Geschäftsführerin des Müttergenesungswerkes: »Viele sagen, sie würden die Kinder nur mehr anschreien« (15. 12. 2021), in: *Süddeutsche Zeitung*, https://www.sueddeutsche.de/panorama/frauen-corona-burn-out-muettergenesungswerk-1.5487452 (abgerufen am 29. 03. 2022).

216 Vgl. Bundesministerium für Familie, Senioren, Frauen und Jugend: *Kinder, Haushalt, Pflege – wer kümmert sich? Ein Dossier zur gesellschaftlichen Dimension einer privaten Frage*, Berlin 2020, S. 51, https://www.bmfsfj.de/resource/blob/160276/3186dde7aa7d20b0 8979e6a78700148a/kinder-haushalt-pflege-wer-kuemmert-sich-dossier-sorgearbeit-deutsch-data.pdf (abgerufen am 20. 03. 2022).

217 Vgl. WSI GenderDatenPortal Erwerbsarbeit: *Erwerbskonstellationen in Paarhaushalten 2019*, 2021, https://www.wsi.de/de/erwerbsarbeit-14617-erwerbskonstellationen-in-paarhaushalten-2017-14837.htm (abgerufen am 20. 03. 2022).

218 Vgl. Meuser, Michael: »Keine Zeit für Familie?«, S. 228, in: Heitkötter, Martina / Jurczyk, Karin / Lange, Andreas / Meier-Gräwe, Uta (Hrsg.): *Zeit für Beziehungen? Zeit und Zeitpolitik für Familien*, Opladen & Farmington Hills, MI, 2009, S. 215–232.

219 Gaugele, Jochen / Martus, Theresa: »Lisa Paus: »Sexismus geht quer durch alle Parteien«« (23. 04. 2022), in: *waz.de*, https://www.waz.de/politik/lisa-paus-familienministerin-gruene-sexismus-parteien-id235148517.html (abgerufen am 10. 05. 2022).

220 Vgl. Buschner, Andrea: »Rechtliche und soziale Elternschaft in Regenbogenfamilien«, in: *Neue Zeitschrift für Familienrecht*, Heft 2 (23), 2018, S. 1103–1107.

221 Der Begriff »Second Shift« für Care-Aufgaben wurde 1989 von der US-Soziologin Arlie Russell Hochschild über ihr gleichnamiges Buch geprägt.

222 Vgl. Engstler, Heribert / Tesch-Römer, Clemens: »Zeitverwendung von Erwachsenen, die ein Haushaltsmitglied pflegen«, S. 241, in: Statistisches Bundesamt: *Wie die Zeit vergeht. Analysen zur Zeitverwendung in Deutschland.* Beiträge zur Ergebniskonferenz der Zeitverwendungserhebung 2012/13 am 5./6. Oktober 2016 in Wiesbaden, 2017, S. 229–244, https://www.ssoar.info/ssoar/bitstream/handle/document/53514/ssoar-2017-engstler_et_al-Zeitverwendung_von_Erwachsenen_die_ein.pdf?sequence=1 (abgerufen am 20. 03. 2022).

223 Vgl. Klünder, Nina / Meier-Gräwe, Uta: »Gleichstellung und innerfamiliale Arbeitsteilung. Mahlzeitenmuster und Beköstigungsarbeit in Familien im Zeitvergleich«, in: ebd., S. 65–90.

224 Vgl. Metzing, Sabine: Abschlussbericht zum Projekt »Die Situation von Kindern und Jugendlichen als pflegende Angehörige«, Universität Witten/Herdecke 2018, S. 91 https://www.bundesgesundheitsministerium.de/fileadmin/Dateien/5_Publikationen/Pflege/Berichte/Abschlussbericht_KinderundJugendlichepflegAngeh.pdf (abgerufen am 30. 06. 2022).

225 Ebd. S. 54.

226 Vgl. Samtleben, Claire: »Auch an erwerbsfreien Tagen erledigen Frauen einen Großteil der Hausarbeit und Kinderbetreuung«, DIW Wochenbericht 10/2019, S. 139–144, https://www.diw.de/de/diw_01.c.616037.de/publikationen/wochenberichte/2019_10_3/auch_an_erwerbsfreien_tagen_erledigen_frauen_einen_grossteil_der_hausarbeit_und_kinderbetreuung.html (abgerufen am 16. 08. 2021).

227 Wajcman, Judy: *Pressed for time. The acceleration of life in digital capitalism,* Chicago & London 2015, S. 79 f.

228 Vgl. Neulinger, John: *The Psychology of Leisure*, Springfield 1974, S. 151.

229 Novotny, Rudi: »Was ist bloß mit den Vätern los?« (28.06.2018), in: *Die Zeit*, https://www.zeit.de/2018/26/vereinbarkeit-familie-beruf-maenner-vaeter-zufriedenheit/komplettansicht (abgerufen am 16.08.2021).

230 Vgl. Bundesministerium für Familie, Senioren, Frauen und Jugend: *Väterreport. Vater sein in Deutschland heute*, S. 7, Berlin 2018, https://www.bmfsfj.de/resource/blob/127268/2098ed4343ad836b2f0534146ce59028/vaeterreport-2018-data.pdf (abgerufen am 16.08.2021).

231 Wippermann, Carsten: *Männer-Perspektiven. Auf dem Weg zu mehr Gleichstellung?*, Hrsg. vom Bundesministerium für Familie, Senioren, Frauen und Jugend, Berlin 2016, S. 32, https://www.delta-sozialforschung.de/cms/upload/grafiken/artikel/Maennerperspektiven-2016.pdf (abgerufen am 16.08.2021).

232 Vgl. Wippermann, Carsten: *Kinderlose Frauen und Männer. Ungewollte oder gewollte Kinderlosigkeit im Lebenslauf und Nutzung von Unterstützungsangeboten*. Hrsg. vom Bundesministerium für Familie, Senioren, Frauen und Jugend, Berlin 2014, S. 27, https://www.bmfsfj.de/resource/blob/94130/bc0479bf5f54e5d798720b32f9987bf2/kinderlose-frauen-und-maenner-ungewollte-oder-gewollte-kinderlosigkeit-im-lebenslauf-und-nutzung-von-unterstuetzungsangeboten-studie-data.pdf (abgerufen am 16.08.2021).

233 Höyng, Stephan: »Mehr Care, mehr Share, weniger Masculinity?«, S. 78, in: Dinges, Martin (Hrsg.), *Männlichkeiten und Care. Selbstsorge, Familiensorge, Gesellschaftssorge*, Weinheim/Basel 2020, S. 68–85.

234 Gärtner, Marc / Scambor, Elli: »Caring Masculinities. Über Männlichkeiten und Sorgearbeit« (30.10.2020), in: *Aus Politik und Zeit-*

geschichte/bpb.de, https://www.bpb.de/apuz/care-arbeit-2020/3178 52/caring-masculinities-ueber-maennlichkeiten-und-sorgearbeit (abgerufen am 17. 08. 2021).

235 Vgl. International Labour Office (ILO): *Domestic workers across the world: Global and regional statistics and the extent of legal protection*, Genf 2013, https://www.ilo.org/wcmsp5/groups/public/@dgreports/@dcomm/@publ/documents/publication/wcms_173363.pdf (abgerufen am 23. 08. 2021).

236 Vgl. Enste, Dominik: *Engpass Haushaltshilfe: Vergebliche Suche und weitverbreitete Schwarzarbeit*, IW-Kurzbericht 54/2018, Institut der deutschen Wirtschaft (IW), https://www.iwkoeln.de/studien/domi nik-h-enste-vergebliche-suche-und-weitverbreitete-schwarzarbeit-401001.html (abgerufen am 22. 08. 2021).

237 Vgl. dpa: »Verbände: Amnestie bei Schwarzarbeit in häuslicher Pflege« (04. 11. 2020), https://www.zeit.de/news/2020-11/04/verbaende-amnestie-bei-schwarzarbeit-in-haeuslicher-pflege?utm_referrer=https%3A%2F%2Fwww.google.com%2F (abgerufen am 22. 09. 2021).

238 Vgl. Lutz, Helma / Palenga-Möllenbeck, Ewa: »Das Care-Chain-Konzept auf dem Prüfstand. Eine Fallstudie der transnationalen Care-Arrangements polnischer und ukrainischer Migrantinnen«, in: Metz-Göckel, Sigrid / Bauschke-Urban, Carola (Hrsg.): *Transnationalisierung und Gender*, Special Issue for *GENDER. Zeitschrift für Geschlecht, Kultur und Gesellschaft* 1/2011, S. 9–27, gekürzte Version für die Böll-Stiftung 2014, https://www.boell.de/de/2014/03/03/das-care-chain-konzept-auf-dem-pruefstand (abgerufen am 24. 08. 2021).

239 Vgl. Abramowski, Ruth: »Transnationale Familienkonstellationen von PflegemigrantInnen im europäischen Kontext: Ein Zwiespalt zwi-

schen beruflicher und familialer Pflege?« (23.10.2019), Vortrag an der Universität Bremen, https://www.oeaw.ac.at/fileadmin/subsites/Institute/VID/PDF/Conferences/2019/DACH_2019/Vortraege/DACH2019_Abramowski.pdf (abgerufen am 24.03.2022).

240 Vgl. Wichterich, Christa: »Covid-19, Care und die Krise als Chance. Zur Aktualisierung des Konzepts der imperialen Lebensweise«, in: *PROKLA. Zeitschrift für Kritische Sozialwissenschaft*, Ausgabe 205, 51. Jahrgang, Dezember 2021, S. 755–766, https://doi.org/10.32387/prokla.v51i205.1969 (abgerufen am 21.04.2022).

241 Shahvisi, Arianne: »Pay your cleaner what you earn, or clean up yourself!« (07.09.2018), in: *Media Diversified*, https://mediadiversified.org/2018/09/07/pay-your-cleaner-what-you-earn-or-clean-up-yourself/ (abgerufen am 23.08.2021) (Dt. von T.B.).

242 James, Selma: »The Crucial Work That Women Do Is Often Overlooked« (2020), in: *Our Time Is Now: Sex, Race, Class, and Caring for People and Planet*, Oakland 2021, E-Book-Version, S. 36 f. (Dt. von T.B.).

243 Vgl. Wolff, Kerstin: »Hausarbeit als Nebenwiderspruch? Die internationale ›Lohn für Hausarbeit‹-Debatte der 1970er-Jahre in der Bundesrepublik« (30.10.2020), in: *Aus Politik und Zeitgeschichte/bpb.de* https://www.bpb.de/shop/zeitschriften/apuz/care-arbeit-2020/317859/hausarbeit-als-nebenwiderspruch/ (abgerufen am 22.04.2022).

244 Vgl. Oakley, Ann: *Soziologie der Hausarbeit*, Frankfurt am Main 1978, S. 225.

245 Vgl. Gruppe *Lohn für Hausarbeit*, Berlin: »Offener Brief an Alice«, in: *Courage* 8/1977, S. 38–40, http://library.fes.de/cgi-bin/cour_mktiff.pl?year=197708&pdfs=197708_038x197708_039x197708_040 (abgerufen am 03.04.2022).

246 Ebd., S. 38.

247 Ebd.

248 Vgl. James, Selma, mit López, Nina: »An Income To Care For People and Planet« (2020), in: *Our Time Is Now: Sex, Race, Class, and Caring for People and Planet*, Oakland 2021, E-Book-Version, S. 60–77.

249 Der Global Women's Strike ist eine internationale Graswurzel-Bewegung, die sich unter anderem für die Anerkennung und Bezahlung von jeglicher Care-Arbeit einsetzt. Selma James und Nina López engagieren sich als Koordinatorinnen der Kampagne. Website: https://globalwomenstrike.net/.

250 Ebd., S. 71.

251 Ebd., S. 72 (Dt. von T. B.).

252 Vgl. Biesecker, Adelheid: »Vorsorgendes Wirtschaften. Zum Verhältnis von Zeit- und Güterwohlstand aus der Geschlechterperspektive. 9 Thesen«. Beitrag beim WSI-Herbstforum 2014 am 27./28. 11. 14 in Berlin zum Thema: *Arbeitszeiten der Zukunft: Selbstbestimmt, geschlechtergerecht, nachhaltig. Herausforderungen für die Arbeitszeitpolitik*, https://www.boeckler.de/pdf/v_2014_11_28_biesecker.pdf (abgerufen am 26. 08. 2021).

253 Rothgang, Heinz: »Entwicklung eines wissenschaftlich fundierten Verfahrens zur einheitlichen Bemessung des Personalbedarfs in Pflegeeinrichtungen nach qualitativen und quantitativen Maßstäben gemäß § 113c SGB XI (PeBeM)«, Zweiter Zwischenbericht 2020, SOCIUM Forschungszentrum Ungleichheit und Sozialpolitik, https://www.gs-qsa-pflege.de/wp-content/uploads/2020/02/2.-Zwischenbericht-Personalbemessung-%C2%A7-113c-SGB-XI.pdf (abgerufen am 10. 08. 2020).

254 Vgl. Institut DGB-Index Gute Arbeit (Hrsg.): *DGB-Index Gute Arbeit 2012–2017. Sonderauswertung, Arbeitsbedingungen in der*

Alten- und Krankenpflege, S. 22, Berlin 2018, https://index-gute-arbeit.dgb.de/++co++fecfee2c-a482-11e8-85a5-52540088cada (abgerufen am 16. 08. 2021).

255 Thiessen, Barbara / Weicht, Bernhard / Rerrich, Maria S. / Luck, Frank / Jurczyk, Karin / Gather, Claudia/ Fleischer, Eva / Brückner, Margrit: *Großputz! Care nach Corona neu gestalten. Ein Positionspapier zur Care-Krise aus Deutschland, Österreich, Schweiz*, 2020, https://care-macht-mehr.com/manifest-2020/ (abgerufen am 26. 08. 2021).

256 Vgl. Bundesministerium für Familie, Senioren, Frauen und Jugend: »Die Familienarbeitszeit« (01. 08. 2016), https://www.bmfsfj.de/bmfsfj/aktuelles/alle-meldungen/die-familienarbeitszeit--106806 (abgerufen am 26. 08. 2021).

257 Vgl. Seeck, Francis: *Care trans_formieren. Eine ethnographische Studie zu trans und nicht-binärer Sorgearbeit*, Bielefeld 2021.

258 Ebd., S. 13.

259 Vgl. Statistisches Bundesamt: »42 % der Alleinlebenden wohnten 2019 in Großstädten« (12. 11. 2020), https://www.destatis.de/DE/Presse/Pressemitteilungen/2020/11/PD20_N073_122.html (abgerufen am 26. 08. 2021).

260 Vgl. Statistisches Bundesamt: »2040 wird voraussichtlich jeder vierte Mensch in Deutschland alleine wohnen« (02. 03. 2020), https://www.destatis.de/DE/Presse/Pressemitteilungen/2020/03/PD20_069_122.html (abgerufen am 26. 08. 2021).

261 Fraser, Nancy: *Justice Interruptus. Critical Reflections on the »Postsocialist« Condition*. New York 1997, S. 61 (Dt. von T. B.).

262 Vgl. Jurczyk, Karin / Mückenberger, Ulrich: »Sorgegerechte Erwerbsbiografien – Geschlechterverhältnisse und soziale Lagen im Optionszeitenmodell«, in: Scherger, Simone / Abramowski, Ruth / Dingeldey,

Irene / Hokema, Anna / Schäfer, Andrea (Hrsg.): *Geschlechterungleichheiten in Arbeit, Wohlfahrtsstaat und Familie. Festschrift für Karin Gottschall*, Frankfurt/New York 2021, S. 191–217.

263 Ebd., S. 199.

264 Deutsches Jugendinstitut: *Die zentralen Ideen und Ziele des Optionszeitenmodells*, https://www.dji.de/themen/familie/optionszeiten.html (abgerufen am 26.03.2022).

265 Jurczyk/Mückenberger, S. 199.

266 Ebd., S. 206.

267 *Der Spiegel*: »Heil kündigt staatlich geförderte Auszeiten für Weiterbildung an« (11.12.2021), https://www.spiegel.de/politik/deutschland/hubertus-heil-kuendigt-staatlich-gefoerderte-auszeiten-fuer-weiterbildung-an-a-6d19e8c8-f428-46f0-b0fc-27e4ed764019 (abgerufen am 26.03.2022).

268 Vgl. Winker, Gabriele: *Solidarische Care-Ökonomie. Revolutionäre Realpolitik für Care und Klima*, Bielefeld 2021, S. 137 ff.

269 Netzwerk Care Revolution: *Resolution der Aktionskonferenz Care Revolution*, 2014, https://care-revolution.org/veroeffentlichungen/ (abgerufen am 17.08.2021).

270 Ebd.

271 Eisler, Riane: *Die verkannten Grundlagen der Ökonomie. Wege zu einer Caring Economy*. Dt. von Ulrike Brandhorst, Marburg 2020, S. 175 f.

272 Vgl. Winker, S. 191.

273 Arendt, Hannah: *Vita activa oder Vom tätigen Leben*, München/Zürich 2002, S. 225.

274 Wajcman, Judy: *Pressed for Time. The Acceleration of Life in Digital Capitalism*, Chicago und London 2015, S. 166 (Dt. von T. B.).

275 Nowotny, Helga: *Eigenzeit. Entstehung und Strukturierung eines Zeitgefühls*, Frankfurt am Main 1989, S. 7.

276 Vgl. DiNardi, Gaetano: »Why You Should Work Less and Spend More Time on Hobbies« (07.02.2019), in: *Harvard Business Review*, https://hbr.org/2019/02/why-you-should-work-less-and-spend-more-time-on-hobbies (abgerufen am 23.08.2021).

277 *Tausendkind*-Magazin: »#SUPERMAMA | 5 Minuten Mama-Me-Time« (06.05.2020), https://www.tausendkind.de/magazin/familie-freizeit/supermama-5-minuten-mama-me-time_H186MQ3SK/ (abgerufen am 23.08.2021).

278 Adam, Barbara: *Das Diktat der Uhr. Zeitformen, Zeitkonflikte, Zeitperspektiven*. Dt. von Frank Jakubzik, Frankfurt am Main 2005, S. 137.

279 Vgl. Lesch, Harald / Geißler, Jonas / Geißler, Karlheinz A.: *Alles eine Frage der Zeit. Warum die »Zeit ist Geld«-Logik Mensch und Natur teuer zu stehen kommt*, München 2021, S. 113–126.

280 Ebd., S. 121.

281 Vgl. Opaschowski, Horst W.: *Einführung in die Freizeitwissenschaft*. 5. Auflage, Wiesbaden 2008, S. 34.

282 Wajcman, Judy: *Pressed for Time. The Acceleration of Life in Digital Capitalism*, Chicago und London 2015, S. 64 (Dt. von T. B.).

283 Vgl. Giurge, Laura M./ Whillans, Ashley V. / West, Colin: »Beyond Material Poverty: Why Time Poverty Matters for Individuals, Organisations, and Nations«, in: *Nature Human Behaviour* 4, Nr. 10/2020, S. 993–1003, https://doi.org/10.1038/s41562-020-0920-z.

284 Vgl. Opaschowski, Horst W.: *Einführung in die Freizeitwissenschaft*. 5. Auflage, Wiesbaden 2008, S. 34.

285 Statistisches Bundesamt, »Zeitverwendung (ZVE) 2012/2013«, *Destatis*, 24.10.2019, https://www.destatis.de/DE/Themen/Gesellschaft-Umwelt/Einkommen-Konsum-Lebensbedingungen/Zeitverwendung/Tabellen/freizeitaktivitaeten-geschlecht-zve.html (abgerufen am 12.12.2020).

286 Vgl. Opaschowski, Horst W.: *Einführung in die Freizeitwissenschaft.* 5. Auflage, Wiesbaden 2008, S. 38.

287 Den Begriff »Zeitkonfetti« hat die US-amerikanische Autorin Brigid Schulte in ihrem Buch *Overwhelmed. Work, Love, and Play When No One Has the Time* (Toronto 2014) geprägt.

288 Statistisches Bundesamt: *Wie die Zeit vergeht. Analysen zur Zeitverwendung in Deutschland. Beiträge zur Ergebniskonferenz der Zeitverwendungserhebung 2012/13 am 5./6. Oktober 2016 in Wiesbaden,* 14. 07. 2017, https://www.destatis.de/DE/Themen/Gesellschaft-Umwelt/Einkommen-Konsum-Lebensbedingungen/Zeitverwendung/Publikationen/Downloads-Zeitverwendung/tagungsband-wie-die-zeit-vergeht-5639103169004.html (abgerufen am 12. 11. 2020).

289 Vgl. Bundesministerium für Familie, Senioren, Frauen und Jugend: Gesetz über die statistische Erhebung der Zeitverwendung (27. 01. 2021), https://www.bmfsfj.de/bmfsfj/service/gesetze/zeitverwendungserhebungsgesetz-zveg/162634 (abgerufen am 10. 05. 2022).

290 Vgl. Bundesministerium für Familie, Senioren, Frauen und Jugend: *Achter Familienbericht. Zeit für Familie. Familienzeitpolitik als Chance einer nachhaltigen Familienpolitik,* Berlin 2012, S. 24.

291 Vgl. ebd., S. 23.

292 Widdows, Heather: *Perfect Me. Beauty as an Ethical Idea,* Princeton 2018, S. 97.

293 Vgl. Ricevuto, Julie: »Women's Daily Beauty Routines Have 27 Steps on Average, Says Study« (14. 11. 2016), in: *Yahoo!life,* https://www.yahoo.com/lifestyle/womens-daily-beauty-routines-have-27-steps-on-average-says-study-203959611.html?guccounter=1&guce_referrer=aHR0cHM6Ly93d3cuZ29vZ2xlLmNvbS8&guce_referrer_sig=AQAAAMj9t7cEZmT4v8VcOA9EYYBrlweH3p3u

TX-waqq6P9DQNChl4SGo97TLlVeSh1VU7CZWseUWHvN_P7 CWYazHa6odT7p-2AOndunG3IVuHpcY4XF7CK6JOGm_d3e Sgsqm15eGywyGlL8VbKjwmKpyVdUynHdd8VcTxrqxmrav5kFQ (abgerufen am 28. 10. 2021).

294 Vgl. Bundesministerium für Familie, Senioren, Frauen und Jugend: *Achter Familienbericht. Zeit für Familie. Familienzeitpolitik als Chance einer nachhaltigen Familienpolitik*, Berlin 2012, S. 24.

295 Vgl. Statistisches Bundesamt: Zeitverwendungserhebung 2022, https://www.destatis.de/DE/Themen/Gesellschaft-Umwelt/ Einkommen-Konsum-Lebensbedingungen/Zeitverwendung/zve 2022/_inhalt.html (abgerufen am 10. 05. 2022).

296 Nowotny, Helga: *Eigenzeit. Entstehung und Strukturierung eines Zeitgefühls*, Frankfurt am Main 1989, S. 19.

297 Vgl. Headlee, Celeste: *Do Nothing. How to Break Away from Overworking, Overdoing, and Underliving*, New York 2020, S. 211.

298 Scheuermann, Ulrike: *Freunde machen gesund*, München 2021, S. 86.

299 Price, Catherine: *The Power of Fun. How to Feel Alive again*, New York 2021, S. 63.

300 Vgl. Schulte, Brigid: *Overwhelmed. Work, Love, and Play When No One Has the Time*, Toronto 2014.

301 Vgl. Wajcman, Judy: *Pressed for Time. The Acceleration of Life in Digital Capitalism*, Chicago und London 2015, S. 81.

302 Ebd., S. 81.

303 Müller-Wichmann, Christiane: *Zeitnot. Untersuchungen zum »Freizeitproblem« und seiner pädagogischen Zugänglichkeit*, Weinheim/ Basel 1984, S. 187.

304 Ebd.

305 Ebd.

306 Vgl. Heitmayer, Maxi / Lahlou, Saadi: »Why are smartphones disruptive? An empirical study of smartphone use in real-life contexts«, in: *Computers in Human Behavior*, Volume 116, 2021, 106637, https://doi.org/10.1016/j.chb.2020.106637.

307 Vgl. Wolter, Ute: »Sechs von zehn Arbeitnehmern sind ständig erreichbar« (23.01.2020), in: *Personalwirtschaft* https://www.personalwirtschaft.de/news/hr-organisation/mehrheit-der-deutschen-ist-auch-nach-feierabend-beruflich-erreichbar-98804/ (abgerufen am 14.05.2022).

308 Vgl. Friedrich, Greta: Datenanalyse: »Deutsche über drei Stunden täglich am Smartphone« (11.02.2022), in: *Heise Online*, https://www.heise.de/news/Datenanalyse-Deutsche-ueber-drei-Stunden-taeglich-am-Smartphone-6369952.html (abgerufen am 17.05.2022).

309 Vgl. *Zeit Online*: »Jugendliche mehr als 70 Stunden pro Woche online« (12.08.2021) https://www.zeit.de/digital/internet/2021-08/internetnutzung-deutschland-jugendliche-studie-homeschooling-corona-pandemie (abgerufen am 17.05.2022).

310 Vgl. Stiftung für Zukunftsfragen: *Freizeit-Monitor 2019*, Hamburg 2019, https://epub.sub.uni-hamburg.de/epub/volltexte/2019/96124/pdf/Stiftung_fuer_Zukunftsfragen_Freizeit_Monitor_2019.pdf (abgerufen am 14.05.2022).

311 Vgl. Rinderspacher, Jürgen P.: »Zeitwohlstand – Kriterien für einen anderen Maßstab von Lebensqualität«, in: *WISO – Wirtschafts- und Sozialpolitische Zeitschrift des ISW*, 01/2012, S. 11–26, https://www.isw-linz.at/index.php?eID=dumpFile&t=f&f=493&token=ea21c3684060d2915833a8b237bca77f628a0195 (abgerufen am 11.05.2022).

312 Agency ist ein unscharfer Fachbegriff aus der Psychologie, der keine direkte deutsche Entsprechung hat und oft mit Handlungsmacht

oder Handlungsfähigkeit übersetzt wird. In diesem Zitat kann Agency verstanden werden als Fähigkeit und Möglichkeit, absichtsvoll und eigenständig zu handeln, was impliziert, dass eine Person bewusst und frei aus unterschiedlichen Handlungsmöglichkeiten wählen können muss und in der Situation Kontrolle über Handlung und Ergebnis empfindet.

313 Widdows, Heather: *Perfect Me. Beauty as an Ethical Idea*, Princeton 2018, S. 202 f. (Dt. von T. B.).

314 RBB Fernsehen: »Charité intensiv. Station 43 – Sterben (S01/E01)«, (31. 03. 2022), https://www.rbb-online.de/doku/c-d/charite-intensiv-station-43/charite-intensiv-station-43-folge-1-sterben.html (abgerufen am 10. 05. 2022).

315 Vgl. Statista Research Department: »Durchschnittliche tägliche Fernsehdauer in Deutschland in den Jahren 1997 bis 2021« (06. 01. 2022), https://de.statista.com/statistik/daten/studie/118/umfrage/fernsehkonsum-entwicklung-der-sehdauer-seit-1997/ (abgerufen am 11. 05. 2022).

316 Stiftung für Zukunftsfragen: *Freizeit-Monitor 2020*, Hamburg 2020, http://www.freizeitmonitor.de/fileadmin/user_upload/freizeitmonitor/2020/Stiftung-fuer-Zukunftsfragen_Freizeit-Monitor-2020.pdf (abgerufen am 28. 10. 2021).

317 Vgl. Wiese, Christopher W. / Kuykendal, Lauren / Tay, Louis: »Get active? A meta-analysis of leisure-time physical activity and subjective well-being«, in: *The Journal of Positive Psychology*, 13:1, S. 57–66, https://doi.org/10.1080/17439760.2017.1374436.

318 Gerold, Stefanie / Geiger, Sonja Geiger: »Arbeit, Zeitwohlstand und Nachhaltiger Konsum während der Corona-Pandemie«, Arbeitspapier des Fachgebiets Arbeitslehre/Ökonomie und Nachhaltiger Konsum Nr. 2, TU Berlin 2020, https://www.rezeitkon.de/word-

press/wp-content/uploads/2020/11/WP_Gerold_Geiger_Corona.pdf (abgerufen am 10.05.2022).

319 Vgl. Holt-Lunstad, Julianne / Smith, Timothy B. / Baker, Mark / Harris, Tyler / Stephenson, David: »Loneliness and Social Isolation as Risk Factors for Mortality: A Meta-Analytic Review«, in: *Perspectives on Psychological Science* 10(2) 2015, S. 227–237, https://doi.org/10.1177%2F1745691614568352.

320 Scheuermann, Ulrike: *Freunde machen gesund*, München 2021, S. 31.

321 Ebd.

322 Vgl. Hickel, Jason: *Weniger ist mehr. Warum der Kapitalismus den Planeten zerstört und wir ohne Wachstum glücklicher sind*. Dt. von Eva Leipprand, München 2022, S. 201–211.

323 Unfried, Peter / Welzer, Harald: »Die Einsamkeit der Jugend«, in: *taz FUTURZWEI* N°17/2021, https://taz.de/Interview-mit-Diana-Kinnert/!5784394/ (abgerufen am 19.05.2022).

324 Kinnert, Diana / Bielefeld, Marc: *Die neue Einsamkeit. Und wie wir sie als Gesellschaft überwinden können*. Hamburg 2021

325 Loers, Annette: »Nie allein und mit allem allein – die Einsamkeit von Alleinerziehenden« (05.02.2019), in: *Any Working Mom*, https://www.anyworkingmom.com/nie-allein-und-mit-allem-allein-die-einsamkeit-von-alleinerziehenden/ (abgerufen am 16.05.2022).

326 Vgl. Hall, Jeffrey A.: »How many hours does it take to make a friend?«, in: *Journal of Social and Personal Relationships*, Vol. 36, Nr. 4, 2018, S. 1278–1296, https://doi.org/10.1177/0265407518761225.

327 Vgl. Scheuermann, Ulrike: *Freunde machen gesund*, München 2021, S. 181.

328 Vgl. Dunbar, R. I. M.: »Do online social media cut through the constraints that limit the size of offline social networks?« in: *Royal Society Open Science 3* (150292), 2016, https://royalsocietypublishing.org/doi/10.1098/rsos.150292 (abgerufen am 16. 05. 2022).

329 Vgl. Stiftung für Zukunftsfragen: »Die häufigsten Freizeitaktivitäten der Bundesbürger: Internet kann Spitzenplatz verteidigen«, in: *Freizeit-Monitor 2021*, http://www.freizeitmonitor.de/zahlen/daten/statistik/freizeit-aktivitaeten/2021/die-haeufigsten-freizeitaktivitaeten-der-bundesbuerger (abgerufen am 14. 05. 2022).

330 Vgl. Stiftung für Zukunftsfragen: *Freizeit-Monitor 2019*, Hamburg 2019, https://epub.sub.uni-hamburg.de/epub/volltexte/2019/96124/pdf/Stiftung_fuer_Zukunftsfragen_Freizeit_Monitor_2019.pdf (abgerufen am 14. 05. 2022).

331 Asendorpf, Jens B. / Banse, Rainer / Neyer, Franz J.: *Psychologie der Beziehung*, 2., vollständig überarbeitete Auflage, Bern 2017, E-Book-Version, S. 412.

332 Vgl. Bundesministerium für Familie, Senioren, Frauen und Jugend: Informationen für pflegende Angehörige, Hintergrundinformation (25. 03. 2022), https://www.bmfsfj.de/bmfsfj/themen/corona-pandemie/informationen-fuer-pflegende-angehoerige/informationen-fuer-pflegende-angehoerige-154794 (abgerufen am 14. 05. 2022).

333 Vgl. Engstler, Heribert / Tesch-Römer, Clemens: »Zeitverwendung von Erwachsenen, die ein Haushaltsmitglied pflegen«, S. 238, in: Statistisches Bundesamt: *Wie die Zeit vergeht. Analysen zur Zeitverwendung in Deutschland*. Beiträge zur Ergebniskonferenz der Zeitverwendungserhebung 2012/13 am 5./6. Oktober 2016 in Wiesbaden, 2017, S. 229–244.

334 Ebd.

335 Vgl. Bredow, Birte: »Warum sehe ich meine Freundinnen und Freunde kaum noch?« (27.12.2021), in: *Der Spiegel*, https://www.spiegel.de/panorama/gesellschaft/corona-pandemie-warum-sehe-ich-meine-freundinnen-und-freunde-kaum-noch-a-c59e1572-271e-4baa-8aed-35188a386c99 (abgerufen am 16.05.2022).

336 Vgl. Deutsche Post AG: »Einkaufaktuell. Reichweitensieger bei Ihrer Zielgruppe. Allensbacher Markt- und Werbeträgeranalyse 2020«, Bonn 2020, S. 27, https://www.deutschepost.de/content/dam/dpag/images/E_e/Einkaufaktuell/downloads/dp-ea-broschuere-awa-122020.pdf (abgerufen am 16.05.2022).

337 Vgl. Price, Catherine: *The Power of Fun. How to Feel Alive again*, New York 2021, S. 142.

338 Sichtermann, Barbara: »Wechselfälle«, in: Zoll, Rainer (Hrsg.): *Zerstörung und Wiederaneignung von Zeit*, Frankfurt am Main 1988, S. 641–655.

339 Neulinger, John: *The Psychology of Leisure*, Springfield 1974, S. xv (Dt. von T.B.).

340 Ebd., S. 15.

341 Ebd., S. 17.

342 Vgl. Shaw, Jenny: »Geschlechterverhältnis und die Beschleunigung des Lebens«, in: Adam, Barbara / Geißler, Karlheinz A. / Held, Martin (Hrsg.): *Die Nonstop-Gesellschaft und ihr Preis*, Stuttgart/Leipzig 1998, S. 63–83.

343 Shannon, Charlene S. / Shaw, Susan M.: »Mothers and Daughters: Teaching and Learning about Leisure«, in: *Leisure Sciences*, 30:1 (2008), S. 1–16, https://doi.org/10.1080/01490400701544659.

344 Vgl. Zykunov, Alexandra: *Wir sind doch alle längst gleichberechtigt*, Berlin 2022, S. 57 ff.

345 Vgl. Price, Catherine: *The Power of Fun. How to Feel Alive again*, New York 2021, S. 159.

346 Ebd.

347 Ebd., S. 280 f.

348 Vgl. Neulinger, John: *The Psychology of Leisure*, Springfield 1974, S. 19 f.

349 Held, Martin / Kümmerer, Klaus: »Alles zu seiner Zeit und an seinem Ort. Eine andere Zeitkultur als Perspektive«, in: Adam, Barbara / Geißler, Karlheinz A. / Held, Martin (Hrsg.): *Die Nonstop-Gesellschaft und ihr Preis*, Stuttgart 1998, S. 252.

350 Petersen, Anne Helen: *Can't Even: How Millennials Became the Burnout Generation*, Boston/New York 2020, S. 195 (Dt. von T. B.).

351 Suzman, James: *Sie nannten es Arbeit. Eine andere Geschichte der Menschheit*. Dt. von Karl Heinz Siber, München 2021, S. 337.

352 Ebd.

353 Vgl. Graeber, David: *Bullshit-Jobs. Vom wahren Sinn der Arbeit*. Dt. von Sebastian Vogel, Stuttgart 2018, S. 11 f.

354 Vgl. Rinderspacher, Jürgen P.: »Zeitwohlstand – Kriterien für einen anderen Maßstab von Lebensqualität«, in: *WISO – Wirtschafts- und Sozialpolitische Zeitschrift des ISW*, 01/2012, S. 11–26, https://www.isw-linz.at/index.php?eID=dumpFile&t=f&f=493&token=ea21c3684060d2915833a8b237bca77f628a0195 (abgerufen am 11. 05. 2022).

355 Mückenberger, Ulrich: »Zeitwohlstand. Eine aktuelle Debatte und ihre Wurzeln; das Konzept von Bob Goodin und seine zeitpolitischen Implikationen«, Vortragsmanuskript 2011, http://www.zeitpolitik.de/pdfs/VortragMueckenberger.pdf (abgerufen am 23. 08. 2021).

356 Vgl. Cabanas, Edgar / Illouz, Eva: *Das Glücksdiktat - und wie es unser Leben beherrscht*. Dt. von Michael Adrian, Berlin 2019.

357 Raworth, Kate: »A healthy economy should be designed to thrive, not grow«, Ted-Talk, April 2018, https://www.ted.com/talks/kate_raworth_a_healthy_economy_should_be_designed_to_thrive_not_grow (abgerufen am 26.08.2021) (Dt. von T.B.).

358 Halsaa, Beatrice: »A Feminist Utopia«, in: *Scandinavian Political Studies*, Nr. 4, 1988, S. 323–336, https://onlinelibrary.wiley.com/doi/10.1111/j.1467-9477.1988.tb00374.x (abgerufen am 19.07.2022) (Dt. von T.B.).

359 Wehr, Laura: *Alltagszeiten der Kinder. Die Zeitpraxis von Kindern im Kontext generationaler Ordnunge*n, Weinheim/München 2009, S. 245.

360 Vgl. Haug, Sonja / Vernim, Matthias / Schiffert, Thomas: »Familienplanung und Reproduktionsmedizin bei Frauen mit Migrationshintergrund. Studienergebnisse für die Praxis«, Regensburg 2017, S. 11, https://www.oth-regensburg.de/fileadmin/media/fakultaeten/s/forschung_projekte/IST/newire/NEWIRE_Broschuere_Haug_29.05.17_FINAL.pdf (abgerufen am 07.06.2022).

361 Vgl. Bundesministerium für Familie, Senioren, Frauen und Jugend: *Familie heute. Daten. Fakten. Trends. Familienreport 2020*, Berlin 2021, S. 75, https://www.bmfsfj.de/resource/blob/163108/ceb1abd3901f50a0dc484d899881a223/familienreport-2020-familie-heute-daten-fakten-trends-data.pdf (abgerufen am 07.06.2022).

362 Vgl. Höhn, Charlotte / Ette, Andreas / Ruckdeschel, Kerstin: »Kinderwünsche in Deutschland. Konsequenzen für eine nachhaltige Familienpolitik«, Stuttgart, Robert-Bosch-Stiftung 2006, S. 17, https://www.bosch-stiftung.de/sites/default/files/publications/pdf_import/BuG_Familie_Studie_Kinderwunsch.pdf (abgerufen am 07.06.2022).

363 Vgl. pro familia. Deutsche Gesellschaft für Familienplanung, Se-

xualpädagogik und Sexualberatung e. V. Bundesverband: Reproduktionsmedizinische Behandlungsmöglichkeiten, https://www.profamilia.de/themen/unerfuellter-kinderwunsch/behandlungsmoeglichkeiten (abgerufen am 07. 06. 2022).

364 Vgl. Deutsches IVF-Register e. V.: »Auszug aus dem D·I·R JAHRBUCH 2020. Für Paare mit unerfülltem Kinderwunsch, Patientinnen, Patienten, die Öffentlichkeit«, Düsseldorf 2021, https://www.deutsches-ivf-register.de/perch/resources/dir-jahrbuch-2020-sonderausgabe-fuer-paare.pdf (abgerufen am 07. 06. 2022).

365 Vgl. Ben-Rafael, Zion: »The dilemma of social oocyte freezing: usage rate is too low to make it cost-effective«, in: *Reproductive Biomedicine Online* 37 (4), 2018, S. 443–448, https://www.rbmojournal.com/article/S1472-6483(18)30353-5/pdf (abgerufen am 07. 06. 2022).

366 Vgl. Schmitt, Christian: »Kinderlose Männer in Deutschland – Eine sozialstrukturelle Bestimmung auf Basis des Sozio-oekonomischen Panels (SOEP)«, Berlin 2004, S. 15, https://www.diw.de/documents/publikationen/73/diw_01.c.41162.de/diw_rn04-01-34.pdf (abgerufen am 07. 06. 2022).

367 Mehr dazu in Bücker, Teresa: »Ist es radikal, ein Kind ohne Partner zu bekommen?«, 13. 10. 2020, https://sz-magazin.sueddeutsche.de/freie-radikale-die-ideenkolumne/teresa-buecker-kind-ohne-partner-bekommen-89297 (abgerufen am 07. 06. 2022).

368 Scocca, Tom: »Your Real Biological Clock Is You're Going to Die« 18. 10. 2018, https://hmmdaily.com/2018/10/18/your-real-biological-clock-is-youre-going-to-die/ (abgerufen am 07. 06. 2022).

369 Ebd.

370 Bundesministerium für Familie, Senioren, Frauen und Jugend: *Zeit für Familie. Familienzeitpolitik als Chance einer nachhaltigen Familienpolitik. Achter Familienbericht*, Berlin 2012, S. 8.

371 Guner, Emi: *Nina. Ein grandioses letztes Jahr im Kindergarten*, Leipzig 2019, S. 113.

372 Walker, Matthew: *Why we sleep*, London 2018, S. 308–316.

373 Ebd., S. 314 (Dt. von T. B.).

374 Vgl. Bertelsmann Stiftung: Kinderarmut: Eine unbearbeitete Großbaustelle (22. 07. 2020) https://www.bertelsmann-stiftung.de/de/themen/aktuelle-meldungen/2020/juli/kinderarmut-eine-unbearbeitete-grossbaustelle (abgerufen am 15. 06. 2022).

375 Vgl. Deutsche Angestellten Krankenkasse (DAK) (Hrsg.): *Gesundheitsreport 2014. Die Rushhour des Lebens. Gesundheit im Spannungsfeld von Job, Karriere und Familie. Analyse der Arbeitsunfähigkeitsdaten*, Heidelberg 2014. S. 80 https://www.dak.de/dak/download/vollstaendiger-bundesweiter-gesundheitsreport-2014-2119710.pdf (abgerufen am 15. 06. 2022).

376 World Vision Deutschland e. V. (Hrsg.): *Kinder in Deutschland 2018. 4. World Vision Kinderstudie*, Weinheim/Basel 2018, S. 27.

377 Bühler-Niederberger, Doris: *Lebensphase Kindheit. Theoretische Ansätze, Akteure und Handlungsräume*, Weinheim 2020, S. 180.

378 Vgl. Bertelsmann Stiftung: »Schlechte Rahmenbedingungen erschweren die Bildungsarbeit der Kitas« (25. 08. 2020), Pressemitteilung zum Ländermonitoring Frühkindliche Bildungssysteme, https://www.bertelsmann-stiftung.de/de/themen/aktuelle-meldungen/2020/august/schlechte-rahmenbedingungen-erschweren-die-bildungsarbeit-der-kitas (abgerufen am 03. 06. 2022).

379 Vgl. Wolters Kluwer: *DKLK-Studie 2020. Befragung zur Wertschätzung und Anerkennung von Kita-Leitungen: Kita-Leitung zwischen Digitalisierung und Personalmangel*, Köln 2020, S. 28, https://www.deutscher-kitaleitungskongress.de/assets/documents/

pressemitteilungen/dklk/DKLK_Studie_2020.pdf (abgerufen am 03.06.2022).

380 *Süddeutsche Zeitung*: »Nah an der Kindeswohlgefährdung« (28.06.2010) https://www.sueddeutsche.de/karriere/studie-zur-kinderbetreuung-mehr-plaetze-mehr-personal-gewuenscht-1.966373 (abgerufen am 03.06.2022).

381 Hüsken, Katrin / Lippert, Kerstin / Kuger, Susanne: »Der Betreuungsbedarf bei Grundschulkindern. DJI Kinderbetreuungsreport 2020«, München 2021, S. 16, https://www.dji.de/fileadmin/user_upload/KiBS/DJI-Kinderbetreuungsreport_2020_Studie2.pdf (abgerufen am 03.06.2022).

382 Rosales, Caroline: »Immer krank, ständig am Weinen« (25.08.2021), https://www.zeit.de/zeit-magazin/leben/2021-08/kindergarten-kita-kinderbetreuung-kleinkinder-personal-mangel-qualitaet (abgerufen am 03.06.2022).

383 WSI GenderDatenPortal Erwerbsarbeit: Erwerbstätigenquote nach Elternschaft und Alter der Kinder 2019, https://www.wsi.de/de/erwerbsarbeit-14617-erwerbstaetigenquote-nach-elternschaft-und-alter-der-kinder-14833.htm (abgerufen am 03.06.2022).

384 Vgl. *Ganztagsschule 2017/2018. Deskriptive Befunde einer bundesweiten Befragung. Studie zur Entwicklung von Ganztagsschulen, StEG*, Frankfurt am Main, Dortmund, Gießen & München 2019, DIPF, DJI, IFS, Justus-Liebig-Universität, https://www.pedocs.de/volltexte/2019/17105/pdf/Ganztagsschule_2017_2018_StEG.pdf (abgerufen am 03.06.2021).

385 World Vision Deutschland e. V. (Hrsg.): *Kinder in Deutschland 2018. 4. World Vision Kinderstudie*, Weinheim/Basel 2018, S. 337.

386 Guglhör-Rudan, Angelika / Ehner, Katrin / Rehse, Aline / Reiter, Stefanie: »Chance und Auftrag: politische Bildung im Ganztag«, in:

DJI-Impulse. Politische Bildung von Anfang an. Wie Kinder und Jugendliche Demokratie lernen und erfahren können, Nr. 125, H. 1, S. 19–25.

387 Neurodiversität beschreibt Unterschiede in der menschlichen Gehirnentwicklung, die sich etwa in Autismus oder AD(H)S zeigen. Menschen mit diesen Diagnosen brauchen sowohl im Kindes- als auch im Erwachsenenalter andere Rahmenbedingungen, um gut lernen, arbeiten oder sich entspannen zu können.

388 Rizkallah, Sherif: »Camp Ritsona: Wo Kinder ihre Träume vergessen« (20. 11. 2021), in: *ZDFheute* https://www.zdf.de/nachrichten/politik/kinderrechte-fluechtlinge-griechenland-ritsona-100.html (abgerufen am 17. 06. 2022).

389 Vgl. Hoher Flüchtlingskommissar der Vereinten Nationen (UNHCR): *Mid-year trends 2021*, Kopenhagen 2021, S. 1. https://www.uno-fluechtlingshilfe.de/fileadmin/redaktion/PDF/UNHCR/MidYear Trends_Report_2021.pdf (abgerufen am 17. 06. 2022).

390 Vgl. Statistisches Bundesamt: »Tag der Jugend: Anteil der Menschen zwischen 15 und 24 Jahren auf Tiefststand« (10. 08. 2021), https://www.destatis.de/DE/Presse/Pressemitteilungen/Zahl-der-Woche/2021/PD21_32_p002.html (abgerufen am 07. 06. 2022).

391 Vgl. Naturschutzbund Deutschland e. V. (NABU): »NABU-Umfrage zum Klimaschutz: Interessen der jungen Generation werden bei der Wahl ignoriert« (abgerufen am 17. 06. 2022), https://www.nabu.de/modules/presseservice/index.php?popup=true&db=presseservice&show=32482 (abgerufen am 07. 06. 2022).

392 Bundeswahlleiter: »Bundestagswahl 2021: 60,4 Millionen Wahlberechtigte« (17. 02. 2021), https://www.bundeswahlleiter.de/info/presse/mitteilungen/bundestagswahl-2021/01_21_wahlberechtigte-geschaetzt.html (abgerufen am 07. 06. 2022).

393 Cohen, Elizabeth F.: *The Political Value of Time. Citizenship, Duration, and Democratic Justice*, Cambridge 2018, S. 58.

394 Hätten die 16- und 17-Jährigen bei der Bundestagswahl 2021 mitwählen dürfen, wären zu den 60,4 Millionen wahlberechtigten Menschen über 18 Jahren lediglich etwas über eine Million Wahlberechtigte hinzugekommen. Selbst wenn die jugendlichen Wähler_innen geschlossen eine Partei gewählt hätten – was sie genauso wenig tun würden wie ältere Menschen –, hätte diese Partei gerade einmal zwischen ein und zwei Prozentpunkte hinzugewinnen können.

395 Bundesministerium für Familie, Senioren, Frauen und Jugend: »Übereinkommen über die Rechte des Kindes. VN-Kinderrechtskonvention im Wortlaut mit Materialien«, Berlin 2018, S. 5 https://www.bmfsfj.de/resource/blob/93140/78b9572c1bffdda3345d8d393acbbfe8/uebereinkommen-ueber-die-rechte-des-kindes-data.pdf (abgerufen am 07. 06. 2022).

396 Vgl. Bundesministerium für Familie, Senioren, Frauen und Jugend: »Kinderrechte ins Grundgesetz«, Hintergrundinformation, 15. 03. 2022, https://www.bmfsfj.de/bmfsfj/themen/kinder-und-jugend/kinderrechte/kinderrechte-ins-grundgesetz (abgerufen am 07. 06. 2022).

397 Der Paritätische Gesamtverband: »Partizipation und Demokratiebildung in der Kindertagesbetreuung«, https://www.der-paritaetische.de/themen/soziale-arbeit/partizipation-und-demokratiebildung-in-der-kindertagesbetreuung/das-abc-der-beteiligung/adultismus/ (abgerufen am 07. 06. 2022).

398 BVerfG: Beschluss des Ersten Senats vom 24. März 2021, 1 BvR 2656/18 –, Rn. 1–270, https://www.bundesverfassungsgericht.de/SharedDocs/Entscheidungen/DE/2021/03/rs20210324_1bvr265618.html (abgerufen am 07. 06. 2022).

399 Thorne, Barrie: »Re-Visioning Women and Social Change: Where are the Children?«, S. 93, in: *Gender and Society*, Volume 1 (1), 1987, S. 85–109 (Dt. von T. B.), https://www.jstor.org/stable/190088 (abgerufen am 07.06.2022).

400 Kohlmaier, Matthias: »Wofür lernen, wenn es keine Zukunft gibt?« (25.01.2019), https://www.sueddeutsche.de/bildung/klimaschutz-schule-fridaysforfuture-1.4301131 (abgerufen am 07.06.2022).

401 Krenz, Armin: *Kinder brauchen Seelenproviant. Was wir ihnen für ein glückliches Leben mitgeben können*, München 2008, S. 118.

402 Zamboni, Chiara: »Leichtes Gepäck«, in: Diotima: *Macht und Politik sind nicht dasselbe*, Sulzbach/Taunus 2012, S. 152–169.

403 Arendt, Hannah: *Was ist Politik*, München 1993, S. 17.

404 Hark, Sabine: *Gemeinschaft der Ungewählten. Umrisse eines politischen Ethos der Kohabitation*, Berlin 2021, S. 70.

405 Arendt, Hannah: *Was ist Politik*, München 1993, S. 17.

406 Zerilli, Linda M. G.: *Feminismus und der Abgrund der Freiheit*, Dt. von Bettina Engels, Wien 2010, S. 42.

407 Muraro, Luisa / Zamboni, Chiara: Vorwort, in: Diotima: *Macht und Politik sind nicht dasselbe*, Sulzbach/Taunus 2012, S. 13.

408 Sartori, Diana: »Irdische Zeichen. Zwischen dem Mehr der Politik und dem Weniger der Macht«, in: Diotima: *Macht und Politik sind nicht dasselbe*, Sulzbach/Taunus 2012, S. 27–74.

409 Vgl. Helm, Miguel: »Wenn Wahlkampf eine Frage des Geldes ist« (14.09.2017), in: *Süddeutsche Zeitung* https://www.sueddeutsche.de/politik/bundestagswahl-wenn-der-wahlkampf-eine-frage-des-geldes-ist-1.3624810 (abgerufen am 20.06.2022).

410 Vgl. von Olberg, Robert: »Kandidaten im Wahlkampf: Rastlos durch den Tag« (03.08.2017), in: *Vorwärts* https://www.vorwaerts.de/

blog/kandidaten-wahlkampf-rastlos-tag (abgerufen am 20.06.2022).

411 Tronto, Joan: 2000. Demokratie als fürsorgliche Praxis. Feministische Studien 18(1): 25–42.

412 Vgl. Dege, Yonca / Eichhorn, Jan / Nicke, Sascha / Spöri, Tobias: *Wer kann mitmachen? #1. Politische Beteiligung, Selbstidentifikation und Rassismuserfahrungen von Menschen mit Migrationsgeschichten in Deutschland*, d|part, Berlin 2021, S. 20, https://infodienst.bzga.de/migration-flucht-und-gesundheit/materialien/wer-kann-mitmachen-1/ (abgerufen am 20.06.2022).

413 Brunner, Katharina / Ebitsch, Sabrina / Endt, Christian / Hosse, Julian / Schories, Martina / Witzenberger, Benedict / Zajonz, Moritz: »Volk und Vertreter«, in: *Süddeutsche Zeitung* 2018, https://projekte.sueddeutsche.de/artikel/politik/bundestag-diese-abgeordneten-fehlen-e291979/ (abgerufen am 20.06.2022).

414 Als erster trans Mann im Deutschen Bundestag gilt Christian Schenk, der von 1990 bis 2002 für den Unabhängigen Frauenverband (UFV) und die PDS im Bundestag saß.

415 Vgl. Aikins, Muna AnNisa / Bremberger, Teresa / Aikins, Joshua Kwesi / Gyamerah, Daniel / Yıldırım-Caliman, Deniz: *Afrozensus 2020: Perspektiven, Anti-Schwarze Rassismuserfahrungen und Engagement Schwarzer, afrikanischer und afrodiasporischer Menschen in Deutschland*, Berlin 2021, S. 26, online verfügbar unter: www.afrozensus.de (abgerufen am 22.06.2022).

416 Vgl. *hyperkulturell.de*, Portal für interkulturelle Kommunikation: »Othering«, https://www.hyperkulturell.de/glossar/othering/ (abgerufen am 20.06.2022).

417 Reiser, Marion: »Abgehoben und entkoppelt? Abgeordnete zwi-

schen öffentlicher Kritik und Professionalisierungslogik«, in: Brichzin, Jenni / Krichewsky, Damien / Ringel, Leopold / Schank, Jan (Hrsg.) *Soziologie der Parlamente: Neue Wege der politischen Institutionenforschung*, Wiesbaden 2018, S. 111–134.

418 Vgl. Bailer, Stefanie / Breunig, Christian / Giger, Nathalie / Wüst, Andreas M.: The Diminishing Value of Representing the Disadvantaged: Between Group Representation and Individual Career Paths, in: *British Journal of Political Science, 52*(2) 2021, S. 535–552, https://doi.org/10.1017/S0007123420000642.

419 Lafont, Cristina: *Unverkürzte Demokratie. Eine Theorie deliberativer Bürgerbeteiligung*, Berlin 2021, S. 16.

420 Vgl. Simonson, Julia / Kelle, Nadiya / Kasumann, Corinna / Tesch-Römer, Clemens (Hrsg.): *Freiwilliges Engagement in Deutschland. Der Deutsche Freiwilligensurvey 2019*, Deutsches Zentrum für Altersfragen, Berlin 2021, S. 51 https://www.dza.de/fileadmin/dza/Dokumente/Forschung/Publikationen%20Forschung/Freiwilliges_Engagement_in_Deutschland_-_der_Deutsche_Freiwilligensurvey_2019.pdf (abgerufen am 21.06.2022).

421 Ebd.

422 Vgl. Bundesministerium für Familie, Frauen, Senioren und Jugend: »Zahlen, Daten, Fakten zur Entwicklung des freiwilligen Engagements in Deutschland« (18.03.2021), Pressemitteilung https://www.bmfsfj.de/bmfsfj/aktuelles/presse/pressemitteilungen/zahlen-daten-fakten-zur-entwicklung-des-freiwilligen-engagements-in-deutschland--176840 (abgerufen am 21.06.2022).

423 Friedrich-Ebert-Stiftung: Gutes Engagement – für eine demokratische Zivilgesellschaft, Impuls der Steuerungsgruppe des Arbeitskreises »Bürgergesellschaft und Demokratie« der Friedrich-Ebert-

Stiftung, Berlin 2017, S. 22, http://library.fes.de/pdf-files/dialog/13496.pdf, (abgerufen am 21.06.2022).

424 Vgl. Kausmann, Corinna / Vogel, Claudia / Hagen, Christine / Simonson, Julia: *Freiwilliges Engagement von Frauen und Männern: Genderspezifische Befunde zur Vereinbarkeit von freiwilligem Engagement, Elternschaft und Erwerbstätigkeit*, Bundesministerium für Familie, Frauen, Senioren und Jugend, Berlin 2017, S. 26, https://www.bmfsfj.de/resource/blob/176836/7dffa0b4816c6c652fec8b9eff5450b6/freiwilliges-engagement-in-deutschland-fuenfter-freiwilligensurvey-data.pdf (abgerufen am 21.06.2022).

425 Vgl. Klenner, Christina / Pfahl, Svenja: »(Keine) Zeit fürs Ehrenamt? Vereinbarkeit von Erwerbsarbeit und ehrenamtlicher Tätigkeit«, in: *WSI Mitteilungen*, 54(3), S. 179–187 https://www.boeckler.de/pdf/wsimit_2001_03_klenner2.pdf (abgerufen am 21.06.2022).

426 Ebd.

427 Vgl. Simonson, Julia / Vogel, Claudia / Tesch-Römer, Clemens (Hrsg.): *Freiwilliges Engagement in Deutschland. Der Deutsche Freiwilligensurvey 2014*, Deutsches Zentrum für Altersfragen, Berlin 2016, S. 161 https://www.bmfsfj.de/resource/blob/93916/527470e383da76416d6fd1c17f720a7c/freiwilligensurvey-2014-langfassung-data.pdf (abgerufen am 21.06.2022).

428 Vgl. Bundesministerium für Familie, Senioren, Frauen und Jugend: Motive des Bürgerschaftlichen Engagements, Berlin 2014, S. 28 https://www.bmfsfj.de/resource/blob/94388/623395a6b3c03445ed1b1615927a3200/motive-des-buergerschaftlichen-engagements-data.pdf (abgerufen am 21.06.2022).

429 Vgl. Simonson, Julia / Kelle, Nadiya / Kasumann, Corinna / Tesch-Römer, Clemens (Hrsg.): *Freiwilliges Engagement in Deutschland.*

Der Deutsche Freiwilligensurvey 2019, Deutsches Zentrum für Altersfragen, Berlin 2021, S. 153 https://www.dza.de/fileadmin/dza/Dokumente/Forschung/Publikationen%20Forschung/Freiwilliges_Engagement_in_Deutschland_-_der_Deutsche_Freiwilligensurvey_2019.pdf (abgerufen am 21.06.2022).

430 Ebd. S. 147.

431 Vgl. Simonson, Julia / Kelle, Nadiya / Kausmann, Corinna / Karnick, Nora / Arriagada, Céline / Hagen, Christine / Hameister, Nicole / Huxhold, Oliver / Tesch-Römer, Clemens: Freiwilliges Engagement in Deutschland. Zentrale Ergebnisse des Fünften Deutschen Freiwilligensurveys (FWS 2019), Bundesministerium für Familie, Senioren, Frauen und Jugend, Berlin 2021, S. 22, https://www.bmfsfj.de/resource/blob/176836/7dffa0b4816c6c652fec8b9eff5450b6/frewilliges-engagement-in-deutschland-fuenfter-freiwilligensurvey-data.pdf (abgerufen am 21.06.2022).

432 https://ausnahmslos.org/

433 Der Bundespräsident: »Interview mit der Bild am Sonntag« (12.06.2022), https://www.bundespraesident.de/SharedDocs/Reden/DE/Frank-Walter-Steinmeier/Interviews/2022/220612-Interview-BamS.html (abgerufen am 21.06.2022).

434 Im Optionszeitmodell, das jeder Person im Laufe ihres Erwerbslebens neun Jahre für Erwerbsunterbrechungen zur Verfügung stellen will, wird auch ehrenamtliches Engagement als mögliche alternative Tätigkeit erwähnt. Es fließt in die neun Jahre mit etwa einem halben bis einem Jahr ein und bekommt so zunächst weniger Zeit als Fürsorgearbeit oder Weiterbildung zugestanden. Vgl. Deutsches Jugendinstitut: Die zentralen Ideen und Ziele des Optionszeitenmodells, https://www.dji.de/themen/familie/optionszeiten.html (abgerufen am 21.06.2022).

435 Die Linke: »Wahlprogramm der Partei DIE LINKE zur Bundestagswahl 2021«, S. 51 https://www.die-linke.de/fileadmin/download/wahlen2021/Wahlprogramm/DIE_LINKE_Wahlprogramm_zur_Bundestagswahl_2021.pdf (abgerufen am 21.06.2022).

436 Ebd. S. 18.

437 Vgl. Simonson, Julia / Kelle, Nadiya / Kausmann, Corinna / Tesch-Römer, Clemens (Hrsg.): *Freiwilliges Engagement in Deutschland. Der Deutsche Freiwilligensurvey 2019*, Deutsches Zentrum für Altersfragen, Berlin 2021, https://www.dza.de/fileadmin/dza/Dokumente/Forschung/Publikationen%20Forschung/Freiwilliges_Engagement_in_Deutschland_-_der_Deutsche_Freiwilligensurvey_2019.pdf (abgerufen am 21.06.2022).

438 Winker, Gabriele: *Solidarische Care-Ökonomie*, Bielefeld 2021, S. 119.

439 Vgl. Tronto, Joan C.: *Who Cares?*, Cornell University Press 2015, Kindle-Version, S. 27.

440 Morrison, Toni: »A Humanist View«, Rede an der Portland State University 1975, Abschrift von Keisha E. McKenzie, 2014, https://www.mackenzian.com/wp-content/uploads/2014/07/Transcript_PortlandState_TMorrison.pdf (abgerufen am 21.06.2022). Originalzitat: »It's important, therefore, to know who the real enemy is, and to know the function, the very serious function of racism, which is distraction. It keeps you from doing your work. It keeps you explaining over and over again, your reason for being.« (Dt. von Teresa Bücker)

441 *Deutschlandfunk*: »Realitäten und Zustände. Fremdwort«, Kübra Gümüşay im Gespräch mit Florian Fricke, Fremdwort, 26.12.2017, https://www.deutschlandfunk.de/realitaeten-und-zustaende-

fremdwort.1184.de.html?dram:article_id=400706 (abgerufen am 21. 06. 2022).

442 Arendt, Hannah: *Vita activa oder Vom tätigen Leben*, Piper ebooks, Kindle-Version, S. 252–254.

443 Lorey, Isabel: *Demokratie im Präsens*, Berlin 2020, S. 192.

444 Tronto, Joan: »Demokratie als fürsorgliche Praxis«, in: *Feministische Studien* 18(1), S. 25–42, https://doi.org/10.1515/fs-2000-s104.

445 Ebd.

446 The Care Collective: *The Care Manifesto. The Politics of Interdepence*, London/Brooklyn 2020, S. 71.

447 Tronto, Joan: *Caring Democracy. Markets, Equality, and Justice*, New York/London 2013, S. 170.

448 Winker, Gabriele: *Solidarische Care-Ökonomie*, Bielefeld 2021.

449 Haug, Frigga: *Die Vier-in-einem-Perspektive*, Hamburg 2008, S. 22.

450 Vgl. Schnell, Tatjana: »26 Lebensbedeutungen« (30. 10. 2010), https://www.sinnforschung.org/mein-lebenssinn/26-lebensbedeutungen (abgerufen am 21. 06. 2022).

451 Schnell, Tatjana: *Psychologie des Lebenssinns*, Heidelberg 2016, S. 56.

452 Ebd. S. 57.

453 Ebd. S. 54–57.

454 Ebd. S. 168.

455 Ebd. S. 55.

456 Storz, Wolfgang: »Frigga Haug: Wir brauchen Zeit, um mehr Freundlichkeit in diese Welt zu bringen« (12. 09. 2013), in: *woz Die Wochenzeitung*, Nr. 37/2013, https://www.woz.ch/-4488 (abgerufen am 21. 06. 2022).

457 Winker, Gabriele: *Solidarische Care-Ökonomie*, Bielefeld 2021, S. 175.

458 Vgl. Balderson, Ursula / Burchell, Brendan / Kamerāde, Daiga / Wang, Senhu / Coutts, Adam: »An exploration of the multiple motivations

for spending less time at work« (08. 09. 2020), in: *Time & Society*, https://doi.org/10.1177%2F0961463X20953945.

459 Heitkötter, Martina: »Der ›temporal turn‹ in der Familienpolitik – zeitpolitische Gestaltungsansätze vor Ort für mehr Zeitwohlstand für Familien«, in: Heitkötter, Martina / Jurczyk, Karin / Lange, Andreas / Meier-Gräwe, Uta (Hrsg.): *Zeit für Beziehungen? Zeit und Zeitpolitik für Familien*, Opladen / Farmington Hills, MI, S. 401–428.

460 Dalla Costa, Maria Rosa: »Die Frauen und der Umsturz der Gesellschaft«, in: James, Selma (Hrsg.): *Die Macht der Frauen und der Umsturz der Gesellschaft*, Berlin 1973, S. 22–66.

461 Schutzbach, Franziska, *Die Erschöpfung der Frauen*, München 2021, S. 270.

462 Muraro, Luisa: »Jenseits der Gleichheit«, in: Diotima: *Jenseits der Gleichheit. Über Macht und die weiblichen Wurzeln der Autorität*, Königstein/Taunus 1999, S. 149–189.

463 Jaffe, Sarah: *Work won't love you back*, New York 2021, S. 335 (Dt. von T. Bücker).

464 Byline TV: »These Ukrainians Have Lost Everything« (09. 03. 2022), https://www.facebook.com/BylineTV/videos/4856258981156626 (abgerufen am 12. 07. 2022), Dt. Übersetzung der beiden Interviewzitate von T. Bücker.

465 Adam, Barbara: *Das Diktat der Uhr*, Frankfurt am Main 1995, S. 28.

466 Morlok, Dirk: »Fakten, Zahlen und Argumente«, in: *Pro Asyl*, 2022, https://www.proasyl.de/thema/fakten-zahlen-argumente/ (abgerufen am 22. 06. 2022).

467 Sagbakken, Mette/Bregård, Ida M./Varvin, Sverre: »The Past, the Present, and the Future: A Qualitative Study Exploring How Refugees' Experience of Time Influences Their Mental Health and Well-

Being«, in: *Frontiers in Sociology*, 5:46, 2020, doi: 10.3389/fsoc.2020.00046.

468 Garbes, Angela: *Essential Labor*, 2022, Kindle-Version, S. 56. »No woman, regardless of race or class, is safe from the expectation of reproductive labor. Even for the richest white women who are able to outsource all the work – when, say, the support system they have built and hired vanishes amid a devastating years-long global health crisis – the work still falls to them.« (Dt. von T. Bücker)

469 Ebd. S. 59.

470 Halberstam, Jack: *In A Queer Time and Place: Transgender Bodies, Subcultural Lives*, New York 2005, S. 2.

471 Ebd.

472 Vgl. Haraldsson, Guðmundur D. / Kellam, Jack: Going Public: Iceland's journey to a shorter working week, *Alda/Autonomy* 2021, https://en.alda.is/wp-content/uploads/2021/07/ICELAND_4DW.pdf (abgerufen am 26. 06. 2022).

473 Vgl. Quecke, Franca: »Für die meisten Unternehmen wäre eine Viertagewoche möglich« (13. 10. 2021), in: *Der Spiegel*, https://www.spiegel.de/karriere/viertagewoche-fuer-die-meisten-unternehmen-waere-es-moeglich-a-1a687448-177b-464c-8c03-00479a4425f9 (abgerufen am 26. 06. 2022).

474 Vgl. Wilhelm, Hannah: »Millennials wollen nicht mehr Chef werden« (29. 05. 2022), in: *SZ.de* https://www.sueddeutsche.de/wirtschaft/millenials-fuehrungspositionen-karriere-1.5591040 (abgerufen am 22. 06. 2022).

475 Schönborn, Lea: »Teilzeit ist nicht gleich Aperol-Zeit« (28. 05. 2022) in: *Der Spiegel*, https://www.spiegel.de/start/teilzeit-arbeiten-als-berufseinsteiger-warum-das-kein-zeichen-von-faulheit-ist-a-39a9aef2-a346-4cec-837c-67d37b6828f5 (abgerufen am 03. 06. 2022).

476 Vgl. Das Demographie Netzwerk e. V.: »Mehrheit will nicht länger als 62 arbeiten« (10. 08. 2021), Pressemeldung, https://demographie-netzwerk.de/mediathek/presse/mehrheit-will-nicht-langer-als-62-arbeiten/ (abgerufen am 19. 06. 2022).

477 Ebd.

478 Vgl. Kisling, Tobias / Klay, Alexander: »Rente erst mit 70? Top-Ökonom hat eine ganz andere Idee« (03. 06. 2022), in: *waz.de*: https://www.waz.de/politik/rente-renteneintrittsalter-70-forderung-experte-arbeitszeit-id235516687.html (abgerufen am 05. 06. 2022).

479 *T-Online.de*: »BDI-Präsident fordert 42-Stunden-Woche« (18. 06. 2022) https://www.t-online.de/nachrichten/deutschland/gesellschaft/id_92330184/statt-rente-mit-70-bdi-praesident-russwurm-fordert-42-stunden-woche.html (abgerufen am 19. 06. 2022).

480 *Der Spiegel*: »Lindner lehnt ›Kriegssoli‹ ab« (24. 06. 2022) https://www.spiegel.de/wirtschaft/lindner-lehnt-kriegssoli-ab-a-ab099 66d-498b-4616-a1c9-add4a1dd9c82 (abgerufen am 24. 06. 2022).

481 Hickel, Jason: *Weniger ist mehr*, München 2022, S. 279.

482 The Care Collective (Andreas Chatzidakis, Jamie Hakim, Jo Littler, Catherine Rottenberg und Lynne Segal): *The Care Manifesto. The Politics of Interdependence*, London/New York 2020, S. 22 (Dt. Teresa Bücker).

483 Vgl. *Der Spiegel*: »Jede fünfte Mutter reduziert wegen Corona ihre Arbeitszeit« (16. 02. 2022) https://www.spiegel.de/wirtschaft/soziales/hans-boeckler-stiftung-jede-fuenfte-mutter-reduziert-wegen-corona-ihre-arbeitszeit-a-35c0701c-36bb-459e-87ae-8c95e9c5f1ac (abgerufen am 17. 07. 2022).

484 Vgl. Bücker, Teresa: »unlearn familie«, in: Jaspers, Lisa / Ryland,

Naomi / Horch, Silvie: *Unlearn Patriarchy*, Berlin 2022, S. 124–143.

485 Vgl. Hinrichsen, Frauke: »9. 2. 1979 – Vor 25 Jahren« (09. 02. 2004), in: *Deutschlandfunk*, https://www.deutschlandfunk.de/9-2-1979-vor-25-jahren-100.html (abgerufen am 19. 06. 2022).

486 Pelluchon, Corine: *Wovon wir leben. Eine Philosophie der Ernährung und Umwelt*, Darmstadt 2020, S. 332.

487 Ebd. S. 365.

488 Levitas, Ruth: »Where there is no vision, the people perish: a utopian ethic for a transformed future«, Centre for the Understanding of Sustainable Prosperity 2017, S. 9, http://www.cusp.ac.uk/wp-content/uploads/05-Ruth-Levitas-Essay-online.pdf (abgerufen am 05. 07. 2022).

489 Ebd. S. 3.

490 Forman, Frieda Johles: »Feminizing Time: An Introduction«, in: Forman, Frieda Johles / Sowton, Caoran (Hrsg.): *Taking our time: feminist perspectives on temporality*, Oxford 1989, S. 2–9.

491 James, Selma: *Sex, Race, and Class. The Perspective of Winning. A Selection of Writings, 1952–2011*, Oakland 2012, S. 149.

Besuchen Sie uns im Internet:
www.ullstein.de

Wir verpflichten uns zu Nachhaltigkeit
- Klimaneutrales Produkt
- Papiere aus nachhaltiger Waldwirtschaft und anderen kontrollierten Quellen
- ullstein.de/nachhaltigkeit

Ullstein ist ein Verlag der Ullstein Buchverlage GmbH

ISBN 978-3-550-20172-1

© 2022 by Ullstein Buchverlage GmbH, Berlin
Alle Rechte vorbehalten
Gesetzt aus der Minion und Agrandir
Satz: LVD GmbH, Berlin
Druck und Bindearbeiten: GGP Media GmbH, Pößneck